"十三五"普通高等教育
金融学科规划系列教材

金融学

JINRONGXUE

刘玉平　储峥／主编

立信会计出版社
LIXIN ACCOUNTING PUBLISHING HOUSE

图书在版编目(CIP)数据

金融学/刘玉平,储峥主编. —上海:立信会计出版社,2019.8(2022.9 重印)

ISBN 978-7-5429-6196-9

Ⅰ.①金… Ⅱ.①刘… ②储… Ⅲ.①金融学 Ⅳ.①F830

中国版本图书馆 CIP 数据核字(2019)第 174555 号

责任编辑　王斯龙

封面设计　南房间

金融学

JINRONGXUE

出版发行	立信会计出版社		
地　　址	上海市中山西路 2230 号	邮政编码	200235
电　　话	(021)64411389	传　　真	(021)64411325
网　　址	www.lixinaph.com	电子邮箱	lixinaph2019@126.com
网上书店	http://lixin.jd.com		http://lxkjcbs.tmall.com
经　　销	各地新华书店		
印　　刷	上海天地海设计印刷有限公司		
开　　本	787 毫米×1092 毫米	1/16	
印　　张	20.5		
字　　数	483 千字		
版　　次	2019 年 8 月第 1 版		
印　　次	2022 年 9 月第 4 次		
印　　数	9 301—10 800		
书　　号	ISBN 978-7-5429-6196-9/F		
定　　价	45.50 元		

编写委员会

顾　　问 唐海燕　贺　瑛　窦瀚修

总 主 编 许文新

副总主编 刘晓明

编委会成员（按姓氏拼音顺序排列）

曹　雷　褚红素　储　峥

黄　波　黄　鑫　李光洲

刘玉平　欧阳莹　苏立峰

王东明　姚迪克　张　红

张　晖　章　劼　张　云

前　言

国内外金融形势风云际会，金融领域的发展一日千里。即便身处象牙塔的高校，也能感受到金融业日新月异而迸发出的勃勃生机。在国际金融市场动荡加剧、国家出台诸多政策支持金融经济开放发展、上海加快建设国际金融中心的大背景下，金融专业人才的培养既需要紧贴时代发展与行业要求，也需要具备前瞻性眼光与世界格局，正所谓“风物长宜放眼量”。

金融学作为我校经济类、管理类专业的学科基础课，面对“00后”的大学生，我们也积极在教材、教学方式方法、思政项目建设、课程建设与教学改革研究项目、网络教学资源、考核方式、与学生互动等方面开展教学改革。本教材即是我们探索实践的成果之一。

在借鉴国内外专家学者同行研究成果的基础上，结合我们自身教学心得，编写了此教材。本教材的内容主要包括：一是关于基本概念，如货币、信用、利率等；二是关于金融市场和金融机构体系，包括金融工具、商业银行、中央银行等；三是关于货币运行与调控机制，包括货币创造、通货膨胀、货币政策、国际收支等；四是关于金融创新与监管、金融发展与经济增长。每一章均安排了学习目标、能力目标、案例导入、延伸阅读和复习思考题等内容，便于教学与学生自测学习效果。

本教材的编者均为上海立信会计金融学院教师，常年讲授金融学以及其他专业课程，具有丰富的教学经验与研究成果。本教材由刘玉平教授和储峥副教授担任主编，按章节顺序分工如下：刘玉平老师（导论、第一章）、陈靖老师（第二章、第十一章）、魏玮老师（第三章、第五章）、潘慧老师（第四章、第七章）、周新辉老师（第六章、第十三章）、黄燕老师（第八章、第十二章）、储峥老师（第九章、第十章）、欧阳莹老师（第十四章、第十五章）。

在教材编写过程中，得到了金融学院领导和同事的大力支持，在此表示诚挚谢意！同时，非常感谢立信会计出版社领导和编辑老师们的指导与支持，这是出版教材不可或缺的。

本教材适用于高校本科“金融学”课程的教学。教材编写中难免存在疏漏之处，恳请各位不吝赐教。

编者

2019 年 5 月于上海

总　序

自20世纪50年代诞生以来，以投资学和公司金融为主要内容，以资产定价、风险管理和时间价值为核心的现代金融学，取得了长足的发展。不少金融学研究者获得了若干诺贝尔经济学奖。例如，现代货币主义理论的创始者米尔顿·弗里德曼(1976)，金融经济学的集大成者詹姆士·托宾(1981)，创立MM定理的弗兰克·莫迪利阿尼(1985)和默顿·米勒(1990)，现代资产组合理论之父哈里·马科维茨(1990)，现代公司金融理论大师、资本资产定价模型的创立者威廉·夏普(1990)，被称为现代金融学理论领域的牛顿、共建B-S-M期权定价模型的罗伯特·默顿(1997)和现代期权理论之父迈伦·斯科尔斯(1997)，欧元之父罗伯特·蒙代尔(1999)，因对资产价格的实证分析而获奖的尤金·法马、拉尔斯·彼得·汉森和罗伯特·席勒(2013)，行为金融学奠基者理查德·塞勒(2017)等，都对金融学的发展作出了突出贡献。这些诺贝尔奖获得者及其成果在货币需求、企业融资、投资组合、市场有效性、资产定价、市场理性等宏观、微观领域进行了分析，不断创新金融学学科体系，扩展研究边界，深化学术内涵，创新研究方法，显示了金融学在社会科学中的独特地位，对金融学的发展起到了巨大的促进作用，也激励着一代代学者在金融学领域不断探索。高山仰止，正本清源，追根问底，知其所然，这些诺贝尔奖级的成果，必将成为金融学科发展过程中的一座座丰碑，引导后来者去追攀金融学科的高峰，也必然对金融学科体系的构建、金融学系列教材的编写和金融专业人才培养具有重要的指导意义。

上海立信会计金融学院，具有67年的悠久办学历史，培养了一大批活跃在各大金融机构的高素质人才，被誉为“未来金融家的摇篮”。其金融学、国际金融专业均为全国最早创设的专业之一。1994年，国际金融专业被命名为“中国人民银行总行重点专业”；2001年，国际金融专业被命名为“教育部教改示范专业”；2005年，国际金融保险学院成为“上海金融保险教育高地重点建设单位”；2008年，金融学科成为“上海市教委重点学科(第五期)建设学科”，金融学成为“国家级特色专业”“上海市教育高地”，国际金融教学团队被评为“上海市优秀教学团队”；2010 年，金融理财实验教学团队被评为“上海市优秀教学团队”；2012 年，金融学成为“上海市综合改革试点专业”，以金融学为核心的应用经济学成为“上海市高校一流学科培育学科”；2015 年，金融学成为首批上海市属高校应用型本科试点专业；2018 年，“服务上海国际金融中心的金融学一流本科专业群建设”入选首批上海高等学校一流本科建设引领计划建设项目，“新金融及其风险管理”入选上海市高原学科Ⅱ类。这些学科、专业、团队、平台的建设成就，对提升金融学院的海内外声誉，促进其金融学科各专业的可持续发展，起到了重要作用。

为了进一步全面落实 2018 年全国教育大会精神，以立德树人为宗旨，坚持以本为本，促进“四个回归”，为上海建设“五个中心”(特别是国际金融中心)、打造“四大品牌”培养高水平、应用型金融人才，我们组织编写了“十三五”普通高等教育金融学科规划系列教材。该套教材在金融学、国际金融学、金融市场学、信用管理学、公司金融、金融伦理、商业银行经营、金融合规与反洗钱、金融投资分析、大宗商品价格分析、金融实验等领域试图系统、集中地体现金融学科发展趋势，结合专业课程开发、知识模块构建和能力素质塑造，将学生培养成为应用型、创新型、复合型、国际化的高层次金融人才。通过此套教材，试图让学生具备以下能力和素质：

(1) 掌握金融学原理与基础知识，熟悉金融业运作规律，涉猎商业银行学、国际金融学、金融市场学、投资学、公司金融、信用管理学等金融学主要领域，培养金融学基本素养，构建金融学知识框架体系。

(2) 掌握投资分析、信用分析、财务分析、金融创新、风险管理、合规监管、反洗钱、银行管理等实践手段与分析技能，实现知识的吸收转化与融合创新。

(3) 追踪金融学前沿、动态的知识演进轨迹，客观看待现实世界中经济金融事件的货币运行特征与信用活动规律，掌握经济金融的内在逻辑与本质特征。

(4) 形成良好的职业道德和素养，具有良好的业务素质和品德规范。

为达到以上目的，该套教材具有以下几方面特点。

1. 体现了最新的金融业发展趋势

互联网、信息技术、大数据、区块链、人工智能等新兴技术，促进了金融业的技术革新与飞速发展，科技金融、普惠金融、绿色金融等，赋予了金融业新的业务模式与服务内涵；金融创新、混业经营、宏观审慎监管、人民币国际化、金融风险防范、金融业改革与开放等，为金融业发展带来新的机遇与挑战；中国作为世界第二大经济体，改革开放进入深水区，金融业发展受到各种外来冲击，金融产品有待开发，金融机构尚不发达，金融市场亟需完善，金融体制机制尚未理顺，金融制度建设仍显滞后，金融人才结构性缺口巨大，这些都为金融学科发展提出了新的命题，也为金融理论发展提供了千载难逢的试验、锤炼、验证和创新的机会。出版本套教材，有利于系统总结金融领域发展的最新成果，为系统构建金融知识体系、创新金融知识内涵、总结金融发展规律提供可能。

2. 反映了金融学科发展的必然要求

金融学科是整个社会科学中的热门学科，被誉为社会科学皇冠上的钻石，学科体系庞大，涉及面广，发展速度快，理论和应用成果丰硕，对金融业及经济发展具有非常重要的指导意义。特别是近年来，有关资产管理、审慎监管、风险管理、危机预警、金融科技、金融创新、现代支付、普惠金融、绿色金融、科技金融、行为金融、大数据征信等相关问题的研究，深化了金融学科内涵，促进了学科的不断发展。因此，在此丛书中，必然要体现金融学科的发展趋势，面向金融业发展的现状和未来提供有价值的学术引领和知识规范。

3. 体现了应用型、创新型、复合型、国际化金融人才培养的需要

教材是育人之本，其根本目的是通过知识的系统梳理与更新，实现高标准、全方位育人。一本好的教材使学生受益终身。本套教材以立德树人为宗旨，以培养应用型、创新型、复合型、国际化的高层次金融人才为根本任务，力求简洁高效、深入浅出，通过对金融学基本原理、方法、体系的介绍，以及基本能力素质的培养，使学生系统掌握金融学基础知识、分析方法和运用能力。同时在教材中贯穿课程思政的内容，加强职业道德修养的培养，体现课程育人、思想育人、文化育人的本质内涵。

4. 是长期一线教学经验、资源与信息的积淀与升华

该套教材的各位主编、副主编和参编人员均为金融学院骨干教师，长期从事本科一线教学，绝大部分为名校博士，有着丰富的教学经验，深谙金融人才培养之道，也积累了大量的教学资源、案例和素材，许多作者曾在金融实务部门工作，或多年承担专业建设、课程开发、人才培养方案制定、教学管理等任务。编撰此套教材，是学院骨干教师教学经验、资源和信息积淀的集中反映与系统升华，对于夯实课程基础、理顺知识结构、促进专业建设、创新人才培养具有重要意义。

5. 反映了高水平、应用型高校开展专业建设与学科发展的需要

按照上海市教委的统一部署，上海立信会计金融学院正全力开展高水平、应用型地方高校试点建设，并取得了初步成效。金融学作为学校的核心专业，理应在专业建设和学科发展中起到主导作用。人才培养是高校的第一使命，也是高水平、应用型高校最核心的功能。人才培养的基础是课程与教材建设。一套为高水平、应用型财经类高校金融学类专业精心打磨、量身定做的好教材，能使学生深受其益。

6. 集中体现了高校课程建设与教学改革的需要

课程建设是高校人才培养的重要基础。教学改革是高校人才培养的不竭动力。这套教材既是课程建设的成果升华与集中体现，又是为师为学者授业传道的载体工具。教材中的新内容，反映了教学改革重思想引领、重学科逻辑、重知识模块、重消化吸收、重产教结合、重教学相长的特点，适应了人才培养的根本需要，适应了高水平、应用型财经类高校教学改革的基本趋势。

这套教材的编写，是众多主编、副主编和参编人员辛勤付出的结果，得到了上海立信会计金融学院校领导的亲切指导，得到了立信会计出版社窦瀚修社长、戎其玉副社长、王斯龙编辑等人员的大力支持。在此深表谢意！

许文新　刘晓明

2019 年 2 月

目　录

导 论

一、金融的含义

金融这一术语，已经成为一个重要的日常词汇，如货币、银行、储蓄、利率、汇率、股票、债券、信用卡、期货等。每天的新闻报道也充斥着各种各样的金融事件，如银行倒闭、通货膨胀、股票价格波动、利率调整、中央银行声明等。

事实上，金融所包含的领域非常广，在人们的经济生活中，它包括货币流通与信用管理、银行与非银行金融机构、货币市场与资本市场、金融工具与支付系统以及国际金融等。如果用经济学的术语来表述，那么，通常所理解的金融，就是指由这诸多部分所构成的一个大系统。这个系统既包括宏观运行机制，也包括微观运行机制。

在彼得·纽曼等编著的《新帕尔格雷夫货币金融大辞典》中认为，“金融以其不同的中心点和方法论而成为经济学的一个分支。其基本的中心点是资本市场的运营、资本资产的供给和定价。其方法论是使用相近的替代物给金融契约和工具定价。”该辞典指出，金融的基本内容有 5 个方面：有效率的市场、风险与收益、替代与套利、期权定价和公司金融。

在中国，“金融”一词是由 finance 翻译而来的。金融通常被解释为：通过中介以借贷形式所进行的货币资金融通。显然，这个定义已经很难涵盖日益变化着的金融业和人们的金融行为。中国银号、钱庄常有金融融通之说，其意义与金融相近，正式用“金融”一词是在近代银行业兴起之后。1915 年版的《辞源》中收有“金融”这个辞条，解释为“今谓金钱之通融曰金融，旧称银根。各种银行、票号、钱庄曰金融机关”。1920 年，北洋政府发行“整理金融公债”用于解决中国银行、交通银行停止兑换的风潮。以后，金融一词就与银行业务活动结合在一起，形成了一个与“财政”相区别的概念，被广泛地运用。

应当说，目前国内对金融含义最权威的注释是《中国金融百科全书》中的“金融”辞条，该辞条的注释是，金融是货币流通和信用活动以及与之相关的经济活动的总称。

二、金融体系的构成要素

(1) 金融工具。它是基于信用关系的书面证明、债权债务的契约文书等，是金融市场上交易的对象。金融工具也被称作金融产品。

(2) 金融市场。它是买卖金融工具的场所,包括货币市场、资本市场、外汇市场、保险市场、衍生性金融工具市场等。

(3) 金融机构。这是充当信用中介、媒介以及从事各种金融交易和服务的组织,通常可区分为银行与非银行金融机构。金融机构创造金融工具,又买卖金融工具。

(4) 法律法规。它包括货币制度、汇率制度、支付清算制度、金融监管制度等。

金融市场和金融机构合称金融部门(finance sector)。金融工具、金融市场、金融机构和有关的法律法规四个方面共同构成了金融体系(finance system)。

金融体系是现代经济的核心组成部分,它使高度复杂、精细分工和富有效率的生产方式成为可能,从而创造出经济中的大量财富。如果没有金融的存在,交易将会大大减少,每个人将会严重受制于他们能生产和消费什么,以及生产和消费如何和何时进行。金融体系越发达,人们经济决策的自由度就越大,社会福利也就大大增进。

三、金融功能

(一) 金融体系中的资金流动

在金融体系中,参与交易的主体主要是家庭(个人)、企业、金融中介机构、政府、国外的企业和金融中介机构。这些主体又可以分为盈余单位(储蓄者)、赤字单位(借款者)和金融中介(financial intermediaries)。金融体系中的资金流动如图 0-1 所示。

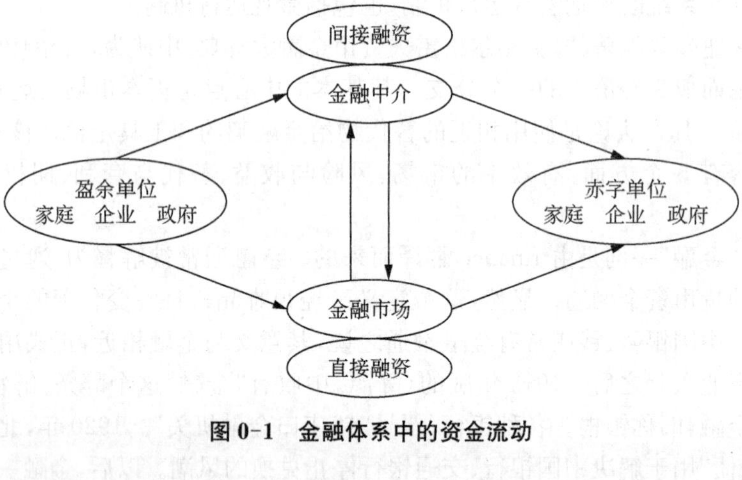

图 0-1 金融体系中的资金流动

图 0-1 显示,资金盈余单位的一部分资金通过银行这样的金融中介流向赤字单位,还有一部分资金通过金融市场流向赤字单位,如家庭(资金盈余单位)购买企业(资金赤字单位)发行的股票。盈余单位与赤字单位之间的资金流动通过金融中介和金融市场进行中转。这两大枢纽对现代经济的运行至关重要。同时,也就有了间接融资与直接融资的区别。

(二) 金融体系的功能

(1) 创造流动性。政府、企业和家庭进行资产配置和投资组合的一个重要意图是解决流动性风险问题。金融体系能提供制度上的或机构性的流动性安排，有效地解决长期投资的资本来源问题，同时，也为现代风险投资和规模经济提供了强大的资本供给。

(2) 提供支付系统。一个有效的支付系统是经济交易的必要条件，发达的支付系统可以降低交易成本。现代金融体系所提供的支付系统，在信息技术的推动下不断更新。

(3) 动员社会储蓄。金融体系通过分散个别投资项目的风险，以及为闲置资本提供相对稳定的回报，从而为分散的储蓄资源提供了一种聚集功能。

(4) 提供专业中介服务。现代经济中，单个的投资者很难对市场条件和公司进行评估，金融体系则为投资提供了专业的金融服务，并且提供着一种风险共担机制。比如，在资本市场上，投资性的金融机构为企业的股权融资和长期债务融资提供顾问、承销等服务。

(5) 监督经营者。现代经济中，股权高度分散化和公司经营职业化特征非常显著。不对称信息下投资者难以对资本运作进行有效监督。金融体系提供了一种关于公司治理的新机制——通过外部放款人的作用对公司进行严格监督，从而保护内部投资者的利益。资本市场对经营者的制约，即股东抛售公司股票，不仅使公司的资本成本加大，而且使公司的经营者感受到“下课”的风险。

四、金融学科的基本框架

金融学科的理论框架包括金融的微观分析、金融的范畴分析和金融的宏观分析，如图0-2所示。

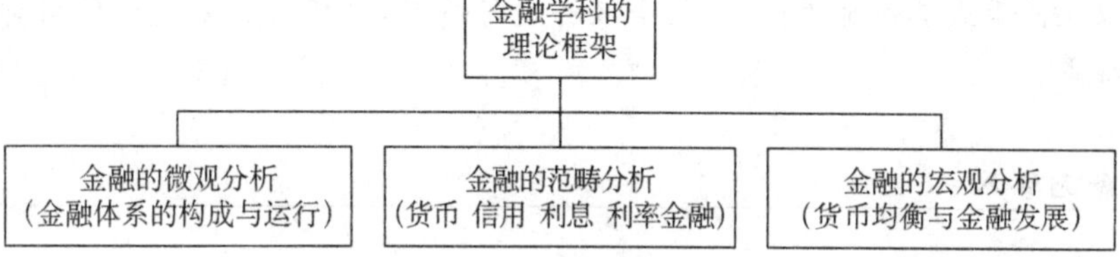

图0-2　金融学科的理论框架

(1) 金融的微观分析主要是对金融体系的运作机制进行实证分析和理论阐述，包括金融市场、金融中介、金融功能、支付系统、金融科技、产融结合等。

(2) 金融的范畴分析主要是对有关金融学的核心范畴进行理论分析和解释，包括货币、信用、利息、利率等，同时，还包括金融这个范畴。

(3) 金融的宏观分析主要是考察货币均衡，包括货币需求与货币供给、通货膨胀与通货紧缩、货币政策与财政政策、泡沫经济与金融危机、金融经济与实体经济等。

第一章 货币与货币制度

学习目标

(1) 了解货币的起源、货币形式发展过程;熟悉货币的本质与职能。

(2) 熟悉货币制度的构成要素和演变历程;掌握各种货币制度的特点。

(3) 了解国际货币体系的发展演变。

能力目标

(1) 掌握价值形式发展的四个阶段、各种货币形式的优缺点以及货币职能。

(2) 掌握货币制度的构成以及各种货币制度的特点。

(3) 以人民币或其他货币为例,结合经济运行情况,分析完全不兑现信用货币制度的特点。

案例导入

根据2018年11月公布的福布斯全球富豪榜(见表1-1),亚马逊公司CEO杰夫·贝索斯领跑富豪榜。杰夫·贝索斯持有亚马逊16.4%的股票,得益于股票价格的上涨,其个人财富达到1 120亿美元。中国的马化腾和马云分别位于第17位和第20位。

表1-1 2018年福布斯全球富豪榜

排名	姓名(中文)	财富值(亿美元)	财富来源	国籍
1	杰夫·贝索斯	1 120	亚马逊	美国
2	比尔·盖茨	900	微软	美国
3	沃伦·巴菲特	840	伯克希尔哈撒韦	美国
4	伯纳德·阿诺特及家族	720	路威酩轩	法国
5	马克·扎克伯格	710	Facebook	美国
6	阿曼西奥·奥特加	700	Zara	西班牙
7	卡洛斯·斯利姆·埃卢及家族	671	电信	墨西哥

（续表）

排名	姓名(中文)	财富值(亿美元)	财富来源	国籍
8	查尔斯·科赫	600	科氏工业	美国
8	大卫·科赫	600	科氏工业	美国
10	拉里·埃里森	585	软件	美国
17	马化腾	453	网络媒体	中国
20	马云	390	电子商务	中国

在日常生活中，人们有时把财富和货币当作同义词。在衡量一个人的财富时，可能首先想到的是他的银行存款有多少，其次是股票、债券、其他动产以及不动产的价值等。有时货币等同于财富，但是，财富的范围更宽泛。用于交易的各种形式的货币，不同于作为价值储藏的各项财产的财富。在两者的关系上，货币是财富的一种表现形式；财富不仅包括货币，还包括股票、债券、动产、不动产以及能够拥有所有权的其他各种金融资产。

思考：你如何看待货币、钱、收入和财富之间的关系？

第一节　货币的起源

货币是金融学乃至整个经济学中的一个核心概念。说到底，金融学就是围绕着货币而展开的，所以，对货币进行界定非常重要。随着金融与经济的演进，货币概念的外延在不断延伸。货币究竟是什么？现代货币有了哪些变化？对政府宏观经济调控提出了哪些挑战？追溯货币的发展历程有助于回答上述问题。

一、货币的产生

马克思从劳动价值论出发，认为货币是充当一般等价物的特殊商品，它是由偶然的、扩大的、一般的价值形态发展演变而来的。另一些经济学家从交易成本出发，认为货币能够被普遍接受，它是为了克服物物交换的困难而形成的，并且为不断降低交易成本而发展演进。

（一）货币起源于商品交换

马克思对货币理论的系统研究始于19世纪40年代。这时，商品生产的最高形式——资本主义——在西方一些主要国家已经有了充分的发展。与之相伴随，对货币理论的探索也有了三四百年的历史。正是在这样的基础上，马克思全面地对货币问题作了系统的理论阐明，揭开了“货币之谜”。

货币不是从来就有的，它起源于商品交换，产生的经济根源是私有制，是私有制商品经济内在矛盾不可调和的产物。

1. 私有制和社会分工产生了商品交换

原始社会末期，生产力的发展和剩余产品的出现促进了私有制的产生；而单位产品所需劳动量的增加又促成了社会分工的形成。私有制使生产资料和劳动产品都归私人所有;社会分工使不同的劳动者生产不同的产品。

私有制和社会分工导致了生产与消费之间的矛盾:私有产品不会无偿提供给别人,因此,劳动者除了自己生产的这类产品以外无法得到其他产品,而每个劳动者的产品需求又都是具有多样性的。这种生产与消费之间的矛盾,实际上就是私人劳动与社会劳动之间的矛盾,是私有制经济的必然产物。解决矛盾的方法是进行产品交换,也就是商品交换。

2. 价值是商品交换的基础

用来交换的劳动产品就是商品,商品交换以价值为基础,并遵循等价交换的原则。价值是凝聚在商品中的无差别的人类劳动,价值使商品在质上相同,在量上可以比较。但是,价值具有抽象性,必须由具体的价值形式来表现才能完成确定商品交换的任务。

价值形式的发展,经历了简单的(偶然的)价值形式、扩大的价值形式、一般的价值形式和货币形式四个过程。

(1) 简单的(偶然的)价值形式。一种商品在偶然的物物直接交换中被用来表现其他商品的价值量,也就是偶然地被作为等价形式。处于等价形式下的商品具有如下特点:用使用价值表现价值,用个别劳动表现社会劳动,用具体劳动表现抽象劳动。这是交换发展的初期,只有较少的商品参加交换。商品的使用价值保证它在交易中被接受。

(2) 扩大的价值形式。一种商品的价值可以由许多种商品表现出来,而所有商品都可成为表现其他商品的等价物。在生产能力得到提高的阶段,参加交换的商品数量和种类增加,随之而产生的是需求和时间的双重矛盾。参加商品交换的人们需要不断地寻找下去,才能找到彼此需求相匹配的人,并完成交换,因此,搜寻成本较高。

(3) 一般的价值形式。一种或几种商品被长期固定地作为价值的表现物。这是价值形式发展质的飞跃,标志着一般等价物的出现,商品交换也随之走向了高级阶段。一般等价物具有两个特点:能够体现一切商品的价值;能够同一切商品相交换。

(4) 货币形式。当一般等价物固定在金、银等贵金属上时,就形成货币。现代货币形式发生了巨大变化,金、银已经从流通领域退出,但是,仍可认为,一般等价物就是货币。

(二) 物物交换的缺陷

在人类的早期社会,原始经济的交易方式是物物交换。在古埃及的壁画中可以看到物物交换的情景:有用瓦罐换鱼的,有用一捆葱换一把扇子的。中国古书中有这样的记载:神农氏的时候,"日中为市,致天下之民,聚天下之货,交易而退,各得其所。"但是,物物交换这种交易方式至少存在三个缺陷(见表 1-2)。

表 1-2 物物交换的缺陷

(1) 难以达成交换双方愿望的一致	物物交换要求双方必须都有对方所需要的商品,否则,交换就无法进行,这样,使交换的时间不断延长
(2) 交换比价多而且混乱	有 n 种商品参与交换就会有 n 个价格比率,如此之多的商品比价,必然出现混乱,从而加大交换难度
(3) 没有普遍接受的价值储存手段	物物交换必须在同一时间完成,这就无法实现过去的商品同将来的商品进行交换,无法将现在拥有的购买力转移到将来使用,更无法进行将来的投资与交换

物物交换存在的缺陷，使其交易成本不断上升。这种交易成本的上升表现在三个方面：一是人们为了寻找交易对象而不断发生的搜寻成本上升；二是将资源用于迂回交易过程时所失去的其他方面投资收益的机会成本上升；三是进行交换时所发生的直接成本上升。这样，就给货币的出现和发展留下了空间。

（三）货币交换的优势

人们在交换实践中慢慢寻找，终于找到了克服物物交换的缺陷的办法，这个办法就是使用充当一般等价物的商品，即货币。

让我们假定在一个简单经济中，只生产四种商品：香蕉、滑雪板、飞盘和收音机。对香蕉来说，它有三个交换比率，分别用滑雪板、飞盘和收音机来表示。同样，其余每种商品的交换比率，都需要用其他三种商品来表示。结果，交换比率的种数为 4×3 种，即 12 种。但是，因为香蕉与飞盘的交换比率，是飞盘与香蕉的交换比率的倒数，每个交换比率实际上计算了两次，所以，各种不同交换比率的种数仅为 12 的一半，即 6 种。在物物交换经济中，各种不同交换比率种数的通用计算公式如下：

$$N=\frac{n(n-1)}{2}$$

其中，N 为交换比率种数，n 为商品和服务的种数。

在生产 1 000 种不同商品的经济中，各种不同的交换价格却有 499 500 种，这是一个相当庞大的数目。这时，在交易中，人们需要比较所有可能的交换价格，以便判断是否正在以最低的价格买入或者以最高的价格卖出。这样庞大种数的交换价格将带来很高的交易成本，同时也缺乏效率。

为了减少交换价格的种数及便利交易，一种商品被选出来作为一般的价值标准，或者说是“基准”(numeraire)。这种商品既可以是已经进入交易的商品，也可以是一种新的商品，所有其他商品都用它来衡量或报价。于是，如果使用新的商品为基准，交换价格的种数减至 n，如果使用现存的商品为基准，种数为 $n-1$。

在四种商品经济的例子中，如果我们选择飞盘作为基准，那么，将会有 3 种而不是 6 种交换比率。其余每一种商品只需要用飞盘来标价。类似地，如果我们使用 1 000 种商品中的一个作为基准，交换价格的数目将从 499 500 大幅度地减少到 999。然而，尽管现在所有的商品都以共同的标准来衡量，但是，如果选用的基准是普通商品的话，交易仍然存在困难，原因如下：基准商品无法充分分割，限制了某些数量水平的交易；基准商品的购买力价值波动幅度大；不方便携带；等等。可以想象，如果选用的基准商品易于分割、价值稳定、储藏和运输成本相对较低，交易成本必然会进一步降低。这样的基准商品就是货币。

货币必须满足易于标准化、易于被广泛接受、易于分割、易于携带、易于保质等要求。在人类历史上，曾经采取过许多货币形式，比如贝壳、牲畜、食品、布匹、金属等。与物物交换相比较，货币交换具有的优势如表 1-3 所示。

由于通过货币的交换是一种间接交换，即先以商品交换货币，再以货币交换商品，或者反向交换，使货币具有了交易媒介的功能。又因为货币隐含着价值储藏和支付手段的功能，即交易不必同时进行，这就给交易提供了跨越时间的对付未来经济不确定性的办法。

表 1-3　货币交换的优势

(1) 简化了交换方式	通过货币，能够把所有的商品或劳务交换都简化成买与卖，这就大大降低了交易成本
(2) 提高了交换效率	通过货币，能够使商品交换跨越时间和空间进行，从而解决了持有一种商品来等待另一种商品的不经济和低效率的问题
(3) 奠定了经济结构演变的基础	在货币的基础上，孕育了专门经营货币的中介机构，逐渐分离出了金融业。显然，货币的出现，推动了专业化分工、市场经济、金融中介等现代经济形态的出现

在经济社会中，人们进行商品或劳务交易的方式方法是不断演变的，观察这一演变过程，并了解与其相适应的货币形式的发展，有利于更好地理解货币的职能。

二、货币的形态

在商品交换中，用一种商品的使用价值表现另一种商品的价值，这种商品就成为另一种商品的价值表现形式。如前所述，价值形式经历了四个阶段：简单的或偶然的价值形式、扩大的价值形式、一般价值形式和货币形式。而货币形态，其实也是随着社会经济的发展一直在不断地变化，经历了由低级向高级不断演进的过程。

在几千年的岁月里，货币依次经历了实物货币、金属货币、纸币、存款货币以至今天的电子货币等具体形态。

（一）实物货币

实物货币是商品价值与货币价值相等的货币。因此，这类货币等于其币材本身的价值，在古代社会，贝壳、牲畜、布匹等，都充当过实物货币。比如，早在 4 000 年前，贝壳在中国就作为货币的一种形态被使用。到了公元前 600 年，人们使用布料和青铜器（例如刀和锄头）作为支付手段。

数世纪以来，西方旅行者对其他社会中发挥货币职能的奇特事物，都进行了相关评论。这些评论非常重要，因为它们留下了人类货币使用的记录，而这些货币在交易中已不复存在。比如，早在 15 世纪，越南商人诺克罗·德·康第在他的《15 世纪的印度》一书中，详细描述了苏门答腊岛使用人头骨作为货币的故事。

实物货币的出现，提高了交换效率。但是，由于实物货币的自然属性，使其存在不易携带、不均质、不易保存、单位价值低等缺陷。

（二）金属货币

随着交易的发展，交易媒介对高价值、易分割、好保存、便携带的要求越来越高，这就使世界各地历史上比较发达的民族，先后都走上了用金属充当货币之路。充当货币的金属主要是金、银、铜，铁作为货币的情况比较少。马克思曾说过，金、银天然不是货币，货币天然是金、银。

铜是中国最早的货币金属，一直流通到 20 世纪 30 年代。金作为货币，起于先秦。白银在西汉的著述中已经出现，但直到宋代才逐渐成为货币材料。13 世纪以来，金币在西欧逐渐增多，到20世纪初，在世界主要的工业化国家中，币材已由黄金垄断。

与实物货币相比较，金属货币克服了实物货币的缺陷，促进了国内以及国际贸易的发展。由于金属货币的稀缺性，使政府试图摆脱金属货币数量不足产生的问题。

（三）信用货币

在金融学中，一般把纸币和存款货币统称为信用货币。信用货币的出现有着历史的根源，它是金属货币崩溃的直接结果。1930年爆发的世界性经济危机，使世界主要国家的货币被迫脱离黄金和白银，所发行的货币不再被允许兑换成贵金属。

1. 传统信用货币

传统信用货币有两种主要形式：银行券和纸币。

在黄金作为货币流通的同时，各国的商业银行或类似商业银行的金融机构就开始发行银行券，以代替不便携带的黄金。此时的银行券作为典型的黄金凭证，持有者可以随时向发行者兑换面额标注的黄金数额。比如，中国古代的一些钱庄和票号发行的银票，就是一种可兑换的银行券。后来，由于银行券的普遍流通，兑现的频率下降，黄金准备额度也就随之降低，最低时只需10%的黄金准备。

在与银行券流通的同时，一些国家的政府出于军备和弥补财政赤字的需要，还强制发行了不允许兑换黄金的纸币。纸币是一种纯粹的价值符号，只有法律赋予的名义价值。现在所称的纸币概念，也是从此而来的。

2. 现代信用货币

现代信用货币有两种主要形式：现金和存款货币。

一般来说，狭义货币仅指现金、支票、信用卡类的活期存款，而广义货币则还包括其他存款和商业票据、国库券、保险单等，这一部分通常称为“准货币”。

3. 信用货币的特点

信用货币有以下几个主要特点：

第一，它是价值符号。信用货币几经变迁，黄金基础已经消失，所以，它只不过是一种价值符号。

第二，它是债务货币。现代经济中，信用货币主要由现金和银行的存款组成，而现金和存款都是银行的负债。

第三，它具有强制性。各国都是通过法律手段来确定信用货币为法定货币，同时，国家也赋予了银行发行信用货币的特权。同时，现代经济中，国家可以通过银行来控制和管理信用货币。

延伸阅读

货币的历史

据以色列学者赫拉利所写的《人类简史》的介绍，人类历史上最早的金钱制度，大约是公元前3000年苏美尔人的“麦元”制度。麦元就是大麦，将固定量的大麦谷粒作为通用货币单位，用来衡量和交换其他各种货物和服务。公元前2500年左右，美索不达米亚出现了白银货币制度，贵金属开始脱离其一般的使用价值，而作为一种货币存在。约公元前

640 年，土耳其西部吕底亚王国的国王阿耶特斯铸造出历史上第一批硬币。公元 1000 年左右，中国的四川地区，一些商户开始印制发行名为"交子"的纸币，但到公元 1023 年，宋仁宗就把这一纸币发行权收归政府独有。"交子"这种纸币与现代意义上的纸币，无论在形式上还是实质内容上，都存在许多不同。1694 年，英格兰银行创立，并很快开始发行银单，使纸币开始逐渐在欧洲流行起来。

第二节　货币的职能与本质

在任何社会，货币无论是以哪种形式出现，其职能主要有四个：流通手段、价值尺度、价值储藏和支付手段。在这四个职能中，流通手段和价值尺度是最基本的职能，价值储藏和支付手段则是在前两个职能的基础上派生出来的。

此外，如果货币越出国界，在国与国之间发挥职能时，它就成了一种国际货币。此时，有人就把它称为"世界货币"。但是，从本质上看，这只是货币基本职能发挥范围的不同，而且，目前也只有少数国家的货币，以及国际金融组织创造的某些金融工具才具有这种职能。

一、货币的职能

（一）流通手段

流通手段职能，也就是货币充当交易媒介的职能，通俗地说，就是"一手交钱，一手交货"。在现代经济社会所有的市场交易中，几乎都离不开货币。可以想象在一个没有货币的物物交换的社会里，商品和劳务交易的困难性。用货币作为交易媒介，可以省去交易所需的大量时间，从而提高经济效率。

经济学家们把在从事商品或劳务交易中所支付的时间和资源称为交易成本。货币作为交易媒介，不但可以大量节约交易时间而提高经济效率，而且可以使人们能够从事自己最擅长的工作而增进社会福利。因此，货币是经济社会中非常重要的东西，它像润滑剂，维系着经济社会的高率运转，同时，还鼓励和促进了专业化和社会分工。

货币在交易中的媒介作用，表现出的是交换手段，而不是交换目的。人们卖出商品，关心的不是货币本身有无价值或价值大小，而是能否换回自己所需要的同等价值的商品。所以，作为交易媒介的货币，可以是不足值的金属货币，也可以是某种符号。这样，纸币的产生才有了可能。在国家权力的作用下，纸币作为交易媒介成了现实。

（二）价值尺度

人们对任何事物都有个衡量它的尺度，比如，秤可以测量物体的重量，钟表可以衡量时间，等等。同样，经济生活中的商品或劳务的价值可以用货币来衡量，这就是货币的价值尺度职能。价值尺度也称价值标准，是货币作为社会劳动的直接体现，是货币用自己的价值去衡量其他一切商品或劳务所耗费的社会劳动量的大小。

货币之所以能够用来衡量其他一切商品或劳务的价值，是因为货币本身也是一种劳动产品，自身也有价值。商品用货币来计价非常方便，而且易于比较。

货币充当价值标准可以是观念上的，即人们可以用观念上的符号来表示商品的价值。比如，商品出售时，只需贴上表示商品价格的标签，并不需要用相同数量的真实货币来表示。这样，我们就把商品价值的货币表现称为价格。

但是，由于各种商品的价值量不同，货币要计量和比较各种商品的价值，本身必须有固定的计量单位作为标准。价格标准，就是人们所规定的货币单位及其等分，这是一种为统一计价方式而做的技术性规定。其过程是，确定一个基本的货币单位，然后对这个货币单位进行等分，当等分足够细致时，通过货币单位的累加就可以精确地衡量商品的价值了。在人民币的价格标准中，“元”是基本单位，“角”和“分”是对基本单位的进一步等分，计价方式是十进制的累加。这样，我们就可以用这些基本单位及其等分精确地为商品标价。

在人类历史上，贵金属作为货币流通的时代，商品的价格标准和贵金属的重量标准是一致的。比如，中国古代的白银用“两”作为计量标准。后来，由于社会财富的增长和国家强制性措施的介入，货币的价格标准与重量标准逐渐分离开来。近代比较统一的价格标准，就是从贵金属充当货币时确定的计量单位演变过来的，现在，每个国家的货币单位都与贵金属脱钩，价格标准其实就是每个国家的货币计量单位。

（三）价值储藏

由于货币作为一般等价物可以购买任何一种商品，所以，货币就成了社会财富的一般代表。谁有了货币，就意味着谁占有价值或社会财富。货币的这一特征，激发了人们储藏货币的欲望。当货币退出流通领域，处于静止状态时，就执行了价值储藏的职能。

用货币储藏价值，并不是价值储藏的唯一手段，也不一定是最佳的手段。任何资产，不管是货币、股票、地产、珠宝、古董、艺术品等，都可以是价值的储藏手段，而且，在很多时候，甚至比货币更加适合作为价值储藏的手段。因为它们常常可以带来更大的利息收入。既然这些资产作为价值储藏的手段有时比货币更优，为什么人们还要持有货币呢?

这里，涉及经济学中的一个十分重要的概念，即流动性。经济学中的流动性是指一种资产转化为交易媒介的难易和快慢程度。资产的流动性常常被人们所需要，因为流动性强的资产能够迅速地转换成交易媒介，用于购买人们所需要的商品。在所有的资产中，货币的流动性最高，被称为流动性十足的资产，因为它本身就是交易媒介而无需转化。而其他资产在转化为交易媒介时，都会发生摩擦而产生交易成本。比如，储藏价值的形式如果是房屋而不是货币，在把房屋转化为货币时，就必须出售房屋，而在出售房屋时，必然会发生一定的佣金、税金等费用，在急于得到现金的情况下，甚至还会不得不接受一个较低的价格。可见，货币虽然不一定是最优的价值储藏手段，但是人们仍然乐意以货币的形式进行价值储藏。况且，从现代经济学的视角看，货币作为价值储藏手段，在一定程度上克服了市场中的许多不确定性。

（四）支付手段

支付手段是货币在延期支付或买卖商品的条件下，用于清偿债务、支付工资或租金等，作为独立的价值形式进行价值单方面转移的职能。

发挥支付手段职能的货币同发挥交易媒介职能的货币一样，都是处于流通过程中的现实的货币。流通中的任一货币，往往是交替地发挥这两个职能。但是，货币在执行支付手段职能时，由于债权债务的联系，总有一部分债务会通过相互抵销的方法结清，从而影响到一定时期内的货币需求。另外，货币作为支付手段是与信用关系的发展交织在一起的。特别是在现代银行制度的条件下，期票、汇票、支票等信用货币大量出现，在大宗商品交易中代替了金属货币流通，减少了流通中的货币需求。

关于货币需求，通常是从商品交易的需求，即交易媒介的需求着手进行讨论。经济生活中需要多少作为交易媒介的货币？比如一件商品的价格是1元，那么这件商品能够卖出的条件就是流通中有1元货币存在。进入交易的商品不是一种，每种商品也不是一件，这就有一个商品价格总额的问题。如用 P 代表价格，Q 代表商品数量，那么，价格总额就是：$\sum P_iQ_i(i=1,2,3,\cdots,n)$，或简化表示为 PQ。假如商品同时要求出售，那么就要求有 PQ 数量的货币准备在那里。但事实上各种商品在时间上是有先有后地进入流通的。比如，农民把粮食卖出，换成货币，这笔货币可能会在几个月内分散地依次进入流通的工业品得以卖出；工厂卖出工业品所获得的货币又可依次用来购买原材料，实现原材料这类商品的价值；等等。这样，1元货币就可以使几元价格的商品实现其价值。在一定期间，货币可实现几次买或卖的行为，通常称为货币流通速度，用 V 来表示。考虑到 V，则对货币的需求可表示如下：

$$\frac{PQ}{V}$$

作为交易媒介的货币，虽然要求是现实的货币，但是，由于它只是手段，而不是目的，所以自古以来，人们就发现它可以用有权威证明的符号来替代。这类符号有不足值的铸币，有用纸印制的钞票。流通中的符号供给过多，会发生货币贬值。在当代的货币流通条件下，通常是这样表述的：在其他条件不变的情况下，价格相对于货币数量成正比变化，即货币数量多了，物价即相应上涨；货币数量少了，物价即相应下跌。当 P 为给定值时，$\frac{PQ}{V}$ 表示对货币 M 的需求量；如 M 为不兑现的符号，则 M 又正比地决定 P。这样，就有了描述客观货币流通过程的恒等式如下：

$$PQ=MV$$

把作为交易媒介的货币需求模型扩及支付手段，即可建立对购买和支付手段需求的模型。

（五）世界货币

随着经济全球化、一体化的发展，国际商品生产和交换规模日益扩大。世界货币是指在国际商品流通和贸易中发挥一般等价物作用的货币。世界货币除作为价值尺度之外，还是国际支付手段、国际购买手段和财富的国际转移手段。

19世纪，金、银都曾是世界货币。第一次世界大战结束后，绝大部分货币黄金落入了美国和英国手中，而其他国家则缺乏必要的黄金以进口所需的物资。1922年，意大利热那亚国际经济会议确定：以可同黄金兑换的英镑、美元与黄金一起构成各国的国际储备，并在此基础上建立金汇兑本位制。

第二次世界大战后，各国经济低迷。1943年7月，在英国、美国的组织下，召开了有44个国家参加的布雷顿森林会议，通过了《国际货币基金组织协定》。该协定规定，参加国际货币基金组织的成员国的货币金平价应以黄金和美元来表示。根据当时1美元的含金量为0.888 671克纯金，确定1盎司黄金等于35美元的官方价格。其他各国的货币则按其含金量与美元定出比价；美国政府允许各国中央银行以1盎司等于35美元的官价向美国兑换黄金。这就形成了所谓"双挂钩"的以美元为中心的国际货币体系，即美元与黄金挂钩、其他各国货币与美元挂钩的布雷顿森林货币体系(Bretton Woods Monetary System)。

这样，掌握了资本主义世界70%以上黄金储备的美元，取得了"等同黄金"的地位，成为主要的国际结算工具。这就是第二次世界大战后以美元为中心的国际货币制度。

进入20世纪50年代，西欧、日本等国的经济开始崛起，突破了美国对世界经济的垄断和美元的霸主地位。美国外汇收支逆差迅速增加，黄金储备大量外流，以致到1960年年底出现黄金储备不足以抵补短期外债的情况。当时，在国际金融市场上出现了大量抛售美元并用美元挤兑黄金的现象。美元对外价值不断下跌。1971年8月15日，美国被迫宣布停止向各国或中央银行按官价兑换黄金。这实际上意味着美国规定的35美元等于1盎司黄金的官价失败，也意味着美元与黄金脱钩。在这种情况下，一些国家的货币不再钉住美元而实行浮动汇率制度(floating exchange rate regime)，从而动摇了第二次世界大战后建立的以美元为中心的固定汇率制度(fixed exchange rate regime)。1973年2月，国际金融市场上又一次爆发美元危机，以美元为中心的国际货币体系连续受到巨大冲击，西方主要国家的货币对美元的汇率也都实行浮动，至此布雷顿森林货币体系终结。

目前，美元仍然是国际贸易和国际支付最常使用的货币。

延伸阅读

最优货币区理论和欧元的诞生

1999年诺贝尔经济学奖授予了美国经济学家罗伯特·蒙代尔，以表彰他提出的"最优货币区理论"在现实中的贡献。

蒙代尔的"最优货币区理论"主张在一个经济和贸易联系紧密的地区，各国应当使用一种"最优化"货币，以降低交易成本和由于货币汇兑所造成的风险，这样将促使这一地区的经济增长、贸易往来和资本流动，从而实现宏观经济的主要目标。

蒙代尔的理论实际上是主张地区间的货币一体化。这种思想要求参加这个统一货币区的国家放弃本国货币的发行权转而使用一种共同的货币——一种超国家的货币。蒙代尔在20世纪60年代提出这个主张时，许多人认为这不过是另一种"迂远而阔于事情"的书呆子主张罢了。但是，这个似乎是不可思议的念头，在1999年1月1日竟然成了现实：德国、法国、爱尔兰、芬兰、比利时、荷兰、西班牙、葡萄牙、意大利、卢森堡和奥地利，一共11个欧洲国家，宣布一种超国家的崭新货币——欧元(Euro)诞生了。两年后，希腊也加入了欧元区的行列。

欧元的发行者不再是一个国家的中央银行，而是一个超国家的机构，总部设在德国法兰克福的欧洲中央银行。今天，尽管从政治地理的角度看，欧洲依然存在着国家的界限，但是，欧元这种超国家货币的诞生，表明一个经济一体化的欧洲正在大步走向未来。

虽然蒙代尔这位美国经济学家没有贪欧元诞生的天功为已有，但是，人们还是在这位经济学家的头上带上了一顶灿烂的桂冠——欧元之父。

二、货币的本质

（一）货币的定义

自货币产生以来，经济学家从不同角度，对货币的定义作了多种解释。通过前面的描述，我们把货币的定义作以下概括：

货币的根本属性是充当交易的媒介，其他物品则不完全具备这一特征。所以，我们可以从货币的交易媒介职能出发，把货币定义为：社会普遍接受的交易媒介。作为唯一具有社会普遍接受性的交易媒介，货币具有两个重要特征：一个是价值的稳定性；另一个是社会的普遍接受性。而价值的稳定性和社会的普遍接受性可以理解为流动性，因此，对持有者来说，货币就是一种具有完全流动性的金融资产。

但是，我们应该看到，货币形态是在不断演进的。特别是科学技术的进步，使货币的“符号特性”和“概念特性”进一步显现。现在，资金可以通过电报、电话和计算机终端进行转移。显然，货币的定义并非固定不变。货币是一种“活”的定义，它随着需求、技术和经济环境的变化而改变。同时，货币的定义不仅随着时间而变化，也会因人而异。然而，不管在哪个时期，也不管是哪种定义，货币所包含的其实就是一组金融资产或者其中的一部分。

（二）货币的本质

关于货币的本质，马克思从货币的起源出发对其作了最为精炼的表述，认为货币无非是从商品中分离出来的，固定充当一般等价物的商品，反映一定的社会生产关系。

如何理解马克思对货币本质所作的表述呢？首先，货币是商品，它与其他商品一样，具有价值和使用价值，因此，能够在交易中作为一般等价物为人所接受。其次，货币作为一般等价物，体现了一定的社会关系，即商品生产者之间的相互交换劳动的关系。

（三）电子货币的挑战

今天，随着电子技术、通信技术和信息处理技术的飞速发展，已经出现了一种新型的货币形式——电子货币。电子货币已经将几千年来以物的形式存在的货币转化为电子形式，变有形货币为肉眼看不见、摸不着的电子信号。

电子货币也称数字货币、电子现金、电子钱包、网络货币，它是以计算机通信、金融与商业专用电脑和机具等现代化科学技术为基础，通过电子信息转账形式实现的一种货币流通方式，或者说是基于现代电子技术而出现的用来取代纸币、支票的电子支付手段。

但是，在电子货币给人们带来便利的同时，也给金融学的货币理论带来了一系列的挑战。

1. 电子货币与货币主权

雷·海蒙德在《数字化商业》一书中提出了这样一个问题：如果微软公司决定以电子现金形式发行“微软美元”——不管有没有美联储的支持，你是否会因持有一些这种货币而惬意呢？你可能会的，特别是当发行公司对用这种微软美元购买微软产品进行打折时，或将其价值与其他货币的浮动汇率和股票价格联系起来时。这事实上提出了一个货币发行的主权问题。

目前，世界上大多数国家是由中央银行代表政府垄断货币发行权的，可以这样认为，中央银行之所以能够作为中央银行，之所以能够对金融加以控制，关键就在于它是发行货币的银行，垄断着货币的发行权，由此使之成为银行的银行。正是由于在控制和调节金融关系中的重要性，货币发行权往往被政府所牢牢控制，货币主权也就成了国家主权的一个重要组成部分。

现代信用货币制度下，尽管货币的种类很多，创造货币的主体也不仅仅是中央银行，信用卡集团和商业银行所发行的信用卡和存款货币，都在现实生活中被当作信用支付手段，起货币的作用，并被统计在广义货币中。但是，从信用创造的全过程来看，货币的最终发行权仍控制在中央银行手中。任何一家商业银行都不可能脱离这种关系而自我创造信用。违背这一规律，商业银行要么因信用创造过度而走向破产倒闭，要么因伪造中央银行货币而触犯法律。

电子货币还受这一规律的限制吗？或者说，电子货币还应该受这一规律的限制吗？这是一个正在引起争议的问题。

自从电子货币发展到电子钱包阶段后，它所具有的功能就大大突破了信用卡所具有的功能。它的最大特点是，可以和现金一样用于小额支付，几乎可以替代现金的一切功能，但它同时又具有大额转账的功能。这就是说，有了电子钱包，就可以取消现金的流通，电子钱包的普及，就是现金货币的退出。如果允许银行以外的其他主体发行这种电子货币，就意味着中央银行货币发行权垄断地位的动摇。

延伸阅读

从货币本质出发的货币定义——两种货币本质观

关于货币定义的争论可谓源远流长。早在19世纪中叶，英国的“通货论争”中就有两种关于货币定义的相互独立的观点：一种是“通货学派”的观点，一种是“银行学派”的观点。通货学派认为，只有金属货币及其代表——银行券才构成一国的货币，而银行券以外的其他各种信用形态都不能算作货币；银行学派则认为，不仅金属和银行券是货币，而且由于活期存款等信用形态同样发挥着交易媒介的作用，因而也应该属于货币。这是关于货币定义的第一次大争论。此后，这种争论就没有停止过。

2. 电子货币与铸币税

铸币税是指货币发行的收入。铸币税最早是指货币发行当局从货币的发行和铸造中所获得的收入，具体是指货币面值超出货币生产成本的那部分收入。

一般来说，纸币和铸币的生产成本都远远低于它的面值，所以，货币发行当局从中所获得的利润是很大的。当中央银行被授权垄断货币发行时，货币发行收入则反映在中央银行每年上缴给财政的利润和税收当中。在美国，每年大约有4 000亿美元是货币的持有者把钱无息地借给了联邦政府，即大约200亿美元的收入上缴国库，其中大部分来自纸币的铸币税。

显然,中央银行货币发行量越大,所支付的存款准备金利率越低,从中所获得的收入就越大。当电子货币取代现金流通,中央银行不再发行或很少发行货币时,它的货币发行收入就会流到新的电子货币发行者手中,这对政府和中央银行来说无疑是一个挑战。

3. 电子货币与货币安全

允许中央银行以外的其他主体发行电子货币将使电子货币在各发行者之间的通用性和最终兑付及安全性面临问题。

不同的发行者发行的电子货币,在实际流通中是否可以通用呢？如果不能,则破坏了货币流通的统一性;如果可以,则存在相互之间的债权债务的结清问题。另外,如何保证电子货币的最终清偿呢？如果电子货币的发行者违约或者破产(即使像微软公司也可能出现违约或者破产),谁来承担电子货币持有者的损失？特别是在电子货币从一个电子钱包转到另一个电子钱包的系统中,情况可能变得更为复杂。因为不清楚它是否还能够确定电子货币发行者的身份。

目前,由于电子钱包的使用尚不普遍,上述问题还不太突出。各国政府对电子钱包发行的管理也未规范化,各金融机构甚至一些非银行金融机构也在发行电子钱包,这非常像19世纪中央银行垄断纸币发行权以前的情况。

随着电子钱包的普遍使用,纸币(包括辅币)将逐步被电子货币所替代,而电子货币替代纸币,其实质和当年的纸币替代金属货币是一样的,只不过是币材的变化而已,它并不影响货币的本质以及货币职能作用的发挥。电子钱包以及类似系统的特征是,电子钱包中的价值单位脱离了银行账户而以匿名的形式流通。

4. 电子货币与货币政策

传统的货币政策是建立在中央银行对货币发行权的垄断基础之上的,电子货币已经对这一条件提出了挑战,接下来的问题就是,电子货币对传统货币政策的冲击。

首先,由于电子货币会动摇中央银行货币发行权的垄断基础,这就意味着中央银行将丧失或部分丧失对商业银行信用扩张的基础——原始货币的控制权,中央银行对货币政策的控制力就会下降。

其次,由于电子货币是以电子的速度运行,资金的清算和周转远比现在的现金支付和银行票据快,同时,由于电子货币的出现也在很大程度上导致了货币概念的变化,使货币供给量作为预示通货膨胀指标的准确性大大降低,从而加大了中央银行运作货币政策的难度。

最后,由于互联网是一个没有边界的空间,电子货币将被用于国际支付,这意味着电子货币时代的货币政策面临着新的冲击,这种冲击导致货币政策的效应将在国家间传递。因此,货币政策的国际合作就变得日益重要。

第三节　货币制度及其演进

一、货币制度及其构成要素

货币制度又称为币制,是一个国家以法律形式规定的货币流通的组织形式。从有文字的历史以来，可以发现，各个国家在货币问题方面都制定了种种法律。这些法律是国家在不同程度、从不同视角对货币所进行的控制，其意图是建立能够符合自己政策目标，并可能由自己操纵的货币制度。

货币制度的构成非常复杂，一般而言，它由以下四个要素构成：货币材料的确定；货币单位的确定；本位币与辅币的铸造、发行与流通程序；金准备制度。

（一）货币材料的确定

国家规定哪种或哪几种商品（可能是金属，也可能是非金属）作为币材，是建立货币制度的前提，也是整个货币制度的基础。哪种或哪几种商品一旦被规定为币材，即称该货币制度为该种或该几种商品的本位制，比如，确定白银为币材的货币制度，就称为银本位制；确定黄金为币材的货币制度，就称为金本位制；当政府确定金、银都是法定币材时的货币制度，就称为金银复本位制。

19 世纪末 20 世纪初，世界主要工业化国家普遍实行了金本位制，然而，到了 1930 年实际均转化为不兑现的货币制度。1970 年以后，各国的法律中都抹掉了以任何商品充当币材的规定。这就是说，币材这个在过去货币制度中最重要的构成要素，已经消失了。

（二）货币单位的确定

这包括两个方面：货币单位的名称和货币单位的“值”。

一般情况下，一国货币单位的名称往往就是该国货币的名称，如英国的货币单位名称为“英镑”，美国的货币单位名称为“美元”，中国的货币单位名称为“人民币”。

在铸币流通时代，确定币值就是确定单位货币所包含的金属重量和成色。在世界范围内黄金非货币化之后，确定币值就是如何维持本国货币与外国货币的比价。

实际上，当币材这个构成要素消失后，货币单位的确定就成了货币制度中的核心构成要素。

（三）本位币与辅币的铸造、发行与流通程序

本位币是一国的法定通货，在金属货币时代，本位币可以自由铸造，同时也允许公民自由地将铸币熔化退出流通。本位币在流通中实行“无限法偿”原则，即法律赋予它具有无限的支付能力。本位币的名义价值与实际价值必须一致。

辅币是在本位币以下的小额货币，主要用于日常交易中的零星小额支付。在金属货币流通时代，辅币一般用贱金属铸造，往往名义价值大于实际价值。辅币不允许个人自由铸造，实行“有限法偿”原则。

现代经济中的信用货币，由各国中央银行集中统一发行，强制流通，并通过国家提供的商品和劳务再回笼到银行。信用货币的发行必须遵循经济发行的原则，在流通中实行“无限法偿”原则。

（四）金准备制度

金准备制度是一国货币制度的重要内容，也是货币稳定的基础。任何一个国家的黄

金储备，都是集中由中央银行或财政部管理，作为国家发行和稳定货币的金准备。在金属货币流通时代，金准备的作用主要是：作为国际支付的准备金；作为扩大或收缩国内金属货币流通的准备金；作为支付存款和兑换黄金的准备金。

在纸币流通时代，金准备的后两种作用已经消失，但是，黄金作为国际支付的准备金职能依然存在。各国不但规定了黄金准备制度，还规定了外汇准备制度，规定黄金和外汇必须集中在中央银行或国库。

延伸阅读

人民币的产生

1947 年 7 月，中国正处于国共内战期间，解放军节节胜利，当时的各大解放区开始连成一片，中共华北财经办事处主任董必武提议，应该考虑组建中央银行，并制定统一解放区货币的措施。关于中央银行的名字，当时很多人建议用“联合银行”“解放银行”等，但晋察冀边区银行的副总经理何松亭建议采用“中国人民银行”一名，以体现人民特色，这一建议得到了中共中央的认可。

1948 年 12 月 1 日，经当时的中共中央批准，以当时的华北银行、北海银行和西北农民银行为基础，合并成立了中国人民银行，总行设在河北省石家庄市，发行在全国解放区流通的“中国人民银行券”。

为区别于以往各解放区银行所发行的地方纸币，这种纸币最初被称为“新币”“人民券”“中国人民银行券”等，直到 1949 年 6 月，才被正式定名为“人民币”。

二、货币制度的演进

货币制度通常以币材进行分类。与各个历史阶段商品经济相适应，先后出现过银本位制、金银复本位制和金本位制三种金属货币制度，最终过渡到现代的信用货币制度。货币制度的演进情况如图 1-1 所示。

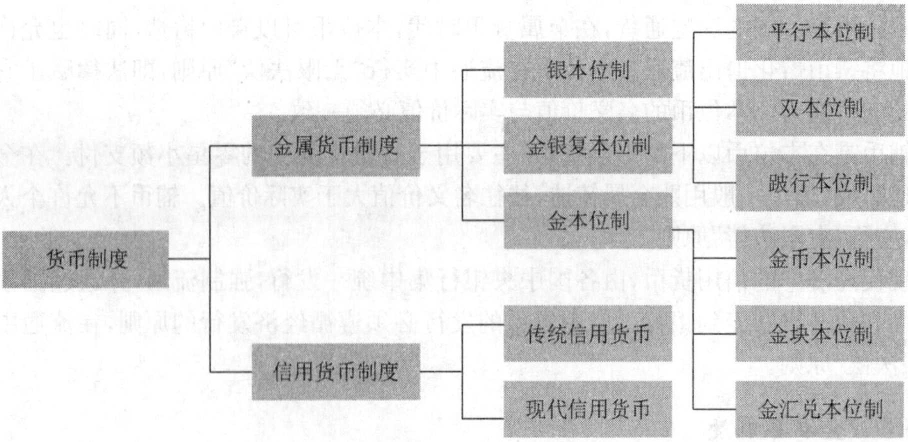

图 1-1　货币制度的演进情况

（一）金属货币制度

银本位制是指以白银作为本位币的一种货币制度，也是最早的货币制度，产生于商品经济欠发达的时期。在银本位制中，银币具有无限法偿的能力，可以自由铸造和熔化，其名义价值与实际价值相等。到了19世纪末，随着白银采铸业劳动生产率的提高，白银价值不断降低，金、银之间的比价大幅度波动，从而影响了社会经济的发展。除了中国外，其他国家先后放弃了银本位制而采用了金银同时流通的金银复本位制。

金银复本位制是指金、银两种金属同时作为本位币币材的一种货币制度。它在16～18世纪的资本主义发展初期广泛流行。在这种货币制度下，金币和银币都能自由铸造，都具有无限法偿能力。但是，由于金、银同时流通出现的金、银比价及价值尺度二重化问题，出现了劣币驱逐良币的现象。劣币驱逐良币是指由于法定比价与市场比价不一致，市价比法定价格高的金属货币在流通中的数量逐渐减少，而市价比法定价格低的货币在流通中的数量会不断增加的一种现象。最早发现这一现象的是英国经济学家格雷欣，因此，后人也把这个现象称为格雷欣定律。

金本位制是指以黄金作为本位币的一种货币制度，包括金币本位制、金块本位制和金汇兑本位制。金本位制是一种相对稳定的货币制度，在国内表现为不容易发生通货膨胀，在国外表现为外汇行市的相对稳定。在资本主义初期，金本位制度对社会经济发展发挥了促进作用，但是，到了20世纪初，黄金大量集中在少数资本主义发达国家，使其他国家货币流通的黄金经常相对缩小。产金国和集中大量黄金的国家，又把黄金集中到本国的中央银行或国库，使流通中的黄金大量减少，黄金的自由铸造和自由流通实际上已经不可能，这就使金本位制的稳定性遭到破坏。经过1930年的世界经济危机后，大多数资本主义国家先后放弃了金本位制，而代之以不兑现的信用货币制度。

延伸阅读

黄金与货币

有人说货币天然是金、银。为什么这样说呢？因为金、银具有许多其他物质无法比拟的优势条件，更适合作为固定地充当一般等价物的特殊商品——货币。

与其他曾经充当过货币的商品比较起来，金、银具有如下优势：稀有、密度大，所以，单位价值大，便于携带；质地均匀、有延展性，易于分割和铸造；具有同质性，用重量和成色即可衡量其价值；耐腐蚀、不会腐烂变质，易于保存储藏等。

早在数千年前，古人就开始大量使用黄金和白银作为主要货币。在中国，金、银条块是主要形式，在西方则是有一定形状和成色的金、银铸币。尽管如此，黄金被以法律的形式固定为货币价值的保证，则是最近几百年的事。随着商品经济的发展和信用货币的应用，1816年英国颁布了《金本位法》，标志着以黄金为主体的近代货币制度正式诞生了。该法令规定，英格兰银行以3英镑17先令10又1/2便士的价格兑换1盎司黄金，也就是1英镑等于123.274 47格令的成色为22 K的黄金，即1英镑含纯金7.322 38克。这样，英镑的价值实际上就通过黄金被以“法定含金量”的形式固定了下来。此后，许多国家都开始以黄金固定其货币的价值。

在1929—1933年大萧条的打击下，为了增加出口、摆脱危机，各国纷纷将本国货币与黄金脱钩。在竞争性贬值的"赛跑"中，金本位制度在各国完全崩溃了。直到1944年，第二次世界大战中的44个同盟国在美国新罕布什尔州的布雷顿森林华盛顿山大旅馆签署了《国际货币基金组织协定》，黄金才又以布雷顿森林货币体系的面目回到了货币制度中。

这个制度的核心是"双挂钩"，即美元与黄金挂钩，美国保证以1盎司黄金＝35美元这个官价向各国中央银行持有的美元兑换黄金；而各国则将本国货币以法定平价与美元挂钩，且不得随意变动。这个制度维持了27年，到1971年8月15日，尼克松总统宣布美元贬值，停止向各国中央银行兑换黄金，布雷顿森林货币体系宣告终结。黄金由此退出了货币领域，各国货币制度进入了无价值保证的货币符号——信用货币时代。

（二）信用货币制度

信用货币制度是指以不兑现的纸币或银行券作为本位币的一种货币制度。在这种货币制度下，纸币由政府授权中央银行发行，具有强制流通的性质。政府只是规定各种纸币的面值，不规定对金、银的比价。由于纸币不与一定的金、银保持等价关系，所以不能要求兑现。货币发行一般由中央银行控制，不再受金、银的约束。

不兑现的信用货币制度具有非常重要的意义，它意味着货币供给量不受金、银的控制，可以根据市场的需要作适当的调节；纸币不与定量的金属相联系，其外汇汇率也不受国际市场价格的影响。但是，由于人类对经济规律的认识有限，以及国家采取扩张性经济政策，也使通货膨胀问题常常困扰着各国政府和人民的生活。

延伸阅读

我国古代的货币发行

春秋战国时代，各国都各自发行本国货币，秦朝一统六合，同时也统一了货币的发行权，秦半两钱确定下来的圆形方孔的形制，一直延续到民国初期。

汉朝初期，尤其是汉文帝时，"除盗铸钱令，使民放铸"，于是"盗铸如云而起"，自由的货币发行权，不仅造成了货币的再次混乱，也让铸钱的商人大发横财。公元前113年，汉武帝收回铸币权，由中央统一铸造五铢钱，五铢钱成为当时唯一的合法货币，也从此确定了由中央政府对钱币铸造、发行的统一管理体制。历史上的纸币"交子"，也存在不过20余年，其发行权就被收归当时的中央政府。另外，由于货币基本都是贵金属，朝代更替一般并不会带来前朝货币的彻底被废除或被禁止使用的情况，也无法彻底禁止商人熔钱币、铸铜器等行为，所以虽然大多朝代都会要求收回前朝钱币而发行新钱币，但是某一时期的货币总量难以测算，很难根据经济的增长或衰退调整货币总量。

虽然金属开采不可能在短期内大幅增加，但是政府也并非完全对货币总量毫无办法，比如著名的王莽币制改革，曾强制废除五铢钱，而一比一替换为重量仅为一铢的"小泉直一"，相当于民众手中的五铢钱一下子贬值80%，而政府可发行货币总量也相当于增加了四倍。王莽的一系列币制改革导致"农商失业，食货俱废，民涕泣于市道"，为其最终的失败埋下了祸根。

资料来源：巴曙松教授为哈耶克的《货币的非国家化》所写的序言。

复习思考题

1. 货币的出现解决了交换中的哪些问题?
2. 结合某种货币,分析该货币具有的职能。
3. 如何理解马克思对货币本质所作的表述?
4. 货币制度的构成要素是什么？本位币与辅币有哪些区别?
5. 不同的货币制度各有哪些特点？如何理解“劣币驱逐良币”的现象?
6. 结合人民币和美元的发行制度,谈谈不兑现的信用货币制度具有什么重要意义?

第二章 信用与信用工具

学习目标

(1) 熟悉信用的产生和发展过程;掌握信用的含义、特征。

(2) 掌握各种信用形式及各自的特点。

(3) 掌握信用工具的含义、特征和种类。

(4) 了解信用在经济生活中发挥的重要作用。

能力目标

(1) 能够区分各种不同的信用形式。

(2) 能够对比不同信用形式的特点。

(3) 能够阐述汇票、本票的概念和特点。

案例导入

恶意透支信用卡被判刑

2012 年 8 月 3 日,王某在中国银行赣榆支行申请办理信用额度为 20 万元人民币的信用卡 1 张,正常使用一段时间后,开始刷卡套现。2014 年 6 月 3 日,王某在还款 26 000 元之后,再也无力偿还金额高达 145 395.24 元的剩余欠款。为躲避中国银行的催收短信和电话,王某更换了手机号码,自以为与中国银行失联就可以躲避掉债务。中国银行在多次联系不到王某的情况下,向公安机关报警。2017 年 8 月 3 日下午,赣榆区公安局民警通过蹲点守候,将在逃犯罪嫌疑人王某抓获归案,并交由检察机关对王某提起公诉。2017 年 9 月 20 日,经法院依法审理,认为被告王某以非法占有为目的,恶意透支信用卡,数额巨大,以信用卡诈骗罪判处被告王某有期徒刑五年,并处罚金 60 000 元;并在判决生效后十日内退赔中国银行赣榆支行经济损失 145 395.24 元。

思考:(1) 什么是信用卡?信用卡体现了哪种信用形式?

(2) 怎样合理使用信用卡?

第一节 信用的演进

一、信用的含义

信用是一种借贷行为，是以偿还和付息为条件的、单方面的价值转移，是一种价值运动的特殊形式。作为借贷行为的信用形式，表示的是债权人（贷方）和债务人（借方）之间发生的债权、债务关系，贷方把一定数量的货币或商品贷给借方，借方可以在一定时期内使用这些货币或商品，到期必须偿还，并按规定支付一定的利息。

信用关系即债权债务关系。在信用活动中，债权人出让的是使用权，并不是所有权。有借有还是其重要特征。信用是价值的单方面转移，不是对等转移，所以它是价值运动的特殊形式。

二、信用的演进

（一）信用的产生与发展

1. 信用的产生

从历史上看，人类最早的信用起始于原始社会末期。那时，由于社会生产力的发展，出现了两次社会大分工：即畜牧业与原始农业的分工；手工业与农业的分工。这两次社会大分工，使劳动生产率有了显著提高，出现了剩余的劳动产品，从而使交换日益频繁，加速了原始社会公有制的瓦解和私有制的产生。私有制的出现，造成了财富占有的不均和分化，从而出现了贫富差距。缺少生产资料和生活资料的家庭为了维持生活和继续从事生产，不得不告贷于富裕家庭，通过借贷调剂余缺，信用就随之产生了。

私有制是信用产生的基础。贷方把自己的东西借给借方使用，要求借方按期归还，并支付使用的报酬——利息。这就说明，贷方和借方是不同的财产所有者，他们之间不能无偿占有或使用对方的财产。最古老的信用形式是高利贷。

2. 信用的发展

信用活动产生以后一直采用两种形式：实物借贷和货币借贷。

最早出现的信用活动是实物借贷，即贷方把一定的实物贷给借方，借方到期以实物形式归还本金，并以实物形式支付利息。在旧中国的农村，“春借一斗秋还三斗”，就是形容当时粮食借贷的情形。在商品货币关系还不普及、自然经济占主导地位的前资本主义社会，实物借贷是一种很普遍的借贷方式。

随着生产力的发展，产品种类越来越多，实物借贷已不能满足人们的需求。货币的产生与发展克服了物物交换的困难，并逐渐在信用领域成为主要的借贷工具。货币借贷就是贷方把一定金额的货币贷给借方，借方到期用货币归还本金，并用货币支付利息。货币借贷与实物借贷相比，更能灵活地适应借贷双方的要求，克服实物借贷条件下借贷双方对于对方的严格条件限制，从而扩大借贷的范围和数量。所以，当资本主义生产关系确立并渗透到城乡经济生活的各个角落，商品货币关系在经济生活中无处不在的时候，货币借贷就取代了实物借贷，成为经济生活中的主要借贷形式。

延伸阅读

信用：从过去到现在

信用是个古老的经济范畴。如果仅从经济学意义看，信用的历史和借贷行为一样悠久，它至少可以追溯到公元前1800年。《汉谟拉比法典》是一部大约在公元前1800年左右颁发的法典，据说它包括了许多古巴比伦监管信用的条文。有证据表明，印度河谷文明可能是比巴比伦文明更古老的文明，它通过邻近的Melukha与巴比伦有交易往来。所以，人们对信用的认识和关注甚至可以追溯到公元前1800年之前。

从古巴比伦到现在，信用作为以契约为保障的、不同时间间隔下的经济交易行为，其不确定性的特征并没有发生改变。但是，从早期的借贷资本运动到现在的金融衍生工具交易，信用活动形式层出不穷，日新月异。特别是社会公众对信用的认识和态度发生了巨大变化：人们不再认为借款是对节俭美德的损害，而是把借款行为看作是用自己的才智来运作的财务杠杆；贷款者也不再将信用单纯地视为一种成本，一种需要防范的风险，而是更多地将它视为一种可以打包并买卖的有价之物。在西方，“堕落的天使”是用来比喻曾经辉煌而如今风光不再的公司，时至今日，这些公司所发行的垃圾债券又被人们看成是一种有效的经营战略。与此同时，在股票市场上，投资者对财务杠杆过低的上市公司已失去以往的兴趣，养老基金、保险公司和商业银行也都竞相为“杠杆收购”提供融资。甚至破产也已经不再令人恐惧。破产曾经被作为一种令人耻辱的、意味着事业中止的灾祸而为人们极力避免，而现在，人们普遍地接受“破产是一种合理的战略选择”的观点。许多公司利用公司法中规定的破产，将它作为一种融资发展的途径。同样地，个人如果申请破产，只要10年就可以恢复信用，而如果他能够按有关法律文件要求完成一些再偿还计划，则只需要7年即可恢复信用。

总之，在当代，人们可以交易信用，或者对它进行重新配置，使之进入储蓄部门和借款部门的结构化融资当中。这一点非常重要，它使我们今天这个时代，成为一个令信用问题专家异常兴奋而忙碌的时代。这种改变使我们注意到，信用的可交易性以及人们在观念上对信用风险的接纳，是社会经济发展的一个基础性动因。特别是人们已经认识到，当经济处于上升势头时，信用能够成为经济进一步良性发展的强大力量；而在经济衰退时，它又往往是一个巨大的隐患。

（二）信用关系产生的要素

信用关系的产生，必须具备三个基本的构成要素：

(1) 信用关系，即由借贷双方构成的债权债务关系。信用这种借贷行为的成立，至少要有两个当事人：一个是借入的债务人；另一个是贷出的债权人。由债权人与债务人构成的债权债务关系就被称为信用关系。离开了信用关系，信用就难以形成。

(2) 时间间隔，即价值作相向运动形成的时间差。商品赊销就是先有商品作单方面的价值运动，再有货币作单方面的价值运动，商品与货币的运动存在着时间间隔。没有时间间隔的适当配合，就无所谓信用。

(3) 书面契约，即保证债权债务关系确定的凭据——信用工具。债权债务信用关系的确立，可以采取口头承诺形式，也可以采取书面契约形式。口头承诺形式尽管简便、灵活，但难以维护债权人的正当权益。书面契约形式确立的信用关系，不仅可以维护债权人的正当权益，而且可以转移债权债务。没有书面契约，信用关系难以维系和发展。

第二节 信用形式

一、商业信用

（一）商业信用的概念

商业信用是最早的信用交易方式，也是现代信用制度的基础。具体来讲，商业信用是指企业之间进行商品交易时，以延期支付或预付形式提供的信用，其典型形式是销售商品的企业对购买商品的企业以赊销方式提供的信用。商业信用一般以商品和劳务的交换为载体，它具有两重性，既是借贷行为，又是买卖行为。

（二）商业信用存在和发展的基础

商品货币关系的发展是商业信用存在的客观基础。同时，买卖双方的良好信誉和相互信任为商业信用的发生提供了主观条件。商品的卖方要保证其商品在品种、数量、品质、交货的时间和地点等方面符合买方的要求，而商品的买方也必须在约定的时间按价付款。此外，产权制度体系的产生和发展也是商业信用存在的保证。

商业信用的产生和存在是十分必要的。在不同的工业企业之间，由于资本循环的周期不同，每个企业都有自身货币资金余缺的变化节奏，导致下游企业与上游企业之间的商品销售与货款支付时间往往不同，这种现象体现了产业资本循环的特点。在市场竞争激烈的情况下，下游企业为了赢得机会，借助于商业信用及时将商品销售出去，有利于再生产的延续。

商业信用对商业企业也同样具有重要意义。商业企业经营的商品数量、品种受到许多因素的制约，其中资本规模是商业企业经营与发展的重要制约因素。而借助于商业信用可以很好地克服资本规模的制约，有利于商业企业的正常经营和发展。

（三）商业信用形式

商业信用的形式可以归纳为赊销和预付两大类。赊销是指商品交易过程中，卖方的商品售出后，买方按照约定的时间、价格延后付款或分期付清货款的过程。当一个企业把商品赊销给另一个企业时，商品的所有权发生了转移，但是，商品的货款并没有立即支付，这意味着商品卖方将应收的货款贷给了买方，从而使卖方成了债权人、买方成了债务人，买卖双方形成了债权债务关系。

在市场竞争激烈、出现买方市场时，商品赊销会更频繁。此外，买方在对产品性能、质量、市场销售前景不确定时，往往要求赊销。当商品交易数量较大或买方资金不足时，赊销也会成为买卖双方合理的选择。当然，赊销行为依赖于商品卖方对买方还款能力和还款承诺的信任，因此，信用风险十分明显。其他类似的信用形式还有分期付款、延期付款等。

预付是指由买方以货币形式的信用定购卖方商品的过程。在商品定购、预付货款的过程中，买方将货币资金预付给卖方，既是买卖也是借贷，这时卖方成为债务人，买方成为债权人。预付货款是卖方市场下常见的商业信用形式，当商品供不应求或卖方资金不足时，预付货款的信贷方式被买卖双方接受。其他类似的信用形式还有预付订金等。

（四）商业信用的特点

商业信用的特点大致可以概括如下：

(1) 债权人和债务人都是商品生产者或经营者。企业与个人间的赊销预付不是商业信用，企业与银行之间、企业与政府之间都不存在商业信用。

(2) 必须与商品交易结合在一起，是信用的借贷，同时也是商品的买卖。没有以商品交易为基础的信用不是商业信用，企业之间的货币借贷也不属于商业信用的范畴。

(3) 商业信用直接受实际商品供求状况的影响。一般来讲，当实际商品供过于求时，商品供应者为了产品能及时销售出去，会更多地以赊销、分期付款等相对优惠的销售方式卖出产品，或者寻求更多的代理销售商委托代销；当实际商品供不应求时，商品生产者可能会为自己的产品销售提出更有利于自己的条件，如要求预付货款(或定金)。

(4) 具有自发性、盲目性、分散性的特点。商业信用赖以生存的自然基础是社会化大生产。只要存在着社会化大生产，商业信用就会以不同的形式自发地表现出来。商业信用的这种自发性必然导致它的盲目性和分散性。

（五）商业信用的作用

(1) 商业信用可以调剂企业之间的资金余缺，提高资金使用效益，节约交易费用；商业信用是创造信用流通工具的最简单的方式，因而是企业解决流通手段不足的首选方式。因此，就企业之间的信用活动而言，商业信用是基础。

(2) 商业信用直接为商品生产和流通服务，保证生产和流通过程的连续顺畅，加速了商品的流通，促进了商品经济的发展；同时，供求双方直接见面，有利于加强企业之间的横向经济联系，协调企业之间的关系，促进产需平衡。

(3) 商业信用的合同化(或票据化)，使自发的、分散的商业信用有序可循，有利于银行信用参与和支持商业信用，强化市场经济秩序。

（六）商业信用的局限性

虽然商业信用在调节企业之间的资金余缺、提高资金使用效益等方面发挥着巨大的作用，但它存在着以下的局限性：

(1) 方向有一定限制。商业信用是企业之间发生的、与商品交易直接相联系的信用形式，一般都在贸易伙伴之间建立，往往是生产部门向需求方提供，受商品流转方向的限制，一般来说是上游产品企业向下游产品企业提供信用，所以商业信用的方向受到限制。

(2) 产业规模的约束性。商业信用所能提供的商品或资金是以产业资本的规模为基础的。一般来说，厂商的产业资本规模越大，其所能提供的商业信用的规模也就越大；反之，就越小。商业信用的最大作用不外乎对产业资本的充分利用，因此，它最终无法摆脱产业资本的规模限制。

(3) 融资期限的短期性。商业信用提供的主体是工商企业，工商企业的生产和经营要循环往复地进行下去，其资金就不能长期被他人占用，否则，就有可能使生产中断。

(4) 信用链条的不稳定性。商业信用是由工商企业相互提供的，可以说，一个经济社会有多少工商企业就可能有多少个信用关系环节。如果某一环节因债务人经营不善而中断，就有可能导致整个债务链条的中断，引起债务危机的发生，甚至会冲击银行信用。

(5) 增加了政府宏观调控的难度。商业信用是企业间自发分散进行的，国家难以直接控制和掌握它的规模和发展方向，当货币政策当局估计不足时，易造成过多的货币投放，引起信用膨胀；而当货币政策当局估计过高时，易造成货币投放不足，引起通货紧缩。

由于上述局限及商业信用自发性、分散性、盲目性的特点，所以商业信用不可能从根本上改变社会资金和资源的配置与布局，从而广泛满足经济资源的市场配置和合理布局的需求。因此，商业信用虽然是商品经济社会的信用基础，但终究不能成为现代市场经济信用的中心和主导。于是，在经济发展过程中又出现了另一种信用形式，即银行信用。

延伸阅读

商业信用在中国

赊销赊购的商业信用，在东西方都是很古老的信用形式。在中国，工商企业之间的商业信用，习惯上不是使用规定形式的票据，而是采取"挂账"的办法，即在账簿上记载债权债务关系。这是由在封建主义长期束缚下商品货币关系发展迟缓所决定的。1929 年，国民党政府颁布了票据法，明确规定商业票据是法定的票据之一，对商业信用较大规模的发展有所推动。

新中国成立之后，由于实施高度集权的中央计划管理体制，因而取消了商业信用，到 20 世纪 70 年代末在实施改革开放的方针政策之后才得以恢复。但是，直到 20 世纪 90 年代初，中国的商业信用依然很不规范，没有得到显著发展。1995 年 5 月 10 日，《中华人民共和国票据法》(2004 年 8 月 28 日修改)颁布。新票据法明确规定了在商业票据开出与使用过程中各当事人的权利与义务，规定了商业票据必须记录的条款。新票据法的实施，对中国商业信用的规范化发展起到了推动作用。

二、银行信用

(一) 银行信用的概念

银行信用是指银行或其他金融机构通过货币形式，以存放款、贴现等多种业务形式与国民经济各部门进行借贷行为的一种信用形式。

银行信用是在商业信用基础上发展起来的一种更高层次的信用，它和商业信用一起构成经济社会信用体系的主体。

（二）银行信用的特点

(1) 银行信用的主体与商业信用不同。银行信用不是一般企业之间相互提供的信用。银行信用的债务人是企业、政府、家庭和其他机构，而债权人则是银行及其他金融机构。

(2) 银行信用的客体是单一形态的货币资本。银行信用的这两个特点使它能较好地克服商业信用的局限。一方面，银行信用能有效地集聚社会上的各种游资，它可以集聚企业再生产过程中游离出来的暂时闲置的货币资本，还可以集聚货币所有者的货币资本，并可以把社会各阶层的货币储蓄也转化成资本，形成巨额的借贷资本，从而克服了商业信用在数量上的局限性；另一方面，银行信用是以单一的货币资本形态提供的，可以不受商品流转方向的限制，能向任何企业、任何机构、任何个人提供银行信用，从而克服了商业信用在提供方向上的局限性。

(3) 银行信用是一种中介信用。银行信用活动的主体是银行和其他金融机构，但它们在信用活动中仅充当信用中介。一方面，银行向商品生产者提供的货币资本绝大部分并非银行所有，是通过吸收存款、储蓄或借贷方式从社会其他各部门、各阶层取得的；另一方面，银行作为闲置资本的集中者又并非最终使用者，它必须通过贷款或投资运用到社会再生产的需要方面。从这个意义上说，银行只是货币所有者和使用者的一个中介，起联系、沟通或桥梁的作用。

(4) 银行信用与产业资本的动态不完全一致。银行信用是一种独立的借贷资本的运动，它有可能与产业资本的动态不一致。例如，当经济衰退时，会有大批产业资本不能用于生产而转化为借贷资本，造成借贷资本大量增加。

银行信用的上述特点，使它在整个社会信用体系中处于核心地位，发挥着主导作用。商业信用也越来越依赖于银行信用，银行的票据贴现、抵押等业务将分散的商业信用集中统一为银行信用，为商业信用的进一步发展提供了条件。同时银行在商业票据贴现过程中发行了稳定性强、信誉高、流通性强的银行券，创造了适应全社会经济发展的流通工具。

（三）银行信用形式和信用工具

存款是银行与存款人之间的主要信用形式之一。存款是商业银行对存款人的负债，银行应履行还本付息的义务。贷款也是银行信用的一种主要形式，贷款是商业银行提供给借款人的信用，能够取得贷款表明一个法人或自然人获得了信任。其他银行信用形式还有信托、代理、承兑、保管等。

银行的信用工具包括支票、汇票、本票等票据以及信用证、银行卡、开立信用账户等。

（四）银行信用的作用

(1) 银行信用的出现，减少了商品和货币的流通费用，有利于提高货币流通速度。银行信用明显缩短了商品流通时间，从而节省了商品流通费用。同时，随着商业银行的业务创新和信用工具创新，转账结算方式代替了现金结算，大大减少了与现金流通相关的费用。

(2) 银行信用对生产规模的扩大有明显的促进作用。银行信用突破了商业信用的规模限制，信用资本规模的扩大，有效地促进了工业资本和商业资本的迅速膨胀。

(3) 银行信用是宏观经济调控的重要手段。银行信用的规模大，相对于商业信用而言，银行信用的资金更为集中，有利于政府通过行政的或经济的手段进行调节和控制。比如通过货币政策的制定，可以调整银行信用规模，以影响国民经济发展速度和经济发展水平的波动幅度。

三、国家信用

（一）国家信用的概念

国家信用是指以国家为主体筹措或运用资金的一种信用形式。国家信用活动包括两方面内容：一方面，国家可以作为债务人通过发行债券等手段筹集资金，是国家信用的主要形式；另一方面，政府可以作为债权人向特定的经济主体提供信用，这是财政资金使用的一种特殊形式。

国家作为债务人筹集资金的基本形式主要有三种：一是由国家发行政府债券，包括国库券和公债券。国库券是政府为了解决短期预算支出的不足而发行的期限在 1 年以下的债券。公债券则是为弥补长期的财政赤字而发行的期限在 1 年以上的长期债券。二是由政府发行专项债券，即政府特为某个项目或工程发行的债券。三是向银行透支或借款。其中最主要的形式是国家发行国库券和公债券。表 2-1 说明了一些国家政府债务占 GDP 比例的状况。

表 2-1 政府债务占 GDP 的比例

国家	1980 年	1985 年	1990 年	1995 年	2000 年	2005 年	2010 年	2015 年	2017 年
加拿大	45.63%	66.87%	75.19%	101.60%	82.13%	71.61%	83.95%	91.50%	89.60%
中国	—	3.31%	6.95%	6.14%	16.44%	17.64%	33.83%	43.90%	47.60%
法国	20.73%	30.59%	35.21%	55.41%	57.40%	66.67%	82.32%	96.10%	97.00%
德国	31.25%	40.69%	42.25%	55.60%	60.18%	68.62%	83.24%	71.20%	64.10%
意大利	56.08%	80.53%	94.65%	121.55%	108.51%	105.43%	118.43%	132.70%	131.80%
日本	47.08%	67.66%	68.04%	92.43%	142.06%	191.64%	220.00%	229.20%	253.00%
英国	46.16%	49.51%	38.41%	51.23%	41.03%	42.51%	75.50%	89.20%	85.30%
美国	41.87%	55.45%	63.14%	70.67%	54.52%	61.79%	95.19%	104.20%	105.40%

资料来源：国际货币基金组织网站。

（二）国家信用的特点

(1) 国家信用是公共信用，体现的是政府行为。就公债而言，政府或政府机构为债务人，购买债券的法人和自然人是债权人。

(2) 国家信用的本质是国家利用信用关系对社会产品和国民收入的再分配，所以国家信用是为宏观经济目标服务的，不以营利为目的。政府通过国家信用工具筹集的资金主要用于弥补财政赤字或用于政府的各项支出，包括教育支出、基础设施和公用事业建设、社会福利支出等。

(3) 国家信用以政府的财富和权力作为信用保证，信用关系十分稳定。同时，由于国家信用的债务人涉及社会各个方面，一旦信用规模失控，可能危及国家的金融安全，所以国家信用规模的控制要十分谨慎。

值得注意的是，以发行公债为主要形式的国家信用与银行信用之间存在着密切的联系。一方面，银行通过代理发行或直接购买政府债券为国家信用提供支持。另一方面，国家信用与银行信用之间在数量上有内在联系。在一定时期内，货币供给总量是相对稳定的，国家信用在数量上的增加会引起银行信用的相对减少，反之亦然。

(三) 国家信用的作用

(1) 调节财政收支的短期不平衡。国家财政收支出现短期不平衡是常见的情况，即使从整个财政年度看，财政收支是平衡的，但由于财政收入与支出发生时间不一致，也会出现收支矛盾。为了解决这种年度内的暂时不平衡，国家往往通过发行国库券来解决。

(2) 弥补财政赤字。由于种种原因，很多国家政府预算经常出现赤字。一般来说，弥补财政赤字有三种基本方法，即增加税收、向银行借款或透支、发行政府债券。其中，增加税收会受到限制，因为税收过多会影响企业的生产积极性，会遭到纳税人的反对；向银行借款或透支，如果是在银行资金来源不足的情况下进行，只能造成扩大货币供给以满足财政需要，结果必然导致通货膨胀、物价上涨。从目前看，弥补财政赤字的最好方法是发行政府债券，但应注意债券的规模、期限等。

(3) 调节经济与货币供给。许多国家中央银行调控货币供给的主要手段是在公开市场上卖国债，而公开市场操作的有效性需以一定规模的国债及其不同期限的国债合理搭配为前提条件。因此，国家信用成为中央银行调节货币供给的前提。

四、消费信用

(一) 消费信用的概念

消费信用是指企业或金融机构向消费者个人提供的、用来满足其消费需求的一种信用方式。现代经济中的消费信用，是与商品和劳务，特别是住房和耐用消费品的销售紧密联系在一起的。其实质是，通过赊销或消费贷款等方式，为消费者提供提前消费的条件，促进商品的销售和刺激人们的消费。

(二) 消费信用的方式

现代市场经济的消费信用方式多种多样，具体可归纳为以下几种主要类型：

(1) 赊销。它是指卖方向买方提供商品和服务，买方按照约定的时间和价格在获得商品和服务之后再行付款的一种消费信用方式。在消费信用中,赊销的当事人双方一方是消费者,另一方是提供商品或服务的法人或自然人,没有中介机构介入。赊销多用于耐用消费品的购买和消费。

(2) 分期付款。它是指商品销售者提供给消费者的一种消费信用方式,本质上属于赊销的范畴。具体做法是消费者与商品销售者先签订分期付款合同,然后由销售者先交付商品,再由消费者在规定的时间内根据合同要求分期偿付货款,在货款付清之前,商品所有权属于企业。分期付款方式多用于购买耐用消费品,是一种中期消费信用形式。

(3) 消费信贷。它是指银行或其他金融机构以信用放款或抵押放款的方式对消费者发放贷款的一种消费信用方式。消费信贷属于中长期信用,是消费信用的主要形式。其中,信用贷款不需要抵押或保证,抵押贷款通常需要消费者以其所购商品作为消费信贷的抵押品。

以银行为中介的消费信贷是消费信用的较高级形式。在银行的参与下,发展出灵活多样的消费信贷方式。一种方式是由商业银行或金融机构直接向消费者提供贷款,借贷双方签订贷款合同,到期后由消费者还本并支付利息。另一种方式是以商业银行为中介的分期还款消费信贷方式,消费者在购买耐用消费品时,按照规定比例支付一部分货款,其余部分在一定时间内分期偿还,多用于耐用消费品,如汽车、住宅等。

信用卡是现代消费信用的重要信用工具。信用卡透支消费是发卡银行向持卡人提供的短期消费信贷。持卡人在使用信用卡的过程中,可以在规定的限额内透支,并按时归还透支额和支付利息。

(三) 消费信用的作用

消费信用是一种刺激消费需求的方式,也是促进生产发展的手段。第一,消费信用可以扩大商品销售,减少商品积压,促进社会再生产;第二,消费信用可以为银行资本寻找出路,提高资本的使用效率,改善社会消费结构;第三,消费信用可以促进新技术的应用、新产品的推销以及产品的更新换代。

需要注意的是,在生产能力受限的情况下,如果消费信用需求过高,就有可能形成市场供求紧张的状态,进而导致物价上涨。

消费信用与商业信用、银行信用并没有本质区别,从操作层面上看,消费信用与商业信用、银行信用往往交织在一起。消费信用与商业信用、银行信用的区别在于授信目的和授信对象不同。消费信用的授信目的是满足消费者对消费品的需求,授信对象是普通消费者,即个人或家庭。

五、国际信用

国际信用是指跨国的借贷活动,即债务人和债权人不是同一个国家的居民。国际贸易与国际经济交往的日益频繁,使国际信用成为进行国际结算、扩大进出口贸易的主要手段之一。国际信用主要有以下几种形式。

1. 国外商业性借贷

国外商业性借贷的基本特征是资金输出者与资金使用者之间构成借贷关系。国外商业性借贷的具体形式繁多，归纳起来可分为以下几种：

(1) 出口信贷。它是指出口国政府为支持和扩大本国产品的出口、提高产品的国际竞争能力，通过提供利息补贴和信贷担保的方式，鼓励本国银行向本国出口商或外国进口商提供的中长期信贷。其特点是：①附有采购限制，只能用于购买贷款国的产品，而且都与具体的出口项目相联系；②贷款利率低于国际资本市场利率，利差由贷款国政府补贴；③属于中长期信贷，最长不超过10年。

根据补贴和贷款的对象不同，又可分为卖方信贷和买方信贷两种。卖方信贷是指出口方的银行或金融机构对出口商提供的信贷。买方信贷是指由出口方的银行或金融机构直接向进口商或进口方银行或金融机构提供贷款的方式。

(2) 国际银行信贷。它是指进口企业或进口方银行直接从外国金融机构借入资金的一种信贷形式。这种信贷形式一般采用货币贷款方式，并事先指定了贷款货币的用途。它不享受出口信贷优惠，所以贷款利率要比出口信贷高。在遇到大宗贷款时，国际金融市场往往采取银团贷款方式以分散风险。

(3) 国际市场信贷。它是指由国外的一家银行或几家银行组成的银团帮助进口国企业或银行在国际金融市场上通过发行中长期债券或大额定期存单来筹措资金的信贷方式。随着国际金融市场的一体化，这种方式愈来愈普遍。

(4) 国际租赁。它是指各国家之间以实物租赁方式提供信用的新型融资形式。根据租赁的目的和投资回收方式，可将其分为融资租赁和经营租赁两种形式。融资租赁是指出租人应承租人的要求，出资购买其所需要的设备，并一次性出租给承租人，租约期满后回收全部投资的租赁方式。这里的出租人一般是银行或金融机构，主要为承租人融通资金。经营租赁是指出租人将自己的设备和用品向承租人反复多次出租的租赁方式。这里的出租人多为工商企业，出租设备多为自己的闲置或利用率不高的设备。这种租赁方式一般要多次出租才能收回全部设备投资。

(5) 补偿贸易。它是指外国企业向进口企业提供机器设备、专利技术、员工培训等，待项目投产后进口企业以该项目的产品或按合同规定的收入分配比例清偿债务的信贷方式。它实质上是一种国际商业信用，在发展中国家得到了广泛使用。具体可将其分为三种主要类型：一是回购方式，即进口企业用引进机器设备生产的产品分期偿还贷款本息或设备价款的方式；二是互购方式，即授信方不需要受信人引进设备生产的产品，但可以由受信人分期供应其他产品作为补偿的方式；三是劳务补偿，即进口企业以向授信方提供劳务的方法分期偿还进口设备款项的方式。它是与加工装配相联系的一种补偿贸易。

(6) 国际金融机构贷款。它是指国际金融机构对会员国的贷款，主要包括国际货币基金组织、世界银行及其附属机构——国际金融公司和国际开发协会，以及一些区域性国际金融机构提供的贷款。这些机构的贷款大多条件优惠，主要目的是促进成员国长期经济发展和国际收支状况的改善。

2. 国外直接投资

这是一国资本直接投资于另一国企业，成为企业的所有者或享有部分所有权的一种资本流动形式。一般包括一国的投资者到另一国进行股权式的投资，一国的投资者到另一国进行契约式合营，以及一国的投资者到另一国进行独资经营等几种情况。

国外直接投资中的股权式的投资，既涵盖于信用范畴，又不等同于简单借贷。至于非股权式的投资，则明确不属于借贷资本运动的形态。但是，投资一旦跨出国界，就立即构成国家与国家之间债权债务总体中的一部分。因此，包括直接投资的国际资本流动均概括在国际信用范畴之内，而国外直接投资也就被视为国际信用的一种形式。

3. 我国对国际信用的利用

改革开放以后，我国适度地发展和利用国际信用。对外国直接投资实行鼓励政策，对外债规模严格控制，积极有序地推进资本市场对外开放，防范国际资本流动的冲击。从表2-2可以看出我国近年来外债总额的总体变化趋势。实践证明，合理利用国际信用有利于推动我国经济的持续快速增长。

表2-2 我国2016年6月至2018年6月外债余额表 单位：亿美元

时间	2016年6月末	2016年9月末	2016年12月末	2017年3月末	2017年6月末	2017年9月末	2017年12月末	2018年3月末	2018年6月末
外债余额	13 546	13 974	14 158	14 330	15 579	16 751	17 106	18 435	18 705

资料来源：国家外汇管理局网站。

六、民间信用

民间信用泛指非官方信用，包括民间的货币和实物借贷、民间的商业信用、民间的“合会”等，尤指民间货币的借贷。民间信用在中国有几千年的历史，过去，主要是用于解决非生产性融资；现在，开始转向生产性融资。

在中国，民间信用有如下几个特点：

(1) 民间信用主体是独立从事商品生产经营活动的个体或组织，以及一般家庭消费者。

(2) 民间信用一般限制在有限的社区范围之内，借贷双方大多具有亲友、邻里或生意伙伴等社会关系。

(3) 民间信用的期限一般比较短，主要用于生产和生活急需资金。

(4) 民间信用的利率随行就市，明显高于银行利率。

(5) 由于民间信用是一种自发的、分散的借贷活动，监管当局难以有效监督管理，其风险较大。

第三节 信用工具

一、信用工具的含义与特征

信用工具最早的形式是口头承诺或口头协议。由于口头达成的承诺、协议是无形的，对双方都无约束，有较大的道德风险，时常发生毁信失约的情况，于是人们将债权债务关系用记账的方式反映在账簿上，即记账的信用形式。人们又创造出书面信用工具，将借贷双方的权利和义务反映在具有一定格式的书面凭证上，明确偿还日期和偿还金额，又经过一定的法定程序，能有效地约束双方的行为，并且由于其具有规范性，而便于流通转让。

这种具有一定格式，并可载明债权债务关系的书面凭证，叫作信用工具，也称作金融工具。任何信用工具都具有双重性质：对出售者和发行人，它是一种债务；对购买者或持有人，它是一种债权或金融资产。

每种信用工具有各自的特点，但从整体上看，信用工具一般有以下共同的特征。

1. 偿还性

偿还性是指信用工具的发行者或债务人按期归还全部本金和利息的特性。信用工具一般都注明期限，债务人到期必须偿还信用凭证上所记载的应偿付的债务。如一张标明3个月后支付的汇票，其偿还期为3个月；5年到期的公司债券，偿还期为5年等。

信用工具的偿还期是一个相对的概念，不同的人对偿还期有不同的认识。债务人所关心的是信用工具从发行到期满的全部期限，而债权人关心的则是他在接受信用工具时离偿还期还有多久。例如，某厂商2015年在市场上发行一种为期5年(2020年到期)的债券，该厂商关心的是这5年时间；而2018年有人买进这种债券时，买者所关心的则是2018—2020年这两年时间，对他来说，偿还期是2年，而不是5年。

虽然信用工具一般都有偿还期，但是也存在特例，如股票只支付利息，不偿还本金，因此，它是没有偿还期的。但是实际上，由于有价证券可以买卖转让，对持有者来说，就可以化无期为有期，化长期为短期。所以，作为所有权证书的股票也可视为长期信用工具。

2. 流动性

流动性是指信用工具可以迅速变现而不致遭受损失的能力。信用工具一般都可以在金融市场流通转让。信用工具的流动性大小包含两个方面的含义：一是能不能方便地随时自由变现；二是变现过程中损失的程度和所耗费的交易成本的大小。凡能随时变现且不受损失的信用工具，其流动性较大；凡不易随时变现，或变现中蒙受价格波动的损失，或在交易中要耗费较多的交易成本的信用工具，其流动性较小。这样看来，中央银行发行的纸币和商业银行活期存款具有最充分的流动性，政府发行的国库券也具有较强的流动性。而其他信用工具在短期内不易脱手，或者变现时受市场波动影响要蒙受损失，又或者是交易过程中要耗费相当多的交易成本。一般来说，流动性与偿还期成反比，偿还期越短，流动性越大，偿还期越长，流动性越小；而与债务人的信用能力成正比，债务人信誉越高，流动性越大，反之则越小。

3. 安全性

安全性又称风险性，是指信用工具的本金遭受损失的可能性。信用本身就包含有风险因素，买卖信用工具也就不可避免地存在一定的风险，这种风险主要有两类：一类是债务人不按期还本付息的履约风险，又称为违约风险。违约风险取决于债务人偿还债务的能力和偿还债务的意愿两个方面。另一类是市场风险，即因市场利率上升导致金融工具市场价格下跌的风险。利率下跌，证券价格就会上涨；反之，利率上升，证券价格就可能下跌。当证券价格下跌时，卖出证券就会亏损。

一般来说，安全性与偿还期成反比，偿还期越长，安全性就越低，风险也就越高；反之，偿还期越短，安全性就越高，风险也就越低。流动性越高的金融工具，安全性就越高，风险也就越低；反之，流动性越低，安全性就越低，风险也就越高。

4. 收益性

收益性是指信用工具能够定期或不定期地为其持有人带来收益的特性。收益的大小是通过收益率来反映的。收益率是净收益对本金的比率。收益率一般有三种表示方法：

一是名义收益率，即信用工具的票面收益与票面金额的比率。例如，某种债券票面金额为100元，期限为10年，每年利息为6元，其名义收益率就是6%。

二是当期收益率，即信用工具的票面收益与其市场价格的比率。如上述债券某日的市价为95元，则即期收益率为6.316%(6÷95)。

三是实际收益率，即将当期收益和本金损益共同计算在内的收益率。比如一个人以95元买入该债券并持有至到期，那么，他每年除了得到利息6元外，还获得资本盈利0.5元(5÷10)。这样，他每年的实际收益就是6.5元，其实际收益率为6.84%。在不考虑资金时间价值的情况下，用公式表示如下：

$$\begin{aligned}\text{实际收益率} &= \text{净收益} \div \text{市场价格} \times 100\% \\ &= (\text{年票面利息} + \text{年均资本损益}) \div \text{市场价格} \times 100\%\end{aligned}$$

如果考虑资金时间价值，则需将资本利得5元，分摊到持有期间，即计算年金问题。每年平摊的资本利得是$5 \div (F/A, 6\%, 10) = 5 \div 13.180\,8 = 0.379\,3$。每年的收益是利息6元和资本利得0.379 3元，所以，实际收益率$=6.379\,3 \div 95 \times 100\% = 6.72\%$。

一般而言，信用工具的持有期与收益率成正比。持有期越长，收益率就越高，也就是说，长期信用工具的收益率比短期信用工具的收益率高。

信用工具的流动性与收益率成反比。流动性越高，收益率就越低；反之，收益率就越高。活期存款的流动性最高，所以它的收益率也就最低。

信用工具的风险与收益率成正比。风险越大，投资者所要求的收益率也就越高。不知名企业的债券利率要比微软这样的知名大企业的债券利率高很多，原因就是其投资风险大。

二、信用工具的种类

（一）信用工具种类的划分

1. 按发行者是否需要中介机构来划分，可分为直接信用工具和间接信用工具

直接信用工具是指那些不需要金融机构作中介，由企业、个人或政府所发行和签发的融资工具，如商业票据、公司债券、政府债券、抵押契约等，这些信用工具都是债权人和债务人在金融市场上直接进行借贷和交易的工具。

间接信用工具是指由金融机构所发行的银行券、存单、人寿保险单、各种借据、银行票据等融资工具。

2. 按融资的时间来划分，可分为长期信用工具、短期信用工具和不定期信用工具

长期信用工具也称为资本市场信用工具，是指期限在1年以上的中、长期资金借贷和证券交易的工具。如银行中、长期贷款工具以及债券等。

短期信用工具也称货币市场信用工具，是指1年以内的各种借贷和融通资金的工具。如国库券、可转让大额定期存单、银行承兑票据、回购协议等。

不定期信用工具是指没有规定信用关系存续期限且可长期循环使用的工具，如银行发行的银行券、纸币。

3. 按是否拥有所投资产的所有权划分，可将信用工具分为债务凭证和所有权凭证

债务凭证表明发行者对持有者的负债，到期必须对持有者还本付息。

所有权凭证是指持有者获得了一定资产的所有权而非债权，所以无权索要本金，但有权通过出售证券收回本金的信用工具。所有权凭证只有股票一种。

（二）几种典型的信用工具

1. 汇票

汇票是指由债权人发给债务人，命令其支付一定款项给第三者或持票人的支付命令书。由于汇票是由债权人发出的，因此，必须经债务人承兑后才能进入流通。汇票的基本当事人有三个，即出票人、付款人和收款人。

汇票包括商业汇票和银行汇票两种。商业汇票是指企业之间在赊购赊销商品时，由赊销方（债权人）向赊购方（债务人）或其委托银行发行的票据，它要求赊购方或其委托银行签章承兑，承认在汇票到期日付款给赊销方或持票人。承兑后的汇票称为承兑汇票，由赊购方自己承兑的汇票称为商业承兑汇票，由赊购方委托银行承兑的汇票称为银行承兑汇票（见图 2-1），银行汇票是指银行承办汇兑业务时发出的票据。商业承兑汇票的处理流程如图 2-2 所示。

票　样

银行承兑汇票

出票日期 贰零零陆 年 壹拾贰 月 壹拾玖 日　　9000000000507

出票人全称	深圳市天音通信发展有限公司	收款人	全　称	广东物资燃料有限公司
出票人账号	1802014140001784		账　号	0301014170012347
付款行全称	深圳分行		开户银行	广州
出票金额	人民币（大写）　壹万元整		亿千百十万千百十元角分	¥1000000
汇票到期日	贰零零柒年零陆月零壹日	付款行	行号	1802
承兑协议号			地址	深圳市
本汇票请你行承兑，到期无条件付款。 出票人签章		本汇票已经承兑，到期日由本行付款。 承兑行签章 备注：		复核　　记账

图 2-1　银行承兑汇票票样

2. 本票

本票又称期票，是指债务人向债权人开出的，以出票人本人为付款人，承诺在一定期限内偿付欠款的支付保证书。票面上注明支付金额、还款期限和地点，其特点是见票即

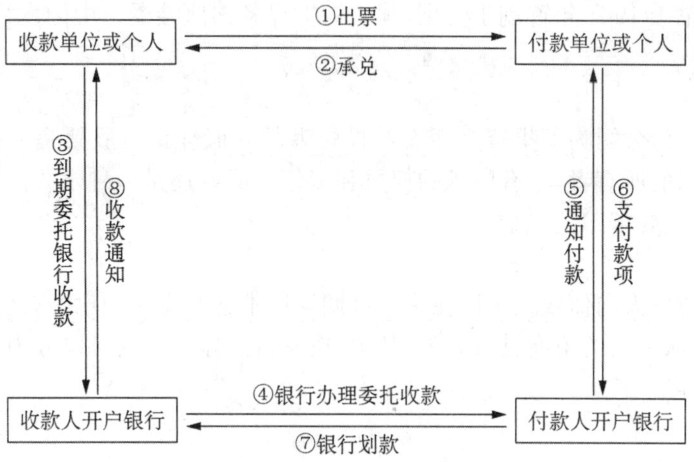

图 2-2　商业承兑汇票流程

付，无需承兑。本票的基本当事人有两个，即出票人和收款人。

按出票人的身份不同，本票可分为商业本票和银行本票；按收款人的不同，本票可分为记名本票和不记名本票；按付款期限不同，本票可分为即期本票和远期本票。

本票可以流通转让，有交付转让和背书转让两种方式。交付转让是指出让人将票据交付给受让人即可，如不记名本票和空白背书票据的转让，这种转让的受让人无追索权。背书转让是指出让人必须在票据背面记载受让人名字、背书年月日，并在后面签字，交付给受让人的转让。

3. 支票

支票是指存款户签发，要求银行从其活期存款账户上支付一定金额给指定人或持票人的凭证。支票的基本当事人有三个，即出票人、付款人和收款人。

支票按支付方式可分为现金支票和转账支票，现金支票可以从银行提取一定现金，转账支票则只能用于对存款户进行转账结算。按是否记载收款人姓名，可分为记名支票（或抬头支票）和不记名支票。按出票人的不同，可分为公司支票和个人支票。

4. 信用证

信用证有商业信用证和旅行信用证两种。商业信用证是指在贸易活动中，开证银行以自己的信用作付款保证，保证本国进口商有支付能力的书面凭证。旅行信用证是指银行为方便旅行者在国外支取款项所开出的信用凭证。

5.信用卡

信用卡是指银行或专业公司，对具有一定信用的顾客（消费者）所发行的一种赋予信用的证书。需要使用信用卡的消费者一般要向银行或经办公司提出申请，经审查合格后取得。信用卡的持卡人可在当地或外地指定的商店消费、旅店投宿等。消费时，凭卡签字和支付费用，无须支付现金，也可以在银行提取一定限额的现金。到一定时期，由发卡银行向持卡人和各家特约机构进行结算。

6. 可转让存单

可转让存单是定期存款的凭证，一般不记名，金额大而且固定，期限一般为 3～6 个月。可转让存单于1961年首创于美国，很快为世界各国所接受。中国发行的可转让存单多为1年期。

7. 股票

股票是指股份公司为筹集资金而发给投资者的入股凭证。股票是一种所有权证券，持有人作为公司的所有者，享有股东的权益和责任。股票还是一种永久性证券，可以转让和抵押，但是不能要求归还本金。

8. 债券

债券是指债务人向债权人承诺在指定日期偿还本金并支付利息的有价证券。债券的种类很多，可以从不同的角度进行分类，其中，按发行主体的不同可以分为政府债券、公司债券和金融债券。

第四节 信用与经济

一、信用对生产的影响

（一）加速资本集中和资本积累

在国民经济运行过程中，客观上会同时出现货币资金的暂时闲置和临时需要两种情况。两者之间既相互矛盾又相互联系、相互衔接。信用活动可以把社会经济运行中众多分散的小额货币变成庞大的社会资本，并将其投入到需要追加资本的个别企业中去，将消费资本转化为生产资本，将短期资本转化为长期资本，满足经济建设的资本需要，促进经济发展。信用关系在动员社会储蓄，降低投资风险，实现规模经济，提高投资效率等方面发挥着巨大的作用。信用关系之所以能够动员储蓄，原因在于信用关系动员资本具有自愿性和有偿性；信用关系之所以能够降低投资风险，实现规模经济，原因在于投资者对风险和效益的评估水平要大大高于储蓄者——资本贷出者的评估水平。

（二）加速资本周转，节约流通费用

信用能使各种闲置资本集中起来并投放出去，使大量原本处于相对静止状态的资本运动起来，这对加速整个社会资本周转，无疑起到了重要作用。信用方式及信用工具的广泛使用，还能节约大量的流通费用，增加生产资本投入。这是因为：第一，利用信用工具代替现金，通过银行转账划拨互相抵销债权债务，或通过商业票据、银行票据、信用卡等信用工具进行结算，可以节约流通费用，减少货币需要量，同时可以节约印制货币所需的纸张、印刷、发行、调运、保管等费用；第二，信用能缩短商品流通时间，加速商品价值的实现，加速资本周转，加速资本形态的转化，加快社会再生产的进程，从而促进经济快速发展。

（三）促进利润的平均化

在市场经济体系中，资本总是从利润低的部门向利润高的部门转移，最终实现利润率

平均化。信用通过积累、集中和再分配社会资本，按照市场经济规律，将资本从使用效益差、利润率低的项目、企业、行业和地区转向使用效益好、利润率高的项目、企业、行业和地区，使前者资本减少，后者资本增加，结果使前者的资本利润率有所上升，后者的资本利润率有所下降，促使全社会各生产部门之间利润率逐步平均化。

二、信用对消费的影响

（一）调剂消费，满足居民超前消费的需要

一个家庭在一定时期内收入总额减去支出总额的差额就是储蓄。以一个家庭为例，可能出现三种情况：第一，无储蓄者，其本期收入和本期消费恰好相等；第二，储蓄者，其本期消费小于本期收入；第三，负储蓄或动用上期储蓄，其本期消费超过本期收入。有的家庭和个人重视现时的消费，而另一些家庭和个人则对未来的消费看得更重，这样就会遇到货币收入和消费需要的矛盾，有必要对这两种消费者的消费进行调剂，使两者都感到满意，提高消费效用。在没有信用存在的情况下，现在消费和未来消费相互调剂的可能性是很小的。但是由于信用的存在，那些对现在消费不太重视的家庭和个人，可以将其收入的一部分以储蓄的形式通过信用机构转交给那些重视现在消费的家庭和个人，从而实现了信用调剂消费的作用，提高了消费的效用。

（二）调节消费需求，满足国家宏观调控的需要

当一个国家消费需求膨胀的时候，国家可以发行适当的信用工具，如国库券、股票、企业债券等，促使货币收入有结余的居民用其结余的货币购买信用工具获得收益，从而把现实的购买力转化为投资，起到抑制消费和推迟购买力的作用；当一个国家的产品供给大于需求、消费不足时，国家以赊销商品等形式提供消费信用，为那些购买力不足而又想购买商品的消费者打开了一个方便之门。因此，消费信用对扩大本期购买力，平衡消费品供求，起到了一定的积极作用。

三、信用对经济危机的影响

信用不是引起经济危机的原因，但信用可能会加深经济危机的程度。经济危机是社会总需求与总供给严重失衡的一种经济现象。

（一）信用加剧了生产和消费的矛盾

信用集中了大量闲置的货币资本和居民储蓄，为社会扩大再生产提供了巨额资本。这样企业容易产生盲目扩大生产而不考虑消费者购买力相对缩小的倾向。由此会加剧生产和消费的对抗性矛盾，使生产出来的产品无法全部销售出去，导致生产过剩危机的爆发。

（二）信用加剧了生产部门之间发展的不平衡

信用为个别部门生产规模的扩大提供了条件，特别是银行信用的出现，某些企业就可

以向银行申请贷款，或者通过证券融资将资本投向利润率比较高的生产部门，这就造成了这些部门的生产规模过度膨胀，加大了生产部门之间的不平衡。

（三）信用造成了商品的虚假需求，掩盖了生产过剩的问题，导致经济危机更加严重

商业信用的出现，使企业可以通过赊销活动销售商品。居民个人虽然购买力相对缩小，但可以通过消费信用等方式获得自己所需的消费品。因而从表面上看消费需求在增长，企业也就继续盲目扩大生产规模。所以生产过剩的经济危机刚开始时，市场往往表现得比较繁荣。但一旦经济危机爆发，就会带来更大的破坏性。

四、信用对经济运行的影响

在现代经济中，信用是国家实行经济调控的重要手段。信用调节经济的职能主要表现为国家利用货币和信用制度来制定各项货币政策和金融法规，利用各种信用杠杆来改变信用的规模及其运动趋势。

国家借助于信用的调节职能既能抑制通货膨胀，也能防止经济衰退和通货紧缩，刺激有效需求，促进经济平衡发展。国家利用信用杠杆还能引导资金的流向，通过影响资金流向的变化实现对经济结构的调整，促进国民经济结构趋于合理。中央银行就是在银行信用的基础上产生的，随着国家干预经济活动而行使其特殊的职能。中央银行可以利用信贷投向、利率变动、法定准备率、公开市场业务等货币政策来实现国民经济各部门的协调发展。例如，通过信用活动调整货币流通，在通货紧缩时放松信用，在通货膨胀时则收缩信用；通过信用活动调整产业结构，对国民经济发展中的瓶颈部门、支柱产业和低碳节能产业在信贷上给予倾斜，对投资过热的产业，高污染、高能耗、资源性产业减少资金供应，迫使其压缩生产或转产；通过信用活动还可调整国民经济的重大比例关系。

延伸阅读

信用卡风险

信用卡风险是指在信用卡业务经营管理过程中，因各种不利因素而导致的发卡机构、持卡人、特约商户三方损失的可能性。信用卡风险主要有以下四类：

第一，来源于持卡人的风险：一是持卡人恶意透支；二是持卡人谎称未收到货物；三是持卡人先挂失，再在极短时间内大量使用挂失卡；四是持卡人利用信用卡透支金额发放高利贷。

第二，来源于商家的风险：一是不法雇员欺诈。在现实中，雇员能接触到顾客的卡信息，甚至持卡离开顾客的视线。不法雇员会使用客户信用卡消费，并将非法使用出现的发票自行扣压，致使客户受到损失。二是不法商家欺诈。不法商家通过与知名商店相近的域名或者邮件引导消费者登录自己的网址。消费者难以识别互联网商家的真伪，很容易轻易提交支付信息。特约商店老板自己伪造客户购货发票，然后拿假发票向银行索取款项。

第三,来源于第三方的风险:一是盗窃。盗窃者会大量而快速地交易,直到合法持卡人挂失且该卡被银行冻结。二是复制。在宾馆、饭店这类场所,授权环节通常会离开持卡人的视线,这就使不道德的职员有机会利用小型读卡设备获得磁条信息。三是ATM欺诈。发生于ATM设备的欺诈通常是因为密码被窃取或者被伪造,甚至是暴力抢劫。四是伪造。犯罪分子先获取客户的信用卡资料,如盗取,或在键盘输入设备里非法安装接收设备获取,或计算机黑客通过攻击网上银行系统获取,再伪造信用卡进行诈骗。五是身份冒用。这既包括盗用消费者身份,也包括剽窃商户身份。六是虚假申报。犯罪分子以虚假的身份证明及资信材料办理信用卡申请,或谎报卡片丢失,然后实施欺诈消费或取现,使银行蒙受损失。

第四,来源于商业银行的风险:商业银行内部存在不法工作人员,他们往往会利用职权在内部作案。如擅自打制信用卡或盗窃已打制好的信用卡,冒充客户提取现金或持卡消费;擅自超越权限,套取大额现金;通过更改电脑客户资料和存款余额,盗取现金。

复习思考题

1. 什么是信用?它是怎样产生和发展的?
2. 试述信用的基本特征。
3. 高利贷信用的利息率为什么会特别高?
4. 试述信用的主要形式。
5. 试述商业信用的作用与局限性。
6. 银行信用为什么会取代商业信用成为现代信用的主要形式?

第三章 利息与利息率

学习目标

(1) 了解利息的形成和本质;掌握利息和利率的计算。

(2) 掌握利率体系和利率的结构;了解决定和影响利率水平的主要因素和利率的作用。

(3) 了解中国的利率市场化进程。

能力目标

(1) 能够应用利息和利率的知识理解生活中的经济现象。

(2) 能够理解利率调节经济、影响企业和居民行为的方式。

案例导入

大学校园贷,借款 4 000 元变 50 000 元

据新华社报道,大学生小杨所借的一笔 4 000 元“校园贷”借款,在短短两个月内,经层层盘剥和多次“转贷”后,竟变成高达 50 000 元负债。为了逼迫小杨还钱,借贷公司使用“软暴力”,甚至跑到小杨老家“泼油漆”讨债。武汉警方 19 日通报武汉市首例以敲诈勒索罪被追究法律责任的“校园贷”案件。涉案恶势力团伙面向在校大学生发放贷款,通过哄骗、恐吓等手段索取高额利息和费用,并胁迫无力还款的大学生“转贷”还款。日前,团伙成员一审被判 11 个月至 3 年不等有期徒刑。

思考:(1) 网络贷款进校园,是福音还是陷阱?

(2) 算算从 4 000 到 50 000 元,利率有多高?

第一节 利息的形成、本质和计算

利息是一个古老的经济学范畴。利息是借贷资金的增值额。从借贷关系中的债权人角度看，利息是货币资金所有者因贷出货币而从借款人手中获得的报酬；从债务人角度看，利息则是借入货币或货币资本所支付的代价。

一、利息的形成及本质

（一）西方经济学派的观点

1. 配第的“地租派生论”和“报酬论”

在配第（1633—1687 年，英国古典政治经济学创始人）生活的那个时代，仍然有人认为，以货币来获得利息是罪恶的和不道德的，但出租土地收取租金却被认为是天经地义的。于是，配第便以收取地租的合理性和合法性，来论证收取利息的合理性和合法性。配第认为，既然出租土地能够收取地租，那么，出租货币也应该收取货币租金。否则，货币所有者就不会贷出他的货币，而宁愿将货币用来购买土地，然后出租以获得地租。至于货币租金的多少，他认为至少要等于用借到的货币能够买到的土地所产生的地租。这就是配第的“地租派生论”。

配第认为，利息是因暂时放弃货币的使用权而获得的报酬。他在《赋税论》中写道，“假如一个人在不管自己如何需要，在到期之前也不得要求偿还的条件下，出借自己的货币，则对自己所受到的不方便可以索取补偿，这是不成问题的。这种补偿我们通常称为利息”。这也就是配第的“报酬论”。

2. 洛克的“货币不均论”

洛克（1632—1704 年，英国哲学家和经济学家）认为，货币虽然不能直接产生出任何东西，但它通过相互协议，就能把一个人劳动报酬的一部分以利息的形式转入另一个人的口袋，这完全是货币分配不均等引起的。

货币分配不均等会产生借用货币的佃户，借用货币的佃户的勤劳，使他得到一个大于他应付利息的收益。也就是说，一些人货币多，一些人货币少，货币少的人就会向货币多的人借贷，借款人为了支付利息，就必然更加勤奋，以争取一个大于他应付利息的收入。

3. 坎蒂隆的“风险补偿论”

坎蒂隆（1680—1734 年，法国经济学家）认为，利息的起源在于，贷出货币要承担风险，风险来自借款人是否诚实可靠、自有资本的多少、生产经营的状况、利润的高低、生活费用的支出等。正是由于贷出货币者要承担这些风险，因此，他应该收取利息。而且，利息的高低，与借入者需要货币的迫切程度、贷出者的担心成正比。

4. 诺思的“资本余缺论”

诺思（1641—1691 年，英国理论经济学家和商人）认为，利息是由于资本的余缺而产生的。他在分析当时的贸易状况时指出：一方面，可供贸易的资金掌握在许多没有技能或不愿多费心思在贸易中运用资金的人手里；另一方面，会有许多人需要资金去做买卖。因此，正如土地所有者出租土地一样，这些资本所有者会借他们的资金从中得到一种叫利息的东西。

马克思称诺思是“第一个正确理解利息的人”。因为诺思看到了作为贮藏手段的货币与作为资本的货币价值增值之间的对立，看到了能够作为借贷的货币与作为交易媒介的货币之间的不同，并且把利息的产生与贸易结合起来加以考察。这些都说明，诺思实际上已经承认了借贷资本也有一个市场，借贷资本也是商品，利息率的高低受借贷资本供求关系的影响等这些经济学的重要原理。这在当时来说，是利息理论的一大飞跃。

5. 杜尔哥的"货币所有权论"

杜尔哥（1721—1781 年，法国经济学家）认为，利息产生的真正基础是对货币的所有权。货币贷出者凭什么要得到利息呢？理由很简单，因为货币是他自己的，是他对货币的所有权使他能够要求得到利息；这种权利是与财产所有权分不开的，但与借入者对借入货币的使用不相干。

6. 庞巴维克的"时差利息论"

庞巴维克（1851—1914 年，奥地利学派经济学家）在他的代表作《利息学说史评述》中，将利息性质理论与利息政策理论区分开来。自此，西方经济学的利息理论重在研究利息性质及其决定因素，不再从放债取息是否合理去分析利息的产生问题。庞巴维克说："现在的物品通常比同一种类和同一数量的未来的物品更有价值。这个命题是我要提出的利息理论的要点和中心。"由于时间不同而造成价值的差异，就是物品价值的"时差"。由于有"时差"存在，就要求在等价交换中，未来物品的所有者必须付给现在物品的所有者在量上等于该价值差价的"贴水"。这种贴水就是利息，即"时差利息"。

7. 凯恩斯的"流动性偏好说"

凯恩斯（1883—1946 年，英国经济学家）认为货币是唯一具有完全流动性的资产，人们出于交易动机、预防动机和投机动机的需要，对货币产生流动性偏好。当人们贷出货币资金或者购买生息证券时，都意味着必须放弃自己的流动性偏好，需要得到一定的收益补偿，这个收益就是利息。所以，他认为利息就是对人们在一定时期放弃流动性偏好的报酬。

（二）马克思的利息理论

马克思利息理论继承并发展了亚当·斯密的利息剩余价值学说，它的核心内容是利息性质的理论。马克思认为，在资本主义制度下，一定量的货币如果被作为资本来使用，就能够为它的所有者带来剩余价值或平均利润。这样，作为资本的货币，就有一种特殊的使用价值，即作为资本来执行职能取得平均利润的使用价值。货币资本家把他的货币，按一定的期限贷给职能资本家，实际上，就是把货币的使用价值，即生产利润的能力，让渡给职能资本家。这样，职能资本家向货币资本家借入货币资本，就必须把借入的货币资本执行职能所获得的平均利润的一部分，作为利息交给货币资本家。因此，利息是随货币资本家和职能资本家的分离以及借贷资本的形成而出现的经济范畴，是职能资本家使用借贷资本所支付的代价，是货币资本家出让资本使用权的报酬。

概括起来，马克思的利息理论包括三个要点：①只有出现分工，特别是职能资本家和货币资本家的分离，才出现借贷关系，形成利息的范畴。因此，分工是利息形成的基础。②利息来源于剩余价值，是利润的特殊转化形式。③借款的资本家（职能资本家）之所以要支付利息给贷款的资本家（货币资本家），是因为货币资本家出让了货币的使用权，职能资本家获得了能够带来剩余价值的货币资本的暂时使用权。因此，借贷货币的双重支付、双重归流（见图 3-1）和在生产过程中能带来剩余价值的特征是利息形成的必要条件。

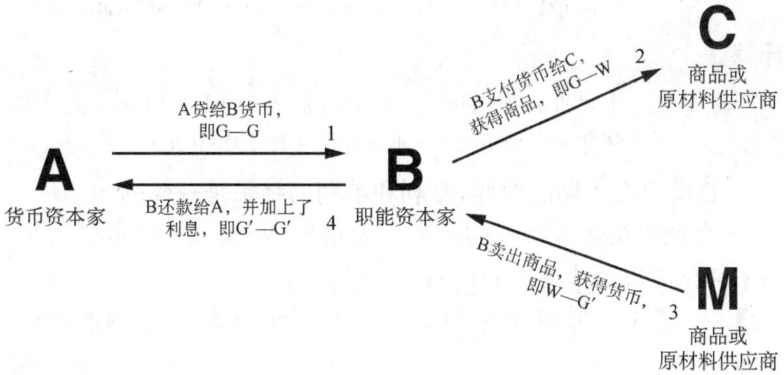

注释①:职能资本家既可以是商业资本家(只负责买卖商品),也可以是产业资本家(生产商品),详见《资本论》第三卷的第四篇和第五篇。即使商业资本家和产业资本家所经历的支付过程不尽相同,但均可以归纳为上图。

②:图中所示 G、G'代表货币,W 代表商品,G、G'和 W 在每次运动中并不完全相等。

③:图中数字 1、2 分别代表货币的两次支付,数字 3、4 分别代表货币的两次归流。

图 3-1 双重支付和双重归流示意图

二、利息的计算

(一) 单利与复利

利息的计算方法有两种:单利(simple interest)与复利(compound interest)。单利的计息方式是在借贷期内分段计算利息时只计本金利息,利息的部分则不再计息。而复利的计息方式则是将上期利息并入本金统算利息,即民间俗称的"利滚利"。

单利的利息计算公式如下:

$$利息 = 本金 \times 利率 \times 期限$$

复利的利息计算公式如下:

$$利息 = 本金(1 + 利率)^{期限} - 本金$$

利率是指在借贷期内所获得的利息额与借贷本金的比率,利率在本章第二节会进一步介绍。

以 I 表示利息,S 表示本金和利息之和,P 表示本金,r 表示利率,n 表示借贷期限,则单利和复利的计算如表 3-1 所示。

表 3-1 单利和复利的计算

计算方法	单利	复利
利息	$I = P \cdot r \cdot n$	$I = P \cdot (1+r)^n - P$
本利和	$S = P + I = P(1+r \cdot n)$	$S = P \cdot (1+r)^n$

【例题 3-1】 一笔 3 年期、年利率为 6%的 10 万元贷款,分别按照单利和复利计算,到期后本息和分别是多少元?

按单利计算:

$$利息 = 100\,000 \times 6\% \times 3 = 18\,000(元)$$

$$本利和 = 100\,000 \times (1 + 6\% \times 3) = 118\,000(元)$$

按复利计算：

$$本利和 = 100\,000 \times (1 + 6\%)^3 = 119\,101.6(元)$$

$$利息 = 119\,101.6 - 100\,000 = 19\,101.6(元)$$

当然，当 $n=1$，即只有1期的时候，复利和单利的结果是一样的。

要注意的是，金融机构通常所说的利率一般指年利率，一旦明示要一年多次计息，则需要先把年利率转化成每个计息期的利率，再进行计算。

【例题 3-2】 一笔3年期、年利率为6%的10万元贷款，一年两次计息，到期后本息是多少元？

一年两次计息，即半年计息一次，年利率6%，则半年的利率为3%，三年内共计息6次。

按复利计算，则本息和为：

$$本利和 = 100\,000 \times (1 + 3\%)^6 = 119\,405.2(元)$$

$$利息 = 119\,405.2 - 100\,000 = 19\,405.2(元)$$

和[例题 3-1]比较，年利率一样，一年多次计息较一年一次计息的利息要多，这也进一步体现了复利的价值。

（二）现值与终值

在进行利息计算时，必须树立资金时间价值的观念。所谓资金的时间价值，是指同样数额的资金在不同的时间点上具有不同价值。例如，一年期市场利率为5%，则现在的1 000元相当于一年后的1 050元。

由于资金时间价值反映的是资金在不同时间上的价值，因此从资金运动时间顺序的角度就可以定义现值和终值。一般把资金运动起点金额称为现值，常用符号 PV（即英文 present value 的缩写）表示。把资金运动结束时点的本利和称为终值或未来值，常用符号 FV（即英文 final value 的缩写）表示。单利和复利都可以计算终值，但在金融领域，通常从复利角度讨论终值计算。

上面复利公式 $S=P(1+r)^n$ 中，P 就是现值 PV，S 就是终值 FV，它的大小与现值、利率和时间长度成正比。在其他因素不变时，FV 的大小受付息次数影响。

若 FV, r, n 已知，则现值 $PV=\dfrac{FV}{(1+r)^n}$。计算现值的公式在金融领域有很广泛的用途，如在计算债券的理论价格时，将债券在今后的现金流按照市场利率计算现值；在计算股票的理论价格时，将股票的预期收益按照市场利率计算现值。

第二节 利率

一、利率的表示方式和基本特征

利息率通常简称为利率，是指在借贷期内所获得的利息额与借贷本金的比率，即：利率$=\frac{\text{利息}}{\text{本金}}$。

例如，一年期定期存款利率为2.25%，它的意思就是，如果在银行存一年定期存款100元，一年后可以获得2.25元利息。利率是一个重要的金融变量，对金融的各个领域具有重要的影响。

（一）利率的表示方式

利率的表示方式有年利率、月利率和日利率。在中国，习惯用厘或分来表示利率，1个月1元钱收1分钱利息，其利率就是1分；1个月1元钱收1厘钱（1分合10厘）利息，其利率就是1厘。

（二）利率的基本特征

1. 双动性

作为资金价格，利率是市场机制的重要组成部分。因此，它是经济运行中的一个内生变量，它随着社会资金需求量的增加和社会资金供给量的减少而提高；随着社会资金需求量的减少和社会资金供给量的增加而下降。这就是其自动的一面。同时，利率又是国家干预经济的重要手段。因此，它又是经济运行中的一个政策变量。作为政策变量，它与社会总需求呈反方向变动。为刺激需求，应该降低利率，放松信贷；为抑制需求，就应该提高利率，紧缩信贷。因此，它又具有他动的一面。

2. 相关性

利率在经济活动中不是孤立地发挥作用，而是与其他经济杠杆相互联系、相互制约、相互作用，共同组成一个经济杠杆体系，对社会经济运行发生影响。任何其他经济杠杆的变动都会直接或间接影响利率；反过来，利率的变动也直接或间接地影响其他经济杠杆。

3. 灵敏性

利率的灵敏性同样具有双重意义。一方面，利率的波动不仅影响人们在储蓄、消费以及投资间的资金配置决策，也影响人们对未来资金配置的预期；另一方面，市场经济体系和市场资金需求的变化也会对市场利率波动产生影响。利率的灵敏性也使利率政策的制定需要谨慎。

二、利率的形式

（一）名义利率与实际利率

实际利率（effective rate）是指在物价水平不变、货币购买力不变条件下的利率，是剔除通货膨胀因素后的利率，而名义利率（nominal rate）则是指没有剔除通货膨胀因素的利率，也就是包含了通货膨胀（或者通货紧缩）风险的利率，可以通俗地理解为银行挂牌利率及证券票面利率。

造成名义利率和实际利率不同的情况有两种。如[例题3-2]所示，当一年多次计息，实际年利率会和名义利率（借贷机构公布的年利率）产生差异。由于物价水平经常变动，单位货币代表的购买力产生差异，因此，产生了名义利率和实际利率的概念。

在存在通货膨胀的情况下，不仅考虑本金部分受通货膨胀的贬值影响，也要考虑利息部分的贬值，则名义利率和实际利率之间的关系如下：

$$1+名义利率=(1+实际利率)\times(1+通货膨胀率)$$
$$实际利率=名义利率-通货膨胀率-实际利率\times通货膨胀率$$

举例说明：如果银行存款年利率为10%，通货膨胀率也为10%，一年计息一次，存入银行的金额为100元，则年末可领取本息和为100×(1+10%)=110(元)。而由于存在通货膨胀，一年前的100元可以购买10双拖鞋，现在的110元也只能购买10双拖鞋。所以，虽然资金存入银行产生了增值，但是需要扣除通货膨胀的因素。因为可以购买的实物的价值(10双拖鞋)是不变的，实际利率$=\dfrac{1+名义利率}{1+通货膨胀率}-1=\dfrac{1+10\%}{1+10\%}-1=0$，即名义利率为银行给定年利率10%，实际利率为0。

由于实际利率×通货膨胀率数值很小，所以近似计算：实际利率=名义利率－通货膨胀率。

存在通货紧缩的情况下，名义利率和实际利率之间的关系也可以简化为：实际利率=名义利率＋通货紧缩率。

【例题3-3】 甲公司投资一项证券资产，每年年末都能按照6%的名义利率获取相应的现金收益。假设通货膨胀率为2%，则该证券资产的实际利率是多少？

$$实际利率=名义利率-通货膨胀率=6\%-2\%=4\%$$

无论是通货膨胀还是通货紧缩，市场上的各种利率都是名义利率，但决定人们经济行为的是实际利率。计算出不能直接观察到的实际利率水平，对人们的投融资决策具有重要意义。实际利率水平可能出现三种结果，实际利率大于零、等于零或小于零。

（二）市场利率、官定利率与公定利率

市场利率是指由市场的资金供求状况和风险收益等因素决定的利率。一般来说，当市场上的资金需求大于供给时，市场利率就会上升；当资金供给大于需求时，市场利率就会下降。当市场上的不确定性因素增加，即资金运用的风险增加时，市场利率也会上升，反之则会下降。因此，市场利率能较真实地反映市场资金供求关系以及资金运用的风险状况。

官定利率是指由政府金融管理部门或中央银行确定的利率。它在一定程度上反映了非市场的强制力量对利率形成的干预，是国家实现宏观经济测控目的的政策手段，也称为法定利率。官定利率一般由货币当局根据宏观经济运行的情况以及国际收支状况等其他因素来决定，往往在利率体系中发挥指导作用。

公定利率是指由金融机构或行业公会、同业协会等按协商确定的利率。公定利率只对参加该公会或协会的金融机构具有一定的约束作用，而对其他金融机构则没有约束作用，但公定利率一般会对整个市场利率有重要影响。中国香港地区是实行公定利率的典型。

延伸阅读

美国联邦基金利率

美国联邦基金利率(federal funds rate)也是一种官定利率。联邦基金利率是指美国同业拆借市场的利率,其最主要的形式是隔夜拆借利率。联邦基金利率是金融市场的重要基准。联邦公开市场委员会成员会议确定联邦基金目标利率,该会议通常每年召开8次,间隔7周。联邦公开市场委员会还可以举行额外的会议,并在正常时间表之外实施目标利率变化。

美联储利用公开市场操作来影响美国经济中的货币供给,以使联邦基金的有效利率遵循联邦基金目标利率。美联储降低其拆借利率,商业银行之间的拆借就会转向商业银行与美联储之间,因为向美联储拆借的成本低,整个市场的拆借利率就将随之下降。如果美联储提高拆借利率,在市场资金比较短缺的情况下,联邦基金利率本身就承受上升的压力,所以它必然随着美联储的拆借利率一起上升。在市场资金比较宽松的情况下,美联储提高拆借利率,向美联储拆借的商业银行就会转向其他商业银行。但是,美联储可以在公开市场上抛出国债,吸纳商业银行过剩的超额准备,造成同业拆借市场的资金紧张,迫使联邦基金利率与美联储的拆借利率同步上升。因为,美联储有这样干预市场利率的能力,其反复多次的操作,就会形成合理的市场预期,只要美联储提高自己的拆借利率,整个市场就会闻风而动。

当美联储提高利率时,货币政策将呈现紧缩状态。较高的联邦基金利率意味着银行会减少对外借款以将其储备金保持在规定的水平。这也意味着银行放贷的利率将会更高。那是因为银行以更高的联邦基金利率借钱来维持储备金。由于贷款难以获得且成本更高,企业借贷的可能性也会降低。这将减缓经济发展的速度。

(三)固定利率与浮动利率

固定利率是指在整个借贷期限内,利率不跟随市场利率变动而保持不变的利率。在物价稳定的条件下,固定利率具有简便易行、便于借贷双方进行成本收益核算的特点。但是,当借贷期限较长或市场利率波动较为剧烈时,对利率的走势就很难预测,执行固定利率的借款人或贷款人就要承担利率变化带来的风险。因此,对于中长期借贷活动,借贷双方一般都倾向于选择浮动利率。

浮动利率是指在借贷关系存续期内,利率水平根据市场利率的波动进行调整的利率。浮动利率水平变动的依据和变动的时间长短都由借贷双方在订立借贷契约时约定。在国际金融市场上,多数浮动利率都以伦敦银行间同业拆借利率LIBOR(london inter-bank offered rate)为参照指标,并规定其上下浮动的幅度。在中国,大部分个人住房抵押贷款属于浮动利率贷款,当中央银行调整贷款利率后,从第二年的1月1日起,贷款利率按照新利率执行。

职业判断

用蚂蚁花呗等产品分期付款购物时,你知道付出的年化利率是多少吗?

先看一个场景,假设我们要在天猫上网购一部手机,如图3-2所示。

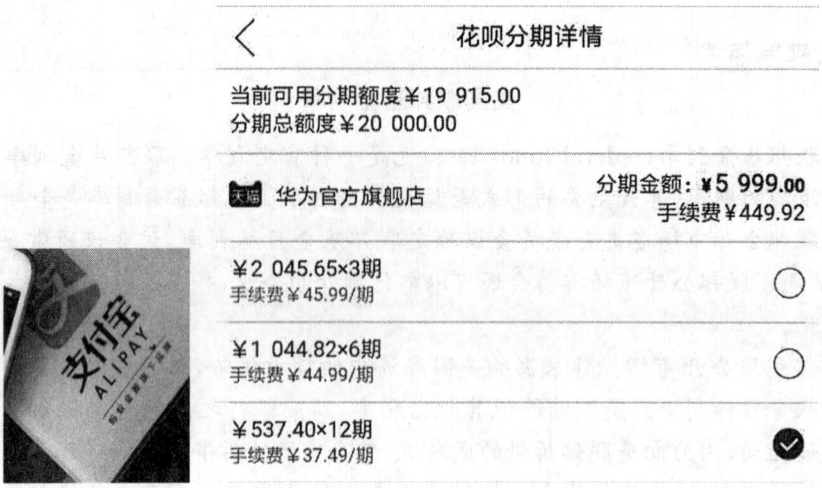

图3-2　花呗分期详情

我们可以选择全款支付5 999元，也可以选择用花呗分期付款，1期就是1个月，比如我们可以选择分12个月支付，每次支付537.40元，合计要付6 449元，其中支付手续费449.92元，所谓手续费就是利息，那么我们消费贷款的利率是多少呢？

利率＝利息÷本金，分期12期就是1年，所以年化利率＝449.92÷5 999＝7.5%；同理，月利率＝37.49÷5 999＝0.625%，在可接受范围内。

但如果凭信用购买(赊账)了这部手机，12个月以后一次性支付6 449元(其中本金5 999元，利息449.92元)，那么毫无疑问，利率是7.5%，再跟分期付款相比，是不是发现有些不一样？

以分12期为例，分期付款的“奥秘”就在于每期都在偿还本金，也就是说，欠的本金越来越少，但是放贷人还一直在用全部本金为基础收取固定比例的手续费，也就是利息。那么，此时的真实利率是多少呢？

12期分期付款中每期需支付537.40元，以一定的利率r用现金流折现应该等于本金，即：

$$本金=\frac{F_1}{(1+r)}+\frac{F_2}{(1+r)^2}+\cdots+\frac{F_{12}}{(1+r)^{12}}$$

其中：F_1代表第1期现金流，依次类推，r代表月利率。

$$5\ 999=\frac{537.40}{(1+r)}+\frac{537.40}{(1+r)^2}+\cdots+\frac{537.40}{(1+r)^{12}}$$

用计算机求解出r即可，Excel中有专门求解这种方程的函数，即IRR(内部收益率)函数，有兴趣的同学可以自己试验一下，求解后得到结果如表3-2所示。

表3-2　分期付款消费信贷年化利率计算结果

项目	数据来源或公式			
商品价格	商家价格(不分期)	5 999元		
分期数	商家供消费者选择	3期	6期	12期

(续表)

项目	数据来源或公式			
每期还款金额	商家标明	2 045.65 元	1 044.82 元	537.40 元
实际月利率	IRR(内部收益率)	1.15%	1.27%	1.13%
年化利率(复利)	$(1+月利率)^{12}-1$	14.6%	16.4%	14.4%

结果显示,花呗分期付款分 12 期的年化利率高达惊人的 14.4%!

启示:实际利率的计算一定要对应到期限内的本金。

三、伦敦银行间同业拆借利率和上海银行间同业拆放利率

20 世纪 60 年代,伦敦银行同业间相互拆借短期资金日益频繁,同业拆借市场开始取代贴现市场成为主要融资场所。相应地,伦敦银行间同业拆借利率(London interbank offered rate,LIBOR)成为伦敦金融市场中借贷的基准利率。随着欧洲美元市场、国际银团辛迪加贷款及各种票据市场的建立和不断发展,数以万计的利率类金融产品以 LIBOR 作为参考利率,LIBOR 已成为全球贷款方及债券发行人的普遍参考利率。

伦敦银行间同业拆借利率是指由英国银行家协会(British Banker's Association)按其选定的一批银行于伦敦货币市场(一般是伦敦时间上午 11:00)报出的银行同业拆借利率,以抽样的方式,计算出的平均指标利率。该利率一般分为两个利率,即贷款利率和存款利率,两者之间的差额为银行利润。通常,报出的利率品种包括隔夜(2 个工作日)、7 天、1 个月、3 个月、6 个月和 1 年期;超过一年以上的长期利率,则视对方的资信、信贷的金额和期限等情况另定。

伦敦银行间同业拆借利率是在伦敦银行内部交易市场上的商业银行对存于非美国银行的美元进行交易时所涉及的利率,反映的是伦敦银行间短期无担保借款成本。在伦敦金融市场上,有资力对外报价的银行仅限于那些本身具有一定的资金吞吐能力,又能代客户吸存及贷放资金的英国大清算银行、大商业银行、海外银行及一些外国银行。这些银行被称作参考银行。由于竞争比较充分,各银行报出的价格基本没有什么差异。参与伦敦金融市场借贷活动的其他银行和金融机构,均以这些报价银行的利率为基础,确定自己的利率。

上海银行间同业拆放利率(Shanghai interbank offered rate,Shibor)是中国模拟 LIBOR 推出的一种市场基准利率,以位于上海的全国银行间同业拆借中心为技术平台计算、发布并命名,是由信用等级较高的银行组成报价团自主报出的人民币同业拆出利率计算确定的算术平均利率,是单利、无担保、批发性利率。目前,对社会公布的 Shibor 品种包括隔夜、1 周、2 周、1 个月、3 个月、6 个月、9 个月及 1 年。Shibor 报价银行团现由 18 家商业银行组成。报价银行是公开市场一级交易商或外汇市场做市商,是在中国货币市场上人民币交易相对活跃、信息披露比较充分的银行。

全国银行间同业拆借中心受权 Shibor 的报价计算和信息发布。每个交易日根据各报价银行的报价,剔除最高、最低各 4 家报价,对其余报价进行算术平均计算后,得出每一期限品种的 Shibor,并于上午 11:00 对外发布。

【例题 3-4】 某银行拆入一笔金额为 1 000 万元，期限为 6 月 1 日到 9 月 1 日，利率为 10%，求拆借利息。

解析：拆借利率一般都表示为年利率。

$$拆借利息 = 拆借金额 \times 拆借利率 \times \frac{生息天数}{基础天数}$$

注：利息的生息天数在不同的货币计算法则里并不相同，这也导致了利息的不同。

(1) 欧洲货币法：一年的生息天数按实际天数 365 天（闰年 366 天），基础天数 360 天，标示为$\frac{365(366)}{360}$。

6 月 1 日至 9 月 1 日，生息天数合计 92 天。

6 月 1 日至 30 日　　30 天
7 月 1 日至 31 日　　31 天
8 月 1 日至 31 日　　31 天

$$I=1\,000 \times 10\% \times \frac{92}{360}=25.56$$

(2) 英国法：一年的生息天数和基础天数都是 365 天（闰年 366 天），标示为$\frac{365}{365}$（闰年$\frac{366}{366}$）。

6 月 1 日至 9 月 1 日，生息天数合计 92 天。

$$I=1\,000 \times 10\% \times \frac{92}{365}=25.21$$

(3) 大陆法：一年的生息天数按每月 30 天，每年 360 天计算，一年的基础天数也是 360 天，标示为$\frac{360}{360}$。

6 月 1 日至 9 月 1 日，生息天数合计 90 天。

$$I=1\,000 \times 10\% \times \frac{90}{360}=25$$

第三节　利率的结构

一、利率体系

利率体系是指在一个经济运行机体中存在的各种利率之间的相互关系的总和。一般而论，利率体系中主要包括中央银行利率、商业银行利率和市场利率三类利率。中央银行利率是指中央银行对商业银行和其他金融机构的再贴现利率、再贷款利率以及商业银行和其他金融机构在中央银行的存款利率。商业银行利率是指商业银行各种存款利率、贷款利率、发行金融债券的利率以及商业银行之间相互拆借资金的同业拆借利率。市场利率是指各种民间借贷利率、政府和企业发行各种债券的利率等。

在整个利率体系中，中央银行利率对商业银行利率和市场利率具有调节作用，特别是中央银行的再贴现利率（或再贷款利率）是中央银行重要的货币政策工具，在整个利率体系中起着主导作用，因而被称为基准利率。

各种利率之间的传导方式可以从两个方面来看：一方面，中央银行调节对商业银行的再贴现利率，调节商业银行的可贷资金量，影响商业银行的存、贷款利率，进而调节金融市场上货币资金的供求状况，使市场利率随着中央银行的调节目标变动；另一方面，中央银行直接在金融市场上买卖有价证券，调节市场货币资金供求状况，进而调节商业银行利率和市场利率。另外，也可以从中央银行影响商业银行储备和直接影响商业银行利率两方面来看。如图 3-3 所示，以中国利率体系为例，中国的中央银行即中国人民银行的主要货币工具有公开市场操作、存款准备金率、常备借贷便利 SLF、中期借贷便利 MLF、利率政策等。这些货币工具都直接或间接地对商业银行利率产生影响，并最终传导到市场。

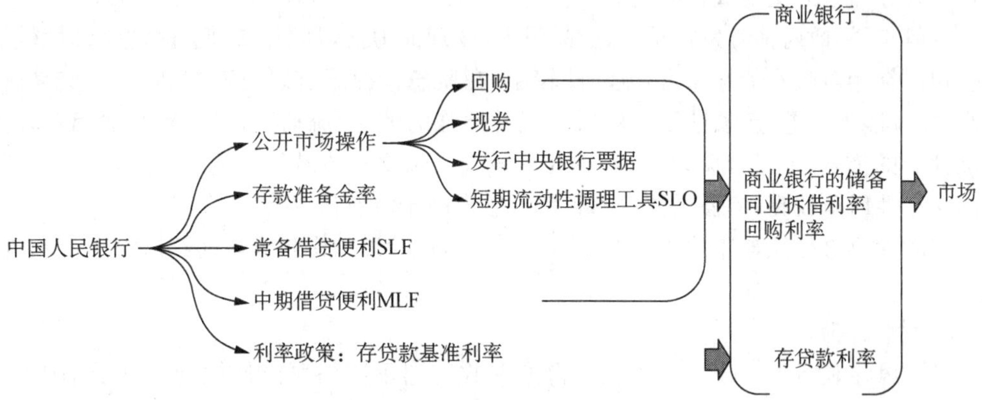

图 3-3　中国利率传导示意图

此外，中央银行一般把市场利率作为其货币政策的中间目标，依此监测货币政策的执行效果，根据市场利率变动情况采取相应的调节措施。

二、利率的结构

利率的结构是指各种性质、期限信用形式的利率的配合方式。从金融投资的角度来看，利率的结构最主要的是风险结构、期限结构和信用差别结构。利率的结构从通俗意义上理解即利率中包含了风险、期限、信用等要素，这些要素都在利率中占有一定比例，正是不同的风险、期限、信用等要素组合构成了不同的利率。

（一）利率的风险结构

利率的风险结构是指相同期限金融资产因风险差异而产生的不同利率。利率风险包括违约风险、流动性风险和税收风险。也可以通俗地理解为风险越高，要求的回报越高。

1. 违约风险

违约风险是指由于债务工具偿还的不确定性而可能遭受损失的风险。因为债务工具发行者的收入是随着其经营状况而相应变动的，因此债务工具的偿付能力也就不同，这就给其本息能否及时偿还带来了不确定性。

相对来讲，政府债券的偿还来源是税收，因而本息偿还能力强，基本上可以认为无违约风险，特别是中央政府所发行的债券，号称金边债券，被称为无违约风险债券。公司债券的偿还能力取决于国民经济大环境和公司经营的小环境，不确定性较高，违约风险相对也较大。一般来讲，违约风险低的债券利率也低，违约风险高的债券利率也高。有违约风险债券和无违约风险债券利率的差额，称为风险溢价(风险升水)，是人们为持有某种风险债券必须获得的额外利息。

2. 流动性风险

流动性资产是指必要时可以迅速、低成本变现的资产。资产的流动性越大，越受投资者欢迎。流动性风险是指由于资产变现速度减慢而可能遭受损失的风险，该风险的大小决定了证券出售的交易成本的高低。

一般来讲，政府债券发行量大，交易量大，变现能力强，且费用较低，因此流动性较强；而公司债券相对政府债券而言，流动性较小，在紧急情况下难以迅速找到买主，交易成本较高，变现能力较差，流动性相对较低。流动性强的债券，流动风险较小，利率相对较低；流动性弱的债券，流动风险较大，利率相应较高。风险和收益往往是对等的，虽然公司债券的流动性风险较高，但公司债券的利率一般也高于政府债券。

流动性风险往往与违约风险相伴而生，因此，风险溢价中包含着违约风险溢价和流动风险溢价。

3. 税收风险

税收风险是指由于政府对利息所得的税收待遇不同而可能使权利人遭受损失的风险。在美国，由于地方政府债券与中央政府债券的税收待遇不同，取自地方政府债券的利息收入免缴所得税。例如，某人的收入适用个人所得税的税率为4%，他可以投资于联邦国债，也可以购买市政债券。如果联邦国债的利率为10%，市政债券的利率为8%，那么，该投资者会购买市政债券。因为投资于联邦国债票面的利率为10%，而扣税后，他的真实利息所得收益仅为6%，而市政债券利息所得免税，因此，购买市政债券的真实所得收益利率就是8%。

中国个人所得税法中规定，国债利息和国家银行发行的金融债券利息所得免征个人所得税，而企业债券利息所得要征20%的个人所得税，因此，企业债券想顺利发行，其利率必然要高于同期国债或金融债券的利率。

（二）利率的期限结构

利率的期限结构是指违约风险相同、但期限不同的金融资产收益率之间的关系。利率的期限结构理论可以用来解释不同期限的金融资产收益率之间的关系。通常，我们用收益率(或称利率)曲线来直观地表示。根据利率与期限的不同关系，常见的收益率曲线有三种类型，如图3-4所示。

为什么期限不同，利率水平也会不同？通常的解释有预期理论、市场分割理论、期限

A. 预期利率上升　　　　B. 利率无变化　　　　C. 预期利率下降

图 3-4　收益率曲线的常见类型

选择和流动性升水理论等。

(1) 预期理论的基本观点是，长期债券的收益率应该等于现行短期利率和未来短期利率的几何平均值。

【例题 3-5】 假定某 1 年期债券利率为 6%，市场预期 1 年后利率为 7%，那么，2 年期债券的即期利率为多少？

解析：即期利率是零息债券的到期收益率。本题求 2 年期债券的即期收益率，即要计算 2 年的年利率。

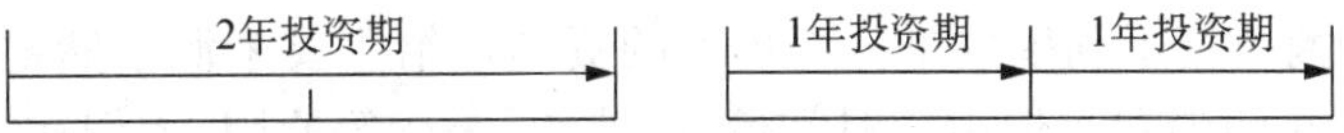

$$[(1+6\%)\times(1+7\%)]^{\frac{1}{2}}-1=6.5\%$$

(2) 市场分割理论认为，不同期限的债券市场是完全独立和分割开来的，因此各种期限的债券的利率完全由该种债券的供求关系决定，并不受其他期限债券的收益率的影响。

(3) 期限选择和流动性升水理论综合了上述两种理论，它认为长期债券的利率等于这种债券到期前预期短期利率的平均值加上这种债券随供求条件变化而变化的期限升水。

（三）利率的信用差别结构

利率的信用差别结构是指不同信用形式在利率上的比价关系，它包括国家信用、银行信用、企业融资信用、民间信用等形式之间的利率差距。利率的信用差别结构也与风险有关。一般来说，放款风险依次随国家、银行、企业和个人而递增。国家信用风险最低。银行作为专业信贷机构，对资产负债的管理水平较高，因而银行信用也比较高，但低于国家信用。企业因为从事各种生产经营活动，信用风险较大。至于民间信用，比较分散，有的单纯靠君子协定，因此安全性最小，信用风险最高。一般来说，国债利率应该低于银行存款利率，银行存款利率应低于企业债券利率，企业债券利率应低于民间借贷利率。典型的，网上各种无抵押快速贷款，虽然号称方便，但是实际年利率高达 10%～20%，这正是无法判断贷款者信用时，从低判定贷款者信用，要求高回报的表现。当然，各种信用的利率差距是由社会对不同信用的需求及各种信用主体之间的竞争形成的。

第四节　利率的决定

一、利率决定理论

（一）西方主要利率决定理论

利率的决定问题，实际上由来已久，从政治经济学产生之日起，经济学家们就开始对此类问题进行讨论，但真正能自成体系的早期利率决定理论形成于18世纪末期。此后经过两个多世纪的发展，利率决定理论已逐步完成了由局部均衡分析向一般均衡分析的飞跃。在此过程中，利率决定理论先后经历了古典学派时期、凯恩斯学派时期、新古典学派时期等几个大的发展阶段。下面我们将对利率决定理论的这一演进过程予以介绍。

1. 西方古典利率理论

古典利率理论流行于19世纪80年代至20世纪30年代。以庞巴维克、费雪及马歇尔等为代表的古典经济学家继承了古典经济学重视实物因素的传统，主要从生产消费等实际经济生活中去研究影响资本供求的关系。他们认为，利率决定于资本的供给与需求，这两种力量的均衡决定了利率水平。市场上的资本供给主要来源于储蓄，而储蓄即意味着人们要放弃现在的消费。但由于时间偏好、节约、等待等原因，人们往往更注重现在的消费。为此，必须对这种"等待"或"推迟消费"的行为给予一定的补偿，这种补偿就是利息。并且，人们放弃的现在消费越多，现期的效用损失就越大，要求未来的补偿也就越多，所以资本的供给曲线实际上反映了损失的边际效用是向上倾斜的，也就是说，储蓄是利率的递增函数。资本的需求取决于资本边际生产力与利率的比较。只有当前者大于后者时，才能导致净投资。在资本边际生产力一定的条件下，利率越高，投资就越少；利率越低，投资则越多，即投资是利率的减函数。如果用 I 代表投资，S 代表储蓄，r 代表利率，则上述关系可用公式表示如下：

$$I=I_{(r)},\quad \frac{dI}{dr}<0$$

$$S=S_{(r)},\quad \frac{dS}{dr}>0$$

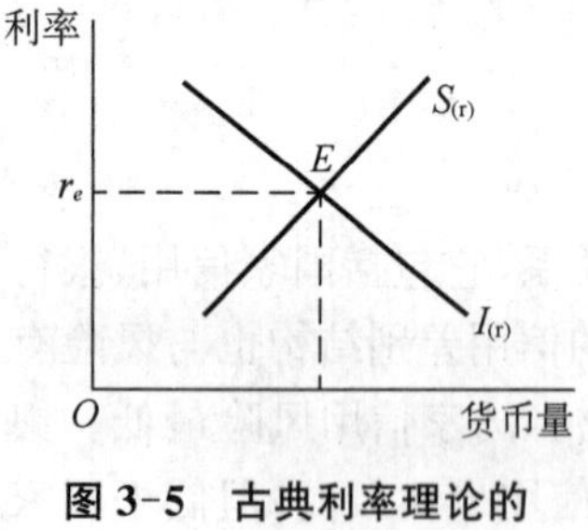

图 3-5　古典利率理论的利率决定示意图

当投资等于储蓄，即 $I=S$ 时，市场上的均衡利率水平就形成了。如图 3-5 所示，储蓄函数 $S_{(r)}$ 与投资函数 $I_{(r)}$ 的交点 E 所决定的利率 r_e，即为均衡利率。

根据古典利率理论，利率具有自动调节储蓄和投资，并使两者达到均衡状态的功能。这是因为在市场经济中，利率是自由波动的，当储蓄供给大于投资需求时，利率就会下降，较低的利率会自动刺激人们减少储蓄，扩大投资；反之，如果储蓄供给小于投资需求时，利率就会上升，较高的利率会促使人们增加储蓄，减少投资。利率的自由波动总能使储蓄量与投资量保持均衡状态。

古典利率理论具有以下几个特点：

第一，古典利率理论是一种局部均衡理论。该理论认为，储蓄与投资数量都是利率的函数，而与收入无关，当储蓄与投资相等时就决定了利率水平。利率的功能仅仅是促使储蓄与投资达到均衡，并不影响其他变量。因此，古典利率理论只是一种局部均衡理论。

第二，古典利率理论是非货币性理论。这一理论认为，储蓄是由时间偏好、节欲、等待等因素决定的，投资则是由资本边际生产力等因素决定的，储蓄与投资相等时的均衡利率不受任何货币数量变动的影响，储蓄和投资都是实物性的。均衡利率形成时，社会的资本供给正好等于社会的资本需求，此时，企业家既不会增加生产，也不会减少生产，整个经济就达到了均衡状态，这时的均衡利率实际上就是魏克塞尔所说的“自然利率”。

第三，古典利率理论采用的是流量分析法，这是因为该理论是根据某一段时间内的储蓄量与投资量的变动情况进行分析的。

2. 流动性偏好利率理论

20 世纪 30 年代大危机后，以利率自动调节为核心的古典利率理论，因不能对大萧条作出令人信服的解释而受到了严重打击。凯恩斯在 1936 年出版的《就业、利息和货币通论》中论述的“流动性偏好”利率理论占据了主流地位。

1）利率是一种纯货币现象

凯恩斯认为，利息是在一定时期内放弃货币、牺牲流动性所得的报酬，而不是古典利率理论所认为的利息是对节欲、等待或推迟消费的补偿。利率是一种纯货币现象，它与实物因素、忍受及生产效率无关，因此，利率不是由借贷资本的供求关系决定的，而是由货币市场的货币供求关系来决定的，利率的变动是货币供给与货币需求变动的结果。凯恩斯认为，尽管储蓄与投资有着密切的联系，但古典利率理论把它们看作是两个可以决定利率水平的相互独立的变量的观点是根本错误的。因为储蓄主要取决于收入水平，而收入水平又决定于投资，储蓄与投资应是两个相互依赖的变量，两者只要有一个因素变动，收入就会发生变动。只有在充分就业的条件下，当投资的增加不会再引起实际收入的增加时，投资的进行才会减少人们的现在消费，形成所谓的“强迫储蓄”，此时的利息才能被看作是对节欲、等待或推迟消费的补偿。

2）利率决定于货币供求关系

凯恩斯认为，利率决定于货币供求关系。其中，货币供给为外生变量，由中央银行直接控制；而货币需求则是一个内生变量，它由人们的流动性偏好决定。所谓流动性偏好，是指社会公众愿意持有货币资产的一种心理倾向。在现代货币经济体系中，人们可以以多种形式来持有自己的财富，如持有股票、债券等。当人们持有非货币资产时，虽然也可以获得一定的收益，但由于经济运行中充满了不确定性，持有这些资产就可能因各种原因遭受损失。而货币作为一种特殊形式的资产，是财富的真正代表，为整个社会所认可和接受，并能随时转化为其他形式的资产或商品，因此，货币具有完全的流动性和最小的风险性。所以，人们在选择其财富的持有形式时，大多倾向于选择货币形式。

3）流动性偏好的“三个动机”

凯恩斯认为，人们的流动性偏好有三个动机：交易动机、预防动机和投机动机。这三个动机分别决定了交易性货币需求、预防性货币需求和投机性货币需求。其中，交易动机和预防动机与利率没有直接联系，而与收入成正比关系，投机动机则与利率成反比关系。如果用 L_1 表示出于交易动机和预防动机而持有货币的货币需求，以 L_2 表示出于投机动机而持有货币的货币需求，则 $L_1(Y)$ 为收入 Y 的递增函数，$L_2(r)$ 为利率 r 的递减函数，货币总需求 $L=L_1(Y)+L_2(r)=L(Y,r)$。用 M_1 表示满足 L_1 的货币供给量，用 M_2 表示满足 L_2 的货币供给量，则货币供给量 $M=M_1+M_2$。当货币供求均衡时，即有：

$$M_s = M_1 + M_2 = L_1(Y) + L_2(r) = L(Y,r)$$

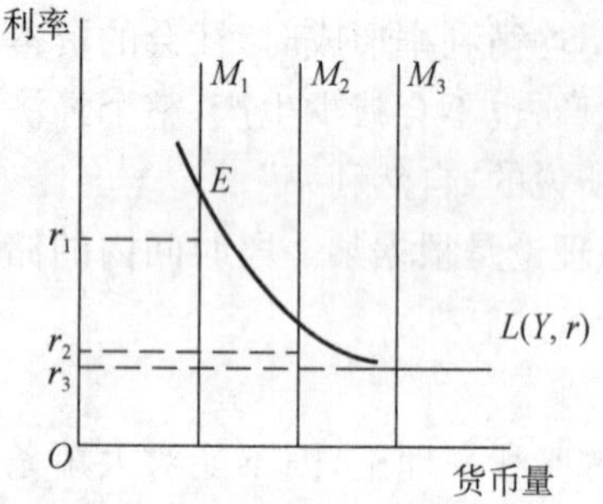

图 3-6　流动性偏好利率理论的利率决定示意图

凯恩斯认为，均衡利率决定于货币需求与货币供给的相互作用。如果人们的流动性偏好加强，货币需求就会大于货币供给，利率便上升；反之则反是。当流动性偏好所决定的货币需求量 L 与货币当局所决定的货币供给量 M_s 相等时，利率便达到了均衡水平。

这种利率的决定过程可用图 3-6 表示。在图 3-6 中，货币需求曲线向右下方倾斜，表示随着利率的降低，投机性货币需求增加，而交易性和预防性货币需求保持不变(因为收入不变)，总货币需求随之增加。但当利率降低到一定限度时，货币需求曲线呈水平状，表明此时的货币需求无限大，即使货币供给不断增加，利率也不会再降低，这是因为人们预期利率一定会上升，于是纷纷抛出有价证券而持有货币，使得流动性偏好无限大，凯恩斯称之为"流动性陷阱"。图 3-6 中的货币供给线是垂直的，表示利率弹性为零，即由中央银行外生决定货币供给量。市场利率决定于 M_s 与 L 的均衡点 E。当中央银行将货币供给量从 M_1 增加到 M_2 时，利率就会从 r_1 下降到 r_2。但如果进入流动性陷阱区域，中央银行无论怎样增加货币供给量，市场利率 r 也不会发生变化。

凯恩斯的流动性偏好利率理论具有以下特点：第一，这一理论完全是"货币的"利率决定理论。凯恩斯主要从货币供给和货币需求的均衡来分析利率水平的决定或变动，认为利率纯粹是货币现象。第二，由于该理论认为利率是由某一时点的货币供求量所决定的，而货币量是存量，因此，这一理论是一种存量分析理论。第三，如果货币供给曲线与货币需求曲线的水平部分相交，货币供给将不会影响利率水平。

3. 可贷资金利率理论

凯恩斯的流动性偏好利率理论将利率完全视为一种货币现象，其大小由货币供求关系决定，而完全忽视了储蓄、投资等实际因素对利率的影响。这一理论一经提出就遭到了许多经济学家的批评。罗宾逊在古典利率理论的基础上提出了所谓的可贷资金利率理论(也称为新古典利率理论)。这一理论得到瑞典学派的重要代表人物俄林和米尔达尔以及后来的集大成者英国经济学家勒纳等人的支持，并成为一种较为流行的利率理论。在某种程度上，可贷资金利率理论可以看成是古典利率理论和流动性偏好利率理论的综合，它一方面批评古典利率理论完全忽视货币因素和存量分析，另一方面也不同意凯恩斯完全否定资本边际生产力等实际因素和忽视流量分析的观点。可贷资金利率理论回避了一些理论争论，直接对可贷资金的供给和需求进行分析，是试图将货币因素与实际因素、存量分析与流量分析相结合的一种新的理论体系。

该理论认为，利率是由可贷资金的供给和需求的均衡点所决定的。可贷资金的供给主要有两个来源：一是当前的储蓄，二是实际货币供给量的变动。可贷资金的需求主要有两个方面：一是当前的投资需求，二是货币贮藏的需求。用公式表示如下：

$$S_L = S + \Delta M_S$$
$$D_L = I + \Delta M_D$$

公式中，S_L代表可贷资金的供给，D_L代表可贷资金的需求，ΔM_S代表该时期内货币供给的改变量，ΔM_D代表该时期内货币需求的改变量。

可贷资金的总供给曲线 S_L 和总需求曲线 D_L 决定均衡利率水平。由于 S_L 和 D_L 的均衡取决于商品市场和货币市场的均衡，而商品市场均衡的决定因素是 I 和 S，货币市场均衡的决定因素是 ΔM_S 和 ΔM_D，可贷资金的均衡利率并不能保证商品市场和货币市场同时达到均衡，在图 3-7 中，$r_1 \neq r_2$，只有当商品市场和货币市场同时达到均衡时，$r_1 = r_2$。

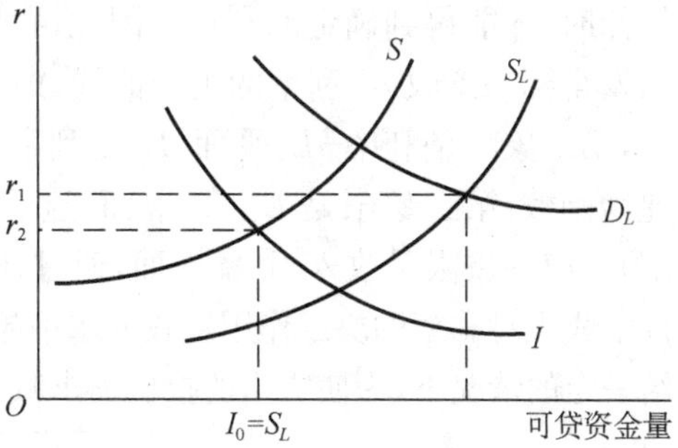

图 3-7　可贷资金利率理论的利率决定示意图

可贷资金利率理论从流量的角度分析借贷资金的供求和利率的决定，可以直接用于金融市场的利率分析。在资金流量分析方法和资金流量统计建立之后，用可贷资金利率理论对利率决定做实证研究和预测分析，有一定的实用价值。虽然可贷资金利率理论克服了古典学派和凯恩斯学派的缺点，但如果不同时兼顾商品市场和货币市场，则该理论仍是不完善的。

4. *IS-LM* 模型的利率决定理论

上述三种利率决定理论都没有考虑收入因素，由于储蓄和投资都是收入的函数，如果不考虑收入函数，利率就无法确定下来。正是由于利率与收入存在互相决定的关系，因而利率与收入只能是同时决定的。新古典学派的可贷资金利率理论后来由希克斯和汉森改造成著名的 *IS-LM* 模型。

首先，看利率决定收入的情况。由于利率影响投资，投资进而决定收入。只有当投资等于储蓄时，收入水平才是确定的。均衡时，投资应该等于储蓄，由此得到一条利率-收入曲线，即 *IS* 曲线。其推导过程如图 3-8 所示。在图 3-8 中，第二象限是投资-利率平面，

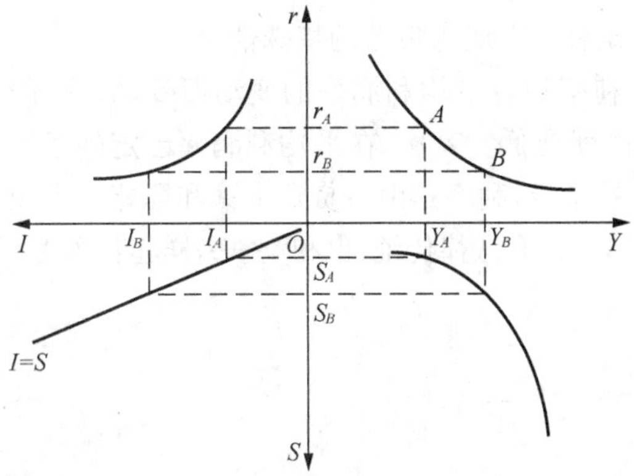

图 3-8　*IS* 曲线

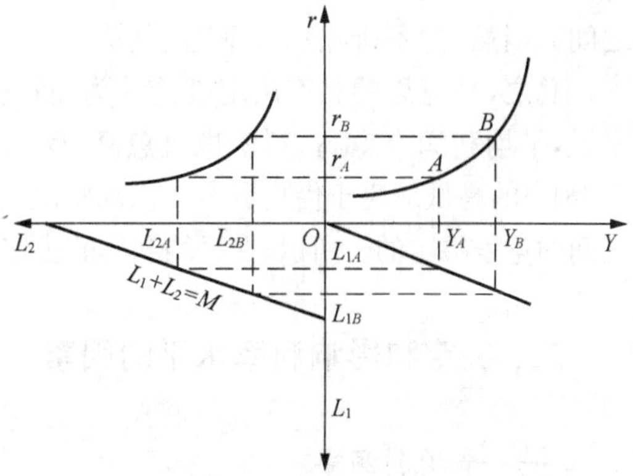

图 3-9　*LM* 曲线

投资是利率的减函数；第四象限是储蓄-收入平面，储蓄是收入的递增函数；第三象限是投资-储蓄平面，图中45°直线上任一点表示储蓄等于投资的关系。第一象限是收入-利率平面，通过几何方法得到利率-收入曲线。在 IS 曲线上，较低的利率导致投资的增加，而投资等于储蓄，故收入必须增加，这说明该曲线是向下倾斜的。

其次，看收入决定利率的情况。收入通过货币需求来决定利率，只有当货币供求达到均衡时，才能得到确定的利率。因此，我们可以在货币供求平衡条件下由一系列不同收入出发得到一条收入-利率的组合曲线，即 LM 曲线。其推导过程如图 3-9 所示。在图 3-9 中，第二象限是利率- L_2平面，L_2是利率的减函数；第四象限是 L_1-收入平面，L_1是收入的递增函数；第三象限是 L_2-L_1平面，这里的货币供给是一定的，即满足 $L_1 + L_2 = M$（给定）。第一象限是收入-利率平面，通过几何方法得到 LM 曲线，它表示在货币市场均衡条件下收入对利率的决定作用。收入水平越高，货币的交易需求和谨慎需求就越大，在货币供给一定的情况下，为使货币的投机需求减少，利率势必上升，因此 LM 曲线是向上倾斜的。

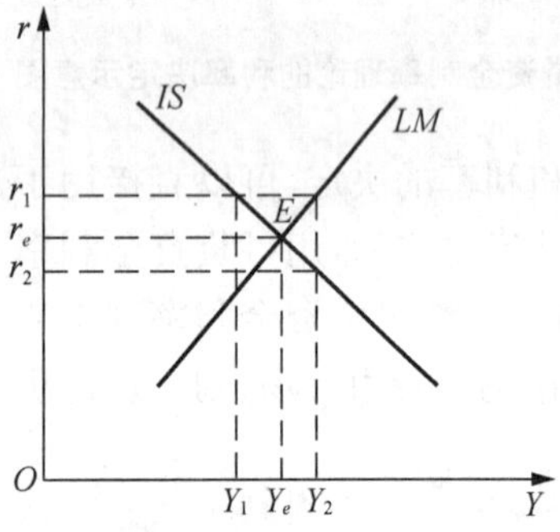

图 3-10　*IS-LM* 模型

最后，看利率和收入是如何决定的。如图 3-10 所示，当利率为 r_1时，由 r_1决定的收入为 Y_1，由 Y_1决定的利率则可能不为 r_1，比如为 r_2；同样，当收入为 Y_2时，由 Y_2决定的利率为 r_2，而由 r_2决定的收入可能不为Y_2，而可能是 Y_1。由此可见，收入和利率是互相决定的。在图 3-10 中，只有 IS 曲线与LM 曲线的交点E 的收入和利率才是均衡的收入水平 Y_e 和利率水平 r_e，此时商品市场和货币市场同时达到均衡，任何偏离 E 点的情况都会导致经济的自发调整，产生向 E 点逼近的压力，促使收入和利率在相互决定的过程中达到均衡。

（二）马克思的利率决定理论

马克思认为，利率是一定时期内的利息量和贷出的借贷资本量的比例，体现着借贷资本或生息资本的增殖程度。因为利息只是利润的一部分，所以，利润本身就成为利息的最高界限，达到这个最高界限，归属于执行职能的资本家的部分就会等于零。而利息不可以为零，否则借贷资本家就不会把资本贷出。因此，利息率的变化范围是在零与平均利润率之间。当然，并不排除利息率超过平均利润率或事实上成为负数的特殊情况。

总之，马克思的利率决定理论认为，首先，利率随着平均利润率的变动而变动。一般来说，平均利润率愈高，利率也就愈高；反之，也就愈低。其次，在平均利润率已定的条件下，利率的高低取决于借贷资本的供求状况，也就是说，利率是由借贷资本家和职能资本家之间的竞争决定的。所以，在平均利率的决定上，习惯和法律传统，也和竞争一样起着作用。

二、决定和影响利率水平的因素

（一）平均利润率

利息来自利润，是利润的一部分。因此，平均利润率就成了决定利息率的基本因素。

一方面，借款人借入货币的最终目的是追求最高的利润，现在利润被分割为两部分：一部分是作为企业自身所有资本和经营报酬的企业收入；另一部分是作为企业借入资本报酬的利息收入。借款人支付的利息额越多，利率越高，当利率高于平均利润率时，借款人会因为无利可图而不愿借用货币资金，所以利率只能低于平均利润率。平均利润率反映的是整个社会的平均利润水平。另一方面，货币资金的所有者也不会无偿让渡货币资金的使用权，他们贷出货币的目的就是为了充分利用这些暂时闲置的货币资金，获取一定的投资利润，所以，利率也不可能等于零，可见，利率只能在平均利润率和零之间波动。

（二）货币资金的供求状况

在市场经济条件下，货币资金是一种特殊商品，利息是转让这种特殊商品的报酬，或者说是借贷资金的价格。借贷资金作为一种特殊商品，它同普通商品一样要受价值规律的支配，其价格也一样要受供求状况的影响。当借贷资金供不应求时，利率会提高，贷者可以得到较多的利润；反之，当借贷资金供大于求时，利率则会下跌，借者可支付较少的利息，获得更多的利润。所以，资金供求状况是影响利率变动的一个重要因素，它决定着某一具体时刻利率的高低。

（三）经济周期

在经济发展的一般正常情况下，利率水平的高低主要由平均利润率和货币资金的供求状况决定，但在经济出现较为明显的危机时期，由于商品过剩、价格下降、销路不畅，大多数企业为了生存发展，迫切需要补充发展资金，这时对资金的需求急剧增长；而同时，存款人为在危机时保证自己资金的安全，都愿意把钱提回而不愿存款，这时货币资金供需矛盾日益突出，使利率快速上涨，甚至超过平均利润率水平。在危机过后的萧条时期，由于生产的停滞、压缩，工商企业的结余资金日益增多，形成大量的资金供给；而同时，由于生产停滞不需资金进行扩大再生产，所以资金需求量较小，这样就造成借贷资金利率的日益下降，甚至降到最低水平。经济周期与利率变化的关系如图 3-11 所示。

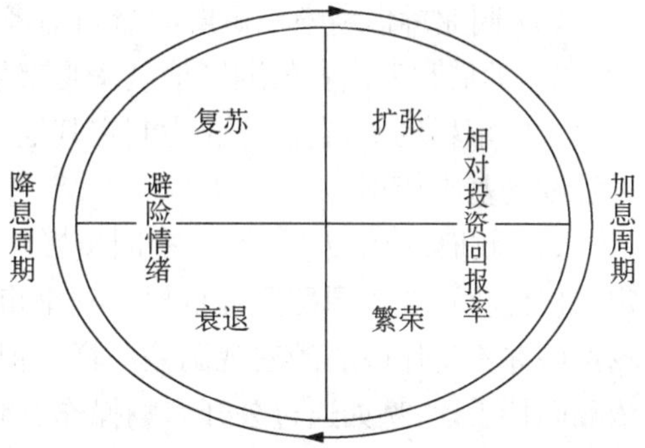

图 3-11 经济周期与利率变化

（四）物价水平

借贷资金体现着与物价水平直接联系的货币购买力。对借者来说，由于物价上涨，货币贬值，如果名义利率不变，就等于实际利率在下降，归还时相当于减少了实际归还的货币量；对贷者来说，则受到了相应的损失。因此，物价水平在一定程度上影响实际利率的水平，也是制定利率时要考虑的一个因素。

（五）经济政策

由于利率变动对经济的影响很大，各国已把利率作为国家对经济活动进行宏观调控的重要工具。各国政府根据本国经济发展状况和货币政策的目标，通过中央银行制定的利率影响市场利率，调节资金供求、调整经济结构和经济发展速度。近两年的房贷利率的变化正是政府调控房地产政策的重要表现。

三、中国的利率市场化实践

（一）利率市场化的含义

利率市场化是针对利率的形成机制而言的，即利率的形成应当由市场而不是由政府或中央银行来决定。或者说，利率市场化是指由市场主体自主决定利率的过程，即金融交易主体享有自主决定利率的权力，利率的数量结构、期限结构、风险结构等方面都由市场自发选择，而政府和中央银行仅享有通过间接调控方式影响利率的权力。

利率市场化至少包括如下内容：

（1）金融交易主体享有利率决定权。金融活动不外乎是资金盈余部门和赤字部门之间进行的资金交易活动。金融交易主体应该有权对其资金交易的规模、价格、偿还期限、担保方式等具体条款进行讨价还价，讨价还价的方式可能是面谈、招标，也可能是资金供求双方在不同客户或者服务提供商之间反复权衡和选择。

（2）利率的数量结构、期限结构和风险结构应由市场自发选择。同任何商品交易一样，金融交易的双方应该有权就某一项交易的具体数量（或称规模）、期限、风险及其具体利率水平达成协议，从而为整个金融市场合成一个具有代表性的利率数量结构、期限结构和风险结构。

（3）同业拆借利率或短期国债利率将成为市场利率的基本指针。根据其他国家的经验，同业拆借利率或者长期国债利率是市场上交易量最大、信息披露最充分从而也是最有代表性的市场利率，它们将成为制定其他一切利率水平的基本标准，也是衡量市场利率水平涨跌的基本依据。

（4）政府（或中央银行）享有间接影响金融资产利率的权力，但中央银行调节利率一定要以优化资金资源配置为目标。利率市场化并不是主张放弃政府的金融调控，正如市场经济并不排斥政府的宏观调控一样。但在利率市场化条件下，政府对金融的调控只能依靠间接手段，例如通过公开市场操作、调整基准利率以及窗口指导等间接手段影响利率水平，但这种手段不宜用得过多，以免干扰了金融市场本身的运行秩序。

（二）中国利率市场化的进程

1. 利率市场化改革的必要性

利率市场化是建设中国社会主义市场经济的必然要求。首先，由于利率管制的存在，使利率难以趋于市场利率，利率水平与利率结构的不合理使利率宏观调控作用难以有效地发挥作用，因此，金融宏观调控需要进行利率市场化改革。其次，加入 WTO 后，我国金融领域已经逐步开放。按照国际惯例行事，放松利率管制将是利率改革的目标，与其被动接受市场利率，不如主动进行利率市场化改革。最后，经过多年改革，市场价格机制已经深入人心，金融系统的资金价格的市场化也成了市场的要求。

2. 利率市场化改革进程

中国利率市场化改革的目标是，建立以中央银行利率为基础、以货币市场利率为中介、由市场供求决定金融机构存贷款利率的市场利率机制。

早在1993年，我国货币当局就已经提出了利率市场化改革的初步设想，并于1996年以后按照“先外币后本币，先贷款后存款，先长期后短期，先大额后小额”的操作思路逐步推进。经过20多年的发展，利率市场化改革稳步推进，从政策层面来看，中国的利率市场化已经基本“完成”。除了1年期以下小额外币存款利率和企业债发行利率仍受上限管理外，中国所有利率名义上均已完全自由化，似乎已经“放无可放”了。目前，中国利率体系中各环节的传导实际上均还存在一定阻力，也有许多价格之外的因素阻碍着市场定价，可以预期这些障碍将是利率市场化下半场的重点攻关对象。中国的利率市场化进程如表3-3所示。

表3-3 中国的利率市场化进程表

时 间	利率市场化措施
1996年6月	放开银行间同业拆借市场利率
1997年6月	放开银行间债券市场债券回购和现券交易利率
1998年3月	改革再贴现利率及贴现利率的生成机制
1998年9月	放开了政策性银行发行金融债券的利率
1998年10月	扩大了金融机构对小企业的贷款利率的最高上浮幅度，由10%扩大到20%；扩大了农村信用社的贷款利率的最高上浮幅度，由40%扩大到50%
1999年4月	允许县以下金融机构贷款利率最高可上浮30%
1999年9月	将对小企业贷款利率的最高可上浮30%的规定扩大到所有中型企业
1999年9月	成功实现国债在银行间债券市场利率招标发行
1999年10月	对保险公司3 000万元以上、5年期以上的大额定期存款，实行保险公司与商业银行双方协商利率的办法
2000年9月	放开外币贷款利率和300万美元(含300万美元)以上的大额外币存款利率，300万美元以下小额外币存款利率仍由中国人民银行统一管理
2002年3月	中国人民银行统一了中外资金融机构外币利率管理政策，实现中外资金融机构在外币利率政策上的公平待遇
2003年7月	放开了英镑、瑞士法郎和加拿大元的外币小额存款利率管理，由商业银行自主确定
2003年11月	对美元、日元、港元、欧元小额存款利率实行上限管理，商业银行可根据国际金融市场利率变化，在不超过上限的前提下自主确定
2004年1月	再次扩大贷款利率浮动区间。商业银行、城市信用社贷款利率浮动区间扩大到基准利率的0.9～1.7倍，农村信用社贷款利率浮动区间扩大到基准利率的0.9～2倍，贷款利率浮动区间不再根据企业所有制性质、规模大小分别制定
2004年10月	贷款上浮取消封顶。下浮的幅度为基准利率的0.9倍，还没有完全放开；与此同时，允许银行的存款利率可以下浮，且下不设底
2006年8月	扩大商业性个人住房贷款的利率浮动范围，浮动范围扩大至基准利率的0.85倍
2008年10月	当年5月汶川特大地震发生后，为支持灾后重建，中国人民银行进一步提升了金融机构住房抵押贷款的自主定价权，将商业性个人住房贷款利率下限扩大到基准利率的0.7倍

（续表）

时间	利率市场化措施
2012 年 6 月	中国人民银行进一步扩大利率浮动区间：存款利率浮动区间的上限调整为基准利率的 1.1 倍；贷款利率浮动区间的下限调整为基准利率的 0.8 倍
2012 年 7 月	再次将贷款利率浮动区间的下限调整为基准利率的 0.7 倍
2013 年 7 月	取消金融机构贷款利率 0.7 倍的下限，由金融机构根据商业原则自主确定贷款利率水平；取消票据贴现利率管制，改变贴现利率在再贴现利率基础上加点确定的方式，由金融机构自主确定
2014 年 11 月	存款利率浮动区间上限调整至基准利率的 1.2 倍
2015 年 3 月	将存款利率浮动区间上限扩大至 1.3 倍
2015 年 5 月	将存款利率浮动区间上限扩大至 1.5 倍
2015 年 10 月	对商业银行和农村合作金融机构等不再设置存款利率浮动上限，并抓紧完善利率的市场化形成和调控机制，加强人民银行对利率体系的调控和监督指导，提高货币政策传导效率

随着金融机构改革和利率市场化的稳步推进，人民银行将不断扩大金融机构的利率定价自主权，完善利率管理，并通过间接调控，引导利率进一步发挥优化金融资源配置和调控宏观经济运行的作用。

第五节　利率的作用

从微观角度说，利率对个人收入在消费与储蓄之间的分配，对企业的经营管理和投资决策都有非常直接而且重要的影响；从宏观角度说，对货币需求与供给，对市场总供给与总需求，对物价水平，对国民收入分配，对汇率和资本的国际流动，进而对经济增长和就业等，利率都是重要的经济杠杆。

一、利率对宏观经济的调节作用

由于利息与利润之间的关系，使利率成为调节投资、促进社会效益提高的一个有效的经济杠杆，它对宏观和微观经济运行都有非常重要的调节作用，是一种重要的货币政策工具。利率的经济功能，也就是利率作为借贷资金的价格在经济中发挥作用的程度和过程。利率作为一个政策变量，既影响货币的流量，又影响货币的存量；既影响储蓄与投资，又影响物价和经济发展。

利率的调节功能突出地表现在分配资源方面。利率作为资金的价格，可以把有限的社会资源分配给利润率较高的部门使用。这种调节从总量上看，是抑制社会对资源的总需求，提高资源的利用率；从结构上看是合理配置资源，优化产业结构和行业结构，通过实行差别利率，达到资源的最佳组合。

利率的调节功能还表现在调节宏观经济平衡方面。宏观经济是否协调，从资金的供求关系上就可以反映出来，无论是资金的供不应求还是供大于求，都意味着宏观经济的失衡。此时，国家可以利用利率手段促使资金供求达到平衡。如在资金供不应求时，中央银行可采取调高存贷款利率的措施，在增加资金供应的同时抑制资金需求；当资金供应大于需求时，可以下调利率，刺激投资，使资金供求达到平衡。

除此之外，利率还具有一些间接功能，如利率的变动会通过成本间接影响物价；利率会通过影响出口企业生产，进而影响国际收支平衡以及汇率变化；利率变动会引起有价证券收益率的变化，因而会引起金融市场上各种资金价格的连锁反应。利率通过经常项目影响汇率变动的过程如图 3-12 所示。

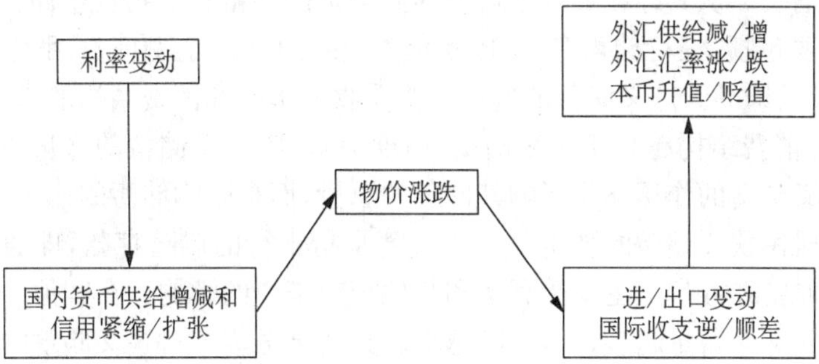

图 3-12　利率通过经常项目影响汇率变动的过程

二、利率对企业经济行为的影响

一般理论认为，低利率对实质性投资有刺激作用，利率高则不利于投资规模的扩大。因为利息最终来源于借款人创造的剩余产品价值即利润，在售价不变的情况下，利息低则借款人相对利润就多，这在一定程度上会刺激生产者投资的积极性，从而刺激投资的扩大。但低利率刺激投资扩大也有一定的条件限制，如果一个国家存在较严重的利率管制和信贷配给，那么，低利率也难以起到刺激投资的目的。

利率调整会改变企业的利息支出，借贷利率上升，企业贷款利息支出占财务费用的比重呈上升趋势，企业盈利能力有所下降。利率调整也会影响企业的融资成本，促使企业融资结构发生变化。利率调整还会改变企业的投资成本，对企业项目建设产生影响。另外，利率的不同，还会影响企业选择不同的投融资方式和渠道。

【例题 3-6】　受金融危机的影响，国家运用积极的财政政策和相对宽松的货币政策对企业实行资金支持，企业贷款利率比较低。在此背景下，某企业想向银行借一笔为期 1 年的贷款，A 银行和 B 银行都愿意为其提供服务。假设两家银行此时的贷款利率都相同，但 A 银行实行的是固定利率，而 B 银行实行的是浮动利率（每 3 个月调整一次）。这时中央银行暗示市场，鉴于实体经济已经复苏和避免通货膨胀，将在一年内逐步调整（基准）利率水平。如果你是这家企业的 CEO，你的贷款决策是选择 A 银行还是 B 银行？为什么？

解析：金融危机使中国也大受影响。一些企业需要紧急贷款来开拓新的市场或维持正常运作，那么企业贷款利率自然会较低。经济的真正复苏应当是实体经济的复苏，而实体经济的复苏伴随着政府对市场大量的资金投入，这样市场的货币总量增多，会引发通货膨胀。中央银行应当实行紧缩的货币政策来适当抑制市场的货币供给，所以中央银行会逐步调高利率以控制对企业的放贷量。

如果这家企业选择A银行，那么在计算利息的时候就是以较低的固定利率来计算；若是B银行，就是以逐步调高的最高利率来计算。所以该企业应选择A银行较为适宜。

三、利率对居民经济行为的影响

利率影响居民广义储蓄的结构。广义储蓄是指全部收入扣除消费后的余额，即广义储蓄＝收入－消费。从其存在形式上可分为金融资产储蓄和实物资产储蓄。金融资产储蓄在内容上主要包括：银行储蓄存款、国家债券、企业债券、金融债券、股票、保险储备、手持现金、金银及其饰品。广义储蓄的数量主要受收入水平和消费结构的影响。一般来说，收入水平越高，消费结构越趋于未来消费、适度消费，则广义储蓄的数量越多；反之，则越少。利率对广义储蓄的作用不是影响其储蓄的总量，而是影响储蓄的构成。

利率影响居民狭义储蓄的数量。狭义储蓄是指银行的储蓄存款，即通常所理解的储蓄概念。狭义储蓄在数量上主要受利率和其他金融资产的影响。在其他条件不变的情况下，利率越高，狭义储蓄量越多；反之，则越少。其他金融资产对狭义储蓄的影响主要是一种替代作用。其他信用形式越活跃，金融资产越丰富，则狭义储蓄量就越少；反之，则越多。

总的来说，利率变动能调节消费与储蓄的结构，也能调节消费的总量。在消费总量一定的条件下，居民用多少货币收入来消费，用多少货币收入来储蓄，利率的高低能起很大的调节作用。这种调节作用，从微观上看，只改变了消费与储蓄的结构，但从宏观上看，它会增加社会消费基金总量，因为这部分存款将为其所有者带来更多的利息收入。

复习思考题

1. 经济学界关于利息本质的观点主要有哪几种？你是如何认识的？
2. 什么是单利，什么是复利？利息的基本形式是单利还是复利？
3. 影响利率的关键因素有哪些？
4. 关于利率的期限结构，有哪几种理论解释？
5. 中国利率市场化改革的含义是什么？
6. 利率如何影响宏观经济和微观经济？

第四章 金融工具

学习目标

（1）熟悉金融工具的定义和特征。

（2）掌握货币市场的主要工具、股票和债券的特点及理论价格的形成、基础金融衍生工具的操作原理。

（3）了解股票和债券的各种价格、影响股票和债券价格的因素。

能力目标

（1）能够分析金融工具“四性”之间的关系。

（2）能够比较股票和债券两种金融工具的差异。

（3）能够理解基础金融衍生工具的操作原理，并掌握计算方法。

案例导入

苏州银行股份有限公司 2018 年第 150 期同业存单发行公告

发行人根据相关法律、法规、规范性文件的规定编制同业存单发行计划，并已通过中国货币网（www.chinamoney.com.cn）披露。本发行公告（见表 4-1）属于前述发行计划的组成部分。

表 4-1　发行公告

发行要素			
发行人	苏州银行股份有限公司		
主体评级等级	AAA	主体评级机构	联合资信评估有限公司
存单全称	苏州银行股份有限公司 2018 年 150 期同业存单		
存单代码	111870107	存单简称	18 苏州银行 CD150

（续表）

发行方式	报价发行	计划发行量（亿元）	1.0	期限	3M
发行价格(元)	99.187 5	面值(元)	100	息票类型	零息
起息日	2018-11-28	首次付息日		到期日	2019-02-28
参考兑付日	2019-02-28	缴款日	2018-11-28	参考收益率	3.250 0%
票面利率		发行日	2018-11-27	发行开始时间	2018-11-27 09:30
发行结束时间	2018-11-27 16:30	基准利率		基准利率精度	
利差(BP)		付息频率	期满	计息基准	A/360
首次利率确定日		币种	人民币		
申购约束					
单笔最低认购量(亿元)		单笔最高认购量(亿元)	0.2	最高认购总量(亿元)	

2018 年 11 月 26 日

思考：(1) 材料中的同业存单是一种什么样的金融产品？

(2) 同业存单的推出有何意义？

第一节　金融工具概述

一、金融工具的定义

早期的信用其实是通过口头进行的，这是信用的原始方式。例如，甲贷给乙一笔钱，只要口头上承认就可以了。这种信用方式显然只适用于双方比较熟悉，并且距离较近的贷款者与借款者。如果双方不熟悉，且距离较远，又不了解对方的信誉状况，那么，他们之间的借贷关系就很难建立起来。后来，人们通过书面证明来确认双方的信用关系，无疑，这样更方便和保险。这种书面证明就成为金融工具，它不仅是借贷双方债权和债务关系的证明，而且还能够流通转让。这一新的特性，使债权人和债务人都能够在适当的时候选择债权和债务，使自己更合理地安排现时与未来消费。

所谓金融工具，是指证明债权债务关系并以此为载体进行货币资金交易的凭证。这种凭证，必须具备规范的书面格式、广泛的社会接受性和可转让性以及法律效力。

二、金融工具的特征

（一）金融工具的“四性”

(1) 期限性。期限性是指金融工具一般规定了偿还期，也就是规定在债务人必须全部归还本金之前所经历的时间。在特殊情况下,偿还期可能存在零期和无限期。例如,活期存款的偿还期可以看作是0,而股票或永久性债券的偿还期则是无限。

(2) 流动性。流动性是指金融工具在必要时迅速转变为现金而不致遭受损失的能力。一般来说,期限短、变现成本低的金融工具流动性较强,反之则流动性较差。另外,发行者的资信程度对流动性也有很大影响。比如国家发行的债券、银行发行的大额可转让存单、信誉等级较高的公司发行的商业票据等流动性较强。流动性强的金融工具相当于货币,可以充当交易媒介和支付手段。

(3) 风险性。风险性是指购买金融工具的本金和预计收益遭受损失的可能性。一般包括两个方面:一是信用风险,即债务人不履行约定的按时支付利息和偿还本金的风险,这类风险与债务人的信誉和经营状况有关;二是市场风险,即市场上金融工具价格下跌所带来的风险,这类风险与市场上的各种要素都有着复杂而密切的关系。

(4) 收益性。收益性是指持有金融工具所能够带来的一定收益。金融工具的收益性的大小,是通过收益率来衡量的。收益率是指金融工具持有期所带来的收益与金融工具代表的本金的比率,其影响因素主要有银行存款利率、通货膨胀率、其他金融工具收益率以及发行者自身的财务状况等。收益率的具体指标有名义收益率、现时收益率、平均收益率等。

(二)“四性”之间的关系

一般而言,金融工具都具有期限性、流动性、风险性和收益性四个特征,它们之间的关系在理论上可以作如下描述:金融工具的期限越长,表明其代表的资金占有的时间越长,债权人在这段时间中可能因此造成的不便以及资金可能遭受损失的可能性就越大,因此其风险性也就越大。金融工具的风险性越大,相对而言,愿意接受这种金融工具的人就会越少,因此,出售这种金融工具所面临的损失或者潜在损失就会越大,也就是说其流动性就会越差。流动性差、风险高的金融工具为了吸引购买者,只能通过提供较高的收益率,特别是对于衍生金融工具来说,在相同期限的情况下,其风险要比其他金融工具大,于是,其交易者所要求的收益率也要比一般金融工具高。相反,金融工具的期限越短,其遭受损失的可能性就越小,风险性也就越小,相对来说,愿意接受这种金融工具的人就会越多,这种工具的流动性就会越好。当然从收益角度而言,其收益也会较低。

具体地,银行活期存款的风险最小,流动性最好,但其利率最低,也就是收益性最差。国库券等货币市场金融工具期限较短,风险较小,流动性较好,其收益也不高。而债券期限较长,风险相对较大,流动性较差,利率就会相对高一些。其中,在相同期限的情况下,国债的信用风险较小,其收益性也就比一般债券低一些。对于股票来说,其收益性往往要高于债券和其他传统的金融工具,但是,其风险也相对大得多。

第二节 货币市场工具

货币市场工具主要是短期证券,一般的期限为1天到1年不等。货币市场工具主要包括短期国库券、银行存单、商业票据、回购协议等。

一、短期国库券

短期国库券是指政府部门发行的短期债券，主要用于弥补财政入不敷出和为到期的政府债券提供融资。短期国库券有政府信用作担保，因此几乎没有违约风险。短期国库券的期限短，并且有活跃的二级市场可供交易，流动性很强。正是因为这些特点，短期国库券深受投资人欢迎，是最重要的货币市场工具。在很多国家，短期国库券还是一国中央银行实施货币政策的重要工具。

短期国库券发行比较频繁，期限有3个月、6个月、9个月或1年不等。短期国库券的发行一般采取竞价投标的拍卖方式。当发行代理人发出拍卖短期国库券的种类和数量的信息之后，一级自营商则根据市场情况及自身要求进行投标。投标方式包括竞争性投标和非竞争性投标两种。竞争性投标的投标人，既要报认购的数量也要报认购的价格，而非竞争性投标的投标人一般只报数量不报价格。拍卖程序如下：①将非竞争性投标金额从拍卖总额中扣除，剩余部分在竞争性投标者中间分配；②对竞争性投标者按报价从高到低(或收益率从低到高)排列，依次配售，直到预定发行量全部实现为止；③当最后中标标位上的投标额大于剩余招标额时，该标位中标额按等比分配原则确定；④成交价采用竞争性投标者中最低的报价。

假设本周短期国库券发行金额为7亿元，其中非竞争性投标金额为2.12亿元，竞争性投标者中最高报价是7.55%，最低报价是7.62%，具体如表4-2所示。配售顺序如下：从总额中扣除2.12亿元的非竞争性投标，剩余的4.88亿元在竞争性投标者中分配，价格采用有效报价中最低的7.62%。竞争性投标者中，先满足最高报价，然后从高到低配售，最后的0.7亿元在报价是7.62%的投标者中按比例分配。

表4-2　竞争性投标总计

数额(亿元)	报价	备注
0.20	7.55%	最高报价
0.23	7.56%	
0.33	7.57%	
0.50	7.58%	
0.75	7.59%	
0.92	7.60%	
1.25	7.61%	
1.52	7.62%	最低报价

短期国库券不附带利息，以贴现的方式发行，到期按票面金额偿还，投资者的收益就是购买价格与票面额的差额。

二、银行承兑汇票

银行承兑汇票是指在商品交易过程中由银行承兑、保证在将来某一特定日期进行偿付的一种远期汇票。银行承兑汇票是为了方便商业交易活动而产生的。在早期的贸易过程中，卖方对买方的信用不了解，担心买方不付款或不按时付款，于是要求买方开出由银行承兑的汇票进行付款，因此产生了银行承兑汇票。银行在汇票上注明"承兑"字样并签字后，就确认了对汇票无条件付款的责任。银行承兑汇票从开出之日起至到期承付日止，最长不超过6个月。

办理银行承兑汇票的主要程序如下：

(1) 出票。出票人签发票据。

(2) 承兑申请。承兑申请人持相关材料向银行提出申请。

(3) 银行承兑。银行经审查同意，在商业汇票上签字承兑，保证此票到期无条件付款。承兑银行将按票面金额向承兑申请人收取一定比例的承兑手续费。

(4) 到期承付。承兑申请人应当按照承兑协议规定按时或提前将足额资金存入银行，银行承兑汇票到期按时付款。如果承兑申请人于银行承兑汇票到期日未能足额交存票款，承兑银行也必须对持票人无条件支付。

银行承兑汇票信用好，流动性强。不少国家有比较发达的票据二级市场，银行承兑汇票持有人可以根据需要背书转让或者贴现。

银行承兑汇票的详细操作流程如图4-1所示。

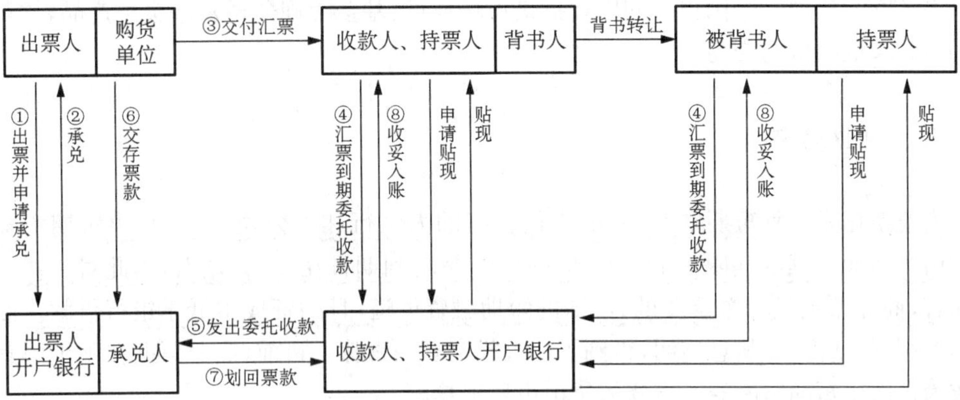

图4-1 银行承兑汇票操作流程

中国在20世纪80年代出现银行承兑汇票，并在20世纪90年代中期前后，银行承兑汇票的使用规模进入快速增长阶段。中国市场参与主体较多，规模不断扩大，使银行承兑汇票的流动性不断增强。目前在中国商业流通票据中银行承兑汇票是使用较多的一种。

三、大额可转让定期存单

大额可转让定期存单(certificate of deposit，CD)是20世纪60年代以来兴起的一种应用广泛的货币市场工具，是由商业银行发给存款人的，按一定期限和约定利率计息、到期前可以转让流通的存款凭证。它实质上是银行的定期存款，有固定的利率和到期期限，但又与传统的银行定期存款不同，它可以在市场上流通和转让。大额可转让定期存单的特征有：①面额大，例如美国的大额可转让定期存单面额最小为10万美元，通常为100万美元；②不能提前支取，但可以流通转让；③利率固定或者浮动；④不记名，可以自由转让。

20世纪50年代末，美国市场利率上升，而定期存款利率由于受到Q条例的限制，低于一般市场水平，导致定期存款大量缩减，银行可贷资金下降①。针对这一问题，花旗银行于1961年推出了大额可转让定期存单。大额可转让定期存单有很多优点，它的出现受到了普遍欢迎。对投资人来说，大额可转让定期存单具有银行信用，比较安全；投资大额可转让定期存单可以获得较高的市场利率；需要流动性时还可以在二级市场上将它出售。对银行来说，大额可转让定期存单不受法规的限制，可以成为商业银行吸收短期资金、进行负债管理的主要工具。

大额可转让定期存单按利率可分为固定利率存单和浮动利率存单。固定利率存单的利率在整个期限内不发生变化，利息到期支付；浮动利率存单的利率是在市场上同期限的贷款和证券利率的基础上，加上一定上浮范围后得出的，可以在规定的时限内定期调整。

大额可转让定期存单的发行方式可分为两种：一类是批发式发行，即发行银行把拟发的总额、利率、发行日期等预先公布，供投资者认购；另一类是零售式发行，发行银行随时根据投资者的需要发行，利率、总额、期限和面额由双方议定。

中国于2013年推出类似的产品称为同业存单，由存款类金融机构通过全国银行间同业拆借中心的发行系统进行电子化发行，完成登记后可通过全国银行间同业拆借中心的交易系统交易流通。全国银行间同业拆借市场成员、基金管理公司及基金类产品，均可参与同业存单的投资与交易。

四、商业票据

商业票据是一种短期本票，一般由信誉好的大银行和大公司发行，解决短期资金需求。由于商业票据的期限一般不长于270天，平均到期日在45天左右，因此对一些大公司而言，商业票据是一个重要的、灵活的短期融资渠道，且融资成本低于银行借款。商业票据信用好、期限短、信息透明，得到了广大投资者的青睐。目前，商业票据在不少国家已经成为仅次于短期国库券的重要的货币市场工具。

商业票据作为传统的金融工具有着悠久的历史。在商品和劳务的交易过程中，买卖双方不用现金结算，而是通过由买方向卖方签发一张远期付款的票据进行结算，在票据到期时，卖方持票据向买方收取现金。持票人还可以在票据到期前向银行申请贴现。这种有着真实商业交易背景的票据称为“真实票据”。随着票据市场的不断发展，无交易背景的单纯以融资为目的的“融通票据”开始出现，并成为公司融通短期资金的重要工具。这种票据的票面金额越来越标准化，数额也越来越大。

由于商业票据仅以信用作保证，因此一般只有规模巨大、信誉卓著的大公司和大银行才能够发行商业票据。有些国家还有专门的评级机构对商业票据的发行人进行评级，商业票据的发行人至少要获得其中的一个评级。

---

① 20世纪30年代经济危机后，美国颁布了新的银行法，其中Q条例的规定内容是：银行对于活期存款不得公开支付利息，并对储蓄存款和定期存款的利率设定最高限度，即禁止联邦储备委员会的会员银行对它所吸收的活期存款(30天以下)支付利息，并对上述银行所吸收的储蓄存款和定期存款规定了利率上限。

商业票据是贴现票据，以贴现的方式发行，到期按面额支付。

商业票据的利率一般比短期国库券的利率高，这是由风险、流通、税收等因素决定的。商业票据的风险高于短期国库券，而且没有活跃的二级市场可供交易，其收益还要在各级政府纳税。

五、回购协议

回购协议，是指证券持有人（卖方）在卖出证券给证券购买人（买方）时，约定在将来某一日期以约定的价格，由卖方向买方买回相等数量的同品种证券的协议。回购协议实际上是以原证券为抵押的借款，是买方向卖方提供融资的一种形式。回购协议交易的对象一般是货币市场上流通量较大、质量较好的金融工具，如短期国库券、可转让大额定期存单等。

回购协议按期限不同分为隔夜回购、定期回购和连续性回购。到期时间为1天的是隔夜回购，相当于日拆。超过1天的是定期回购，但一般也不超过9个月。连续性回购是指每天按不同利率进行连续几天的交易。其中，隔夜回购占多数。

回购协议按操作方向分为正回购和逆回购（或反向回购），对卖出证券取得资金的一方来说是正回购，对买入证券出让资金的一方则是逆回购。可见，每一笔回购交易都是由一方的正回购和另一方的逆回购组成的。

回购价格可以内含利息，从而买回价大于出售价，其差额就是回购利息；也可以不含利息，则买回价和出售价相等，利息另外支付。回购利率取决于证券的品质、回购期限和交割方式，总体水平则参考同业拆借利率。

中国的证券回购业务始于1991年，当时上海证券交易所和全国证券交易自动报价系统（STAQ系统）成立不久，经过一段时间的试运行后，为提高国债的流动性，当年9月通过STAQ系统完成第一笔国债回购业务。随后在其他的证券交易中心也开办了国债回购业务。目前中国参与证券回购的交易主体主要有商业银行、城市信用社以及信托投资公司、证券公司等非银行金融机构，回购交易品种主要是国库券、国家重点建设债券、金融债券等，回购期限一般在1年以下，其中国债回购发展比较成熟。

第三节　资本市场工具

一、股票

股票是指股份公司发给股东作为入股凭证并借以获取股息收入的一种有价证券。每股股票代表股东对企业拥有一个基本单位的所有权。

（一）股票的特征

（1）无期性。股票投资是一种没有到期日的长期投资。股票一经买入，只要股票发行公司存在，持有者都不能退股，不能向股票发行公司要求赎回本金。股票持有者的股东身份和股东权益就不能改变。但是，持有者可以通过股票交易市场将股票卖出，收回自己原来的投资。

(2) 参与性。根据公司法的规定，股票的持有者就是股份有限公司的股东，他有权自己或通过其代理人出席股东大会、选举董事会并参与公司的经营决策。股东权力的大小，取决于其持股份比例的多少。股东还有参与公司盈利分配的权力，股东可凭其持有的股份向股份公司领取股息和分配利润。在公司解散或破产时，股东要按其所持有的股份比例对债权人承担清偿债务的有限责任。在债权人的债务清偿后，优先股和普通股的股东对剩余资产亦可按其所持有股份的比例向公司请求清偿。

(3) 风险性。任何一种投资都是有风险的，股票投资也不例外。股票的价格除了受制于公司的经营状况之外，还受经济、政治、社会甚至人为操纵等诸多因素的影响，处于不断变化的状态中，大起大落的现象也时有发生。股票价格的波动虽然不会影响上市公司的经营业绩，从而影响股息与红利，但股票的贬值还是会使投资者蒙受部分损失。

(4) 流动性。股票可以在股票市场上随时转让、买卖，是一种具有较强流动性的资产。一般来说，一国证券市场越发达，股票的流动性就越强。

(5) 收益性。投资人在承担较大投资风险的同时，也有获得较高投资收益的机会。股票的收益，一方面来源于公司盈利，另一方面来源于公司股价上涨带来的买卖差价即资本利得。

（二）股票的分类

1. 按股东权利不同，分为普通股和优先股

普通股是随着企业利润变动而变动的一种股份，是股份公司资本构成中最普通、最基本的股份，普通股股东享有优先认股、盈余分配、参与经营表决等权利。

优先股是“普通股”的对称，是股份公司发行的在分配红利和剩余财产时比普通股具有优先权的股份。优先股的优先权主要表现在两个方面：①股息领取优先权。股份公司分派股息的顺序是优先股在前，普通股在后。②剩余资产分配优先权。股份公司在解散、破产清算时，优先股具有公司剩余资产的优先分配权，不过，优先股的优先分配权在债权人之后，而在普通股之前。但优先股股息是事先确定好的，不因公司盈利多少而变化，一般没有投票及表决权，而且公司有权在必要的时候收回优先股。

2. 按股票持有人不同，分为国家股、法人股和个人股

国家股即国家持有的股票，是指有权代表国家投资的政府部门或机构以国有资产投入公司而形成的股份。法人股是指企业法人以其依法可支配的资产投入公司而形成的股份，或具有法人资格的事业单位和社会团体以国家允许用于经营的资产向公司投资而形成的股份。个人股是社会个人或本公司内部职工以个人合法财产投入公司而形成的股份。

三者在权利和义务上基本相同，不同点是国家股投资资金来自国家，不可转让；法人股投资资金来自企事业单位，必须经中国人民银行批准后才可以转让；个人股投资资金来自个人，可以自由上市流通。

我国股票市场 2005—2017 年流通市值与市价总值的变化情况如图 4-3 所示，呈现明显的逐年增加的趋势。

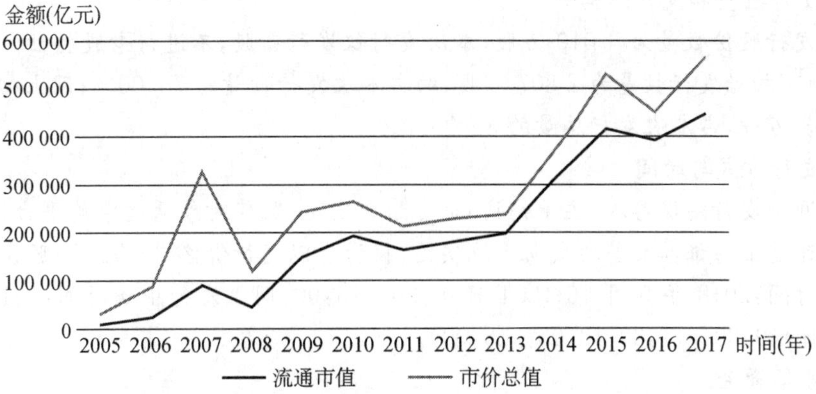

资料来源：根据上海证券交易所和深圳证券交易所网站数据整理。

图 4-3 中国股票市场 2005—2017 年流通市值和市价总值的变化情况

3. 按票面是否记载投资者姓名，分为记名股票和无记名股票

记名股票的票面记载股东姓名，这类股票持有较安全，但转让手续烦琐；不记名股票不记载股东姓名，谁持有股票即享受股东权利，可自由转让。

4. 在中国，按发行地及交易币种的不同，可分为 A 股、B 股、H 股等

A 股是指用人民币标明面值，由境内公司在境内发行上市，并由境内居民或机构用人民币买卖的股票。

B 股是指用人民币标明面值，由境内公司在境内发行，在境内的证券交易所上市，并由境内外居民或机构用外币买卖的股票。

H 股是指用人民币标明面值，由境内公司发行，在香港上市，用港币交易的股票。

截至 2018 年 11 月 28 日，上海和深圳股票市场上市公司和发行股票数量如表 4-3 所示。

表 4-3 上海和深圳股票市场上市公司和发行股票数量（2018. 11. 28）

		上市公司(家)	股票(只)	
			A 股	B 股
上海股票市场		1 448	1 441	51
深圳股票市场	主板	476	464	48
	中小板	903	919	
	创业板	710	736	

资料来源：根据上海证券交易所和深圳证券交易所网站数据整理。

延伸阅读

科沃斯机器人股份有限公司首次公开发行 A 股股票基本情况介绍

一、股票种类

本次发行的股票为境内上市人民币普通股(A 股)，每股面值 1.00 元。

二、发行数量和发行结构

本次发行股份数量为 4 010 万股，本次发行仅发行新股，不进行老股转让。回拨机制启动前，网下初始发行数量为 2 807 万股，约占本次发行数量的 70.00%；网上初始发行数量为 1 203 万股，占本次发行总量的 30.00%。

三、发行方式与时间

本次网下发行由保荐人（主承销商）负责组织实施，配售对象通过申购平台进行申购；网上发行通过上海证券交易所交易系统实施，投资者以发行价格 20.02 元/股认购。网下发行申购时间：2018 年 5 月 16 日（T 日）9:30—15:00；网上发行申购时间：2018 年 5 月 16 日（T 日）（9:30—11:30，13:00—15:00）。

四、募集资金

若本次发行成功，预计发行人募集资金总额为 80 280.20 万元，扣除发行费用 5 177.67 万元后，预计募集资金净额为 75 102.53 万元，不超过招股意向书披露的发行人本次募投项目拟使用本次募集资金投资额 75 102.53 万元。

五、回拨机制

网上、网下申购结束后，发行人和保荐人（主承销商）将根据总体申购的情况决定是否启用回拨机制，对网上、网下发行数量进行调节。回拨机制的启动将根据网上投资者初步申购倍数确定：$\text{网上投资者初步申购倍数}=\dfrac{\text{网上有效申购数量}}{\text{回拨前网上发行数量}}$。

六、本次发行的重要日期安排

本次发行的重要日期安排如表 4-4 所示。

表 4-4　本次发行的重要日期安排

交易日	日期	发行安排
T-6 日	2018 年 5 月 8 日 周二	刊登《招股意向书摘要》《发行安排及初步询价公告》等； 网下投资者向保荐人（主承销商）提交核查材料
T-5 日	2018 年 5 月 9 日 周三	网下投资者向保荐人（主承销商）提交核查材料（中午 12:00 截止）
T-3 日	2018 年 5 月 11 日 周五	初步询价（通过上海证券交易所网下申购电子平台，初步询价时间为 9:30—15:00）
T-2 日	2018 年 5 月 14 日 周一	刊登《网上路演公告》； 确定发行价格，确定有效报价投资者及其有效申购数量
T-1 日	2018 年 5 月 15 日 周二	刊登《发行公告》《投资风险特别公告》； 网上路演
T 日	2018 年 5 月 16 日 周三	网下发行申购日（9:30—15:00）； 网上发行申购日（9:30—11:30，13:00—15:00）； 网上申购配号； 确定是否启动回拨机制及网上、网下最终发行量
T+1 日	2018 年 5 月 17 日 周四	刊登《网上申购情况及中签率公告》； 网上发行摇号抽签； 确定网下初步配售结果

（续表）

交易日	日期	发行安排
T+2日	2018年5月18日 周五	刊登《网下发行初步配售结果及网上中签结果公告》； 网下发行获配投资者缴款(认购资金到账时间截至16:00)； 网上中签投资者缴纳认购资金
T+3日	2018年5月21日 周一	保荐人(主承销商)根据网上、网下资金到账情况确定最终配售结果和包销金额
T+4日	2018年5月22日 周二	刊登《发行结果公告》

七、拟上市地点

上海证券交易所。

（三）股票价格

1. 股票价格的相关概念

(1) 票面价值。股票的面值即票面价值，是指股份公司在所发行的股票票面上标明的票面金额，它以元/股为单位。

(2) 账面价值。股票的净值又称为账面价值或每股净资产，其计算方法是用公司的净资产除以总股本。股份公司的账面价值越高，则股东实际拥有的资产就越多。账面价值是股票投资者评估和分析上市公司实力的重要依据之一。

(3) 发行价格。当股票上市发行时，上市公司从公司自身利益以及确保股票上市成功等角度出发，对上市的股票不按票面价值发行，而制订一个较为合理的价格来发行，这个价格就称为股票的发行价格。发行价格可以高于、低于或等于票面价值，相应的发行方式分别为溢价发行、折价发行或平价发行。发行价格不是随意制定的，确定发行价格要考虑以下因素：市盈率，即市场价格与每股税后利润的比值；股息率，即每股收益率；同类上市公司的股价；每股净值；预计的股利；等等。

(4) 市场价格。股票的市场价格简称市价，是指股票在交易过程中交易双方达成的成交价，通常所指的股票价格就是指市价。股票的市价直接反映着股票市场的行情。由于受众多因素的影响，股票的市价处于经常性的变化之中。

(5) 股票的清算价格。它是指一旦股份公司破产或倒闭后进行清算时，每股股票所代表的实际价值。从理论上讲，股票的每股清算价格应与账面价值相一致，但企业在破产清算时，其财产价值是以实际的销售价格来计算的，所以股票的清算价格就会与账面价值不一致。

(6) 内在价值。内在价值又称为股票的理论价格，是指股票未来收益的现值。股票的内在价值包括两部分：一部分是在未来持有期间内预期将取得的股利收入的现值；另一部分是在将来卖出股票后取得的资本利得收益的现值。由于受资金供求、预期等因素的影响，股票的理论价格与股票的实际价格往往不一致，但理论价格是实际价格的基础，实际价格不会偏离理论价格太远。

2. 股票理论价格的形成

股票的收益由每年的股息收入和股票出售时的价格两部分组成，根据现值理论，股票价格是将这两部分收入按市场利率折算成现值。其计算公式如下：

$$P_0=\frac{F_1}{1+i}+\frac{F_2}{(1+i)^2}\cdots\cdots+\frac{F_n}{(1+i)^n}+\frac{m}{(1+i)^n}$$

$$=\sum_{t=1}^{n}\frac{F_t}{(1+i)^t}+\frac{m}{(1+i)^n}$$

公式中，P_0代表未来收益的现值，即股票的理论价格；F_i代表第i年的收益额；i代表折现率；m代表股票出售时的价格；n代表持有期限。

这个公式表明：股票的内在价值是由第1年至第n年每年股息收益的现值加上第n年股票售价的现值之和构成的。

现假定未来各期的预期股息为固定值F，且投资者无限期持有股票，则：

$$P_0=\sum_{t=1}^{\infty}\frac{F_t}{(1+i)^t}+\frac{m}{(1+i)^{\infty}}$$

$$=\frac{F}{(1+i)}\cdot\frac{1-\frac{1}{(1+i)^{\infty}}}{1-\frac{1}{(1+i)}}+\frac{m}{(1+i)^{\infty}}$$

$$=\frac{F}{i}\left[1-\frac{1}{(1+i)^{\infty}}\right]+\frac{m}{(1+i)^{\infty}}$$

因为$\frac{1}{(1+i)^{\infty}}\rightarrow 0$，$\frac{m}{(1+i)^{\infty}}\rightarrow 0$，所以$P_0=\frac{F}{i}$。

如果把市场利率看成折现率，从上面的推导结果可以看出，股票理论价格主要取决于两个因素，即预期股息收益和市场利率。在公司未来股息固定发放的情况下，股票的内在价值和预期股息收益成正比，与市场利率成反比。

延伸阅读

利率变动对股票的影响

一般理论上来说，利率下降时，股票的价格就会上涨；利率上升时，股票的价格就会下跌。因此，利率的高低以及利率同股票市场的关系，也成为股票投资者据以买进和卖出股票的重要依据。利率变动对股票的影响有三种途径：

一是利率变动造成的资产组合替代效应。利率变动时，存款收益率也会变动，投资者就需要在股票和储蓄以及债券之间作出选择，以实现资本的保值增值。资产的重新组合会进一步影响资金流向和流量，最终必然会影响到股票市场的资金供求和股票价格。利率上升时，一部分资金可能从股票市场转出并投向银行储蓄和债券，从而会减少市场上的资金供应量，减少股票需求，使股票价格下降；反之，利率下降时，股票市场资金供应量增加，股票价格将上升。

二是利率变动影响上市公司经营业绩。贷款利率提高会加重企业利息负担，从而减少企业的盈利，进而减少企业的股票分红派息，受利率的提高和股票分红派息降低的双重影响，股票价格必然会下降。相反，贷款利率下调将减轻企业利息负担，降低企业生产经营成本，提高企业盈利能力，使企业可以增加股票的分红派息。受利率的降低和股票分红派息增加的双重影响，股票价格将大幅上升。

三是利率变动影响股票内在价值。股票资产的内在价值是由资产在未来时期中所接受的现金流决定的，股票的内在价值与一定风险下的贴现率呈反比关系。如果将银行间拆借、银行间债券与证券交易所的债券回购利率作为参考的贴现率，则贴现率的上扬必然导致股票内在价值的降低，从而也会使股票价格相应下降。股价指数的变化与市场的贴现率呈现反向变化，贴现率上升，股票的内在价值下降，股价指数将下降；反之，贴现率下降，股价指数上升。

3. 影响股票价格的其他因素

(1) 宏观政治、经济因素。政治因素对股票的价格影响很大，而且往往很难预料。主要表现在：①国际形势的变化，如外交关系的改善会使有关跨国公司的股价上升。②战争的影响，战争使各国政治经济不稳定，人心动荡，股价下跌，这是战争造成的广泛影响。但是战争对不同行业的股票价格影响又不同，比如战争使军需工业兴旺、繁盛，那么凡是与军需工业相关的股票价格必然上涨。③国内重大政治事件，如政治风波等也会对股票产生重大影响。④国家的重大经济政策，如产业政策、税收政策、货币政策等。国家重点扶持、发展的产业，其股票价格将会上升；而国家限制发展的产业，其股票价格则会受到不利影响。税收政策方面，能够享受国家减免税优惠的股份公司，其股票价格会呈现上升趋势。货币政策的改变，会引起市场利率发生变化，从而引起股价变化。

宏观经济因素包括经济增长、经济景气循环、利率、财政收支、货币供给量、物价、国际收支等。

(2) 公司所处行业。公司的成长受制于其所属产业和行业的兴衰，如公司属于电子工业、精细化工产业，其发展前景比较好，对投资者的吸引力也较大；反之，如果公司处于煤炭与棉纺业，其发展前景欠佳，投资收益就相应较低。因此，公司所属行业的性质对股价影响极大，必须对公司所属的行业性质进行分析。

(3) 公司经营状况。因为公司经营效率和业绩的高低直接影响到公司的盈利和获利能力，所以，公司经营状况如何成为判断股价动向的一个关键，股票价格从根本上取决于公司的经营状况，一般与公司经营状况成正比。

(4) 心理因素。如果大多数投资者对股市持乐观态度，会促使股价上升；反之，会引起股价下跌。

此外，市场供求、人为操纵等因素也会引起股票价格波动。

案例解读

英国"南海泡沫"事件

"南海泡沫"发生于17世纪末到18世纪初。长期的经济繁荣使英国私人资本不断集聚，社会储蓄不断膨胀，大量暂时闲置的资金迫切需要寻找出路，但投资机会却相对不足。当时股票的发行量极少，拥有股票是一种特权。在这种情形下，一家名为"南海"的股份有限公司于1711年宣告成立。

南海公司成立之初，是为了支持英国政府债信的恢复(当时英国为与法国争夺欧洲霸主发行了巨额国债)，认购了总价值近1 000万英镑的政府债券。作为回报，英国政府对该公司经营的酒、醋、烟草等商品实行了永久性退税政策，并给予其对南海(即南美洲)的贸易垄断权。当时，人人都知道秘鲁和墨西哥的地下埋藏着巨大的金银矿藏，只要能把英格兰的加工商送上海岸，数以万计的“金砖银块”就会源源不断地运回英国。

投资者趋之若鹜，其中包括半数以上的参众议员。就连英国国王也禁不住诱惑，认购了价值10万英镑的股票。由于购买踊跃，股票供不应求，南海公司股票价格狂飙，创下6个月涨幅700%的奇迹。

在南海公司股票示范效应的带动下，英国所有股份公司的股票都成了投机对象。社会各界人士，包括军人和家庭妇女，甚至物理学家牛顿都卷入了漩涡。人们完全丧失了理智，他们不在乎这些公司的经营范围、经营状况和发展前景，只相信发起人说他们的公司如何能获取巨大利润，人们唯恐错过大捞一把的机会。一时间，股票价格暴涨，平均涨幅超过5倍。大科学家牛顿在事后感叹：“我能计算出天体的运行轨迹，却难以预料到人们如此的疯狂。”

为了制止各类“泡沫公司”的膨胀，英国国会通过了《泡沫法案》。自此，许多公司被解散，公众开始清醒过来。对一些公司的怀疑逐渐扩展到南海公司身上。外国投资者开始抛售南海公司股票，随后国内投资者纷纷跟进，南海公司股价很快一落千丈。“南海泡沫”由此破灭。1720年年底，政府对南海公司的资产进行清理，发现其实际资本已所剩无几，那些高价买进南海公司股票的投资者遭受巨大损失。许多财主、富商损失惨重，有的竟一贫如洗。此后较长一段时间，民众对于新兴股份公司闻之色变，对股票交易也心存疑虑。在一个世纪之后，英国股票市场才走出“南海泡沫”的阴影。

启示：金融市场是非均衡性的市场，只要有足够多的资金，可以把任何资产炒出天价，导致泡沫急剧膨胀。作为投资人，应该保持理性的投资态度，要关注的是股份公司的经营状况和盈利能力，而不是怀着对巨大财富的不切实际的憧憬。一味地追涨杀跌，最终只会血本无归。

（四）股价指数

股价指数是反映不同时点上股价变动情况的相对指标。

1. 股价指数的计算方法

(1) 相对法。它又称平均法，即先计算各样本股票指数，再加总求出算术平均数。其计算公式如下：

$$\text{股价指数}=\frac{n\text{ 个样本股票股价指数之和}}{n}$$

(2) 综合法。即先将样本股票的基期和报告期价格分别加总，然后相比求出股票指数。其计算公式如下：

$$\text{股价指数}=\frac{\text{报告期股价之和}}{\text{基期股价之和}}$$

平均法和综合法都未考虑到由于各种采样股票的发行量和交易量的不同，而对整个股市股价的影响不一样等情况，因此，计算出来的指数亦不准确。为使股价指数计算精确，需要加入权数，这个权数可以是交易量，亦可以是发行量。

(3) 加权法。即根据各期样本股票的相对重要性予以加权，其权数可以是成交股数、股票发行量等。按时间划分，权数可以是基期权数，也可以是报告期权数。以基期成交股数(或发行量)为权数的指数称为拉斯拜尔指数；以报告期成交股数(或发行量)为权数的指数称为派许指数。目前世界上大多数股价指数都是派许指数。

2. 主要的股价指数

(1) 道·琼斯股价指数。道·琼斯股价指数是世界上历史最为悠久的股价指数，它的全称为股票价格平均数。它是在1884年由道·琼斯公司的创始人查理斯·道开始编制的。目前，道·琼斯股价指数共分四组：第一组是工业股票价格平均指数(也就是人们通常所引用的道·琼斯工业股票价格平均数)；第二组是运输业股票价格平均指数；第三组是公用事业股票价格平均指数；第四组是平均价格综合指数。需要说明的是，平均价格综合指数是综合前三组股票价格平均指数所选用的共65种股票而得出的综合指数。这组综合指数虽然提供了直接的股票市场状况参数，但现在通常引用的是第一组——工业股票价格平均指数。

(2) 标准·普尔股价指数。除了道·琼斯股价指数外，标准·普尔股价指数在美国也很有影响力，它是由美国最大的证券研究机构——标准·普尔公司编制的股价指数。该公司于1923年开始编制并发表股价指数。几十年来，标准·普尔股价指数虽然有股票更迭，但始终保持为500种。

(3) 日经股价指数。它由日本经济新闻社编制公布，以1950年的股票平均价格176.21日元为基期，选取225家上市公司股票编制而成，是考察和分析日本股票市场股价的长期趋势的最常用和最可靠的指标。

(4) 香港恒生指数。它是香港股票市场上历史最悠久、影响最大的股价指数，由香港恒生银行于1969年11月24日开始发表。香港恒生指数包括从香港500多家上市公司中挑选出来的33家有代表性且经济实力雄厚的大公司股票作为成份股，分为四大类：4种金融业股票、6种公用事业股票、9种房地产业股票和14种其他工商业(包括航空和酒店)股票。这些股票涉及香港的各个行业，并占香港股票市值的68.8%，具有较强的代表性。

二、债券

债券是指债务人依照法定程序发行，承诺按约定的利率和日期支付利息，并在特定日期偿还本金的债务凭证。

(一) 债券的特征

(1) 期限性。债券的期限性表现在债券依照一定的法律程序，并在发行时就确定了还本付息的日期。

(2) 安全性。债券的安全性表现在债券的发行人一般是政府、金融机构和信用较好的企业，并且债券的还本付息还有法律给予保障。

(3) 流动性。债券可以在较大范围内流通,可以随时变现。

(4) 收益性。债券由于利率一般是固定的,加上本利回收有较高的安全性,所以收益稳定。

特别需要强调的是,股票与债券都是有价证券,是证券市场上的两大主要金融工具,都可以作为筹资的手段和投资工具,但是,两者却有明显的区别:

(1) 发行主体不同。作为筹资手段,无论是国家、地方公共团体还是企业,都可以发行债券。而股票则只能是股份公司才可以发行。

(2) 收益稳定性不同。从收益方面看,债券在购买时利率已经确定,持有者一般都可以获得固定利息。股票一般在购买之前不确定股息率,股息收入取决于股份公司的盈利情况和股利政策。

(3) 保本能力不同。从本金方面看,债券到期可回收本金。股票没有期限,投资以后本金不能赎回,如果公司破产,还要看公司剩余资产处置状况,在债权人之后获得清偿。

(4) 经济利益关系不同。债券和股票是两种性质不同的有价证券,两者反映着不同的经济利益关系。债券代表的只是对企业的一种债权,而股票代表的是对股份公司的所有权。权属关系不同,就决定了债券持有者无权过问公司的经营管理,而股票持有者则有权直接或间接地参与公司的经营管理。

(二) 债券的分类

2005—2017 年,我国债券市场发展迅速,债券发行量稳步上升(见图 4-4)。特别是各种不同类型的债券陆续推出,极大地丰富了债券种类。

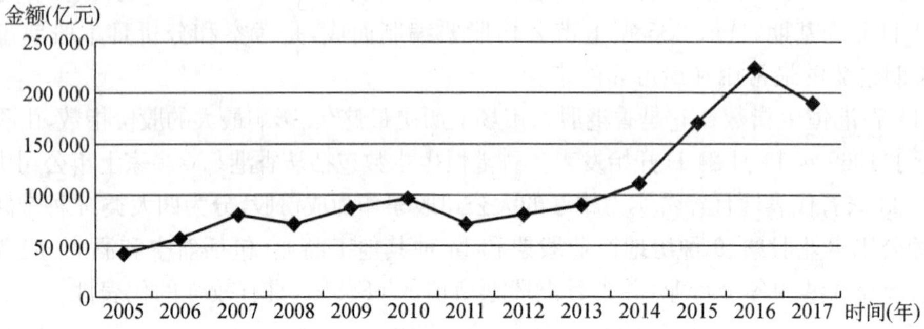

资料来源:《2017 年债券市场年报》,中国债券信息网。

图 4-4 2005—2017 年债券发行量

1. 按发行主体的不同,分为政府债券、企业债券与金融债券

政府债券是政府为筹集资金发行的债务凭证,又可分为中央政府债券、政府机构债券和地方政府债券。中央政府债券又称为国债,是指政府为弥补财政赤字委托财政部发行的债券。政府机构债券是由政府所属机构、公共团体或与政府有直接关系的企业发行的债券。地方政府发行的债券又称为市政债券,主要用于为某些基础设施和市政工程筹集资金。

企业债券是企业融资的重要手段,期限一般都较长,安全性和流动性都比不上政府债券,所以利率较高。

金融债券是银行等金融机构发行的债券,用于吸收相对稳定的中长期资金,金融债券

的安全性和流动性较好，颇受公众青睐。

债券市场各券种发行量占比如图 4-5 所示。

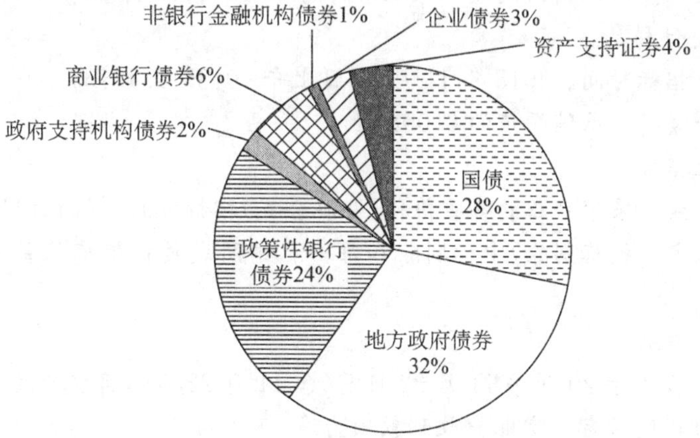

资料来源：根据中国债券信息网数据整理。

图 4-5 债券市场各券种发行量占比

2. 按偿还期限的不同，分为短期债券、中期债券和长期债券

一般来说，偿还期限在 1 年以下的债券为短期债券；偿还期限在 1 年以上 10 年以下的债券为中期债券；偿还期限在 10 年以上的债券为长期债券。

3. 按计息方式的不同，分为贴现债券、零息债券和附息债券

贴现债券是指券面上不附有息票，发行时按规定的折扣率以低于债券面值的价格发行，到期按面值支付本息的债券。贴现债券的发行价格与其面值的差额即为债券的利息。

零息债券是指到期时和本金一起一次性付息，利随本清的债券，也称为到期付息债券。

附息债券是指券面上附有息票的债券。息票上标有利息额、支付利息的期限和债券号码等内容。持有人可从债券上剪下息票，并据此领取利息，一般定期发放。

4. 按债券的利率是否固定，分为固定利率债券和浮动利率债券

固定利率债券的利率固定不变，因此当市场利率上升时，投资人将遭受损失；当市场利率下降时，发行人将遭受损失。相比较而言，浮动利率债券则可以避免这一缺点。

延伸阅读

关于 2018 年记账式附息（二十六期）国债发行工作有关事宜的通知

财办库〔2018〕239 号

2018—2020 年记账式国债承销团成员，中央国债登记结算有限责任公司、中国证券登记结算有限责任公司、中国外汇交易中心、上海证券交易所、深圳证券交易所：

为筹集财政资金，支持国民经济和社会事业发展，财政部决定发行 2018 年记账式附息（二十六期）国债（以下简称本期国债）。现就本期国债发行工作有关事宜通知如下。

一、发行条件

(1) 品种和数量。本期国债为 1 年期固定利率附息债，竞争性招标面值总额 260 亿元，进行甲类成员追加投标。

(2) 日期安排。2018 年 11 月 21 日招标,11 月 22 日开始计息,招标结束至 11 月 22 日进行分销,11 月 26 日起上市交易。

(3) 兑付安排。本期国债到期一次还本付息,2019 年 11 月 22 日(节假日顺延)偿还本金并支付利息。

(4) 竞争性招标时间。2018 年 11 月 21 日上午 10:35 至 11:35。

(5) 发行手续费。承销面值的 0.05%。

二、竞争性招标

(1) 招标方式。采用修正的多重价格(即混合式)招标方式,标的为利率。

(2) 标位限定。投标剔除、中标剔除和每一承销团成员投标标位差分别为 50 个、15 个和 25 个标位。

三、发行款缴纳

中标承销团成员于 2018 年 11 月 22 日前(含 11 月 22 日),将发行款缴入财政部指定账户。缴款日期以财政部指定账户收到款项为准。

收款人名称:中华人民共和国财政部

开户银行:国家金库总库

账号:270－18126－1

汇入行行号:011100099992

四、其他

除上述有关规定外,本期国债招标工作按《2018 年记账式国债招标发行规则》执行。

财政部办公厅

2018 年 11 月 8 日

(三) 债券的价格

1. 债券的理论价格

债券的投资收益由每年的利息收入和期末的本金偿还两部分组成,根据现值原理,债券当前的价格是将这两部分收入按市场利率折算成现值。

若债券以单利计息,则:

$$P=\frac{F(1+rn)}{1+in}$$

若债券以复利计息,并且到期一次还本付息,则:

$$P=\frac{F(1+r)^n}{(1+i)^n}$$

其中,P 代表债券的理论价格;F 代表债券的票面金额;r 代表债券的票面利率;n 代表债券的期限;i 代表市场利率。

从上面的公式可以看出,债券的理论价格由四个主要变量决定:债券的面值、票面利率、到期期限和市场利率。

2. 影响债券价格的因素

(1) 债券市场的供求关系。当债券市场的供给大于需求时,债券价格下降;反之,则债券价格上涨。

(2) 社会经济发展状况。在经济快速发展阶段，债券价格趋于下降；在经济衰退阶段，债券价格趋于上升。

(3) 通货膨胀。当通货膨胀严重，政府又没有相应的补贴措施时，对票面利率固定的债券需求减少，债券价格下跌。但如果政府对某些债券给予保值贴补，则这类债券可以在一定程度上减少通货膨胀风险，其价格也相应上升或稳定。

其他因素如财政收支状况、货币政策、国际利差和汇率的变化等也会影响债券的价格。

(四) 债券的信用评级

在债券的公开发行中，发行人要做的一项重要工作就是请专门的债券评级机构对所发行债券的信用等级进行评定。对广大投资者尤其是中小投资者来说，由于受到时间、知识和信息的限制，无法对众多债券进行分析和选择，因此需要专业机构对债券进行信用评级，以方便决策。债券信用评级还可以减少信誉好的发行人的筹资成本。一般来说，资信等级高的债券能够以较低的利率发行；资信等级低的债券，因为风险较大，只能以较高的利率发行。

评级机构一般会根据投资价值、偿债能力等指标对债券进行信用评级，从高到低确定不同的等级。表 4-5 以标准・普尔公司和穆迪公司的评级等级为例来说明债券的不同评级。

表 4-5 标准・普尔公司和穆迪公司长期债券信用评级等级

评级等级	标准・普尔公司	穆迪公司
投资级别	AAA	Aaa
	AA	Aa
	A	A
	BBB	Baa
投机级别	BB	Ba
	B	B
	CCC	Caa
	CC	Ca
	C	C
	D	

第四节 衍生金融工具

衍生金融工具，是指从原生资产（股票、债券、货币等基础性金融工具）派生出来的金融工具。衍生金融工具以合约的形式出现，其价值取决于原生工具的价格变动。近年来，衍生金融工具的交易十分活跃，种类也越来越多。

一、金融期货

金融期货是指交易双方在固定场所（期货交易所）以公开竞价的方式成交后，约定在未来某一日期以确定的价格买卖标准数量的某种金融商品的合约，包括利率期货、股价指数期货及外汇期货。

(1) 利率期货是指标的资产价格依赖于利率水平的期货合约，如国债期货、欧洲美元期货等。

(2) 股价指数期货是指以股价指数作为标的物的期货合约，其目的是为了规避市场上的系统性风险。由于交易的对象是衡量各种股票价格变动水平的无形指数，因此双方在交易时只能把股价指数的点数换算成货币单位进行结算，这是股价指数期货与其他标的物期货的最大区别。

(3) 外汇期货的标的物是某种外汇，如美元、欧元、英镑等，其目的是规避汇率变动的风险。

金融期货市场有多方面的经济功能，其中最基本的功能之一便是规避风险。投资者通过购买相关金融期货合约，在金融期货市场上建立与其现货市场相反的头寸，并在期货合约到期前实行对冲以结清仓位。这种操作之所以能规避或减少风险，是因为一般情况下，金融商品的期货价格与现货价格受相同因素的影响，因而它们的变动方向是一致的。投资者在金融期货市场建立了与金融现货市场相反的头寸之后，金融商品的价格发生变动时，则必然在其中一个市场获利，而在另一个市场受损，其盈亏可全部或部分抵销，从而达到规避风险的目的。

【例题 4-1】 20×6 年 11 月 29 日，某投资者所持有的股票组合（贝塔系数为 1）总价值为 500 万元，当时的沪深 300 指数为 1 650 点。该投资者预计未来 3 个月内股票市场会出现下跌，但是由于其股票组合在年末具有较强的分红和送股潜力，于是该投资者决定用 20×7 年 3 月份到期的沪深 300 股指期货合约（假定合约乘数为 300 元/点）来对其股票组合实施空头套期保值。

解析：假设 20×6 年 11 月 29 日 IF0703 沪深 300 股指期货的价格为 1 670 点，则该投资者需要卖出 10 张（即$\frac{500\text{万元}}{1\ 670\text{点}\times 300\text{元/点}}$）IF0703 合约。如果至 20×7 年 3 月 1 日沪深 300 指数下跌至 1 485 点，该投资者的股票组合总市值也跌至 450 万元，损失 50 万元。但此时 IF0703 沪深 300 股指期货价格相应下跌至 1 503 点，于是该投资者平仓其期货合约，将获利（1 670－1 503）点×300 元/点×10＝50.1（万元），正好弥补在股票市场的损失，从而实现套期保值。相反，如果股票市场上涨，股票组合总市值也将增加，但是随着股指期货价格的相应上涨，该投资者在股指期货市场的空头持仓将出现损失，也将正好抵销在股票市场的盈利。

延伸阅读

中国金融期货交易所

中国金融期货交易所（以下简称中金所）于 2006 年 9 月 8 日在上海宣布成立，成为中国内地首家金融衍生品交易所，及首家采用公司制为组织形式的交易所。中金所的注册资本金为5亿元人民币，出资股东为上海期货交易所、上海证券交易所、深圳证券交易所、大连商品交易所、郑州商品交易所；5家股东各出资1亿元，各占20%股份。

2010年4月16日，中金所正式推出沪深300股指期货合约并上市交易。后来又陆续推出上证50股指期货和中证500股指期货，以及2年期国债期货、5年期国债期货和10年期国债期货。沪深300股指期货合约表如表4-6所示。

表4-6 沪深300股指期货合约表

合约标的	沪深300指数	最低交易保证金	合约价值的8%
合约乘数	每点300元	最后交易日	合约到期月份的第三个周五，遇国家法定假日顺延
报价单位	指数点	交割日期	同最后交易日
最小变动价位	0.2点	交割方式	现金交割
合约月份	当月、下月及随后两个季月	交易代码	IF
交易时间	上午：9：30—11：30，下午：1:00—3:00	上市交易所	中国金融期货交易所
每日价格最大波动限制	上一个交易日结算价的±10%		

二、金融期权

金融期权是指赋予期权持有者（期权的买方）在某一未来日期或在此日期之前按议定的价格买卖某种金融工具（货币、利率、债券、黄金等）的权利（而非义务）的合约。期权的买方要向期权卖方支付一笔费用（期权费）作为获得这一权利的代价。当合约约定期权的买方有按议定价格购买一笔资产的权利时，此期权称看涨期权（或买入期权）；反之，当合约约定期权的买方有按议定价格卖出一笔资产的权利时，此期权称看跌期权（或卖出期权）。

期权是一种权利而不是义务，对期权的买方来说，可以根据价格变动决定是否进行交易，当价格变化于己有利时，就可以要求对方进行交易；否则就可以放弃期权，此时损失的只是期权费。期权的卖方只有应期权买方的要求进行交易的义务，而没有要求期权买方进行交易的权利。显然，期权交易合约双方的权利和义务是不对称的。

期权合约具有保值的功能。由于期权的买方可以对行使期权加以选择，因此灵活性较大，并且在有限的风险下拥有获得无限利润的机会。期权买方和卖方的盈亏分布情况如图4-6所示。

【例题4-2】 假设某日某种股票的市场价格为每股20元，如果投资者预期该股票价格将上涨，便以每股2元的期权费购买了一份看涨期权，标的物为100份该种股票，协议价格为每股22元，合约期限为3个月。如果到期时该股票市场价格为18元，则期权的买方应该怎么做，盈亏状况如何？如果到期时该股票价格为25元，则期权的买方应该怎么

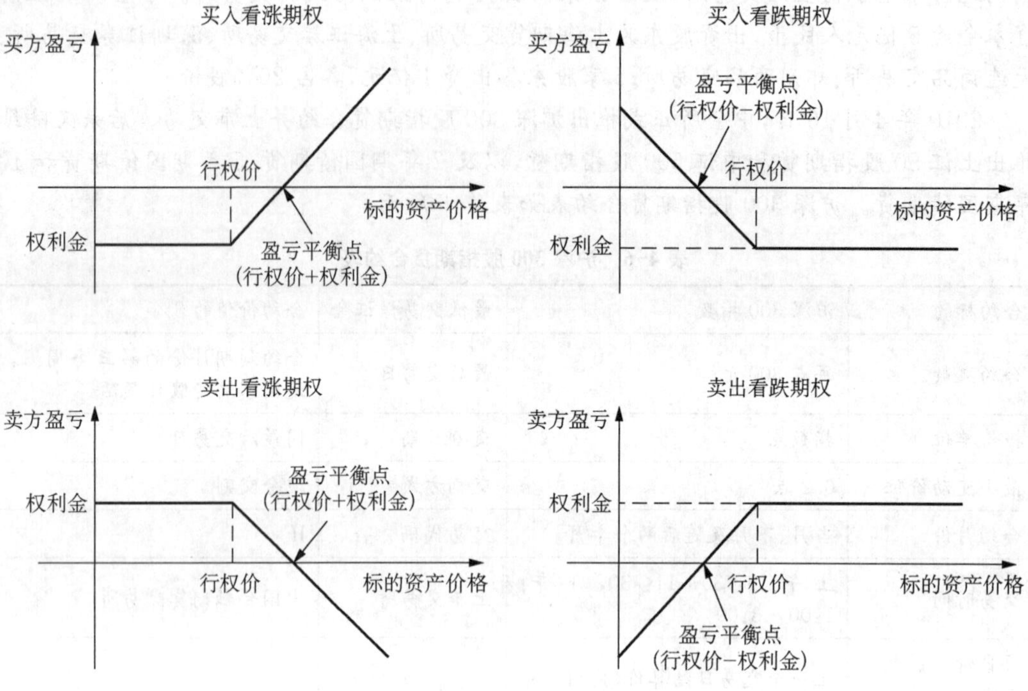

图 4-6　期权买方和卖方的盈亏分布情况

做,盈亏状况如何?

解析:(1) 如果到期时股票市场价格为 18 元,则期权的买方会选择不执行期权合约,其损失为期权费,即:

$$2\times 100=200(\text{元})$$

(2) 如果到期时股票的市场价格为 25 元,则期权的买方会选择执行该合约,其盈利为:

$$(25-22-2)\times 100=100(\text{元})$$

三、互换协议

互换协议是指交易双方商定在一定时间以后交换支付的合约,包括利率互换和货币互换。

1. 利率互换

利率互换是指交易双方同意在未来的一定期限内根据同种货币的同样的名义本金交换现金流的互换协议。利率互换只涉及利息支付,而不涉及本金。利率互换可以是某种货币的固定利率和浮动利率的对换,也可以是两笔浮动利率的对换。从经济学的角度看,双方进行互换的主要原因是在各自的市场上具有比较优势,通过互换可以降低资金成本。下面以比较典型的浮动利率与固定利率的互换为例来说明利率互换的原理。

【例题 4-3】 A、B 两家公司都想借入 5 年期的 1 000 万美元的借款。A 公司想借入 6 个月期的浮动利率资金,B 公司想借入固定利率资金。由于两家公司的信用等级不同,

A 公司的信用等级是 AAA，而 B 公司的信用等级是 BBB，所以市场向这两家公司提供的利率也不同。A、B 公司在金融市场上的筹资成本如表 4-7 所示。

表 4-7 A、B 公司的筹资成本

	固定利率借款成本	浮动利率借款成本
A 公司	10.00%	6 个月期 LIBOR+0.20%
B 公司	11.20%	6 个月期 LIBOR+0.75%

解析：从表 4-7 可以看出，A 公司在两个市场均有绝对优势，但经过比较，A 公司在固定利率市场的绝对优势是 1.20%，在浮动利率市场的绝对优势是 0.55%，所以 A 公司在固定利率市场有比较优势，B 公司则在浮动利率市场有比较优势。于是双方利用各自的比较优势为对方借入资金，金额相同，然后互换，从而达到降低筹资成本的目的。即 A 公司以 10.00%的固定利率去借款，B 公司以 LIBOR+0.75%的浮动利率去借款。互换筹资节约的成本是：[11.2%+(LIBOR+0.20%)]−[10%+(LIBOR+0.75%)]=0.65%。双方商定分享比例，假设 A 公司是 0.40%，B 公司是 0.25%（也可以是商定的其他分享比例），于是 A 公司的实际筹资成本是 LIBOR −0.20%，B 公司的实际筹资成本是 10.95%。

由于本金相同，故双方不必交换本金，只需交换利息的现金流。根据借款成本与实际筹资成本的差异计算出各自向对方支付的现金流，即 A 公司向 B 公司支付按浮动利率 LIBOR−0.20%计算的利息，B 公司向 A 公司支付按固定利率 10.00%计算的利息，具体如图 4-7 所示。

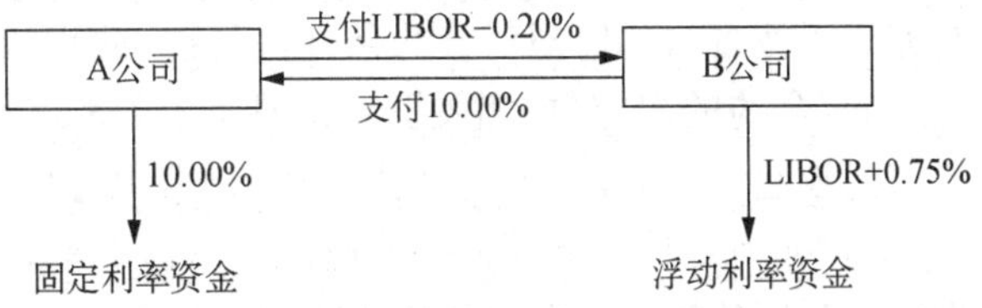

图 4-7 利率互换

在上述互换中，每隔 6 个月为利息支付日，因此互换协议的条款应规定每 6 个月一方向另一方支付固定利率与浮动利率的差额。假定某一支付日的 LIBOR 为 11.00%，则 A 公司应向 B 公司进行支付，即 10 000 000×0.5×(11.00%−0.20%−10.00%)=40 000(美元)。

2. 货币互换

货币互换一般是指交易双方针对具体数量的两种货币进行交换（如一定数量的美元换等值的、期限相同的英镑），并按合同的约定条件在到期时购回原来的货币的互换协议。如果期限较长，将涉及利息的支付，即交易双方要向对方支付所购入货币的利息。与利率互换不同，货币互换既交换本金也交换利息。交易的根源仍在于双方的比较优势。

【例题 4-4】 假设 A、B 两家公司的筹资成本如表 4-8 所示。

表 4-8 A、B 公司的筹资成本表

	美元 USD 市场	日元 JPY 市场
A 公司	8.0%	5.4%
B 公司	10.0%	6.0%

解析：从表 4-8 可以看出，在美元和日元市场 A 公司都有绝对优势，但相比较而言，A 公司在美元市场的优势更大，所以 A 公司在美元市场有比较优势，B 公司则在日元市场有比较优势。假设 A 公司需要的日元本金和 B 公司需要的美元本金数量相同，且假设汇率不发生变化，经过互换两家公司一共可以实现利率节约 1.4%。如果两家公司商定平分利率差额，则互换结果如图 4-8 所示。

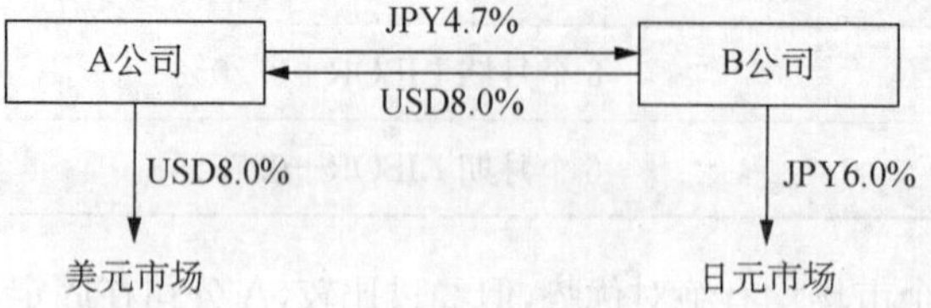

图 4-8　货币互换

其实最早出现的金融衍生品是远期合约。远期合约是指交易双方约定在未来某个特定时间以约定价格买卖约定数量的资产的协议。其中，双方约定买卖的资产称为标的资产，约定的成交价格称为协议价格或交割价格。远期合约的特点是：虽然实物交割在未来进行，但交割价格已在合约签定时确定。远期合约的交易一般在场外进行，条款由交易双方协商确定，比较灵活。

远期合约交易于 20 世纪 80 年代兴起，是为了规避现货交易的风险而产生的。远期合约是其他衍生产品的基础，其他各种衍生产品都可以看作是远期合约的延伸和重新组合。

远期合约和期货合约的区别主要在于：远期合约交易一般规模较小，较为灵活，交易双方易于按各自的愿望对合约条件进行磋商；而期货合约的交易是在有组织的交易所内完成的，合约的内容，如相关资产的种类、数量、价格、交割时间、交割地点等，都是标准化的。比较起来，期货合约交易更为规范化，也更便于管理。当然，无论是远期合约还是期货合约，都为交易人提供了一种规避因一段时期内价格波动带来风险的工具；同时，也为投机人利用价格波动取得投机收入提供了手段。

复习思考题

1. 登录中国货币网，了解我国主要的货币市场工具品种及交易情况。

2. 登录某一家证券交易所的网站，了解股票的发行和交易情况。关注某一家上市公司的股票，搜集其价格变动的数据，试分析其价格变动的原因。

3. 企业债券违约是一种什么风险？从投资人的角度来看，怎样防范债券投资中的风险？

4. 衍生金融工具是重要的管理风险的工具，尝试了解并分析我国衍生金融工具的发展状况。

第五章 金融市场

学习目标

(1) 掌握金融市场的内涵和功能。

(2) 了解金融市场的形成和不同类型。

(3) 了解金融市场监管的必要性和内容。

能力目标

(1) 能够对比不同金融市场的差异。

(2) 能够对比中美证券市场的差异。

案例导入

基于网络数据的贷款公司

Kabbage 是一家为网店店主提供营运资金贷款服务的创业公司，总部位于美国亚特兰大，截至目前已经成功融资六千多万美元。Kabbage 的主要目标客户是 eBay、亚马逊、雅虎、Etsy、Shopify、Magento、PayPal 上的美国网商。

Kabbage 与"阿里小贷"的经营模式类似，通过查看网店店主的销售和信用记录、顾客流量、评论以及商品价格和存货等信息，来最终确定是否为他们提供贷款以及贷多少金额，贷款金额上限为 4 万美元。店主可以主动在自己的 Kabbage 账户中添加新的信息，以增加获得贷款的概率。Kabbage 通过支付工具 PayPal 的支付 API 来为网店店主提供资金贷款，这种贷款资金到账的速度相当快，最快十分钟就可以搞定。

Kabbage 用于贷款判断的支撑数据的来源除了网上搜索和查看外，还来源于网店店主的自主提供，且提供的数据多少直接影响着最终的贷款情况。同时，Kabbage 也通过与物流公司 UPS、财务管理软件公司 Intuit 合作，扩充数据来源渠道。目前，使用 Kabbage 贷款服务的网店已达近万家。Kabbage 的服务范围目前仅限于美国境内，不过 Kabbage 正打算利用新一轮融资将服务拓展至其他国家。

思考：随着网络和信息技术的发展，金融市场是否也会随着一起发生变化？

第一节　金融市场概述

一、金融市场的内涵

金融市场(financial markets)是指货币资金融通的市场,是以金融资产为交易对象而形成的供求关系及其机制的总和。它是金融体系的核心,确定利率和金融资产的价格。

金融资产(financial assets)是指代表未来收益或资产合法要求权的凭证。一般而言,一切可以在金融市场上进行交易、具有现实价格和未来估价的资产都是金融资产。金融资产的价值大小取决于能够给所有者带来的未来收益的多少;或者说,持有金融资产,意味着拥有对未来收益的要求权利。金融资产的交易是帮助实现资本融通的工具。在这个意义上,金融资产也称金融工具(financial instruments)。通过金融市场上对金融资产的交易,最终可以实现社会实物资源的配置。

可以从三个层面理解金融市场的内涵:一是金融市场是金融资产进行交易的一个有形和无形的场所;二是金融市场反映了金融资产的供应者和需求者之间所形成的供求关系;三是金融市场包含了金融资产交易过程中所产生的运行机制,其中最主要的是价格(包括利率、汇率及各种证券的价格)机制。

通过金融市场,将短缺的资金从储蓄者(盈余预算单位)转移给希望借款和投资的单位(赤字预算单位)。在这个基本功能上,金融市场从低级发展到高级、从粗放发展到集约,经历了货币化、信用化、证券化、虚拟化等不同阶段。随着层出不穷的金融创新,金融市场越来越多地表现为由许多不同性质市场组成的一个复杂体系,成为金融体系的核心。金融体系就是各种金融市场、机构、法律、法规、信息和技术的集合,实现债券、股票和其他证券等金融资产的交易,决定利率,创造并提供金融服务,如图 5-1 所示。

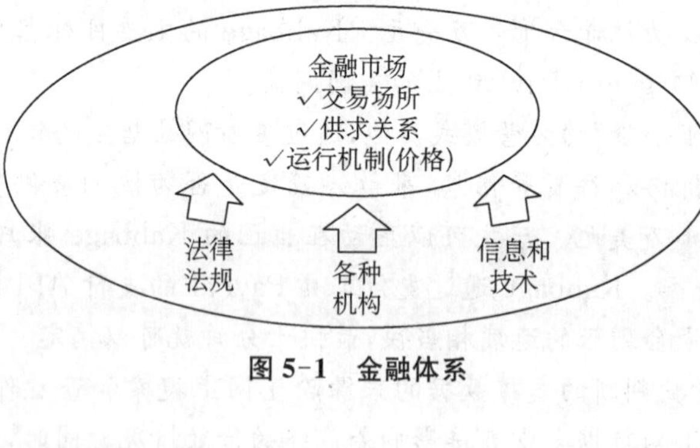

图 5-1　金融体系

二、金融市场的构成要素

1. 金融市场的交易主体

金融市场主要的交易主体包括资金需求者、资金供给者和金融中介。资金供给者也称投资者，是指为了获取收益而购买金融工具的经济主体；资金需求者也称筹资者，是指因资金短缺而在金融市场上筹集资金的经济主体；金融中介是指为资金需求者和供给者提供中介服务，以获取相应报酬的一类特定的金融交易主体。

除投资者、筹资者和金融中介这三类最基本的交易主体之外，金融市场的交易主体还包括套期保值者（通过金融市场转嫁风险）、套利者（利用市场定价的低效率以获取无风险利润）、监管者（指中央银行和其他监管机构）等。

在金融市场上，有着众多的参与者：

(1) 居民。一般来说，居民个人往往是资金的供给者，通过在金融市场购买各种有价证券进行投资，满足日常的流动性需求，并获得收益。居民有时还是资金的需求者，如面临大额消费的情况，如购买房产、汽车等，需要从外部获得资金来满足购买的需求，最常见的形式是向银行贷款。居民也将闲散资金投向金融市场，有时也会成为套利者。

(2) 企业。在大多数国家，企业是金融市场最重要的资金需求者，它们需要通过金融市场，筹集生产经营所需要的资金，以扩大经营规模。企业也是重要的资金供给者。企业在生产经营过程中，会产生资金闲置，为了保值、增值，企业也会暂时将资金的使用权转让出去，从而获取收益。除此之外，企业也有套期保值的需要，从而能够更好地规避各种风险。

(3) 政府机构。在大多数国家，政府机构主导基础设施建设，从这个角度上讲，政府机构是非常重要的一类资金需求者。它主要通过发行财政债券、地方债券，甚至通过国际举债来筹资，有时也会扮演资金供给者的角色，如将尚未支出的财政收入交给银行投资、参与一些金融投资等。

(4) 金融机构。按是否接受公众存款，金融机构可分为存款性金融机构和非存款性金融机构。存款性金融机构主要包括商业银行和农村信用合作社，通过吸收存款而获得资金，又将资金贷放给其他需要资金的经济主体，从而获取收益。它们同时扮演着金融中介、套期保值者、套利者等多种交易主体的角色。非存款性金融机构一般包括投资银行、保险公司、投资基金、金融公司等，资金来源主要是发行证券或以契约性的方式聚集社会闲散资金。投资银行是最为重要的非存款性金融机构。投资银行最重要的职能是证券的发行和承销，还兼营证券的买卖。因此，一方面，投资银行为资金需求者提供筹资服务；另一方面，投资银行还充当证券买卖活动的经纪人或交易商。

(5) 中央银行。中央银行是一国金融市场重要的参与者与监管者，它参与金融市场交易的目的是为了实施货币政策、调控货币供给，为国家的宏观经济目标服务。中央银行在货币市场买卖政府债券，投放和回笼基础货币，在外汇市场买卖本国或外国货币，参与国际金融市场的交易，并投资于外国政府债券或进行金融衍生工具交易。由此可见，中央银行也会在金融市场上扮演资金的供给者和需求者两种角色。

金融市场的交易主体，除上述部门和机构外，还包括具有官方或半官方背景的机构，如开发银行、进出口银行、农业信贷机构等；国际机构或部门，如各国使领馆、世界银行、国际货币基金组织、亚洲开发银行等。

2. 金融市场的交易对象

金融市场的交易对象是金融资产。金融资产最突出的特征是，相比于实物资产而言，金融资产不仅能够取得收益，而且更容易转化为货币。早期的金融资产只包括债务性和权益性资产，这些资产统称为原生性金融资产。随着金融市场的发展和金融创新的推动，现代金融资产还包括远期、期货、期权和互换等衍生性金融资产。

3. 金融市场的交易机制

金融市场的交易机制是指金融资产交易过程中所产生的运行机制，其核心是价格机制。价格机制是指在竞争过程中，与供求相互联系、相互制约的市场价格的形成和运行机制。在金融市场中，任何价格的变动，都会引起不同部门、地区、单位、个人之间经济利益的重新分配和组合。金融资产的价格一般体现在利率、汇率、资产价格这类金融市场所特有的价格形式上，而这些价格形式往往又有其各自复杂的价格形成机制。以证券市场为例，其主要交易机制及代表市场如表 5-1 所示。

表 5-1 证券市场的主要交易机制及代表市场

做市商制度 （报价驱动交易机制）	竞价交易制度 （指令驱动交易机制）	混合交易机制
证券交易的买卖价格均由做市商给出，证券买卖双方并不直接成交	证券买卖双方的订单直接进入交易市场，在市场的交易中心以买卖价格为基准按照一定的原则进行撮合	兼具两类基本交易制度的机制
价格由做市商报价形成，投资者在看到做市商报价后才下订单。做市商在看到订单前报出卖价(bid price)和买价(ask price)	价格形成取决于交易者的指令	（略）
代表市场： 美国 NASDAQ、欧洲 EASDAQ、日本 JASDAQ、芝加哥	代表市场： 亚洲主板市场、巴黎、东京、伦敦国内板、新西兰、法兰克福	代表市场： 纽约证券交易所采取了加入特定经纪商(specialist)的竞价机制（指令驱动）； 伦敦证券交易所部分股票由做市商交易，部分股票由电子竞价交易； 多伦多、卢森堡

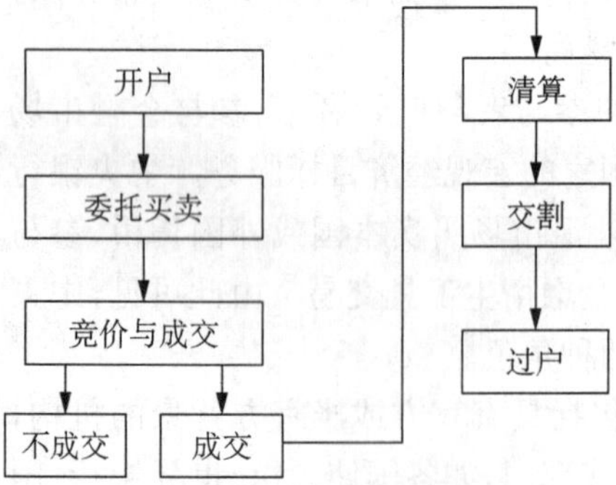

图 5-2 竞价交易市场的交易机制和流程

竞价交易制度包括集合竞价和连续竞价。集合竞价（间断性竞价）是指买卖订单不是在收到之后立即予以撮合，而是由交易中心先将在不同时点收到的订单累积起来，到一定时刻再进行撮合。连续竞价是指在交易日的各个时点连续不断地进行撮合，只要存在两个匹配的订单，交易就会发生。

以上海证券交易所股票交易为例，简要说明正常交易时（不包括停复牌的交易）的交易机制和流程，如图 5-2 所示。

具体的交易流程包括：

(1) 开户：投资者在证券经纪商处开立证券交易账户（经纪商只是代办手续，交易所并不直接面对投资者办理证券交易)。

(2) 委托买卖:投资者向经纪商下达买卖指令(Order)。经纪商立即传达给派驻在交易所内的代表(代理)。委托内容包括:证券名称、买卖数量、指令类型(出价方式与价格幅度)、委托有效期等。指令类型包括:市价、限价、止损、止损限价等。

(3) 竞价与成交:以集合竞价决定开盘价格,然后采用连续竞价一直到收市,其竞价过程如图 5-3 所示。

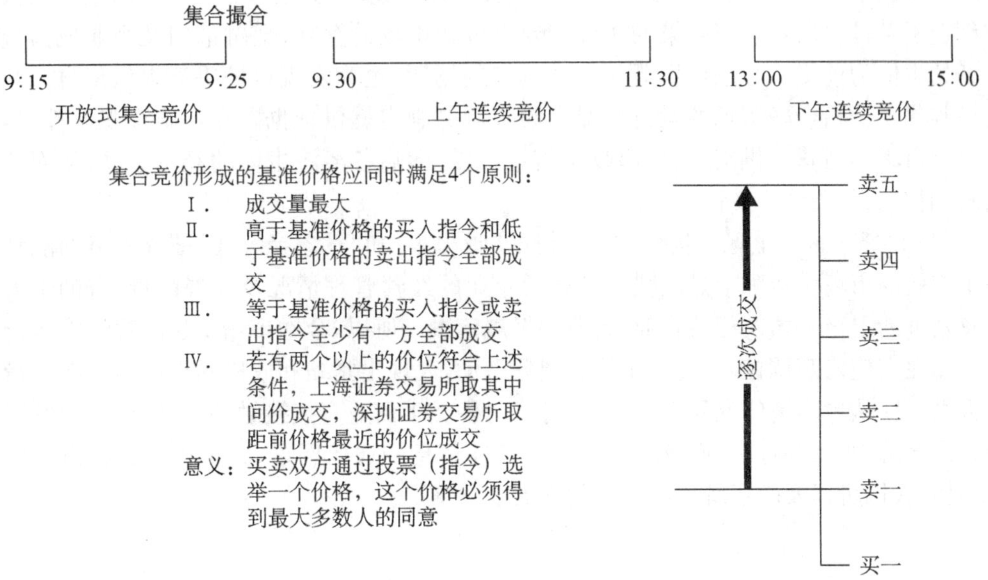

图 5-3 上海证券交易所竞价过程

连续竞价时,成交方式为逐笔撮合,即报入一笔撮合一笔,不能成交的委托按照“价格优先、同价位时间优先”的原则排队等待。凡在集合竞价中未能成交的所有买卖有效申报,都一并转入连续竞价过程。一个新的有效买单若能成交,则买入限价必须高于或者等于卖出订单序列的最低卖出价格,与卖出订单序列顺序成交,成交价格取卖方报价。在任何一个时间点上,成交价格唯一。一个新的有效卖单若能成交,则卖出限价低于或者等于买入订单序列的最高买入限价,则与买进订单序列顺序成交,其成交价格取买方报价。

三、金融市场的功能

(1) 财富聚集。金融市场起着资金“蓄水池”的作用。一些部门和经济单位在一定的时间内可能存在暂时闲置不用的资金,而另一些部门和经济单位则存在资金缺口。金融市场提供了资金供应者和需求者沟通的渠道。金融市场使个人、企业和政府可以通过放弃当前时刻的消费来增加财富。

(2) 资源配置。金融市场通过将资源从低效率部门转移到高效率部门,使社会的经济资源能最有效地配置在效率最高或效用最大的用途上,实现稀缺资源的合理配置和有效利用。投资者可以通过金融市场的公开信息及价格波动所反映出的信息来判断经济运行情况，从而决定其资金的投向。资金总是流向最有发展潜力，能够为投资者带来最大利益的部门和企业，这样，通过金融市场的作用，有限的资源就能够得到合理地利用。

(3) 经济调节。首先，金融市场具有直接调节作用。只有符合市场需要、效益高的投资对象，才能获得投资者的青睐。而且，投资对象在获得资本后，只有保持较高的经济效益和较好的发展势头，才能继续生存并进一步扩张。这实际上是金融市场通过其引导资本形成及合理配置的机制对微观经济部门产生影响，进而影响到宏观经济活动的一种有效的自发调节机制。其次，金融市场的存在及发展，为政府实施对宏观经济活动的间接调控创造了条件。宏观经济政策的实施需要以金融市场的存在、金融部门及企业成为金融市场的主体为前提。金融市场既是宏观调控的场所，也为宏观调控决策提供信息。政府通过收集及分析金融市场的运行情况来为政策的制定提供依据。在实施宏观调控时，通过金融市场调节货币供给量、传递政策信息，最终影响各经济主体的经济活动，从而达到宏观调控的目标。

(4) 经济反映。金融市场被称为经济的“晴雨表”和“气象台”。①证券价格的涨跌在一个有效的市场中实际上是反映着其背后企业的经营管理情况及发展前景，有助于人们了解及推断上市公司及相关企业、行业的发展前景。所以，金融市场反映微观经济运行状况。②在实施宏观调控时，金融市场会出现波动，表现出紧缩和放松的程度。③有大量专业人员长期从事商情研究和分析，并且每日与各类工商业直接接触，能了解企业的发展动态。④金融市场有着广泛而及时地收集和传播信息的通信网络，整个世界金融市场已连成一体，人们可以及时了解世界经济的发展变化情况。

第二节　金融市场分类

一、货币市场、资本市场、外汇市场及其他

按交易的金融资产期限的不同，金融市场分为货币市场和资本市场。按照交易标的的不同，金融市场可以分为资金市场、外汇市场、黄金市场及其他市场。

1. 货币市场

货币市场是指以期限在 1 年及 1 年以下的金融资产为交易标的物的短期金融市场。按照习惯，期限在 1 年或 1 年以内的证券或贷款都被看作是货币市场工具。货币市场侧重于其“货币性”(变现性和流动性类似于货币，所以被称为货币市场)。

货币市场通常用于发放短期贷款，为公司的流动资本需求融资，也为政府提供短期资金。货币市场工具包括政府短期债券、中央银行短期债券、商业票据、银行同业拆借、债券回购以及外汇远期交易或互换交易。

货币市场的子市场有同业拆借市场、回购市场、商业票据市场、银行承兑汇票市场、大额可转让定期存单市场、短期政府债券市场、货币市场共同基金、欧洲美元市场等。货币市场工具的收益率随时间和金融工具的不同而变化。货币市场的基础利率主要取决于同业拆借利率，尤其是隔夜拆借利率。

2. 资本市场

资本市场是指以期限在1年以上的金融资产为交易标的物的金融市场。一般来说，资本市场包括银行中长期存贷款市场和有价证券市场。资本市场侧重于其“资本性”，其金融工具或金融合同能够形成经济单位的资本。只有期限在1年以上，筹资者才能运用所筹资金进行诸如建造厂房、购置机器设备、更新技术等形成固定资产、扩大生产能力、提高经济效率的活动。股票、中长期债券是最为典型的资本市场工具。

货币市场与资本市场的比较如表5-2所示。

表5-2 货币市场与资本市场的比较

市场类型	货币市场	资本市场
金融工具种类	短期金融资产，如短期国库券、商业票据、银行承兑汇票、大额可转让定期存单、回购协议等	以股票和债券为主，主要包括：政府（中央或地方）债券、抵押证券、企业债券以及股票
期限	1年以内，可随时变现，有较强的货币性，最短1天以内，最长不超过1年。普遍为3～6个月，债券则以6～9个月居多	期限均为1年以上，中期：1～10年；长期：10年以上；无限期：股票
融资目的	大多用于金融机构、工商企业的短期周转资金。中央银行也是货币市场的主要参与者	用于长期投资计划
风险程度与收益水平	货币市场金融工具期限短、流动性强、易变现，价格波动小，因而风险较小，收益较低。可获得稳定、合理但较低的收益	资本市场的金融工具期限长、流动性低、价格波动幅度较大，风险也较高，但可能为投资者带来丰厚的回报
资金来源	企业和银行通常将其暂时性的资产盈余投于货币市场以获取利息	保险公司和养老基金大量持有资本市场证券，以谋求投资收益

3. 外汇市场

外汇市场是指以不同种货币计值的、短期金融资产交易的市场。外汇市场按其含义有广义和狭义之分。狭义的外汇市场指的是银行间的外汇交易，包括同一市场各银行间的交易、中央银行与外汇银行间以及各国中央银行之间的外汇交易活动，通常被称为批发外汇市场（wholesale market）。广义的外汇市场是指由各国中央银行、外汇银行、外汇经纪人及客户组成的外汇买卖、经营活动的总和，包括上述的批发市场以及银行同企业、个人间外汇买卖的零售市场（retail market）。

外汇市场的主要功能有：①通过外汇市场的外汇储备买卖和货币兑换业务，使各国间债权债务关系的货币清偿和资本的国际流动得以形成，实现购买力的国际转移；②外汇市场集中了各国政府、企业等单位的闲置资金，并对国际贸易中的进出口商提供借贷融资，从而加速了国际资金周转，调剂国际资金余缺；③外汇市场所拥有的发达的通信设施及手段，将世界各地的外汇交易主体连成一个网络，缩短了世界各地间的远程货币收付时间，提高了资金的使用效率；④进出口商利用市场中的远期外汇买卖业务，可有效地避免或减少因汇率变动带来的风险，从而促进国际贸易的发展。此外，外汇市场提供的各种外汇资金的供求信息及其价格动态，有助于各国政府和企业据以正确地进行有关决策。

4. 保险市场

保险市场是指保险商品交换关系的总和或是保险商品供给与需求关系的总和。它既可以指固定的交易场所,如保险交易所,也可以是所有实现保险商品让渡的交换关系的总和。保险市场的交易对象是保险人为消费者所面临的风险提供的各种保险保障及其他保险服务,即各类保险商品。根据保险交易对象的不同,可以将保险市场划分为财产保险市场和人身保险市场。根据保险的交易主体的不同,可以将保险市场划分为原保险市场和再保险市场。原保险市场是指保险人与投保人进行保险交易的市场,是再保险市场存在的基础,可以视为保险市场的一级市场。再保险市场是指保险人进行保险交易的市场,在这个市场上,保险人将自己承保的部分风险责任向其他保险人进行保险,分出保险业务的保险人称为原保险人,接手部分保险业务的保险人称为再保险人,可以视为保险市场的二级市场。

5. 黄金及其他投资品市场

黄金市场是专门集中进行黄金买卖的交易中心或场所,早在19世纪初就已形成,是最古老的金融市场。第二次世界大战爆发后,各资本主义国家实行外汇管制,规定黄金要出售给官方外汇管理机构或指定的国家银行。第二次世界大战结束后,各国对黄金管制有所放松,瑞士的苏黎世率先进入国际黄金市场行列。目前,由于黄金仍是国际储备工具之一,在国际结算中占据着重要的地位,因此,黄金市场仍被看作金融市场的组成部分。

现在,世界上已有40多个黄金市场。其中,伦敦、纽约、苏黎世、芝加哥和中国香港的黄金市场被称为五大国际黄金市场。伦敦黄金市场的作用尤为突出,该市场的黄金交易和报价一直是反映世界黄金行市的一个"晴雨表"。

随着时代的发展,黄金非货币化趋势越来越明显。现在对黄金的需求,可以说都属于非货币需求,大致为投资与消费,黄金的主要消费领域有珠宝首饰、电子仪器、牙医科、工业装饰、奖章、纪念币等。

和黄金有类似属性的还有艺术品、珠宝等,也因此产生了各种各样的投资品市场。

二、直接金融市场和间接金融市场

直接金融市场是指资金需求者直接从资金所有者那里融通资金的市场,一般指的是通过发行债券和股票方式在金融市场上筹集资金的融资市场。直接金融(direct finance)是指资金盈余部门与短缺部门分别作为最后贷款者和最后借款者,直接协商,实现资金融通的金融行为。利用直接金融活动,借款人与贷款人彼此直接交换资金,并以金融资产作为回报,如图5-4所示。

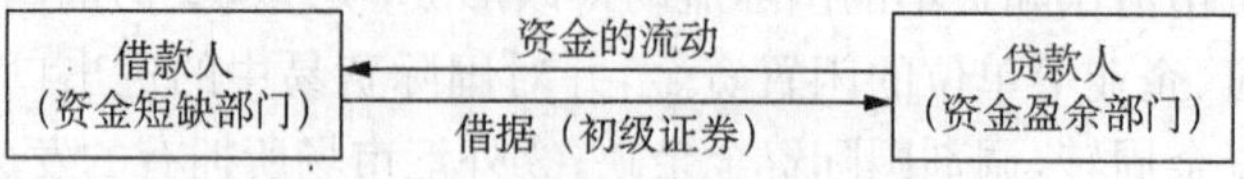

图5-4 直接金融(资金的直接融通)

间接金融市场则是通过银行等信用中介机构作为媒介来进行资金融通的市场。在间接金融市场上,资金所有者将手中的资金贷放给银行等信用中介机构,然后由这些机构转贷给资金需求者。在此过程中,不管这笔资金最终归谁使用,资金所有者都将只拥有对信用中介机构的债权而不能对最终使用者有任何权利要求。间接金融(indirect finance)是指资金盈余部门与短缺部门之间通过金融中介机构,间接实现资金融通的金融行为。间接金融的特点是其过程由两笔独立交易构成,而两笔交易在法律上相互独立,甚至没有任何关联。活跃在美国金融市场上的中介包括商业银行、保险公司、信用合作社、金融公司、储蓄与贷款协会、储蓄银行、养老基金、共同基金等。它们在金融体系中的基本作用是为最终的贷款人和借款人服务,但是它们以比经纪人更为激烈的竞争方式提供服务。金融中介机构向最终贷款人发行它们自己的证券——次级证券,同时接受借款人的初级证券如图 5-5 所示。

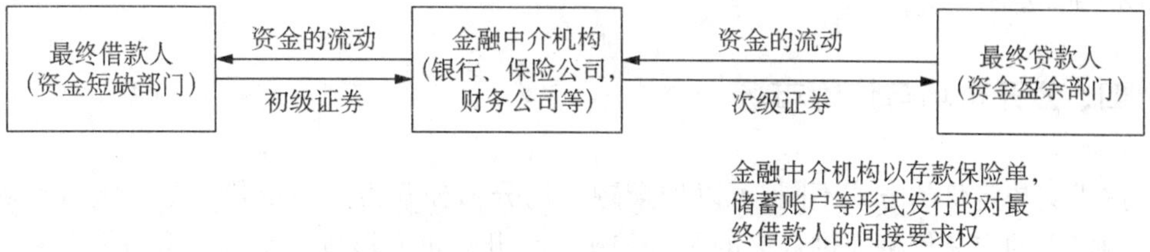

图 5-5 间接金融(资金的间接融通)

直接金融市场与间接金融市场的差别并不在于是否有金融中介机构的介入,而主要在于金融中介机构的特征差异。在直接金融市场上也有金融中介机构,只不过这类公司不像银行那样,它不是资金的中介,而大多是信息中介和服务中介。

三、初级市场、二级市场、第三市场和第四市场

按金融资产的发行和流通特征可以把金融市场划分为:初级市场、二级市场、第三市场和第四市场。

资金需求者将金融资产首次出售给公众时所形成的交易市场称为初级市场、发行市场或一级市场。金融资产的发行方式主要有两种:一是将金融资产销售给特定的机构;二是将金融资产广泛地发售给社会公众。前者称为私募发行,其发行对象一般为机构投资者;后者称为公募发行,其发行对象为社会公众。私募又分为包销和代销两种。所谓包销,是指金融资产的发行人与银行等金融机构协商,由银行等金融机构作为承销机构按照商定的条件把全部证券承接下来,负责对公众销售的一种方式。包销期满后,无论证券是否已经推销出去,包销机构都要如数付给发行人应得资金。代销则是发行人自己承担全部发行风险,只将公开销售事务委托投资银行等办理的一种方式。代销商销多少算多少,只收取手续费等费用,不承担任何风险。此外,还有一种自办发行或称自销的方式,一般通过私下洽商的方式直接销售给为数不多的个人及团体投资者。目前国际上流行的是包销方式。

证券发行后,各种证券在不同的投资者之间买卖流通所形成的市场即为二级市场,又称流通市场或次级市场。它又可分为两种:一种是场内市场即证券交易所;另一种是场外交易市场。证券交易所是指依照国家有关法律规定,经政府主管机关批准设立的证券集中竞价的有形场所。场外交易市场又称柜台交易(over the counter, OTC)或店头交易市场,是指在证券交易所之外进行证券买卖的市场。原则上在场外交易的证券以未上市的证券为主,为数不少的上市证券,尤其是政府债券、企业债券等也都纷纷涌入场外交易市场进行交易。

初级市场是二级市场的基础和前提,没有初级市场就没有二级市场;二级市场是初级市场存在与发展的重要条件之一,无论是从流动性还是从价格的确定上,初级市场都会受到二级市场的影响。

此外,在发达的市场经济国家还存在着第三市场和第四市场,实际上都是场外市场的一部分。第三市场是指原来在证券交易所上市的证券移到场外进行交易所形成的市场。第三市场的交易相对于证券交易所交易来说,具有限制更少、成本更低的优点。第四市场是指投资者和证券的出卖者直接交易形成的市场。其形成的主要原因是机构投资者在证券交易中所占的比例越来越大,它们之间的买卖数额很大,因此希望避开经纪人直接交易,以降低成本。

四、公开市场与议价市场

按成交与定价的方式不同,可以把金融市场分为公开市场与议价市场。公开市场是指金融资产的交易价格通过众多的买主和卖主公开竞价而形成的市场。金融资产在到期偿付之前可以自由交易,并且只卖给出价最高的买者。一般在有组织的证券交易所进行。例如,一些企业债券在公开市场上销售给出价最高者,并可在债券到期和偿还前多次买入卖出。公司股票市场上有大的股票交易所,它们代表公开市场,而且还有股票的协议市场在同时运作。

议价市场是指金融资产的定价与成交是通过私下协商或面对面的讨价还价方式进行的市场。在发达的市场经济国家,绝大多数债券和中小企业的未上市股票都通过这种方式交易。

五、有形市场与无形市场

有形金融市场和无形金融市场的主要区别在于是否有固定交易场所。有形市场是指有固定交易场所的市场,一般指的是证券交易所等固定的交易场地。无形市场是指在证券交易所外进行金融资产交易的市场,其交易一般通过现代化的电信工具在各金融机构、证券商及投资者之间进行。它是一个无形的网络,金融资产及资金可以在其中迅速地转移。在现实世界中,大部分的金融资产交易均在无形市场上进行。世界第一大场外交易市场是美国的纳斯达克,全称为全国证券商协会自动报价系统(National Association of Securities Dealers Automated Quotation,NASDAQ),1971年开始运作,它是一个典型的无形市场,通过计算机网络将交易双方、经纪商、做市商和证券监管机构连为一体。NASDAQ积极地支持美国高科技企业上市,解决中小企业融资困难的问题。

六、现货市场与衍生市场

按照交割方式的不同,可以把金融市场分为现货市场和衍生市场。现货市场实际上是指即期交易的市场,是金融市场上最普遍的一种交易方式。相对于远期交易市场来说,现货市场是指市场上的买卖双方成交后须在若干个交易日内办理交割的金融交易市场。现货交易包括现金交易、固定方式交易及保证金交易。现金交易是指成交日和结算日在同一天发生的证券买卖。固定方式交易是指成交日和结算日之间相隔很短的几个交易日(一般在7天以内)的证券买卖。保证金交易也称垫头交易,是指投资者在资金不足,又想获得较多投资收益时，采取交付一定比例的现金，其余资金由经纪人贷款垫付的方式买进证券的证券买卖。目前，现货市场上的大部分交易均为固定方式交易。

衍生市场是指各种衍生金融工具进行交易的市场。所谓衍生金融工具，是指由原生性金融商品或基础性金融工具创造出的新型金融工具。它一般表现为一些合约，这些合约的价值由其交易的金融资产的价格决定。衍生金融工具包括远期合约、期货合约、期权合约、互换协议等。由于衍生金融工具在金融交易中具有套期保值防范风险的作用，衍生金融工具的种类仍在不断增多。衍生金融工具同时也是一种投机的对象，其交易中所带来的风险也应引起注意。

第三节 金融市场的发展历程

一、欧美金融市场的形成与发展

货币的出现标志着金融市场开始萌芽。货币出现之后，物物交换转化为以货币为媒介的商品交换，货币从一般商品中脱离出来充当一般等价物，双方交换的目标不再仅仅是对方的商品，也包括货币。作为支付手段的货币使交换双方的交易关系转化为债权、债务关系，从而出现了早期的金融市场。

在中世纪，清算制度的产生大大减少了货币的兑换，方便了大宗商品的交易，节约了交易成本。随着清算制度的产生，汇票也随之产生。国际贸易需要的货币兑换和汇兑业务的繁荣，促成了银行业的发展。意大利的佛罗伦萨等地区最先建立了银行，随后米兰、荷兰阿姆斯特丹、德国汉堡等城市相继设立了银行，以银行为中心的金融市场初步建立。意大利还出现了最初的保险业务。1609 年，荷兰的阿姆斯特丹建立了现代意义上最早的证券交易所，标志着现代金融市场的正式形成。

最早实行资本主义制度的英国，也于 1694 年成立了英格兰银行，其成立标志着现代银行制度的确立，也意味着以银行为中介的借贷资金市场的形成。英国于 18 世纪完成了工业革命。1773 年，伦敦证券交易所成立。从 17 世纪到第一次世界大战以前，伦敦一直是国际贸易和世界金融的中心。

13 世纪到 19 世纪，欧美各国先后设立了银行。随着信用制度的发展，证券信用即筹资者直接面对社会公众筹集资金的信用形式出现了，股票和债券是两种主要的证券工具。美国最早的证券交易所是 1790 年成立的费城证券交易所，但最著名的证券交易所是纽约证券交易所。1792 年，纽约的 24 名商人在华尔街签订了“梧桐树协议”，约定每天都进行露天股票交易。后来，露天交易转移到一家咖啡馆进行。1817 年，纽约证券交易所正式成立，证券市场上的股票逐渐取代了政府债券的主导地位。17 世纪到 19 世纪，荷兰、英国、美国、法国等先后建立的证券交易所有力地促进了信用制度及金融市场的深入发展。

第一次世界大战结束后，英国由于战争的大量消耗，经济受到重创，而美国却在战争中，通过对英国和法国的融资，大发横财。此后，美国便取代了英国成为新的世界金融霸主。第二次世界大战之后，美国的经济实力更是远远超过西方各国，以美元为中心的布雷顿森林体系的建立，使美元取代英镑成为主要的国际结算货币和储备货币。国际性的资金借贷和资金筹集也集中在纽约。现今，占据国际金融市场统治地位的仍然是美国，但其他金融强国，如英国、法国、德国、日本、瑞士的力量也不容小视。

美国和英国的金融体系是市场主导型。在这一类国家中，直接金融市场在国家金融体系中占据着主导地位，企业的融资主要依靠金融市场的直接融资。而法国和德国的金融体系是银行主导型。在这类国家中，金融中介机构（主要是银行）在国家金融体系中占据着主导地位，企业的融资主要依靠银行的间接融资，银行与企业的关系非常紧密。

二、中国金融市场的产生与发展

1872年，由李鸿章等人创办的轮船招商局发行股票，这是我国最早的现代股票。1845年，上海出现了租界，大批国外金融企业随即进入。上海很快便成为全国的金融中心。当时，中国全国性的银行中，有一半的总行设在上海。上海的对外贸易占全国总量的一半。

新中国成立后，主要金融机构都收归国有。计划经济体制建立之后，我国实行高度集中的金融体制（“大一统”的金融体制），金融（银行）作为财政的附属品，只发挥调拨资金的作用。金融市场也基本处于停滞状态。

1979年，中国人民银行开办中短期设备贷款，打破只允许发放流动资金贷款的限制。同年3月，中国农业银行重新恢复成立；中国银行从中国人民银行中分离出去，作为指定外汇专业银行，统一经营和集中管理全国外汇业务；国家外汇管理局设立。同年10月，第一家信托投资公司（中国国际信托投资公司）成立，揭开信托业序幕。

1983年9月，国务院颁布《关于中国人民银行专门行使中央银行职能的决定》，中央银行制度框架初步确立。从1984年1月1日起，中国人民银行成为专门从事金融管理、制定和实施货币政策的政府机构。同年1月，新设中国工商银行，接管中国人民银行的工商信贷和储蓄业务。1984年，我国开始允许金融机构相互拆借资金以调剂余缺，形成同业拆借市场。1985年在全国范围内开展了商业汇票承兑业务，并允许商业银行向中央银行再贴现，由此票据市场初步形成。

1981年，我国开始发行国库券。1990年和1991年，上海证券交易所和深圳证券交易所分别正式营运。1991年，全国证券交易报价系统试运行国债回购协议交易，此后经整顿，回购协议市场出现了交易所市场和银行间市场的分离。1992年10月，证监会成立，标志着证券市场统一监管体制的形成。1992年11月，中国人民银行总行批准淄博乡镇投资基金开始运行，并于1993年开始在上海证券交易所挂牌上市，这是我国首只在交易所上市交易的投资基金。1993年12月，《国务院关于金融体制改革的决定》明确了中国人民银行制定并实施货币政策和实施金融监管的两大职能；明确提出要把我国的专业银行办成真正的商业银行。1994年3—4月，三大政策性银行成立。1998年11月，保监会成立。1999年5月，上海期货交易所正式成立。1999年7月，《中华人民共和国证券法》正式实施。2000年，证监会发布并实施了证券发行上市核准制度。

在外汇方面，1994年年初，我国取消了外汇额度管制，实行了结售汇制度，实现了汇率并轨。1996年4月，银行间外汇市场正式运行，并在上海成立了中国外汇交易中心。1996年12月，实现人民币经常项目下可兑换。2001年，中国正式加入WTO。2002年，证监会和中国人民银行联合发布的《合格境外机构投资者境内证券投资管理暂行办法》正式实施，QFII 制度确立。2005 年 7 月 21 日，中国人民银行宣布汇率形成机制再次改革，开始实行以市场供求为基础、参考一篮子货币进行调节、有管理的浮动汇率制度。

2003 年，银监会成立，形成"一行三会"格局。同年 12 月，中央汇金公司成立，明晰国有银行产权，完善治理结构，建立新的国有银行运行机制。2018 年 4 月，根据《国务院机构改革方案》，银保监会正式揭牌。

三、中美证券市场比较

本部分的内容是比较中美两国证券市场的发展现状。图 5-6 是中美两国证券市场结构。

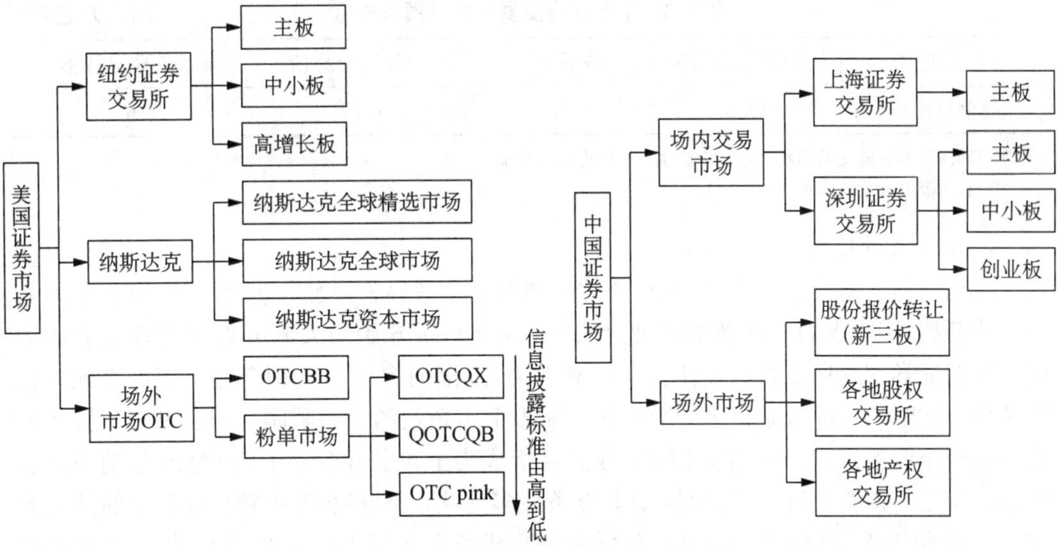

图 5-6　中美两国证券市场结构

目前，纽约证券交易所共有主板、中小板和高增长板三个板块。主板市场主要服务大中型企业，提供股票上市和交易服务；中小板市场，即之前的美国证券交易所的业务（纽约证券交易所 2008 年收购美国证券交易所），主要服务市值规模较小、处于初创阶段的高成长企业，提供股票上市和交易服务；高增长板主要提供股票交易服务、ETPs（交易所交易产品）的上市和交易服务。

纳斯达克共有全球精选市场、全球市场和资本市场三个板块。全球精选市场的上市标准最高，与纽约证券交易所主板竞争大型优质企业类上市资源。全球市场属于中间层次，主要服务中型企业。资本市场是纳斯达克建立初期最早设立的市场层次，上市标准最低，主要服务小微型企业。纳斯达克全球市场、资本市场与纽约证券交易所中小板竞争中小企业资源。在 1971 年成立初期，纳斯达克只是用来集中显示全美 OTC 证券价格的报价系统。1975 年，纳斯达克成为独立的上市场所，1982 年纳斯达克增设全国市场，分为常规市场和全国市场两个板块。1992 年，纳斯达克常规市场更名为小型资本市场。2006 年，纳斯达克增设全球精选市场，与纽约证券交易所主板竞争大型企业类上市资源，并分别将全国市场更名为全球市场，小型资本市场更名为资本市场。

过去,美国证券市场OTC泛指没有物理交易场所的股票市场,而纳斯达克是电子系统,并没有物理交易场所,因而归属于OTC的范畴。现在一般来说,OTC是指不满足主要交易所要求的股票交易市场,通常指公告板市场(Over The Counter Bulletin Board,OTCBB)和粉单市场(Pink Sheets),OTCBB和OTC都是做经纪商/市商间报价服务系统。OTC上交易的股票通常规模不大,也不够稳定,不足以在主要的交易所交易,因而风险较高。

经过20多年的快速成长,截至2017年年底,上海证券交易所和深圳证券交易所的上市公司达3 485家,总市值56.71万亿元,流通市值44.93万亿元。

1. 规模比较

上海证券交易所、深圳证券交易所与纽约证券交易所、纳斯达克的市场规模存在较大差距,股票总市值如表5-3所示。

表5-3 中美证券交易机构股票总市值 单位:万亿美元

交易机构	纽约证券交易所	纳斯达克	上海证券交易所	深圳证券交易所
股票总市值	29.4	11.4	4.1	2.6

数据来源:各证券交易机构2018年11月15日收盘时数据。
注:汇率按美元兑人民币1∶6.9计。

2. 上市条件比较

纽约证券交易所成立之初,上市条件主要侧重于考察公司盈利能力。从20世纪八九十年代开始,美国大力发展新兴产业,纽约证券交易所开始加大服务新兴产业企业的力度。纽约证券交易所从重点关注企业盈利能力,逐渐向允许未盈利企业上市的多元化标准转变。1995年,纽约证券交易所放松了对拟上市企业的盈利限制,并从1999年开始允许未盈利企业上市。2006年,纽约证券交易所成为上市公司后,为了更好地与纳斯达克争夺成长型上市企业资源,持续推动上市条件多元化,不断降低对拟上市企业的盈利要求。2012年5月,纽约证券交易所降低对新兴成长企业历史业绩的要求,将3个财年的历史业绩考察期缩短为1个财年。2014年9月,为满足研发费用较高、尚未盈利企业的融资需求,纽约证券交易所新增了"市值"标准。同时,简化对非盈利企业的上市要求,仅保留"税前利润"和新增的"市值"两个标准。

纳斯达克从重点聚焦企业的资产类指标,逐渐向纽约证券交易所的企业上市条件靠拢。纳斯达克1975年的第一套上市条件未对企业盈利作出要求,财务标准只设置资产类指标门槛,流动性标准专门对做市商数量作出要求。从1982年首次开始分层后,纳斯达克各板块上市条件均开始向多元化指标体系转变。资本市场板块在1997年形成了净有形资产(或股东权益)、市值、净利润三类指标并行的多元化财务标准;2007年,其上市条件再次被调整,每类标准都对股东权益作出要求。全球市场板块在1982年成立时即设置了第一套上市条件("净有形资产+股本及资本公积");1985年,增加对企业盈利的要求,形成"净有形资产(或股东权益)+利润"和"净有形资产(或股东权益)+经营年限"两套财务标准;1997年,增加"市值"和"总资产+总收入"标准。全球精选市场板块主要采取跟随纽约证券交易所主板市场上市条件变化的策略,但其最低门槛要求略高于纽约证券交易所主板市场;2010年,增加了第四套财务标准,与纽约证券交易所2008年新增的"市值+总资产+股东权益"标准相同,但最低门槛略高。

中美证券交易机构上市财务条件比较如表 5-4 所示。

表 5-4　中美证券交易机构上市财务条件比较

<table>
<tr><td colspan="2">纽约证券交易所</td><td colspan="2">纳斯达克</td><td colspan="2">上海证券交易所</td><td colspan="2">深圳证券交易所</td></tr>
<tr><td>主板</td><td>标准 1:税前利润
标准 2:市值</td><td>全球精选市场</td><td>标准 1:税前利润
标准 2:市值＋总收入＋现金流
标准 3:市值＋总收入
标准 4:市值＋总资产＋股东收益</td><td>主板</td><td>标准:累计净利润＋现金流/营业收入＋无形资产与净资产比例</td><td>主板</td><td>标准:净利润＋现金流/营业收入</td></tr>
<tr><td rowspan="2">中小板</td><td rowspan="2">标准 1:税前利润＋股东收益
标准 2:股东权益＋经营年限
标准 3:市值＋股东权益
标准 4:市值</td><td>全球市场</td><td>标准 1:税前利润＋股东收益
标准 2:股东权益＋经营年限
标准 3:市值
标准 4:总资产＋总收入</td><td colspan="2" rowspan="2">(略)</td><td>中小板</td><td>标准:净利润＋现金流/营业收入</td></tr>
<tr><td>资本市场</td><td>标准 1:股东收益＋经营年限
标准 2:市值＋股东权益
标准 3:净利润＋股东收益</td><td>创业板</td><td>标准:净利润＋营业收入＋营业增长率</td></tr>
<tr><td colspan="4">提供多套上市标准供企业自主选择,且允许未盈利企业上市</td><td colspan="4">标准单一,盈利性是上市关键指标</td></tr>
</table>

信息来源:各证券交易机构官网。

同时,纽约证券交易所和纳斯达克均为特定类型发行人设置了差异化的上市条件。对于有并购意图的公司、刚脱离破产的公司、封闭投资管理公司等特定行业或类型的发行人,纽约证券交易所和纳斯达克均设置了特殊的上市要求。另外,纽约证券交易所还专门为境外发行人、风险投资行业发行人、新兴成长型企业设置了特殊的上市要求。上海证券交易所和深圳证券交易所对企业发行上市的要求更为严格,财务标准单一,没有差异化选项。

3. 产品体系比较

纽约证券交易所和纳斯达克主要通过兼并收购的方式,成功地从传统单一股票市场转变成产品体系完备、现货和衍生品齐全、境内外产品并行发展的金融产品超市。纽约证券交易所的产品线主要包括股票、基金、固定收益产品、衍生品等。纳斯达克的产品线主要包括股票、固定收益产品、基金、衍生品、私募股权等。除美国股票业务外,其他产品线均是通过兼并收购其他交易所或交易平台的方式获得。

目前,上海证券交易所和深圳证券交易所初步形成覆盖股票、衍生品、基金、债券等品种的产品体系,但产品规模结构并不均衡。股票主要有普通股和优先股两类。债券主要包括国债、地方政府债、企业债、公司债、可转债、ABS 等现货,债券质押式和债券质押式协议回购等业务。基金产品主要包括 ETFs、申赎型货币基金、封闭式基金和 LOF 四大类。ETFs 产品包括股票、债券、货币、黄金、跨境 ETFs。衍生品仅有 50ETF 期权一种产品。

4. 交易机制比较

纽约证券交易所和纳斯达克的交易机制相似。纽约证券交易所的证券交易采用基于交易大厅的代理-竞价（Floor-Based Agency-Auction）混合交易模式，交易双方的买卖订单通过代理人参与市场竞价。这些代理人是纽约证券交易所交易大厅的交易人员。纳斯达克的证券交易采用竞争性做市商制度，每只股票由多位做市商负责做市，不同的做市商制度对投资者意味着不同的交易成本，同纽约证券交易所每只股票只能有一位指定做市商相比，纳斯达克市场的交易成本更低。

在价格稳定机制方面，纽约证券交易所和纳斯达克均设置指数熔断机制和个股涨跌幅限制机制。2012 年起，指数熔断机制的参考指数是标普 500 指数，三档熔断标准为 7%、13%和 20%，第一档和第二档熔断只在上午 9:30 至下午 3:25 期间启动，一旦触发则暂停全市场交易 15 分钟，而全天任何时段触发第三档熔断，则停止当日交易。2013 年，在 SEC 的推动下，纽约证券交易所和纳斯达克个股动态涨跌幅限制机制从当年 8 月起实施。涨跌参考价格为前 5 分钟内所有合格的已成交订单的算术平均价格，限制幅度根据证券价格分级设置为 5%、10%、20%或 75%不等。在触发个股涨跌幅限制机制时，该证券将进入 15 秒的监测期，若 15 秒内价格仍然没有恢复至区间内，则会暂停交易 5 分钟，之后通过集合竞价恢复竞价交易。大多数 S&P 500 和 Russell 1000 的成分股，以及部分 ETF 和票据的涨跌幅触发阈值为 5%，其余大多数个股和部分交易所交易产品触发阈值为 10%。纽约证券交易所和纳斯达克均允许证券日内回转交易，即 T+0。

上海证券交易所和深圳证券交易所的交易机制较为简单，都是竞价交易模式，在开盘竞价时段采用集合竞价方式产生开盘价格，其他时间段采用连续竞价方式。交易订单类型有市价订单和限价订单两种。在价格稳定机制方面，上海证券交易所对股票交易价格设置涨跌幅限制，正常股票的价格涨跌幅比例为 10%，ST（特别处理）股票的价格涨跌幅比例为 5%。2016 年上海证券交易所和深圳证券交易所也曾经短暂实施过熔断机制，但因机制尚不完善最终撤销。另外，上海证券交易所不允许股票日内回转交易，当日买入股票只能在下一个交易日卖出，即 T+1。中美证券交易机构的交易机制如表 5-5 所示。

表 5-5　中美证券交易机构的交易机制

交易机构	纽约证券交易所	纳斯达克	上海证券交易所	深圳证券交易所
交易模式	混合交易	以做市商为主的混合交易	竞价交易	
订单类型	50 种以上	20 种以上	2 种	
价格稳定机制	指数熔断和个股动态涨跌幅		个股涨跌幅	
日内回转交易	允许		不允许	

资料来源：各证券交易机构官网。

延伸阅读

1987 年美国股灾

1987 年 10 月 19 日星期一，华尔街上的纽约股票市场刮起了股票暴跌的风潮，爆发了历史上最大的一次崩盘事件。道琼斯指数一天之内重挫了 508.32 点，跌幅达 22.6%，

创下自1941年以来单日跌幅最高纪录。6.5小时之内,纽约股指损失5 000亿美元,其价值相当于美国全年国民生产总值的1/8。这次股市暴跌震惊了整个金融世界,并在全世界股票市场产生"多米诺骨牌"效应,伦敦、法兰克福、东京、悉尼、中国香港、新加坡等地股市均受到强烈冲击,股票跌幅多达10%以上。股市暴跌狂潮在西方各国股民中引起巨大恐慌,许多百万富翁一夜之间沦为贫民,数以千计的股民精神崩溃,跳楼自杀。

在1987年的"黑色星期一"之前,美股连创新高。当时的那一轮牛市始于1982年8月,美股上涨主要受到经济快速增长、企业利润提升,新的机构投资者需求增加以及税收减免的推动。虽然当时的美联储利率依然相对较高(达7.5%),但比起1981年夏季时的19%已经有了显著的下降。

在"黑色星期一"之前的一周,1987年10月14日星期三,由于取消融资税收优惠的谣言在华尔街传播,以及8月的贸易赤字高于预期,美股开始下跌。同时,美元也在当日走低。

10月15日星期四,股市继续下行,机构投资者出现避险意愿,开始把资金从股市上转移到债市上。

10月16日星期五,美股下跌加速,收盘时,当周美股累计下跌9%,成为过去10年中下跌最多的一周。两天的周末时光并没有消解人们心中的恐慌。10月19日星期一,美股一开盘,抛售的压力就汇集在股票交易市场,甚至导致当天交易的第一个小时出现延时。但是,股指期货市场如期开市,一开市就遭到大量抛售。股指期货和现货之间形成巨大价差,当股票交易市场最终开始交易时,股指大幅下挫。

第四节 金融市场监管

一、金融市场监管的必要性

金融是现代经济的核心,金融安全是国家经济安全的核心。一方面,金融的重要性令金融市场监管非常重要;另一方面,金融的脆弱性和金融资产价格的波动性也使金融监管不可或缺。金融行业,尤其是银行业属于高负债经营行业,资产与负债的天然不对称,资金借出和收回的时间不一致性为其带来天然的脆弱性。在金融市场里,各个主体的行为是非理性的,如从众行为、灾难短视行为、忽视信息行为、组织寻租行为、组织的专业化与盲区行为、认识的非一致性行为等,各个行为主体难以相互合作,在某些情况下,对每一个行为主体都有好处的方案未必能得以实施,因此会产生"囚徒困境",如挤兑行为。

金融资产价格的内在波动性主要包括金融市场中汇率、股市、宏观经济和心理预期具有内在的波动性。在此基础上,金融资产风险具有很强的传染性。金融机构破产影响大,会影响存款人、其他金融机构、借款人,迫使其提前还款或者不再贷款,负面影响的每一轮传递都会增强,最终可能会酿成金融体系的危机;银行同业支付清算系统把所有银行联系在一起,从而造成相互交织的债权债务网络;金融创新和金融国际化加重了金融资产风险的传染性,金融创新在金融机构之间创造出极其复杂的债权债务链条,增强了金融资产对经济的影响力。金融资产总量迅速增长,金融资产价格对世界经济的影响日渐加深,金融资产价格的波动可能导致债务危机、国家政局动荡甚至破产等。

同时,作为市场,金融市场也会出现市场失灵的情况。金融市场失灵主要是指金融市场对资源配置的无效率。针对金融市场配置资源所导致的垄断或者寡头垄断,规模不经济及外部性等问题,也需要金融市场监管的介入。

二、金融市场监管的目标和原则

1. 金融市场监管的目标

金融市场监管的目标一般包括:确保金融稳定安全,防范金融风险;保护金融消费者权益;提高金融体系的效率;规范金融机构的行为,促进公平竞争。2017 年 7 月,我国每 5 年召开一次的全国金融工作会议把金融市场监管工作目标确定为:"强化监管,提高防范化解金融风险能力。要以强化金融监管为重点,以防范系统性金融风险为底线,加快相关法律法规建设,完善金融机构法人治理结构,加强宏观审慎管理制度建设,加强功能监管,更加重视行为监管。市场导向,发挥市场在金融资源配置中的决定性作用。坚持社会主义市场经济改革方向,处理好政府和市场关系,完善市场约束机制,提高金融资源配置效率。加强和改善政府宏观调控,健全市场规则,强化纪律性。"

2. 金融市场监管的原则

(1) 依法监管与严格执法原则。这是各国金融监管当局共同遵守的一项原则。依据现行金融法规,保持监管的严肃性、权威性、强制性和一贯性,具体要做到:一是金融监管当局及其工作人员在执行公务时(如在办理金融机构的市场准入、性质确定、业务范围核准、金融新产品审批以及例行检查、违规处理),应该坚持依法办事、严肃执法;二是金融监管工作者自身应该遵守各种法规,学法、知法、懂法,坚持执法的连续性、一贯性和不可例外性。

(2) 综合性与系统性的原则。该原则要求各种金融监管的手段(经济、行政、法律等)要综合运用;监管的工具要综合运用,即监管工具要现代化、系统化,日常监管与重点监管、事前督导与事后监察要同时运用;监管机制和方案要科学化、系统化、最优化,确保金融监管优质高效。

(3) 公平、公正、公开原则。无论监管对象的性质、规模、背景如何,都必须在统一标准下展开合理竞争。金融监管当局也要按照统一、公正、公平的监管标准和监管方式来实施监管,这样才能从根本上规范金融机构的市场行为,保证金融市场良好有序地运行。

(4) 内控与外控相结合的原则。要保证监管的及时和有效,客观上需要外控与内控有机配合。无论外部强制管理有多缜密严格,假如监管对象不配合、不协作,设法逃避应付,则都难以收到预期效果;反之,如果将全部希望放在内控上,则可能诱导一些金融机构开展违规经营行为,产生金融风险。

(5) 稳健运行与风险预防原则。该原则也是世界各国共同遵守的监管原则之一。安全稳健与风险预防及风险管理密切相连。现有的监管技术手段指标体系都是着眼于金融业安全稳健及风险性预防管理。但金融业存在和发展的最终目的不是安全稳健,而是满足社会经济的需要,促进社会经济稳健协调地发展。

(6) 监管成本与效率原则。监管并非不讲成本、不计定价的。以最低的监管成本获得最佳的监管效果是金融监管当局的重要原则之一。在很多国家,金融监管的费用都是由被监管者承担的,如果监管效率低下,将受到被监管者的质疑和投诉。

三、金融市场监管的内容和方法

1. 金融市场监管的主要内容

从监管的主要内容或范围看,金融市场监管分为市场准入监管、业务运营监管和市场退出监管。市场准入是指政府行政管理部门按照市场运行规则设立或准许某一行业及其所属机构进入市场的一种管制行为。所有国家对金融机构的监管都是从市场准入开始的。各个国家的金融监管当局一般都参与金融机构的审批过程。

金融风险大多发生在金融机构经营活动中。因此,在金融机构经批准开业后,还要对其业务运营过程进行有效的监管,以便更好地实现监控目标的要求。业务运营监管是对金融机构的各项经营行为的监管,通常是为了保证金融机构经营安全性、流动性和盈利性三个方面。我国对金融机构业务运营监管主要包括:业务经营的合法合规性,资本充足性,资产质量的稳妥可靠性、流动性、盈利性,内部管理水平和内控制度的健全性。

市场退出监管是指监管当局对金融机构退出金融业、破产倒闭或合(兼)并、变更等的管理。金融机构退出市场,表明该金融机构已经停止经营金融业务,依法处理其债权债务,分配剩余财产,注销工商登记,其最终结果是该金融机构法人资格的灭失。

2. 金融市场监管实施

20 世纪初,各国对货币发行的逐步统一使得金融监管的职责很自然地落到了中央银行身上。20 世纪 30 年代之后,中央银行的金融监管主体地位进一步加强。第二次世界大战结束后,中央银行越来越多地承担制定和实施货币政策、执行宏观调控等职能。20 世纪六七十年代,新兴金融市场的不断涌现,使金融监管主体出现了分散化、多元化的趋势,部分国家设置不同的监管机构,分别监管银行业、证券业、保险业,如美国、中国等;有的国家则成立了新的监管机构实行集中监管,如 1997 年英国成立了金融服务管理局。混业经营的发展催生了一批综合化经营的超级金融机构。2008 年爆发的金融危机,揭示了超级金融机构监管不严引致系统性风险的巨大危害。为此,美国通过了金融监管改革法案，扩大了美联储的监管权；英国将金融服务管理局拆分为审慎监管局和金融行为监管局，进一步明确了英格兰银行的宏观审慎监管职能；与此同时，主要国家也纷纷设立专门的金融消费者保护机构，以更好地普及金融知识，保护金融消费者的合法权益。美国金融市场监管体系如图 5-7 所示。

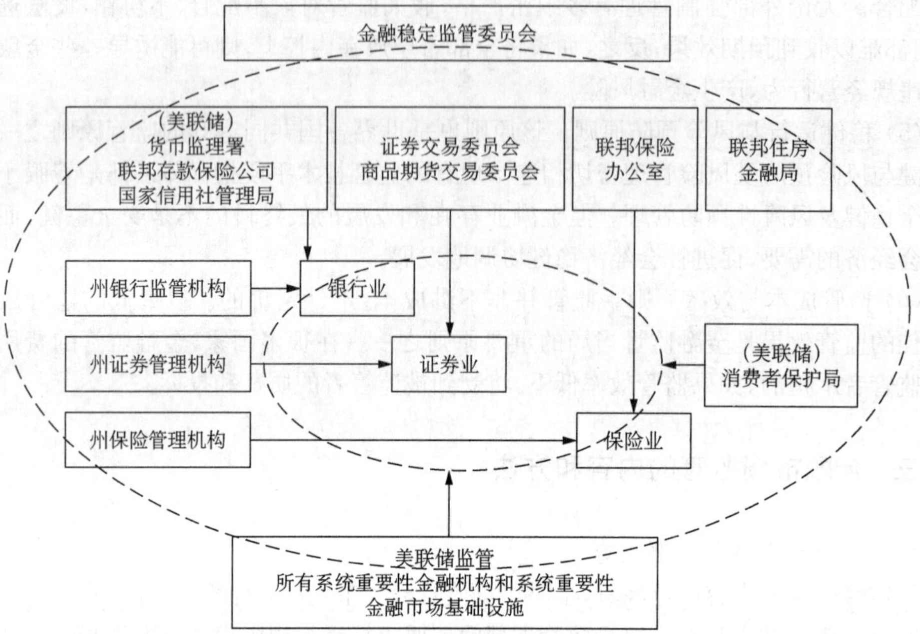

图 5-7　美国金融市场监管体系

我国在 2017 年 11 月，经党中央、国务院批准，国务院金融稳定发展委员会成立。设立该委员会是为了强化中国人民银行宏观审慎管理和系统性风险防范职责，强化金融监管部门监管职责，确保金融安全与稳定发展。

2018 年 3 月，为深化金融监管体制改革，解决现行体制存在的监管职责不清晰、交叉监管和监管空白等问题，强化综合监管，优化监管资源配置，更好地统筹系统重要性金融机构监管，逐步建立符合现代金融特点、统筹协调监管、有力有效的现代金融监管框架，守住不发生系统性金融风险的底线，对银监会和保监会的职责进行整合，组建银保监会，作为国务院直属事业单位。将银监会和保监会拟订银行业、保险业重要法律法规草案和审慎监管基本制度的职责划入中国人民银行。我国金融市场监管体系如图 5-8 所示。

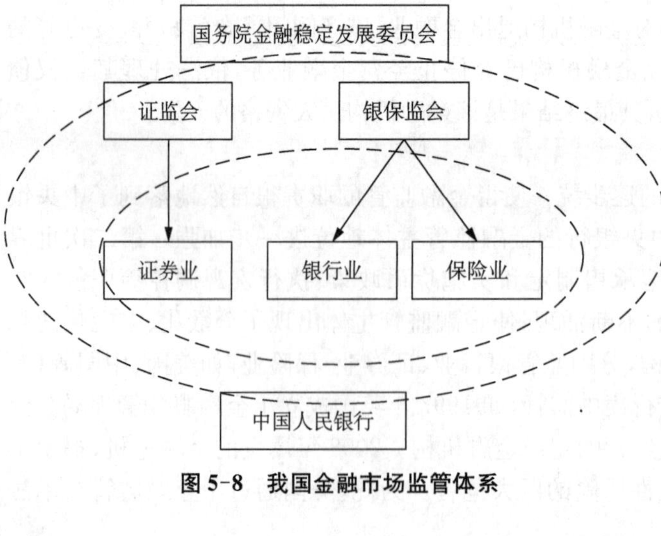

图 5-8　我国金融市场监管体系

3. 后危机时代金融市场监管改革

后危机时代的金融市场监管改革主要体现在金融市场监管边界的扩大，更多地从金融市场体系整体考虑以及金融监管周期的拉长。

(1) 强化银行体系的稳健性。虽然银行体系不是这次金融危机的始作俑者，但金融危机期间欧美银行体系遭受重创，放大了危机的负面影响，暴露出危机之前监管要求过于宽松的问题。2017 年年底，巴塞尔Ⅲ改革最终方案出台。巴塞尔Ⅲ集中体现了宏观审慎监管与微观审慎监管相结合的监管新理念，从三个方面显著提升审慎银行监管标准：①确立了资本充足率、LCR(流动性覆盖率)、NSFR(净稳定资金比率)、杠杆率、大额风险暴露上限相互补充协调配合的多重约束监管框架；②强化资本充足率监管标准；③增强资本充足率的可信度和可比性。

(2) 完善影子银行监管框架。2011 年，金融稳定委员会发布了建议，从两方面应对影子银行潜在风险，并于当年建立了影子银行数据采集和监测报告制度：一是持续监测影子银行的发展趋势。金融稳定委员会通过资金流量表等数据，全面扫描非传统信贷业务；识别易引发系统性风险的影子银行业务，主要聚焦具有期限转换、信用风险转换、加杠杆等特征的活动；评估影子银行对金融体系稳健性的影响，重点分析关联性(包括影子银行与传统银行的关联性)、规模和可替代性(衡量影子银行对金融体系潜在影响的程度)等因素。二是健全影子银行监管框架。该项包括弱化影子银行与传统银行之间的联系；降低货币市场基金挤兑风险；加强资产证券化业务监管；强化证券融资交易和回购市场的监管；评估和降低其他影子银行实体的风险等举措。

延伸阅读

机器中的幽灵：人工智能在金融市场的影响、风险及监管

2016 年 3 月 15 日，一个名为 AlphaGo 的人工智能程序在围棋中击败了人类世界冠军。围棋游戏非常复杂，其走法存在的可能性数量总和比宇宙原子数量还高出几百个数量级。AlphaGo 最终以 4 比 1 的成绩取得了绝对的胜利。此外，在识别模糊模式、学习新模式和调整策略以应对变化中的环境等方面，AlphaGo 也展现出人工智能的一些显著进步。

然而，就在 AlphaGo 取得胜利两周之后，一个名叫 Tay 的聊天机器人就暴露出人工智能黑暗的一面。Tay 原本是为了与人们进行友好的网络交谈，并用微软服务协助人类。Tay 独特的设计特点使她可以从在线交互中进行学习。在 Tay 公开发布后，Twitter 用户铺天盖地的谩骂和煽动性语言接踵而来，这教给了 Tay 错误的东西。该程序被败坏，变得口喷种族主义、性别歧视和排外言论。这暴露了人工智能设计和编程中潜在的缺陷，以及人工智能和自然智能之间令人不安的互动。

麻省理工学院斯隆商学院金融工程实验室主任 Andrew Lo(他同时也是一家定量投资管理公司的创始人)认为，人工智能的影响将会非常广泛，将改变金融行业所有方面，因为该行业的许多部分都可以使用这些类型的算法和使用大型数据池来实现自动化。

许多专家也承认人工智能的使用存在一定的风险。这部分源于不确定性——毕竟在包括交易、投资组合管理和信用评估等许多应用中，人工智能尚处于实验阶段。因此，在安全、隐私和数据质量上还萦绕着算法出故障的风险和担忧，这导致了对新的监管的呼吁。

而人们甚至更担忧人工智能的监管对策。在监管者是否存在足够的知识和技能以跟上新的金融技术的问题上，人们明显缺乏信心。目前而言，监管者关注的重点仍然是从教训中吸取经验，识别人类直接滥用技术的违反合规行为。不过值得庆幸的是，监管者的注意力已经开始转向算法的正当性，而这也是未来几年制定任何关于机器学习规则的重点。

大量金融机构对监管者了解人工智能相关的法律风险上也没有信心。比如，由于人工智能驱动的模型能够收集和分析更大体量的数据，数据和隐私风险也将随之增加；知识产权纠纷也很有可能增加，因为算法的所有权会导致企业和监管者之间的摩擦；在人工智能出故障和编程错误的可能事件中，合同和诉讼风险也会涌现。

复习思考题

1. 阐述金融资产、金融体系与金融市场之间的联系。
2. 分析直接金融与间接金融的区别。
3. 结合我国金融市场的发展历程，分析其发展趋势。
4. 根据中美证券市场的主要差异，分析为什么阿里巴巴、京东等企业选择赴美上市。
5. 我国“一委一行两会”的监管格局较之前“一行三会”的监管格局有哪些区别？

第六章 金融机构体系

学习目标

(1) 了解金融机构的起源及其产生的原因。

(2) 掌握商业银行和投资银行的资金来源与运用以及两者之间的差别。

(3) 掌握存款和非存款类金融机构之间在性质和业务上的区别。

能力目标

(1) 能够熟悉我国金融机构体系的发展现状。

(2) 能够分析市场主导型和银行主导型体系的特征。

案例导入

AI+金融

重复度高、数据标准化和数据处理量大使金融成为人工智能的落地场景，智能身份认证、智能征信风控和智能投顾理财是AI+金融的典型应用。

(1) 智能身份认证。基于计算机视觉的人脸识别使用户远程开户、刷脸支付成为现实，助力金融机构远程获客和数字营销，优化了用户体验，且人脸信息较难复制和盗取的特点提升了金融服务的安全性。目前，智能身份认证技术较为成熟，已广泛应用于银行和券商开户、业务办理以及新零售等场景。

(2) 智能征信风控。人工智能技术可助力金融行业形成标准化、模型化、智能化、精准化的风控系统。传统风控依靠地推式实地考察和人工资质核实，效率低且存在委托代理风险，而智能征信风控可实现实时的智能征信和审批，提升放贷效率。对个人用户来说，智能征信风控可通过自然语言处理，将多维度用户数据（如通话记录、短信信息、购买历史和社交网络信息）转化为用户特征画像，进而根据评分模型评估个人信用。对企业用户来说，智能征信风控可挖掘企业间关联以及企业子母公司、上下游、竞争对手、高管等深度信息，然后使用机器学习来评估企业还款能力。以京东金融为例，其基于人工智能开展放贷业务的效率比传统金融机构提升了70倍，成本降低了30%。智能征信风控技术已经较为成熟，数据的数量与质量将决定风控效果。

(3) 智能投顾理财。智能投顾理财通过特定算法模型管理账户,结合投资者风险偏好、财产状况与理财目标,为用户提供自动化的资产配置。AI+投顾有以下优势:①挖掘用户个性化需求,弥补投资顾问在深度了解客户方面的不足。②结合用户需求以及生命周期等特征,提供"千人千面"的定制化资产配置。从行业格局来看,智能投顾理财已孕育了诸多知名公司,例如,在中国诞生了理财魔方、摩羯智投、金贝塔等头部企业,分别主打国内资产配置、"银行+人机结合"和"基金+社交跟投",不过智能投顾理财尚处于技术探索期,技术仍在不断改良和优化中。

思考:人工智能的广泛运用,将对金融机构体系产生哪些影响?

第一节　金融机构的产生

一、金融机构的含义

金融机构即金融中介机构。在现代市场经济中,金融机构种类繁多,要给各种不同的金融机构下一个统一的定义非常困难。一般认为,金融机构是指专门从事各种金融业务活动、提供特殊的金融产品和服务的经济组织。现代金融机构涵盖的范围非常广,有狭义和广义之分。

狭义的金融机构是指在间接融资中专门作为资金的盈余者与资金的短缺者之间融通资金的信用中介,包括各类银行类金融机构(这是最为典型的金融中介机构)。

广义的金融机构是指一切为融通资金服务、提供金融产品和金融交易便利、保障融资效率的各类经济组织。除银行类金融机构外,还包括在不同融资方式中连接筹资者和投资者并为之提供各种服务的各类机构。

二、金融机构的历史演变

在金融机构中,银行是最早产生、也是最为典型的一类金融机构。近代银行的出现是在中世纪的欧洲。最早的银行是意大利的威尼斯银行,建于1587年,之后,部分欧洲国家也相继设立了银行。这些早期的银行具有高利贷性质,不适应资本主义经济的发展。

17世纪以后,证券的业务量达到了一定规模,专业中介及有组织的市场开始出现。世界上第一个正式的股票交易所,是17世纪初建立的阿姆斯特丹证券交易所。

经济、金融活动的扩大,要求一国货币的统一、银行体系的稳定以及良好的金融环境。为了方便政府的融资,一些国家的大的商业银行业务活动逐渐发生转变,演变为管理一国金融事务的中央银行。1668年,瑞典政府接管了瑞典银行,使其成为第一家中央银行。1694年成立的英格兰银行也因为政府业务的增加兴盛起来,成为现代中央银行的楷模。

由于人们金融需求的扩大及不同金融需求的提出,金融创新层出不穷,金融机构和金融工具不断发展,出现了共同基金、养老基金、财务公司、政策性银行等种类繁多的金融机构,以及为融资活动提供各种相关服务的中介机构,如征信公司、信用评级公司、投资咨询公司、会计师事务所等。这些机构共同组成一个国家完整的金融机构体系。

三、金融机构产生的原因

（一）降低交易成本

对于资金盈余者和资金短缺者来说，如果都要自己寻找交易对手，可能会因为交易的时间、数量不一致而难以成交。即使能找到合适的交易对手，也可能要花费很长的时间和很高的费用。金融机构由于一方面集中盈余者的资金，另一方面又向短缺者提供资金，因而能使交易双方尽快成交。同时由于金融机构有着巨大的资金规模，单位成本较低，还可产生规模效益，节省交易费用。此外，金融机构通过交易成本的降低，还可向资金余缺双方提供交易上的便利，有利于交易活动的顺利开展，提高金融交易效率。

（二）克服信息不对称

信息不对称是指在市场经济条件下，市场的买卖主体不可能完全占有对方的信息，这种信息不对称必定导致信息拥有方为谋取自身更大的利益而使另一方的利益受到损害。

信息不对称在金融活动的交易前和交易后会产生两种情况：一种是发生在交易之前的逆向选择，主要是指在信贷市场上。由于借款人对借款的风险和收益具有较大的了解，而贷款人则并不完全掌握借款人的这些信息，在借款人积极争取贷款时，贷款人最后选择了他们。逆向选择可能导致贷款人的信用风险，给贷款人带来资金损失。另一种是发生在交易之后的道德风险，即贷款人所面临的借款人可能改变借款行为而损害到贷款人利益的风险。道德风险可能导致贷款不能归还，这样贷款人就不愿意发放贷款。

由于信息不对称所引起的逆向选择和道德风险阻碍了信贷功能的发挥，而金融机构通过对借款人信息的收集，对风险的识别和判断；通过对借款者的监督和检查，可以有效地防范风险，最终可以降低逆向选择和道德风险所带来的损失，提高资源配置效率。

（三）减少金融风险

金融风险主要有信用风险、市场风险、操作风险、流动性风险等。这些风险仅仅通过个人投资者或债权人来解决，其成本是很高的，有时甚至会超过其投资回报。金融机构可以说是专门从事风险管理的专家，有专门收集和分析信息的人员，有由专门从事风险管理的专家组成的风险管理部门，拥有专业的风险管理技术，可以通过对不同信息的分析、判断，比较准确地选择金融交易的时机、交易对手、交易方式和交易价格，还可通过多样化的资产组合来分散风险和转移风险，将风险带来的损失降至最低。

（四）增强金融工具的流动性

对于资金盈余者而言，经常面临如何在机会成本和流动性风险之间的两难选择。金融机构不仅为经济主体提供了多元化的、具有不同流动性的资产（如不同期限的银行存款、基金、股票、债券等）供投资者选择，而且还可以帮助投资者建立不同的资产组合模式，既能够以最低的成本满足流动性需求，又能够获得较高的投资收益。更为重要的是，金融机构的存在，能够为不同的金融资产之间的安全、迅速、低成本地转换提供各种交易便利和制度保障。这是其他任何机构所无法比拟的。

第二节　金融机构体系的分类

金融机构体系是指构成这一体系的各类金融组织在体系内的不同职责分工及其相互关系。可以按照不同的标准将金融机构划分为若干种类。

一、存款类金融机构

（一）商业银行

商业银行是最主要的存款类金融机构，具有信用中介、支付中介、信用创造和金融服务的功能，是一国金融体系的重要组成部分。它的资金来源主要是吸收各种存款以及借债，其资金则主要运用于贷款和投资。除经营传统的银行业务外，商业银行也积极从事证券、保险和信托等金融业务，目前的商业银行已经成了金融百货公司。

（二）储蓄机构

储蓄机构在各国的名称各异，如美国的储蓄贷款协会和互助储蓄银行、英国的信托储蓄银行和房屋互助协会等。储蓄机构的资金来源主要是吸收储蓄存款，资金运用主要是发放抵押贷款，有的也投资于政府债券。与商业银行相比，储蓄机构的资产期限较长，抵押贷款的比重较高，短借长贷的特点较明显。

（三）信用社

信用社是指由某些具有共同利益的人们组织起来的，具有互助合作性质的金融组织，如工会成员、某行业雇员等。信用社的资金来源主要是会员缴纳的股金和存款，也可吸收非会员的存款。资金运用主要是对会员提供短期贷款、消费贷款等，也从事证券投资、同业拆放和转存款。由于市场经济的发展，信用社的业务范围有所扩大，会员意识也有所消退。

二、非存款类金融机构

（一）保险公司

英国是保险业的发源地，早在1668年就有了海上保险业务。保险公司按照保险的标的不同，可分为人寿保险公司、财产和灾害保险公司。人寿保险公司是指为投保人因意外事故或伤亡造成的经济损失提供经济保障的金融机构。人寿保险公司提供的保险种类有定期人寿险、终身人寿险和长期人寿险，它的许多产品都是具有税收优惠的储蓄工具，其公司的资产规模比较大。资金来源是投保人缴纳的保险费，资金运用则主要是理赔和购买债券等长期投资。财产和灾害保险公司是指为法人单位和家庭提供财产意外损失保险的金融机构。其保险的范围很广，主要险种有火灾等自然灾害险、运输险、汽车险、责任赔偿险等。资金来源也主要是保费收入。由于一旦发生重大灾害，保险公司就有损失资金的较大可能性，所以资金运用则多为流动性较好的短期投资。

（二）投资银行

投资银行是指专门经营长期证券投资和企业资产重组的金融机构，它是资本市场上最重要的一类金融中介机构，产生于欧洲，在西方已有几百年的历史。现代投资银行业最发达的国家是美国，投资银行（investment bank）这一称谓，也主要在美国使用，在英国、澳大利亚等国家被称为商人银行（merchant bank），在日本则被称为证券公司。

投资银行的资金来源主要是依靠自己发行的股票和债券来筹集，有的也吸收定期存款。其资金运用主要是投资股票和债券，以及通过长期投资控制一些企业。现代投资银行的主要业务如表 6-1 所示。

表 6-1 现代投资银行的主要业务

主要业务	详情
证券承销	在证券发行市场上接受发行人的委托，代为承销证券并以此获得承销手续费
证券交易	在二级市场上充当证券经纪商和自营商的角色，前者获取佣金，后者获取投资收益
项目融资	一种利用项目未来的现金流量作为担保条件的无追索权或有限无追索权的融资方式
兼并收购	包括一般的企业兼并收购和接管，还包括公司杠杆收购、公司结构调整、资产重组等
基金管理	以专门的理财经验和专业知识，分别承担基金的发起人、管理人和托管人等职责
风险投资	又称创业资本或风险资本，是指新兴公司在创业期和拓展期所融通的资金
理财顾问	为客户提供财务咨询、投资咨询等，往往与投资银行的其他业务相伴随
资产证券化	把流动性比较差的资产通过投资银行进行重新组合，再以这些资产作抵押发行证券
衍生工具业务	衍生金融工具自产生以来，就成为商业银行与投资银行的竞争领域

作为一种典型的非存款类金融机构，投资银行与商业银行的区别是明显的，如表 6-2 所示。

表 6-2 投资银行与商业银行的区别

项目	商业银行	投资银行
本源上的区别	是存贷款银行，存贷款是其本源业务	是证券承销商，证券承销是其本源业务
功能上的区别	行使间接融资职能，具有资金盈余者的债务人和资金短缺者的债权人的双重身份。主要在货币市场活动	行使直接融资职能，只是作为资金供需双方的媒介，并不介入投资者与筹资者之间的权利义务关系。主要在资本市场活动
利润构成的区别	首先是存贷差，其次是资金营运收入和表外业务收入	首先是佣金，其次是资金营运收入和利息收入

（续表）

项目	商业银行	投资银行
管理方式的区别	更注重安全性，其资产除各项贷款外，资金营运主要在同业往来和国债与基金等低风险的证券投资上	在控制风险的前提下，更注重以获取高收益为目标的开拓与创新，其资金营运主要在风险较高的股票、债券、外汇及衍生金融工具等契约式投资上

（三）养老基金

养老基金是作为为每一位退休人员提供最低生活费用的社会保障制度的补充。它是一个类似于人寿保险公司的专门金融组织，是由雇主或雇员缴纳的基金建立起来的。有许多国家规定这笔资金由劳资双方共同缴纳，也有的国家规定由雇主单独缴纳。养老基金的投资遵循审慎原则，由于每年支付的养老金及退休金可以较为精确地预测，因此能有大量稳定的资金，主要运用于投资企业债券、绩优股票和政府债券。

（四）共同基金

共同基金是指人们在自愿的基础上，以一定的方式组织基金，并在金融市场上进行投资，以获取较高收益的金融组织。

共同基金可分为两种：一种是股票市场共同基金，其参与者主要是股票市场上的小额投资者。他们以购买基金份额的形式形成共同基金，然后由专门的基金管理机构负责资金的运用，投资于各类股票，从而分散风险。股票市场共同基金又可分为开放式基金和封闭式基金。开放式基金是指发行的基金受益凭证是不固定的，可根据需要追加发行。投资者可通过购买或出售受益凭证给基金公司来加入或退出基金。封闭式基金是指发行的基金受益凭证是固定的，不能随意追加发行。投资者可通过公开市场买入和卖出基金受益凭证来加入或退出基金。另一种是货币市场共同基金，其参与者主要是小额储蓄者。基金所筹集的资金主要投资于国库券、大额可转让定期存单、高级别的商业票据以及其他流动性高的货币市场工具。

第三节　中国的金融机构体系

一、新中国成立前的金融机构体系

据史料记载，我国远在西周时期就有专司政府信用的机构“泉府”，西汉时期有私营高利贷机构“子钱家”。唐朝之后，金融业有了进一步的发展。到了明末清初，以票号、钱庄为代表的旧式金融业已十分发达。但数千年的封建社会使我国的商品经济发展十分缓慢，内生的金融需求少，当西方资本主义国家先后建立起现代的金融机构体系时，我国的典当行、钱庄、票号等仍停留在高利贷性质的旧式金融机构状态。

19 世纪中叶我国东南沿海门户被打开，资本主义大工业生产经营方式在我国推进，票号、钱庄等旧式金融业已不能适应生产方式发展的需要。为适应中外贸易和民族资本主义工商业发展的需要，1845 年英国东方银行在香港和广州设分行和分理处，1847 年设立上海分行，即丽如银行，成为我国第一家外商新式银行。我国首家民族保险企业是 1865 年设立的义和公司保险行。1882 年，我国首家民族证券公司——上海平准股票公司成立。之后，各类现代金融机构陆续建立起来。1897 年，我国民族资本自建的第一家股份制银行——中国通商银行在上海设立，标志着中国现代银行信用制度的开端。

国民党统治时期，官僚资本开始垄断我国刚刚发展的金融业，形成了以四大家族为垄断核心的金融机构体系“四行二局一库”。“四行”是中央银行、中国银行、交通银行、中国农业银行；“二局”是中央信托局和邮政储金汇业局；“一库”是中央合作金库。“四行二局一库”成为国民党政府实行金融垄断的重要工具。同一时期，中国共产党在各个革命根据地也建立了自己的金融机构，如第一次国内革命战争时期在瑞金成立的中华苏维埃共和国国家银行，抗日战争时期在抗日根据地成立的陕甘宁边区银行、华北银行等。

二、新中国金融机构体系的建立与发展

(1) 1948—1953 年：初步形成阶段。1948 年 12 月 1 日，在原华北银行、北海银行、西北农民银行的基础上建立了中国人民银行，它标志着新中国金融机构体系的开始。

(2) 1953—1978 年：“大一统”的金融机构体系。1953 年，我国开始大规模、有计划地进行经济建设，在经济体制与管理方式上实行了高度集中统一的计划经济体制及计划管理方式。与之相应，金融机构体系也实行了高度集中的“大一统”模式。这种模式的基本特征为：中国人民银行是全国唯一一家办理各项银行业务的金融机构，集中央银行和普通银行于一身，其内部实行高度集中管理，利润分配实行统收统支。

(3) 1979 年至 1983 年 8 月：初步改革和突破“大一统”金融机构体系。1979 年中国银行从中国人民银行中分列出来，作为外汇专业银行，负责管理外汇资金并经营对外金融业务；同年，恢复中国农业银行，负责管理和经营农业资金；1980 年我国试行基建投资“拨改贷”后，中国建设银行从财政部分设出来，最初专门负责管理基本建设资金，1983 年开始经营一般银行业务。

(4) 1983 年 9 月至 1993 年：多样化的金融机构体系初具规模。1983 年 9 月，国务院决定中国人民银行专门行使中央银行职能；1984 年 1 月，单独成立中国工商银行，承担原来由中国人民银行办理的工商信贷和储蓄业务；1986 年以后，增设了全国性综合银行，如交通银行、中信实业银行等，还设立了区域性银行如广东发展银行、招商银行等；同时批准成立了一些非银行金融机构如中国人民保险公司、中国国际信托投资公司、中国投资银行、光大金融公司、各类财务公司、城乡信用合作社及金融租赁公司等。在金融机构体系加大改革力度的同时，金融业进一步实行对外开放，允许部分合格的营业性外资金融机构在我国开业，使我国金融机构体系从封闭走向开放。

(5) 1994—2003 年：建设和完善社会主义市场金融机构体系的阶段。1994 年国务院决定进一步改革金融体制，金融机构体系改革的主要措施有：分离政策性金融与商业性金融，成立三大政策性银行；国家四大专业银行向国有商业银行转化；建立以国有商业银行为主体的多层次商业银行体系。1995 年组建了第一家民营商业银行——中国民生银行；

同年在清理、整顿和规范已有的城市信用社基础上，在各大中城市开始组建城市合作银行，1998 年更名为城市商业银行；大力发展证券投资基金等非银行金融机构；不断深化金融业的对外开放。为了加强对金融机构的监管，1992 年成立了中国证监会，1998 年成立了中国保监会，2003 年成立了中国银监会，形成了“分业经营、分业监管”的基本框架。

三、中国目前的金融机构体系

由于我国的金融监管机构已经在其他章节中有所介绍，第八章中央银行也将详细介绍中国人民银行，所以，此部分的内容不再重复介绍金融监管机构。

（一）商业银行体系

1. 商业银行体系的构成

商业银行在中国金融机构体系中居于主体地位。根据 2003 年修订后的《中华人民共和国商业银行法》（以下简称《商业银行法》）规定，商业银行的业务范围主要是：吸收公众存款；发放短期、中期和长期贷款；办理国内外结算；办理票据承兑与贴现；发行金融债券；代理发行、代理兑付、承销政府债券；买卖政府债券、金融债券；从事同业拆借；买卖、代理买卖外汇；从事银行卡业务；提供信用证服务及担保；代理收付款项及代理保险业务；提供保管箱服务；经国务院银行业监督管理机构批准的其他业务。根据银监会统计数据披露口径和监管职能的划分，我国银行业金融机构可以分为五大类，即大型商业银行、股份制商业银行、城市商业银行、农村金融机构和其他类金融机构。截至 2018 年 10 月，我国共有银行类金融机构 4 571 家。2003—2016 年的中国银行业资产份额如表 6-3 所示。

表 6-3　2003—2016 年的中国银行业资产份额

年份	银行业金融机构：总资产	城市商业银行	股份制商业银行	大型商业银行	农村合作银行	外资银行	新型农村金融机构和邮政储蓄银行	政策性银行	其他
2003	100.0%	5.3%	10.7%	58.0%	0.0%	1.5%	3.2%	7.7%	13.5%
2004	100.0%	5.4%	11.5%	56.9%	0.0%	1.8%	3.4%	7.6%	13.2%
2005	100.0%	5.4%	11.9%	56.1%	0.7%	1.9%	3.7%	7.8%	12.5%
2006	100.0%	5.9%	12.4%	55.1%	1.1%	2.1%	3.7%	7.9%	11.8%
2007	100.0%	6.3%	13.7%	53.7%	1.2%	2.4%	3.3%	8.1%	11.4%
2008	100.0%	6.5%	14.0%	51.6%	1.6%	2.1%	3.5%	8.9%	11.7%
2009	100.0%	7.1%	14.9%	51.3%	1.6%	1.7%	3.4%	8.7%	11.2%
2010	100.0%	8.2%	15.6%	49.2%	1.6%	1.8%	3.7%	8.0%	11.8%
2011	100.0%	8.8%	16.2%	47.3%	1.2%	1.9%	3.8%	8.2%	12.4%
2012	100.0%	9.2%	17.6%	44.9%	1.0%	1.8%	4.0%	8.4%	13.1%
2013	100.0%	10.0%	17.8%	43.3%	0.8%	1.7%	4.1%	8.3%	13.9%

（续表）

年份	银行业金融机构：总资产	城市商业银行	股份制商业银行	大型商业银行	农村合作银行	外资银行	新型农村金融机构和邮政储蓄银行	政策性银行	其他
2014	100.0%	10.5%	18.2%	41.2%	0.6%	1.6%	4.1%	9.1%	14.7%
2015	100.0%	11.4%	18.6%	39.2%	0.4%	1.3%	4.2%	9.7%	15.3%
2016	100.0%	12.2%	18.7%	37.3%	0.2%	1.3%	4.1%	9.9%	16.4%

数据来源：WIND。

(1) 大型商业银行。中国工商银行、中国银行、中国建设银行、中国农业银行、中国邮政储蓄银行和交通银行(2008 年以后)都属于此类。以国有商业银行为基础改组而成的新型股份制银行仍然是中国银行业的主体，属于大型银行类别，仍旧占据主导地位。这几家银行无论在人员和机构网点数量上，还是在资产规模及市场占有份额上，都远远超过其他金融机构，在整个金融领域处于举足轻重的地位。中国邮政储蓄银行于 2007 年 3 月 20 日正式挂牌成立，是在改革邮政储蓄管理体制的基础上组建的国有商业银行。2016 年 9 月，中国邮政储蓄银行在香港联交所主板成功上市。

(2) 股份制商业银行。1986 年 4 月，国务院恢复成立了中国改革开放后的第一家股份制商业银行——交通银行，随后又陆续建立了一批全国性或区域性的股份制商业银行。截至 2017 年年底，我国股份制商业银行共有 12 家，即中信银行、光大银行、华夏银行、广东发展银行、招商银行、上海浦东发展银行、兴业银行、民生银行、浙商银行、平安银行、恒丰银行、渤海银行。这些银行成立之初就采取了股份制的企业组织形式，股本金的来源除了国家投资外，还包括境内外企业法人投资和社会公众投资。其中，深圳发展银行、招商银行、华夏银行、上海浦东发展银行、中国民生银行分别在中国深沪两个交易所上市。

(3) 城市商业银行。城市商业银行的前身是 20 世纪 80 年代设立的城市信用社，为中小型的企业提供金融支持，为地方的经济搭桥铺路。1995 年开始，城市信用合作社组建了城市合作银行，1998 年又开始陆续改为以城市命名的商业银行，如北京银行、上海银行等。2017 年，城市商业银行的总资产规模达到 284 682 亿元。

(4) 农村信用社、农村商业银行和农村合作银行。农村信用社是中国农村集体所有制的合作金融组织。其特点集中体现在三个方面，即由农民社员入股、由社员民主管理和主要为入股社员服务。其主要业务活动是办理农村个人储蓄以及农户、个体经济户的存款、贷款和结算等。农村商业银行是由辖内农民、农村工商户、企业法人和其他经济组织共同入股组成的股份制地方性金融机构，一般是在经济较发达、城乡一体化程度较高地区的农村信用合作社的基础上实现股份制改造而形成的。农村合作银行是由辖内农民、农村工商户、企业法人和其他经济组织入股组成的股份合作制社区性地方金融机构。与农村商业银行不同，农村合作银行是在遵循合作制原则的基础上，吸收股份制的原则和做法而构建的一种新的银行组织形式，是实行股份合作制的社区性地方金融机构。截至 2017 年 3 月底，农村金融机构(含农村商业银行、农村合作银行、农村信用社、其他新型农村金融机构等)的总资产规模为 31.40 万亿元，占银行业金融机构总资产的比例为 13.20%。

(5) 外资银行。1979 年,中国开始允许外资银行在华设立代表处。银保监会公布的数据显示,截至 2017 年年底,外资银行在华营业性机构总数达到 1 013 家,近 15 年来增长约 5 倍,年均增速达 13%。在华外资银行总资产已从加入世贸组织初期的 3 000 多亿元增加到 2017 年年底的 3.24 万亿元,增长逾 9 倍。2017 年,在华外资银行累计实现净利润相当于 2002 年的 10 倍。2017 年年底,外资银行注册资本比 2002 年年底增长了 6 倍多。

(6) 民营银行。由民间资本控股的就是民营银行。民营银行最突出的特点就是按市场机制自主运作,不受政府干预。截至 2018 年年底,我国有 17 家民营银行获批并均已开业,如表 6-4 所示。

表 6-4 我国 17 家民营银行概况

序号	民营银行	获批时间	银行定位	第一大股东
1	深圳前海微众银行	2014-7-25	互联网银行	腾讯
2	温州民商银行	2014-7-25	助力小微,服务三农、扎根社区	正泰集团
3	天津金城银行	2014-7-25	公存公贷	华北集团
4	浙江网商银行	2014-9-26	互联网银行	蚂蚁金服
5	上海华瑞银行	2014-9-26	智慧银行	均瑶集团
6	重庆富民银行	2016-5-18	服务小微的普惠银行	瀚华金控
7	四川新网银行	2016-6-13	互联网银行	新希望集团
8	湖南三湘银行	2016-7-29	产业链金融	三一集团
9	安徽新安银行	2016-11-7	区域金融体系的补充者	南翔
10	福建华通银行	2016-11-28	科技金融	永辉超市
11	武汉众邦银行	2016-12-7	交易服务银行	卓尔控股
12	北京中关村银行	2016-12-21	服务科创	用友网络
13	江苏苏宁银行	2016-12-21	科技驱动的 O2O 银行	苏宁云商
14	威海蓝海银行	2016-12-22	深耕蓝海、特存特贷	威高集团
15	辽宁振兴银行	2016-12-24	通存实贷	荣盛中天
16	吉林亿联银行	2016-12-27	智能网络银行	中发金控
17	梅州客商银行	2017-1-3	通存小贷,服务三农两小	宝新能源

资料来源:银保监会网站和其他网站公开信息。

截至 2017 年年底,民营银行总资产达到 3 381.4 亿元,同比增长 85.22%,其中各项贷款余额 1 444.17 亿元,增长 76.38%。2017 年民营银行总计实现净利润 19.67 亿元,是上年同期的 2.09 倍,资本利润率和资产利润率分别为 5.06%、0.76%,同比分别提高 0.30 和 0.04 个百分点。民营银行不良贷款率 0.53%,低于商业银行平均水平 1.22 个百分点;资本充足率 24.25%,流动性比例 98.17%,远远高于“大于等于 25%的监管标准值”。

2. 银行主导型金融体系

我国企业外源融资主要包含银行贷款、非标融资、债券融资以及股权融资(包括股票融资和私募股权),2017 年年底存量占比分别达 58%、23%、11%以及 8%。从图 6-1 可以看出,2014—2017 年,这四种融资方式占比高低的顺序没有变化。

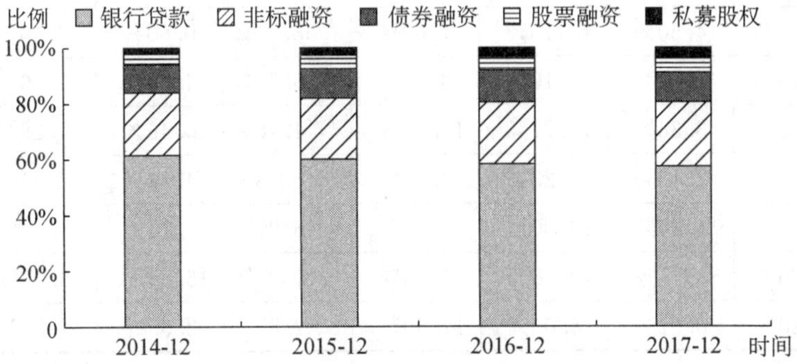

资料来源:恒大研究院。

图 6-1 我国企业外源融资结构(2014—2017 年)

从具体融资模式看,银行贷款是企业融资的首要来源,长期增速保持平稳。非标融资是我国企业第二大融资来源,规模受金融监管影响明显,2018 年规模显著降低。根据原银监会的规定,非标资产是未在银行间市场及证券交易所市场交易的债权性资产,包括但不限于信贷资产、信托贷款、委托债权、承兑汇票、信用证、应收账款、各类受(收)益权、带回购条款的股权性融资、保理、融资租赁、股票质押融资等。债券融资作为企业的第三大融资来源,近年来增速下滑,信用违约事件频发。股权融资则呈现增速下滑趋势。

虽然近年来金融市场不断发展,银行业受到来自第三方支付机构储蓄分流的挑战,但不可否认的是,我国目前仍然是银行主导型的金融体系。银行主导型金融体系是指以银行信贷为主导的金融体系,特点是,银行信贷对社会经济和整个金融体系的影响力较大,银行贷款所占企业外部融资的比例大大超过股票和债券所占的比例。由于商业银行在发放贷款的过程中掌握了大量的企业内部信息,相对市场而言,银行对金融资源的配置发挥着更为重要的作用。

与银行主导型金融体系相对的是市场主导型金融体系,是指以金融市场为主导的金融体系。其最大特点是,金融市场对社会经济和整个金融体系的影响力较大,股票、债券等直接融资工具的交易比重大于银行信贷市场的交易比重。美国和英国的金融体系是典型的市场主导型。

从表 6-5 中可以看出,在我国 2008—2017 年社会融资规模增量中,银行贷款的比重虽曾一度下降,但依然占绝对高的比重。

从表 6-5 的数据可以看出,新增人民币贷款占比最低的是 2013 年的 51.35%。企业债券融资和非金融企业境内股票融资占比最高的是 2015 年,两者相加比重为 24%。

表 6-5　2008—2017 年中国社会融资规模增量结构

年份	新增人民币贷款	新增外币贷款	新增委托贷款	新增信托贷款	新增未贴现银行承兑汇票	企业债券融资	非金融企业境内股票融资	其他
2008	70.30%	2.80%	6.10%	4.50%	1.50%	7.90%	4.80%	2.10%
2009	69.00%	6.70%	4.90%	3.10%	3.30%	8.90%	2.40%	1.70%
2010	56.70%	3.50%	6.20%	2.80%	16.70%	7.90%	4.10%	2.10%
2011	58.20%	4.50%	10.10%	1.60%	8.00%	10.60%	3.40%	3.60%
2012	52.10%	5.80%	8.10%	8.10%	6.70%	14.30%	1.60%	3.30%
2013	51.35%	3.38%	14.71%	10.63%	4.48%	10.46%	1.28%	3.71%
2014	59.44%	2.16%	15.23%	3.14%	−0.78%	14.74%	2.64%	3.43%
2015	73.10%	−4.20%	10.30%	0.30%	−6.90%	19.10%	4.90%	3.40%
2016	69.86%	−3.17%	12.28%	4.83%	−10.97%	16.85%	6.97%	3.35%
2017	71.20%	0.01%	4.00%	11.60%	2.80%	2.30%	4.50%	3.59%

资料来源：WIND。

延伸阅读

2018 年度全球 1 000 强银行排行榜

《The Banker》"全球银行 1 000 强排行榜"，是截至目前全球唯一以银行机构为单元，时间跨度较长、空间范围较广、涵盖指标较多的，反映全球银行业运行状况的榜单，全面、系统、具备一定的权威性。在 2018 年 7 月揭晓的榜单中，前 50 强中包括 12 家中国地区的银行(占 24%)；7 家美国地区的银行(占 14%)；英国、法国各有 5 家(占比均为 10%)；日本、澳大利亚各有 4 家银行入榜(占比均为 8%)；加拿大 3 家、意大利 2 家、瑞士 2 家、荷兰 2 家、西班牙 2 家、俄罗斯 1 家、德国 1 家。按照一级资本排名，前 10 名的情况如表 6-6 所示。

表 6-6　2018 年按一级资本排名前 10 的银行

排名	银行	一级资本(亿美元)	总部所在地
1	中国工商银行	3 240	中国
2	中国建设银行	2 720	中国
3	中国银行	2 240	中国
4	中国农业银行	2 180	中国
5	摩根大通	2 090	美国
6	美国银行	1 910	美国
7	富国银行	1 780	美国
8	花旗银行	1 650	美国
9	三菱 UFJ 金融集团	1 530	日本
10	汇丰控股	1 510	英国

（二）政策性银行

政策性银行是指由政府投资设立的，根据政府的决策和意向，主要从事国家和政府所指定的政策性金融业务，实行保本微利基本原则的专业性银行机构。它不以盈利为经营目标，根据分工的不同，服务于各自的业务领域。

1994年，为适应经济发展需要，实行政策性金融与商业性金融相分离，将中国建设银行、中国银行、中国农业银行和中国工商银行所承担的政策性业务分离出去，相继成立了国家开发银行、中国进出口银行和中国农业发展银行三家政策性银行，分别在支持国家重点建设、推动机电产品出口和保证国家农副产品收购等方面发挥了重要作用。三家政策性银行的资金来源除中国农业发展银行吸收一部分存款外，主要来自三个方面：一是财政拨付的资本金；二是通过市场化方式发行政策性金融债券筹集资金；三是依靠中央银行的再贷款获得资金。

政策性银行与商业银行和其他非银行金融机构相比，有共性的一面，如要对贷款进行严格审查，贷款要还本付息、周转使用等。但作为政策性金融机构，也有其特征：一是政策性银行的资本金多由政府财政拨付；二是政策性银行经营时主要考虑国家的整体利益、社会效益，不以盈利为目标，但政策性银行的资金并不是财政资金，政策性银行也必须考虑盈亏，坚持银行管理的基本原则，力争保本微利；三是政策性银行有其特定的资金来源，主要依靠发行金融债券或向中央银行举债，一般不面向公众吸收存款；四是政策性银行有特定的业务领域，不与商业银行竞争。

（三）非银行金融机构

1. 保险公司

保险公司是指专门经营保险业务的组织机构。根据《中华人民共和国保险法》（以下简称《保险法》）的规定，保险公司的业务分为两大类：一类是财产保险业务，包括财产损失保险、责任保险、信用保险等保险业务；另一类是人身保险业务，包括人寿保险、健康保险、意外伤害保险等保险业务。同一保险人不得同时经营上述两类保险业务。《保险法》规定，对保险公司的资金运用，除用于理赔给付外，还可存款、买卖政府债券、金融债券，有限制地投资证券、投资基金、参与银行间债券市场的国债回购业务等，从而进一步加强了保险公司与其他金融机构之间的联系。截至2017年年底，我国保险机构数量如表6-7所示。

表6-7 我国的保险机构数量（截至2017年年底）

保险机构	数量（家）
保险集团控股公司	12
保险公司	
人寿	96
财产	88
再保险公司	12
保险资产管理公司	24

资料来源：原中国保险监督管理委员会网站（http://www.circ.gov.cn/）。

2. 证券公司

证券公司是指专门从事各种有价证券经营及相关业务的金融机构。我国证券公司的业务范围包括：证券经纪、证券投资咨询、与证券交易及证券投资活动有关的财务顾问、证券承销与保荐、证券自营、证券资产管理和其他证券业务。

《中华人民共和国证券法》(以下简称《证券法》)规定，中国证券公司分为综合类和经纪类两种。其中，综合类证券公司可以从事投资银行和证券类的所有业务，其业务范围主要是：证券经纪业务、证券自营业务、证券承销业务以及经国务院证券监管机关核定的其他业务。经纪类证券公司，只允许专门从事证券经纪业务。

为了促进资本市场发展，沟通货币市场和资本市场的联系，中国部分证券公司被批准进入银行间债券市场、银行间同业拆借市场，可向银行申请股票质押贷款。近年来，随着国企改革和资本市场的发展，中国证券公司迅速发展壮大，证券公司间的机构重组、合并浪潮日渐高涨。截至 2017 年年底，中国共有 131 家证券公司。

3. 基金管理公司

基金管理公司是指依据有关法律法规设立的对基金的募集、基金份额的申购和赎回、基金财产的投资、收益分配等基金运作活动进行管理的公司。证券投资基金的依法募集由基金管理人承担。基金管理人由依法设立的基金管理公司担任。担任基金管理人应当经国务院证券监督管理机构核准。中国投资基金起步于 1991 年。

公募基金由公募基金公司直接发行成立，面向不特定投资者公开募集资金，受到证监会的监管，投资方向与投资比例有严格限制。私募基金多数借助信托公司的集合资金信托计划发行，面向合格投资者私下募集资金。私募基金在中国是受严格限制的。目前中国的私募基金按投资标的分为：私募证券投资基金，经阳光化后又叫作阳光私募(投资于股票，如股胜资产管理公司，赤子之心、武当资产、星石等资产管理公司)；私募房地产投资基金(如金诚资本、星浩投资)；私募股权投资基金(即 PE，投资于非上市公司股权，以 IPO 为目的，如鼎辉、弘毅、KKR、高盛、凯雷、汉红)；私募风险投资基金(即 VC，风险大，如联想投资、软银、IDG)。公募基金如大成、嘉实、华夏等基金公司是证券投资基金，只能投资股票或债券，不能投资非上市公司股权，不能投资房地产，不能投资有风险企业，而私募基金可以。

截至 2018 年 3 月底，我国境内共有基金管理公司 116 家，其中，中外合资公司 45 家，内资公司 71 家；取得公募基金管理资格的证券公司或证券公司资管子公司共 13 家，保险资管公司 2 家。以上机构管理的公募基金资产合计 12.37 万亿元。

4. 信托公司

“受人之托，代人理财”是信托的基本特征。信托以信任为基础，委托人将其财产权委托给受托人，受托人按委托人的意愿，为受益人的利益或者特定目的对信托财产进行管理或者处分。信托的实质是一种财产管理制度。信托公司是指以受托人身份专门从事信托业务的金融机构，其基本职能是接受客户委托，代客户管理、经营、处置财产。截至 2017 年年底，中国有 68 家信托公司。目前，中国信托公司的主要业务有：信托业务，如资金信托和动产、不动产及其他财产的信托业务；受托经营法律、行政法规允许从事的投资基金业务，受托经营国务院有关部门批准的国债、政策性银行债券、企业债券等债券的承销业务；代理业务，如代理财产的管理、运用和处分，代保管业务等；咨询业务，如信用见证、资信调查及经济咨询业务；经营企业资产的重组、购并及项目融资、公司理财、财务顾问等中介业务。2013—2017 年中国信托业的发展情况如图 6-2 所示。

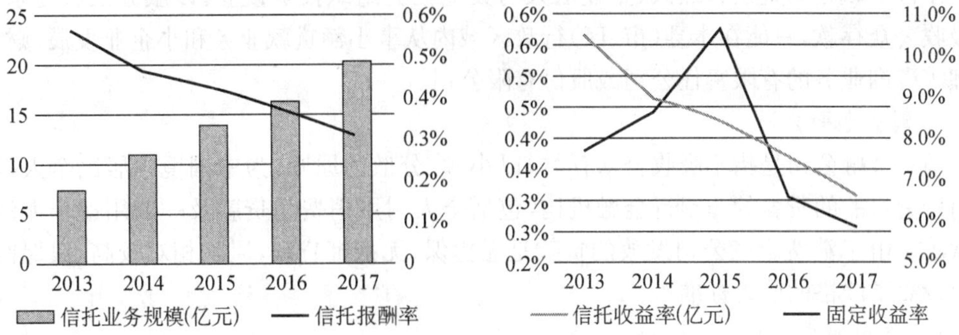

图 6-2　2013—2017 年中国信托业的发展情况

5. 财务公司

中国的财务公司是由企业集团内部集资组建的，其宗旨和任务是为本企业集团内部成员单位之间集资或融通资金，一般不在企业集团外部吸收存款。根据《企业集团财务公司管理办法》的规定，财务公司的主要业务有：对成员单位办理财务和融资顾问、信用鉴证及相关的咨询、代理业务；协助成员单位实现交易款项的收付；经批准的保险代理业务；对成员单位提供担保；办理成员单位之间的委托贷款及委托投资；对成员单位办理票据承兑与贴现；办理成员单位之间的内部转账结算及相应的结算、清算方案设计；吸收成员单位的存款；对成员单位办理贷款及融资租赁；从事同业拆借；银保监会批准的其他业务。截至 2016 年年底，全国财务公司法人机构数量达到 236 家。

6. 金融租赁公司

金融租赁公司是指主要办理融资性租赁业务的专业金融机构。根据《金融租赁公司管理办法》的规定，金融租赁公司的主要业务有：直接租赁、回租、转租赁、委托租赁等融资性租赁业务；经营性租赁业务；接受法人或机构委托租赁资金；接受有关租赁当事人的租赁保证金；向承租人提供租赁项下的流动资金贷款；有价证券投资、金融机构股权投资；经中国人民银行批准发行金融债券；向金融机构借款；外汇借款；同业拆借业务；租赁物品残值变卖及处理业务；经济咨询和担保；经监管部门批准的其他业务。截至 2017 年年底，中国共有 60 多家金融租赁公司。

7. 金融资产管理公司

1999 年，国家投资组建了金融资产管理公司。金融资产管理公司是指经国务院决定设立的收购国有商业银行不良贷款，管理和处置因收购国有商业银行不良贷款形成的资产的国有独资非银行金融机构。因此，中国的金融资产管理公司带有典型的政策性金融机构特征，是专门为接受和处理国有金融机构不良资产而建立的。与中国建设银行、中国银行、中国农业银行和中国工商银行四大国有商业银行相对应，中国分别成立了信达、华融、长城和东方四家资产管理公司。根据《金融资产管理公司条例》规定，金融资产管理公司可以从事下列业务：追偿债务；对所收购的不良贷款形成的资产进行租赁或者以其他形式转让、重组；债权转股权，并对企业阶段性持股；资产管理范围内公司的上市推荐及债券、股票承销；发行金融债券，向金融机构借款；财务及法律咨询，资产及项目评估；中国人民银行、证监会批准的其他业务活动。

8. 小额贷款公司

小额贷款公司是由自然人、企业法人与其他社会组织投资设立，以服务三农为宗旨，不吸收公众存款，只能在本县(市、区)行政区域内从事小额贷款业务和小企业发展、财务、管理等咨询业务的有限责任公司或股份有限公司。

9. 消费金融公司

消费金融公司是指不吸收公众存款，以小额、分散为原则，为中国境内居民个人提供以消费为目的的贷款的非银行金融机构，包括个人耐用消费品贷款及一般用途个人消费贷款等。由于消费金融公司发放的贷款是无担保、无抵押贷款，风险相对较高，银保监会因而设立了严格的监管标准。

10. 信用服务机构

该类机构的重要主体是信用评级机构。信用评级机构是依法设立的从事信用评级业务的社会中介机构，是由专门的经济、法律、财务专家组成的对证券发行人和证券信用进行等级评定的组织。此外，还有不少其他类别的信用服务机构，主要包括征信公司、信用担保机构、信用咨询机构等。信用服务机构的存在，对促进信用体系建设，降低投融资过程中的信息不对称问题，起着至关重要的作用。

非银行金融机构还包括汽车金融公司、货币经纪公司等。其中，汽车金融公司是指获批设立的为中国境内的汽车购买者及销售者提供金融服务的非银行金融机构。货币经纪公司是指经批准在中国境内设立的，通过电子技术或其他手段，专门从事促进金融机构间资金融通、外汇交易等经纪服务，并从中收取佣金的非银行金融机构。

延伸阅读

我国第三方支付行业的发展

第三方支付是指一些和产品所在国家以及国内外各大银行签约、并具备一定实力和信誉保障的第三方独立机构提供的交易支持平台。在通过第三方支付平台的交易中，买方选购商品后，使用第三方平台提供的账户进行货款支付，由第三方通知卖家货款到达、进行发货；买方检验物品后，就可以通知付款给卖家，第三方再将款项转至卖家账户。

1999 年，我国第一家第三方支付公司成立。2011 年，中央银行发放首批支付牌照，第三方支付自此获得合法地位。直到 2004 年支付宝成立后，第三方支付公司逐渐被大众了解并接受。目前，已获得第三方支付业务许可的公司共有 243 家，许可业务类型包括预付卡发行与受理、银行卡收单、网络支付。其中，网络支付包含互联网支付、移动支付、固定电话支付和数字电视支付。从现金、刷卡、扫码再到 2017 年无介质的刷脸，代表着第三方支付的未来发展趋势即无感支付，人就是支付本身，安全系数更高。目前，我国第三方支付的监管机构是中国人民银行及其分支机构，按照“属地原则”进行监管。

根据中国人民银行统计数据显示，我国第三方机构网络支付业务交易规模从 2011 年的 9 万亿元增长到 2017 年的 143 万亿元，网络支付业务高速发展。2018 年第 1 季度的数据显示，支付宝市场份额占比为 53.76%，财付通为 38.95%，两者占有超过 90%的市场份额。

作为第三方支付手段之一的移动支付，2017年的规模达202.93万亿元。中国人民银行发布的《2017年中国普惠金融指标分析报告》显示，2017年中国使用电子支付的成年人比例为76.9%，农村地区比例为66.51%。此外，腾讯信息可视化实验室数据显示，2016年各国的手机支付比例：中国为77%，美国为48%，英国为47%，德国为48%，法国为38%，日本作为移动支付的起源国，手机支付比例为27%。

复习思考题

1. 金融机构存在的必要性是什么？
2. 在金融交易中由于信息不对称可能产生什么风险？
3. 简述中国金融机构体系的构成。
4. 如何看待我国商业银行储蓄分流的现象？
5. 第三方支付行业的发展对金融机构体系产生了哪些影响？

第七章 商业银行

学习目标

（1）了解商业银行产生和发展的历史、组织类型、功能和作用。

（2）掌握商业银行的主要业务类型、商业银行经营管理的三性原则和商业银行的内部控制。

（3）了解商业银行资产负债管理理论体系、商业银行的风险管理和影子银行。

能力目标

（1）能够阐述商业银行在经济中的重要功能和作用。

（2）能够理解商业银行的主要资产和负债业务。

（3）能够理解三性原则之间的关系。

案例导入

招商银行 App6.0 上线

2017 年 11 月 2 日，招商银行在北京举办新闻发布会，招商银行副行长刘建军宣布重磅产品招商银行 App6.0 正式上线。

继招商银行 App5.0 推出摩羯智投、收支记录和生物识别三大金融科技创新功能，开启智能理财时代后，招商银行 App6.0 智能理财再次进化升级。同时，实现了连接、智能和风格三个方向的突破，构建“网点＋App＋场景”模式、实现全平台智能、推出全新交互设计 CMB UI，并率先支持 ARkit 推出 AR 看金创新功能，全方位打造智能化的个人金融助手。

在招商银行 App6.0 推出之际，招商银行首次提出“每一分都值得”的移动金融品牌理念。招商银行认为，客户的每一分财富都值得努力把握，在环境愈加喧嚣、创新源源不断的今天，银行更应该以专业严谨的金融态度，回归金融本质，融合智能科技，用“芯”打理客户的每一分钱，为客户创造价值。

思考：（1）招商银行 App6.0 有什么特殊的功能？

（2）试分析商业银行大力发展手机银行的意义。

第一节 商业银行的产生和发展

一、商业银行的产生

（一）西方国家早期银行业的产生

银行是最古老的金融机构，它是随着商品货币经济的出现而逐步产生和发展起来的。在古代的东方和西方都有关于货币兑换商和银钱业的活动。这些古代银钱业（有的地方是货币兑换商）提供货币的鉴定和兑换服务；帮商人保管货币，并收取保管费；同时，为了免除商人长途携带大量货币的风险，货币兑换商还提供汇兑业务。随着商品交易的发达，货币兑换商手中的货币数量越来越多，贷款业务也随之而产生。当这些货币兑换商不仅依靠自有资金提供贷款，还以提供服务和支付利息为条件吸收存款来扩展贷款业务时，货币兑换商就演变成了银行。早期银行可以追溯到公元前5世纪的古希腊和古罗马地区，这里是当时的商业中心。在这里，贷款通常被用于消费，而贵重物品则被用来保值。

近代银行的出现是在中世纪的欧洲。当时的意大利是世界商业中心，在意大利比较繁华的城市最早出现了从事存款、贷款和汇兑业务的机构。中文的“银行”一词来源于意大利文Banca，即商业交易所用的长凳。历史上最早以“银行”命名的信用机构是建立于1587年的意大利威尼斯银行，它也被认为是近代银行的标志。随后这一新型的机构由意大利传播到欧洲其他地区，比如1609年成立的阿姆斯特丹银行，1619年成立的汉堡银行，1621年成立的纽伦堡银行，1635年成立的鹿特丹银行等。这些早期的银行具有高利贷性质，不适应资本主义经济的发展。尽管这些银行也从事存贷款业务，但并不具备信用创造的功能。

与此同时，英国也开始了由金匠业转变为银行业的过程。17世纪中叶，英国的金匠业很发达。他们代客户保管金银货币，签发保管凭证，收取保管费用，还进行金银划拨。后来，随着保管收据逐渐演变为银行券，划拨凭证演变为银行支票，十足准备金转变为部分准备金，金匠业逐渐发展成为从事货币经营业务的银行业。

1694年，在英国政府的支持下，英国以股份制形式成立了英格兰银行。它是最早出现的股份制银行，它的正式贴现率一开始就规定为4.5%～6%，大大低于早期银行业的贷款利率。英格兰银行的成立，标志着适应资本主义生产方式要求的、新的信用制度的建立，也标志着西方现代商业银行的产生。从此高利贷在信用领域的垄断地位被动摇。18世纪末到19世纪初，各资本主义国家纷纷建立规模巨大的现代股份制银行。这些股份制银行资本雄厚、业务全面、利率较低，在社会上建立了规范的信用制度，极大地促进了工业革命的发展，成为现代金融体系的主体。

（二）我国银行业发展简史

中国古代有很多关于高利贷与银钱业的记载，比较典型的是南北朝时期的寺庙典当业，唐代的“飞钱”（我国最早的汇兑业务），北宋真宗时期四川富商发行的交子（我国早期的纸币)。到明、清时期,钱庄、银号和票号兴起,银钱业获得长足的发展。

1845 年中国出现了第一家由英国人开设的新式银行——丽如银行。中国自行开办的第一家银行则是 1897 年在上海成立的中国通商银行,它的成立标志着中国现代银行的产生。到了 20 世纪 30 年代,中国的商业银行已达 200 多家,而当时的上海则是远东最大的国际金融中心。

新中国成立后,中国银行业的发展经历了一个艰苦而曲折的过程。1979 年以前,我国实行高度集中的单一的银行体制,全国只有一家银行即中国人民银行。1984 年,中央银行体制在中国形成。1995 年颁布的《中华人民共和国商业银行法》第一次明确了商业银行的性质和职责,规范了商业银行的权利和义务。2001 年至今,中国银行业经历了进一步对外开放、农村金融机构改革、城市商业银行快速发展、大型国有商业银行的改革和上市等一系列重大变革,现代商业银行体系逐渐形成,并开始了新一轮深化改革实践的探索。

二、商业银行的组织类型

商业银行的组织类型是指商业银行在社会经济活动中存在的外部组织形式,其基本类型主要有:总分行制、单一银行制、银行持股公司制和连锁银行制。

(一) 总分行制

总分行制又称分支行制,是指法律允许除银行总部外在同一地区或不同地区甚至国外设立分支机构,从而形成以总行为中心的庞大的银行网络的组织形式。实行总分行制的显著特点是银行分支机构众多、分布广、总规模巨大。目前世界上绝大多数国家都普遍实行这一制度,比较典型的如英国、法国、德国、日本、韩国等。中国也是实行总分行制的国家,总的银行家数并不多,但却拥有较多的分支机构。

(二) 单一银行制

单一银行制也称单元制、单元银行制,是指商业银行只有一个独立的银行机构,不设立分支机构的组织形式。实行单一银行制度的商业银行在经营管理上较灵活,有利于银行业的充分竞争,防止集中和垄断。但其经营范围受到地域的限制,难以在大范围内调配资金,抗风险能力相对较弱。美国是实行这种银行制度最典型的国家,这与它特有的历史、政治和经济条件是分不开的。不过最近几十年美国也在逐步放松对银行设立分支机构的限制,许多商业银行也在快速转向总分行制。

(三) 银行持股公司制

银行持股公司制是指由某一集团成立一个持股公司,再由该公司控制或收购一家或多家银行的股份的组织形式,又称集团银行制。大银行通过持股公司可以把许多小银行置于自己的控制之下。在法律上,这些银行都是独立的,有自己的董事会,但是它们的经营政策和业务活动则由同一股权公司控制。银行持股公司制的优点在于能够扩大资本总量,增强实力,提高抵御风险和竞争的能力,弥补单一银行制的不足,规避法律对设置分支机构的限制。因此,第二次世界大战以后,这种银行体制在美国获得较快的发展。

（四）连锁银行制

它是变相的总分行制，是指由某一个人或某一个集团购买若干家独立银行的多数股票，从而控制这些银行的组织形式。这些被控制的银行在法律上是独立的，但实际上其所有权却控制在某一个人或某一个集团手中，其业务和经营管理由这个人或这个集团决策控制。连锁银行制与银行持股公司制的区别主要在于是否有股权公司的存在形式。

三、商业银行的功能和作用

1. 信用中介

这是商业银行最基本的职能，也是最能反映商业银行业务经营活动特征的职能。商业银行一方面通过负债业务吸收社会闲置、分散的资金，另一方面又通过资产业务把吸收进来的资金分配运用出去，从而充当资金盈余者和资金短缺者之间的中介。在这个过程中，银行买卖的不是资金的所有权，而是使用权，所以把商业银行的这种买卖活动称为信用中介。商业银行通过支付利息来吸收存款和借款以获得资金来源，然后在贷款和投资活动中获得利息收入和投资收益，中间的差额即为银行利润的重要来源。

2. 支付中介

在现代经济中，各种经济活动所产生的债权债务关系主要通过货币的支付来清算。由于现金支付的局限性，以商业银行为中心的非现金支付手段发挥了巨大的作用。支付中介职能就是商业银行为商品交易的货币结算提供一种付款机制的职能。其实质是商业银行通过存款在账户上的转移，代理客户支付货款和费用，为客户兑付现款等，成为货币保管人、出纳和支付代理人。

3. 金融服务

这是在信用中介和支付中介的基础上派生出来的又一个职能。随着社会经济的发展，人们对金融的需求越来越大，对商业银行提供金融服务的要求越来越高，而计算机技术在银行领域的广泛应用，又为商业银行的服务提供了广阔的服务空间，如信息咨询、资信调查、财务顾问、代理融通、现金管理、代理收付业务等。这些业务的开展，一方面扩大了银行与社会各界的联系，增加了客户资源；另一方面也为商业银行带来了可观的服务费收入。

4. 信用创造

这个职能是在信用中介和支付中介的基础上发展起来的，而非现金结算和部分准备金制度的建立，又为商业银行的信用创造提供了条件。在这种制度下，商业银行利用吸收的存款来发放贷款，不以现金或不完全以现金形式支付给客户，而是把贷款转移到客户的存款账户上，这样就增加了商业银行的存款资金来源，因而在整个银行体系中形成数倍于原始存款的派生存款，扩大了货币供给量。

5. 调节经济

商业银行通过其信用中介功能调剂社会各部门之间的资金余缺。同时，商业银行的资产业务活动是中央银行货币政策传导的重要渠道，通过商业银行的活动可以实现调节经济结构、引导资金流向、实现产业结构调整的作用。

6. 风险管理

商业银行通过吸收存款和借款等负债活动获得资金，然后通过资产业务对这些资金加以运用，这样有助于降低由整个金融市场的信息不对称问题引发的风险，并大大降低了交易成本，使整个社会的融资活动得以进行。但是由此银行承担了管理大量的信用风险、市场风险等不同风险的职能，当然银行也从中获得了盈利机会。

第二节 商业银行的业务

一、负债业务

商业银行的负债业务是指形成其资金来源的业务，包括自有资金和外来资金。自有资金是其权益资本，占的比重较小，所以，一般所谓银行的负债主要指其外部的资金来源。外来资金主要由存款和借款构成。所有的这些外部资金来源形成了银行的负债结构。由于各国金融体制差异和金融市场发展程度的区别，银行的负债结构不尽相同，但存款始终占据主要地位。当然，随着一国金融市场的发展，借款占比会有所上升。2007—2016 年，我国商业银行负债规模及其结构如图 7-1 所示。

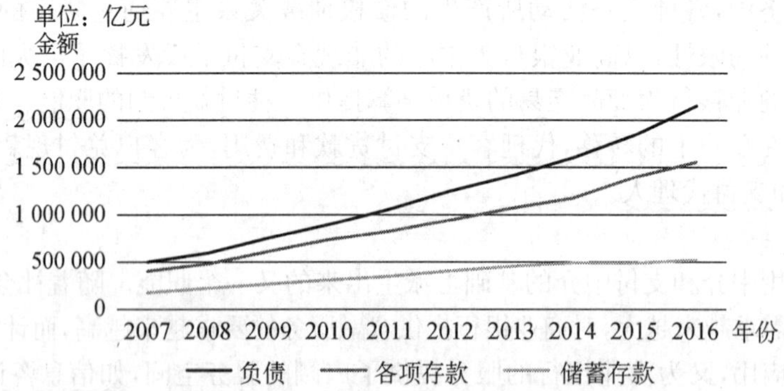

资料来源：根据银保监会网站数据整理。

图 7-1 中国商业银行负债规模及其结构

（一）存款

1. 活期存款

活期存款是指那些可以由客户随时存取或支付使用的存款。企业、政府机关、金融机构都可以在银行开立活期存款账户。活期存款多用于支付和交易，被称为交易账户。活期存款可以通过支票、汇票、电话转账等各种方式完成支付。支票是最传统的提款方式，因此又称为支票账户。

2. 定期存款

定期存款是指银行与存款人双方在存款时事先约定期限、利率，到期后支取本息的存款。银行会根据约定的期限和利率付息，一般来说，存款期限越长，利率就越高。定期存款具有较强的稳定性，且营业成本较低，是商业银行获取中长期信贷资金的重要渠道。

3. 储蓄存款

储蓄存款是指居民个人和家庭为积蓄货币和取得利息收益而存入银行的款项。开设该账户的客户主要是居民个人和家庭，也包括一些非盈利组织。储蓄存款的载体一般为存折或存单，现在银行卡也成为储蓄存款的重要载体。储蓄存款包括活期储蓄存款和定期储蓄存款两种类型。活期储蓄存款的存取无期限限制，存款人凭存折或信用卡可以随时提现支用。定期储蓄存款的取款有日期限制，一般不能提前支取，但由于存款利率相对较高，所以定期储蓄存款成为客户获取利息收益的重要渠道。

除了上述传统的存款产品，也有不少创新的存款产品。以美国为例，20 世纪 60 年代以来，为逃避管制，加强银行的竞争能力，美国的商业银行进行了大量的存款产品创新。典型的产品包括大额可转让定期存单、可转让支付命令账户、超级可转让支付命令账户、货币市场存款账户、自动转账服务账户等。近些年，我国商业银行也成功推出了不少新的存款产品，如住房储蓄、大额存单、协议存款、个人支票存款账户、公用事业的各项收费账户、个人理财存款账户（如招商银行“金葵花”账户，中国工商银行“理财金”账户）等。

延伸阅读

银行存款的新变化

近年来，随着电子支付的兴起，包括信用卡和借记卡在内的网络支付系统和电子转账广泛使用，使美国支票的使用额大幅下降。在欧洲部分地区（特别是芬兰、德国和荷兰），电子交易手段已经迅速成为主要的支付方式。由此带来的一个变化就是普通活期存款大幅减少，比如在美国，活期存款只占美国银行国内存款总额的 10% 左右。当然，监管放松、竞争加剧和客户受教育程度提高等因素共同导致了存款结构的变化。由此带来的另外一个问题是银行存款成本的明显上升。较原先成本较低的存款而言，收益较高的新型存款对利率变动更为敏感，银行在提供具有竞争力的存款利率时倍感压力。截至 2010 年，美国银行存款结构的变化如表 7-1 所示。

表 7-1 美国银行存款结构的变化

存款类型	1983 年	1987 年	1993 年	1998 年	2001 年	2007 年	2010 年
交易存款	31.9%	32.3%	33.4%	24.3%	21.2%	12.5%	12.3%
非交易存款	68.1%	67.7%	66.6%	75.7%	78.8%	87.5%	87.7%
国内机构存款总额	100.0%	100.0%	100.0%	100.0%	100.0%	100.0%	100.0%
活期存款	25.4%	22.9%	20.2%	18.9%	19.0%	8.8%	8.7%
储蓄存款	30.2%	36.2%	41.2%	43.5%	48.0%	55.1%	64.3%
定期存款	44.4%	40.9%	38.6%	37.6%	33.0%	36.1%	27.0%
国内机构存款总额	100.0%	100.0%	100.0%	100.0%	100.0%	100.0%	100.0%

在我国，由于非银行金融机构的竞争，特别是"互联网＋金融"的发展，分流了大量的银行存款；同时随着近年来利率市场化的加速推进，银行存款波动加剧。为了应对存款方面的问题，银行推出了收益比较高的新存款产品，因此又会提高利息支出，影响银行收益。

（二）借款

1. 从中央银行借款

商业银行向中央银行获得融通资金，主要有两条途径：再贴现和再贷款。所谓再贴现，是指商业银行把办理贴现业务买进的未到期票据，再转卖给中央银行，从而取得资金融通的方式。所谓再贷款，是指商业银行直接从中央银行获得信用贷款，或者以合格票据、政府债券等作为抵押品从中央银行取得贷款的方式。

2. 同业拆借

同业拆借是指商业银行与其他金融机构之间的临时性借款，主要用于支持银行资金周转、弥补银行暂时的头寸短缺。同业拆借期限一般较短，多在 7 日之内，最短可以为一天或一夜，因此也被称为隔日放款、隔夜放款或"日拆"。通常，同业拆借是在银行同业之间通过专门的资金拆借系统完成的。

3. 回购协议

回购协议是经过创新而衍生出来的货币市场工具。从商业银行的角度来说，回购协议实际上是以证券作抵押的融资行为。回购协议是商业银行借款的重要工具之一。2017 年中国金融机构回购、同业拆借资金净融出、净融入的情况如表 7-2 所示。

表 7-2　2017 年金融机构回购、同业拆借资金净融出、净融入的情况　单位：亿元

金融机构	回购市场		同业拆借	
	2017 年	2016 年	2017 年	2016 年
中资大型银行①	－1 450 764⑥	－1 953 274	－170 598	－237 311
中资中小型银行②	49 838	356 213	23 490	19 786
证券业机构③	465 915	490 116	119 990	175 790
保险业机构④	－8 761	－31 443	77	97
外资银行	49 185	70 702	2 295	－270
其他金融机构及产品⑤	894 587	1067 686	24 747	41 909

注：①中资大型银行包括中国工商银行、中国农业银行、中国银行、中国建设银行、国家开发银行、中国交通银行、中国邮政储蓄银行；②中资中小型银行包括招商银行等 17 家中型银行、小型城市商业银行、农村商业银行、农村合作银行、村镇银行；③证券业机构包括证券公司和基金公司；④保险业机构包括保险公司和企业年金；⑤其他金融机构及产品包括城市信用社、农村信用社、财务公司、信托投资公司、金融租赁公司、资产管理公司、社保基金、基金、理财产品、信托计划、其他投资产品等，其中部分金融机构和产品未参与同业拆借市场；⑥负号表示净融出，正号表示净融入。

资料来源：2017 年第 4 季度中国货币政策执行报告。

4. 大额可转让定期存单

20 世纪 60 年代，银行的一些大客户发现了比支票存款收益更高的投资方式，于是大量资金从银行流出，银行支票存款增长缓慢甚至出现零增长。在这样的情况下，美国的银行业开始寻找新的资金来源。富有创新精神的纽约花旗银行在 1961 年首次开发了大额

可转让定期存单。这些存单吸引了拥有巨额流动资金的大公司，成为银行进行借款的主要工具。

5. 发行金融债券

发行金融债券是商业银行一项较为稳定的中长期资金来源。但发行金融债券一般要经过严格的审批，且不易获得经常性的发行便利，因此不能像同业拆借和债券回购那样成为商业银行日常的借款工具。

6. 欧洲货币市场借款

欧洲货币市场于 20 世纪 50 年代兴起，尤其是欧洲美元市场发展迅速，交易量巨大。国内银行可以与每日进行欧洲货币借贷活动的主要银行联系，从欧洲市场获得资金。

二、资产业务

商业银行获得资金来源后，对资金加以运用，由此形成其资产业务。在安排资产业务时，银行首先考虑的是满足流动性需要，所以要留足现金资产，其次才是投资和贷款业务。2007—2016 年，我国银行业金融机构资产业务的规模及其构成如图 7-2 所示。

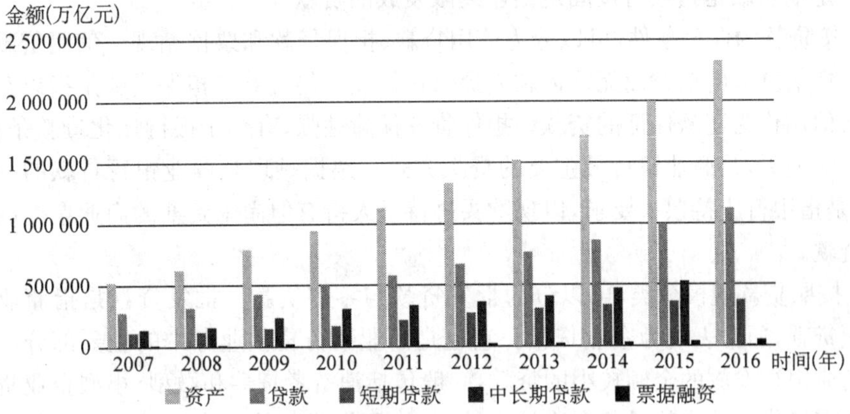

资料来源：根据银保监会网站数据整理。

图 7-2 中国银行业金融机构资产业务的规模及其构成

（一）现金资产

现金资产是商业银行所有资产中最具流动性的资产。商业银行要维持资产的流动性，满足中央银行存款准备金制度的要求，保持清偿力和获取更有利的投资机会，就必须持有一定比例的现金资产，并对其进行科学管理。商业银行的现金资产由库存现金、在中央银行存款、存放同业存款、在途资金等项目构成，是商业银行随时可用来支付客户现金需要的资产。一般情况下，商业银行现金资产占总资产的 12%左右。

（二）证券投资

商业银行的证券投资是指投资于各种有价证券的活动。商业银行证券投资的目的包括获取收益、分散风险、增强流动性等。

商业银行证券投资的主要对象是债券，特别是政府及其所属机构的债券，这些债券风险小、流动性强，是证券投资的理想工具。曾经不少国家对商业银行投资股票有严格的限制。随着20世纪80年代以来金融自由化的趋势以及金融业的激烈竞争，金融混业经营已是大势所趋。各国对商业银行证券投资的限制也开始放松。典型代表是美国1999年通过了《金融服务现代化法案》，正式废除了这方面的禁令。但是商业银行和其他金融机构依然有很大区别，在实践中，出于安全性和流动性的考虑，银行依然以债券作为主要投资对象。

（三）贷款

贷款是商业银行向借款人提供资金并按约定的利率和期限收回本金和利息的一种借贷行为。这种借贷行为由贷款的对象、条件、额度、用途、期限、利率、方式等诸多因素构成。商业贷款业务作为最重要的资金运用业务，占银行总资产的50%以上，对商业银行有着特殊的意义。

1. 贷款种类

（1）按贷款期限分类，可以分为活期贷款与定期贷款。活期贷款又称为通知贷款，是指银行发放贷款时不预先确定期限，可以随时由银行发出通知收回，客户也可以随时偿还的贷款。定期贷款是指银行按固定偿还期限发放的贷款。

（2）按贷款的保障条件，可以分为信用贷款、担保贷款和票据贴现。信用贷款是指商业银行仅凭借款人的信誉而无须借款人提供担保发放的贷款。担保贷款是指以某些特定的财产或信用作为还款保证的贷款。担保贷款保障性强，有利于银行强化贷款条件，减少贷款的风险损失，是商业银行最主要的贷款方式。票据贴现是商业银行贷款的一种特殊方式，它是指银行应持票人要求，以现款买进持票人持有但尚未到期的商业票据的方式而发放的贷款。

（3）按照贷款规模分类，可以分为批发贷款与零售贷款。批发贷款是指商业银行发放的大额贷款，通常表现为企业贷款。它也是商业银行贷款业务中的主要部分。零售贷款是指商业银行发放的金额较小的贷款，一般包括消费者贷款和微型、小型企业贷款。批发贷款和零售贷款的贷款对象有比较大的差异，两类贷款的操作程序及信用分析也存在较大的区别。因此，区分批发贷款和零售贷款对商业银行贷款的经营管理具有重要的现实意义。

（4）按贷款的偿还方式分类，可以分为一次性偿还贷款和分期偿还贷款。一次性偿还贷款是指借款人在贷款到期时一次性向商业银行偿还本息的贷款，一般用于短期周转性贷款或金额较小的贷款。分期偿还贷款是指借款人按预先约定的期限分次偿还本金和支付利息的贷款，中长期贷款大多采用这种方式。

（5）按照贷款对象所属的经济部门分类，可以分为工商企业贷款、房地产贷款、建筑业贷款、农业贷款、交通运输业贷款、科技贷款、消费贷款等。

案例解读

绿色信贷

绿色信贷的提出始于“赤道原则”。2003年世界十大银行在伦敦签署了“赤道原则”

(Equator Principle)，建立起针对与发展项目融资有关的社会和环境问题的一套自愿性原则，以保证在其项目融资业务中充分考虑到社会和环境问题。绿色信贷在我国的实践起步是在2007年。当年7月，环保总局、人民银行、银监会联合发布了《关于落实环保政策法规防范信贷风险的意见》(以下简称《意见》)。《意见》规定，对不符合产业政策和环境违法的企业和项目进行信贷控制，各商业银行要将企业环保守法情况作为审批贷款的必备条件之一。

2012年，银监会发布《绿色信贷指引》，对银行业操作绿色信贷的流程进行规范。2013年，银监会推进绿色信贷统计制度。2014年，银监会发布的《绿色信贷实施情况关键评价指标》用超过200个指标对组织管理、能力建设、流程管理、内控管理、信息披露等方面进行了规范。

目前在中国，绿色信贷包括两部分：一是支持节能环保、新能源、新能源汽车等3大战略性新兴产业生产制造端的贷款；二是支持节能环保项目和服务(包括绿色农业开发项目，绿色林业开发项目，工业节能节水环保项目，自然保护、生态修复及灾害防控项目等共12大项目类型)的贷款。

根据银保监会网站披露的中国主要银行机构绿色信贷运行情况，国内21家主要银行机构绿色信贷主要有以下特点：一是绿色信贷规模保持稳步增长。从2013年的5.20万亿元增长至2017年6月的8.22万亿元。二是绿色信贷的环境效益较为显著。以节能减碳为例，截至2017年6月，节能环保项目和服务贷款预计每年可节约标准煤2.15亿吨，减排二氧化碳4.91亿吨。相当于北京7万辆出租车停驶336年，或相当于三峡水电站发电8.4年形成的二氧化碳减排当量。三是信贷质量整体良好，不良率处于较低水平。2017年6月，国内主要银行节能环保项目和服务不良贷款余额241.7亿元，不良率为0.37%，比各项贷款不良率低1.32%。

启示：绿色信贷是商业银行积极履行社会责任的重要内容。我们要了解和宣传商业银行的绿色信贷理念和做法，让更多的商业银行和企业自觉践行环保和可持续发展。同时这也提醒我们作为社会的一分子，要积极承担公民责任，关注社会和环境问题。

2. 主要贷款产品介绍

(1) 信用贷款。信用贷款是以借款人的信用作为还款保证的，从广义上讲，它也是一种担保贷款，只不过是以借款人本身的信用作为担保。

与其他贷款相比，信用贷款具有比较明显的特点：①以借款人的信用和未来的现金流作为还款保证；②风险大、利率高；③手续简便。银行发放信用贷款可以省去对担保品和担保人选择、估价、管理等方面的审查手续，因此，贷款过程相对简便。

(2) 担保贷款。银行对借款人进行信用分析后，如果借款人不符合发放信用贷款的条件，银行可对其发放担保贷款。担保的方式可以分为保证、质押和抵押三种，相应地，银行的担保贷款可以分为保证贷款、抵押贷款和质押贷款三个品种。

保证贷款是指以第三人承诺在借款人不能偿还贷款时，按约定承担连带责任而发放的贷款。抵押贷款是指以借款人或第三人的财产作为抵押物发放的贷款。贷款额度较高、期限较长、利率较低，但是放款速度慢、办理流程复杂。质押贷款是指以借款人或第三人的动产或权利作为质物发放的贷款。质押贷款的优点是容易通过贷款审核，且获得的贷款利率也比较低，其缺点是借款人会暂时失去质押物品的使用权。

(3) 票据贴现。票据贴现是指贷款人以购买借款人未到期商业票据的方式发放的贷款。贴现业务曾是西方商业银行早期经营过程中最重要的资产业务，现在仍占有相当比重。近年来，在我国银行的资产业务中，票据贴现占比也在逐步上升。

票据贴现采用预扣利息的方法，银行在贴现时支付给客户的金额为汇票票面金额扣除贴现利息以后的实付额度。贴现利息和实付贴现金额的具体计算公式如下：

$$\text{贴现利息} = \text{汇票金额} \times \text{年贴现率} \times \frac{\text{未到期天数}}{360}$$

$$\text{实付贴现金额} = \text{汇票金额} - \text{贴现利息}$$

【例题 7-1】 某银行以年贴现率 10%为顾客的一张面额为 1 万元、72 天后到期的票据办理贴现。试计算贴现利息和实付贴现金额。

解析：

$$\text{贴现利息} = 10\,000 \times 10\% \times \frac{72}{360} = 200(\text{元})$$

$$\text{实付贴现金额} = 10\,000 - 200 = 9\,800(\text{元})$$

(4) 消费贷款。消费贷款是指对消费者个人发放的、用于购买耐用消费品或支付各种费用的贷款。消费贷款对拓展银行业务，扩大收益来源，鼓励和促进消费，都具有重要意义。

消费贷款按用途不同，可分为居民住宅抵押贷款、非住宅贷款(非住宅贷款是银行发放给个人或家庭用于住宅之外的其他消费的贷款)、信用卡贷款和其他周转贷款。通过信用卡获得融资是当今世界最为流行的一种消费贷款方式。信用卡贷款是一种典型的周转性贷款，银行向客户出售信用卡之后，同时就授予客户(持卡人)一个循环信贷额度，客户无论什么时候产生现金需求，都可以使用这一额度，并在一个账单期内一次或分次付清费用。

消费贷款具有消费用途广泛、贷款额度较高、贷款期限较长等特点，但同时也要关注其缺点，如高风险、周期性(长期性)、对利率变动不敏感等。

延伸阅读

以旧的方式贷款——这是一种倒退吗？

近半个世纪以来，贷款者们似乎正在经历一次关于提供贷款给公众的方式的革命。在早期，大多数贷款者筹集资金的方式主要是在一定的利率水平下获得存款，然后以较高的利率将获得的资金贷给借款者，主要利润来自存贷款利率的差额。在这种环境下，大多数贷款者既是贷款的发放者也是贷款的监管者，贷款常常反映在贷款发放者的资产负债表中。

在 20 世纪 70 年代和 80 年代初，在新的法律下，很多旧的规则渐渐放松了。存贷款利率及差额变得更加灵活，因而风险更大。金融创新兴起，贷款者在思考如何利用贷款来赚钱的过程中更加富有创造性了。

在较松的外部控制下，传统的贷款模型被新的较少管制的贷款模型所替代，但是风险更大。越来越多的金融公司采用了电脑算法(如信用评分)来评估他们的借款者，在这个过程中，双方并不需要直接接触。此外，储蓄作为贷款资金的来源的重要性降低了。贷款者将贷款卖给全球投资者以平衡其资产负债表。出售贷款的这种做法不用太担心借款者的偿付能力，因此，贷款者对风险的敏感度降低。

虽然世界信贷市场面临很多问题，但是贷款者们仍然在寻找各种奇怪的贷款和赚钱的方法。抵押贷款市场吸引了他们的注意。有一些贷款者在没有文件证明借款者收入的情况下，向他们提供新的贷款。还有一些贷款者选择不充分披露其所提供的风险贷款的条件，比如有些贷款实行可变利率。这些问题成为现实的原因可能是抵押贷款提供者面临较少的管制并且购房者得到的保护很少。

在新的住房抵押环境下，贷款者受到鼓舞，卖掉个人贷款和一篮子贷款转而买进抵押贷款支持证券，将贷款风险转移给全球资本市场的投资者。事实上，传统的贷款者已经变成了证券交易商。当2008年抵押贷款市场开始衰败时，很多投资者大量倾销抵押贷款支持证券，导致它们的价格暴跌。

最近，立法者和监管者开始认真思考新的贷款模型，并将2008年信贷危机部分归咎于已经成为准则的流线型的贷款条例。一些专家认为现在所需要的是在新旧贷款模型中寻找一个平衡。监管者认为贷款者需要更好地了解他们的顾客，发起人需要持有其所卖给投资者的贷款的一部分风险，需要更充分地披露贷款条件。总之，新旧贷款模型都需要融合，至少从某种程度上说，在21世纪要努力寻找更加安全和公平的贷款条件。最终，全球各地的监管者将会更加协调有效地处理金融创新和贷款风险带来的较大波动。

三、中间业务

（一）中间业务的概念

在中国，商业银行的中间业务一般是指不构成商业银行表内资产、表内负债，形成银行非利息收入的业务。它包括两大类：一是金融服务类业务，如支付结算、信用卡、代理类业务，该类业务风险较低或无风险；二是那些未列入资产负债表，但同表内资产业务和负债业务关系密切，并在一定条件下会转为表内资产业务和负债业务的经营活动，如承诺类业务、金融衍生业务、投资银行业务等，该类业务风险相对较大。

20世纪70年代以来，金融业竞争加剧、“脱媒”出现、监管日趋严格，国际银行业被迫寻找新的利润来源，由此掀起了一股表内资产表外化的热潮。目前，一些国际先进银行中间业务的贡献度平均达到45%左右。在中国，中间业务是商业银行的三大业务之一。随着金融自由化、金融混业经营的发展，商业银行传统利差缩小，发展中间业务成为银行战略转型的重点之一。经过近些年的发展，目前中间业务品种明显增加，中国股份制银行营业收入的两至三成是由中间业务贡献的。中国工商银行手续费及佣金收入构成如表7-3所示。

表7-3　中国工商银行手续费及佣金收入构成　　单位：百万元

业务项目	2017年		增减额	增长率
	金额	占比		
银行卡	38 692	24.39%	1 022	2.7%
个人理财及私人银行	32 846	20.70%	4 779	(12.7%)
结算、清算及现金管理	26 820	16.90%	712	2.7%

（续表）

业务项目	2017 年		增减额	增长率
	金额	占比		
投资银行	23 189	14.61%	1 835	(7.3%)
对公理财	18 984	11.96%	1 456	(7.1%)
担保及承诺	6 818	4.30%	868	(14.6%)
资产托管	6 731	4.24%	(162)	(2.4%)
代理收付及委托	1 805	1.14%	(102)	(5.3%)
其他	2 781	1.75%	(316)	(10.2%)
合计	158 666	100.00%	(6 048)	(3.7%)

资料来源：中国工商银行 2017 年年报。

（二）中间业务产品介绍

1. 结算服务

结算服务是指由商业银行为客户办理因债权债务关系引起的与货币支付、资金划拨有关的收费业务。结算服务借助的结算工具包括汇票、本票和支票，结算方式有汇款、托收、信用证结算、保函结算等。结算服务是商业银行的传统业务，给银行提供了稳定的收益来源。

结算服务的基础是银行账户，传统的账户主要提供收付款等服务。为了增加收益，近年来银行大力发展现金管理业务，增加了诸如短期融资、流动性管理等功能，在优化服务的同时增加了收益来源。

2. 代理服务

代理服务是指商业银行接受客户委托、代为办理客户指定的经济事务、提供金融服务并收取一定费用的业务，包括代理银行业务、代理收付业务、代理证券业务、代理保险业务、代理其他银行银行卡收单业务等。代理服务是服务性业务，风险低、收益稳定，发展潜力巨大。

3. 信用卡业务

信用卡是由经授权的金融机构（主要指商业银行）向社会发行的具有消费信用、转账结算、存取现金等部分或全部功能的信用支付工具。信用卡的广泛运用，在方便结算的同时，也给银行带来了多种收益来源。

4. 资产托管

资产托管是指具备一定资产托管资格的商业银行接受客户委托，安全保管客户资产，行使资金清算、会计核算、资产估值、投资监督及信息披露等职责，并提供与投资管理相关服务的业务。典型的资产托管业务包括证券投资基金托管，证券公司客户资产托管，信托资产托管，保险资产托管，产业投资基金托管，公益性基金、住房公积金和资产证券化资金的托管等。

5. 个人理财

个人理财是指商业银行为个人客户提供的财务分析、财务规划、投资顾问、资产管理等专业化服务的业务。具体而言，就是银行理财专家根据客户的资产状况、预期目标和风险偏好程度，为客户提供专业的个人投资建议，帮助客户合理而科学地安排投资方式，以实现个人资产的保值增值，从而满足客户对投资回报与风险的平衡要求，实现商业银行与客户的“双赢”。个人理财的业务量大、风险低、业务范围广、收益稳定，在商业银行中间业务中占据着重要位置。

6. 部分投资银行业务

传统的投资银行业务包括证券承销、交易和经纪业务，随后逐步扩展到并购重组、财务顾问、结构化融资、资产证券化、资产管理、金融衍生产品交易、股权投资等业务。

目前在中国境内，商业银行主要是在政策允许的范围内设置相关的职能部门，在中间业务的范畴内开展诸如财务顾问、委托理财、代理基金发售等投资银行业务。例如，中国工商银行于2002年5月率先设立投资银行部。比较特别的是2002年，中银国际在国内设立中银国际证券有限公司，全面开展投资银行业务，属于银行控股式的间接经营模式。

7. 贷款承诺

贷款承诺是指商业银行向客户做出的在未来一定时期内按商定条件为该客户提供约定数额贷款承诺的业务。在客户满足贷款承诺中约定的提款先决条件的情况下，商业银行按约定的金额、利率、时间、期限等，满足客户的借款需要，商业银行则收取一定的费用作为提供这种保证的补偿。对商业银行而言，贷款承诺在被正式提取之前属于中间业务，一旦履行了贷款承诺，就转化为真正的贷款业务。

8. 贷款出售

贷款出售是指商业银行在贷款形成后，进一步采取各种方式出售贷款给其他投资者的业务。出售贷款的银行从中获得手续费收入。直接的贷款出售也称为信贷资产转让，即将贷款的全部或部分所有权从发起银行转移出去，贷款资产本身不发生任何实质性的变化，只是将一项贷款的权利和义务在贷款购买者和借款人之间重新分配以建立一个新的借贷关系。间接的贷款出售就是资产证券化，即将贷款组合设计为可在资本市场上买卖的证券，创造出新的投资工具，则贷款资产的性质发生了变化。

除了上述基本的产品，有风险的中间业务中比较重要的还有衍生金融产品交易业务，这部分内容参见本教材其他章节。

延伸阅读

第三方支付平台与银行之间的竞争

第三方支付是指具备一定实力和信誉保障的独立机构，通过与网联对接而促成交易双方进行交易的网络支付模式。第三方支付主要有两大类，一是互联网型支付企业，以支付宝、财付通为代表，它们以在线支付为主，捆绑大型电子商务网站，迅速做大做强。另一类是金融型支付企业，以银联商务、快钱、汇付天下、易宝、拉卡拉等为代表，侧重行业需求和开拓行业应用。第三方支付平台的快速发展和客户需求的多元化，给我国商业银行带来了巨大挑战。

一是在支付领域。刷卡支付作为商业银行支付模式的代表，其市场份额正逐渐被诸如微信、支付宝等第三方支付平台侵蚀，银行分支机构上所具有的网点优势和信息优势也被大幅削弱。2016 年银行业金融机构共处理电子支付业务 1 395.61 亿笔，金额 2 494.45 万亿元。而该年非银行支付机构累计发生网络支付业务 1 639 亿笔，金额 99 万亿元，同比分别增长 99.5%和 100.7%，增幅远高于银行业金融机构，特别是在小额支付市场，非银行支付机构已经取得绝大部分市场份额。同时，第三方支付平台也成为互联网金融公司掠夺银行客户交易流水信息的主战场。交易流水信息是评价客户违约风险的重要依据，缺少相关信息将提高银行获取征信的成本。相反，互联网金融公司则可以利用这些数据做大数据分析，开展贷款等业务。

二是金融服务的竞争。第三方支付平台推出了网络金融服务业务，凭借强势的价格优势及系统高效的免费服务拓展市场，增加客户黏性，吸引更多小客户群体，这在一定程度上对银行的理财、咨询等业务造成了严重的冲击。

三是客户资源竞争。传统商业银行与第三方支付平台存在客户交集。随着网络金融服务的不断完善，传统银行在客户资源竞争方面失去优势。

第三节　商业银行的经营管理

一、商业银行的经营原则

商业银行的经营原则是指商业银行在制订和实施银行战略过程中所运用的指导性原则，包括安全性、流动性和盈利性。从企业的角度出发，追求盈利是本质要求，但由于商业银行在一国经济中的特殊地位和它本身的经营特点，又必须随时保证安全性和流动性。商业银行经营管理的实践一再证明，这三项原则是紧密相连、不可分割的，忽视任何一项原则都会使银行经营管理出现问题。

（一）安全性

安全性是指商业银行管理经营风险，保证银行资金的安全的能力。商业银行是高度负债经营的行业，自有资本占比很小，抗风险能力相对较弱。商业银行通过负债业务吸收进来的资金主要用于各种贷款和投资活动，这就使商业银行暴露于各种风险之中。如果本息不能按时收回，必然会影响商业银行的清偿力和声誉，危及商业银行安全，甚至波及其他金融机构，导致金融危机。所以商业银行在经营活动中，必须时时关注自身的安全性问题，经得起重大风险和损失，能随时应付客户提存，使客户对商业银行保持坚定的信任。

（二）流动性

流动性是指商业银行能够随时应付客户提存等方面要求的能力。商业银行的流动性包括资产流动性和负债流动性两个方面。资产流动性是指银行资产的变现能力，它主要取决于资产变现的成本和资产变现的速度。从这个角度来看，商业银行的资产需要按照流动性强弱排序：流动性最强的是库存现金、在中央银行的超额准备金存款等现金资产，也被称为流动性的一级准备；流动性次之的是短期有价证券投资，是银行流动性的二级准备；流动性相对比较弱的是中长期贷款和有价证券投资。在商业银行经营过程中，必须持有一定比例的流动性比较强的资产，这是商业银行保持流动性的传统方法。

负债流动性是指商业银行能以较低的成本随时获得所需要资金的能力。现代商业银行常用的负债渠道包括同业拆借、向中央银行借款、向国际货币市场借款等。商业银行必须保证在不同市场条件下具有较强的融资能力，随时应付提存和支付需要。

（三）盈利性

盈利性是指商业银行获取利润的能力。盈利性是商业银行经营管理的最终目标，这一目标要求商业银行的经营管理者在可能的条件下，要尽可能地追求利润最大化。这既是商业银行充实资本、增强实力、巩固信用、提高竞争能力的基础，也是股东利益所在。2007—2016 年中国商业银行的盈利状况如表 7-4 所示。

表 7-4 中国商业银行的盈利状况（2007—2016 年）

年份	2007	2008	2009	2010	2011	2012	2013	2014	2015	2016
资产利润率	0.9%	1.1%	1.0%	1.1%	1.3%	1.3%	1.3%	1.2%	1.1%	1.0%
资本利润率	16.7%	19.5%	18.0%	19.2%	20.4%	19.8%	19.2%	17.6%	15.0%	13.4%

资料来源：银保监会网站。

安全性、流动性和盈利性既有统一的一面，又有矛盾的一面。一般来说，安全性和流动性是正相关的，流动性越强，风险越小，就越安全。但安全性和流动性这两个原则和盈利性又是有矛盾的，安全性好、流动性强的资产，其盈利能力往往比较弱，如现金资产；盈利能力强的资产，其安全性和流动性又得不到保障，如长期贷款。所以商业银行只能在经营过程中统一协调，寻求最佳的均衡点，实现其经营目标。

二、商业银行的资产负债管理理论

随着外部环境及其经营条件的变化，商业银行对资产负债的安全性、流动性和盈利性的协调和处理也日趋成熟，形成了一系列的理论和方法。商业银行的资产负债管理从其发展历程来看，经历了资产管理阶段、负债管理阶段和资产负债综合管理阶段。

（一）资产管理

资产管理是指通过对商业银行资产分布结构的安排和调整，增加资产的安全性、流动性和盈利性的管理活动。在 20 世纪 60 年代之前，商业银行的资金来源主要是活期存款，存不存、存多少、存多长时间都主要取决于客户的需求，商业银行是被动的。所以商业银行在发展初期的很长一段时间内，非常注重资产管理，资产管理一直占据主导地位，并形成了三种有代表性的资产管理理论。

1. 商业贷款理论

商业贷款理论又称真实票据理论。英国著名经济学家亚当·斯密在1776年发表的《国民财富的性质和原因的研究》(以下简称《国富论》)中最早对商业贷款理论进行了表述。该理论认为,银行的资金来源主要是流动性很强的活期存款,为了保持银行资金的流动性,随时应付客户的提款需求,银行的资产业务应集中于短期自偿性贷款①。商业贷款理论主要关注的是商业银行的流动性和安全性,强调商业银行的稳健经营。然而该理论忽略了贷款清偿的外部条件,例如,在有商业票据作抵押的情况下,如果碰上经济萧条,也不能保证一定获得偿还。

2. 可转换理论

1918年美国经济学家莫尔顿在《政治经济学》杂志上发表了《商业银行及资本构成》一文,在文中他提出了可转换理论。该理论认为银行流动性的强弱取决于资产迅速变现的能力,因此,保持资产流动性的最好方法是持有可转换的资产。在资产可转换理论的鼓励以及当时社会条件的配合下,商业银行资产组合中的短期国债比重迅速增加,从而扩大了商业银行资产的范围,使商业银行在保证了一定流动性和安全性的基础上增加了盈利。但是可转换理论也存在很大的缺陷,它忽略了证券的变现能力要受市场制约,即证券能否顺利变现依赖于第三者的购买。在证券市场需求不旺盛的情况下,证券就不能顺利变现,从而有可能损害商业银行的流动性。

3. 预期收入理论

1949年美国经济学家普鲁克在《定期放款与银行流动性理论》一书中提出了预期收入理论。该理论认为银行资产的流动性取决于借款人的预期收入,贷款期限并非是一个绝对的控制因素,只要借款人的预期收入可靠,就可以保证银行的流动性。在预期收入理论的指导下,银行的业务范围进一步拓展,不仅包括短期流动资金贷款、短期证券投资,还包括中长期贷款和消费信贷业务,这就较好地满足了当时社会对银行贷款多样化的需求。同时,银行的盈利能力也大大增强,追求最大限度的盈利日益成为其经营管理的主要目标。预期收入理论的缺陷是借款人的预期收入具有一定的不确定性,是一个难以把握的变量,尤其是在长期贷款业务中,贷款人的收入很容易产生变化,难以准确预测,所以该理论无形中增加了商业银行的信贷风险。

(二)负债管理

到了20世纪60年代,西方国家的经济金融环境发生了很大变化。同业竞争、脱媒问题、利率市场化等情况都使商业银行面临空前的经营压力。为了谋求生存和发展、维护客户关系,商业银行必须拓展新的资金来源。商业银行一改被动负债的不利局面,开始主动地到市场上购买流动性,负债管理理论应运而生。负债管理理论的兴起,标志着商业银行经营战略思想的重大转移。

负债管理理论认为,商业银行对负债并不是消极被动和无能为力的,其流动性不仅可以通过加强资产管理获得,而且完全可以通过主动地负债来实现。商业银行没有必要再

① 短期自偿性贷款是指工商企业的流动资金贷款,并且通常以商业票据作抵押,能够随着商品产销过程的完成从销售收入中获得偿还的贷款。

保持大量的高流动性的资产，而应将它们投入高盈利的贷款或投资活动中，一旦出现流动性需要，随时可通过负债管理来提供。

商业银行通过主动购买行为，不仅满足了流动性需求，而且还可以利用主动负债来不断适应盈利性资产的战略性扩张，从而摆脱了存款数额的限制，提高了商业银行的盈利。当然负债管理也有明显的缺陷，它不仅提高了商业银行的经营成本，还增加了商业银行的经营风险，过度负债经营常常使商业银行陷入巨大的危机当中。1984 年的美国大陆伊利诺斯银行的流动性危机、2007 年金融危机中的北岩银行遭遇挤兑，都是过度负债经营导致银行流动性危机的典型案例。

（三）资产负债综合管理

无论是资产管理还是负债管理，都带有一定的片面性。资产管理比较关注安全性和流动性问题，往往难以兼顾盈利性；负债管理过分依赖外部借款，会加大商业银行经营的风险，最终影响商业银行的安全。到了 20 世纪 70 年代中期，西方国家经济出现衰退，市场利率大幅提高，汇率自由浮动，这又给商业银行带来了一类新的风险，即利率风险。在这种情况下，商业银行单方面的负债管理和资产管理都不能适应新形势的要求，必须考虑商业银行资产和负债的配置情况，进而管理风险获取收益。这个时期，金融市场也得到了长足的发展，为规避风险的衍生品的出现、电子技术在银行业的广泛运用，以及促进商业银行主动进行资产负债管理创造了条件。在此背景下，商业银行资产负债综合管理理论应运而生。

资产负债综合管理理论认为，必须将资产和负债两方面联系起来，并置于共同的目标之下、同等的经济环境之中进行全盘考虑，以达到资产与负债的优化配合，使资金结构得到合理调整，并保持商业银行资金的盈利性、流动性和安全性的均衡，从而谋求经营收益的最大化与经营风险的最小化。该理论自产生后迅速发展，并在 20 世纪 90 年代中后期成为占据主流地位的现代商业银行经营管理理论。要说明的是，资产负债综合管理理论并不是对传统的资产管理和负债管理的简单的否定，而是在吸收前者合理经验的基础上的进一步发展和创新。

三、风险管理

其实无论是资产管理、负债管理，还是资产负债综合管理，都是关于风险的管理，它们集中体现了商业银行在经营过程中对于流动性风险、信用风险、市场风险等不同种类风险的关注和管理。自 20 世纪 70 年代以来的金融自由化和全球化浪潮，包括近期现代通信技术，特别是互联网的发展，深刻地改变了商业银行的经营环境，也给商业银行带来了前所未有的风险。金融危机频发，并且在全球范围内扩散肆虐，使商业银行的风险管理被提到了前所未有的高度。

（一）风险的概念

传统观念认为，风险是指由于不确定性因素的存在而使经济主体遭受损失的可能性。但是，如果风险管理得当，商业银行能够在承担较高风险的条件下获得高收益，因此有些学者认为，商业银行的风险是指商业银行在经营活动中，由于事先无法预料的不确定因素的影响，使商业银行的实际收益与预期收益产生背离，从而导致商业银行蒙受经济损失或获取额外收益的机会和可能性。

（二）风险的种类

商业银行风险的成因来自商业银行经营活动中的不确定性，根据风险来源不同可以分为不同种类。

1. 信用风险

信用风险又称违约风险，是指交易对手未能履行契约中约定的义务而造成经济损失的风险。信用的基本特征是到期履约，还本付息。如果借款人或交易对手由于经营不善或故意欺诈而不能履约，则对授信人而言发生了信用风险。信用风险是商业银行面临的主要风险之一。造成信用风险的因素可能来自借款人的主观因素，即借款人有偿还能力而不履约，也可能来自客观因素，即借款人确实没有能力偿还贷款。2007—2016 年中国商业银行不良贷款、拨备覆盖率及准备金情况如表 7-5 所示。

表 7-5　中国商业银行不良贷款、拨备覆盖率及准备金情况　单位：亿元

项目＼年份	2007	2008	2009	2010	2011	2012	2013	2014	2015	2016
不良贷款率	6.1%	2.4%	1.6%	1.1%	1.0%	1.0%	1.0%	1.2%	1.7%	1.7%
各项资产减值准备金	6 029	7 801	8 750	10 308	12 677	15 307	17 551	20 686	24 680	28 780
拨备覆盖率	41.4%	116.6%	153.2%	217.7%	278.1%	295.5%	282.7%	232.1%	181.2%	176.4%

资料来源：银保监会网站。

2. 市场风险

市场风险是指因市场价格（利率、汇率、股票价格和商品价格）的不利变动而使银行表内和表外业务发生损失的风险。市场风险存在于银行的交易和非交易业务中。市场风险可以分为利率风险、汇率风险（包括黄金）、股票价格风险和商品价格风险，分别是指由于利率、汇率、股票价格和商品价格的不利变动所带来的风险。

3. 流动性风险

流动性风险是指商业银行虽然有清偿能力，但无法及时获得充足资金或无法以合理成本及时获得充足资金以应对资产增长或支付到期债务的风险。商业银行作为金融中介机构，一方面开展吸收存款等负债业务，另一方面开展贷款、投资等资产业务。资产业务和负债业务的期限、结构等一般来讲是不对称的，因此，当客户提取存款、银行债务到期或客户要求按合同使用贷款时，商业银行如果无法支付就会产生清偿力危机，面临流动性风险。

延伸阅读

北岩银行挤兑风潮

北岩银行总部位于英格兰东北部新卡斯特，前身为成立于1865年的岩石住房协会，并于1997年10月申请改制为银行。在1997年成为公开上市公司以后，北岩银行制定了快速扩张的公司战略。根据此战略，该行最近10年以来，一直处于快速发展的轨道，一跃成为英国第五大抵押贷款人，在英国抵押贷款市场中具有重要的影响力。然而，该银行资金来源明显存在较大的潜在风险，其资金来源中的短期资金比重严重偏高，同时其证券化资金来源占到了总资金来源的一半以上，而英国主要银行的这一比例约为20%。

2007年夏天爆发于大西洋对岸的美国次级金融危机迅速向主要发达国家蔓延。英国北岩银行既在意料之中又在意料之外地成为这次金融传染的重症者。2007年9月14日，北岩银行爆发挤兑风潮，这成为自维多利亚时代以来英国发生的首次银行挤兑事件。

这次银行挤兑源于英国BBC电台2007年9月13日傍晚的一个新闻。BBC电台在新闻中声称英国一家大银行出现了资金困难，正在向英格兰银行申请紧急资金援助。第二天早上7点钟，英格兰银行公布了其对北岩银行的资金援助。同一日，北岩银行分支机构门前就排起了长长的队伍，该银行客户争先恐后地前来提取自己的存款。这一挤兑风潮并没有随着英格兰银行的救助而结束，挤兑延续了4天。在9月15日，该银行的存款就被取走了20亿英镑。鉴于当时国内外金融形势的严峻，以及考虑到北岩银行若倒闭将引发系统金融危机，9月17日下午5点钟，财政大臣对外公告声称政府将担保北岩银行的所有债务。这样，挤兑才戛然而止。

4. 操作风险

操作风险是指商业银行在日常业务中由于内部程序不完善、操作人员差错或舞弊以及外部事件等引起的风险，包括人员风险、流程风险、技术风险和外部风险。

商业银行经营过程中面临的其他风险还包括资本风险、合规风险、国别风险、声誉风险等。

（三）风险管理流程

在商业银行的业务和管理过程中，风险无处不在，一味地规避风险只会丧失盈利机会。实际上商业银行存在的意义和核心职能就是管理风险，风险管理贯穿于商业银行经营的全过程。

1. 风险识别

风险识别是商业银行风险管理的基础。风险识别要求商业银行对经营活动中面临的风险进行系统地、连续地识别和归类，对风险诱因进行分析，测算风险大小，为风险决策提供依据。商业银行风险识别必须做到：①确认是否存在风险，存在风险的类型及其原因；②测量风险的大小。

2. 风险处理

商业银行处理风险的方法主要有以下几种：①回避风险。商业银行对经过风险估价后认为存在较大风险的项目、业务或产品，将予以回避。②分散风险。商业银行应该坚持各种业务平衡发展，实现业务的多样化及其合理结构。③减少风险。商业银行通过加强内部管理、提高业务操作水平、坚持资产负债平衡发展，来将风险控制在合理范畴。④转移风险。商业银行通过要求客户提供担保、投保、贷款转让等手段将原本需要商业银行承担的风险转嫁给第三方或借款人自己。

3. 风险补救

商业银行通过提高风险识别、估价和处理水平，能够有效降低风险发生的机率。但各类风险仍然会不时发生，甚至有时商业银行可能会面临比较大的危机。在风险发生后，商业银行必须采取措施进行补救，避免风险对商业银行的正常经营产生不利的影响。例如，在证券投资中，对导致巨额损失的仓位要及时止损；在贷款管理中，当借款人无法偿还时，采用要求保证人代为偿还，拍卖、变卖抵押品等各种手段，尽量收回贷款本息，减少损失；可以运用各种专项准备金、坏账准备金、实现的利润、资本公积、盈余公积、注册资本金等核销坏账损失，商业银行的这些资金量越大，则核销坏账的能力越高，抵御风险的能力就越强。

（四）内部控制

对内部控制问题的关注源于20世纪90年代以来的一系列银行危机事件（见表7-6）。1998年1月，巴塞尔委员会颁布的适合一切表内外业务的《内部控制系统评估框架（征求意见稿）》提出了新的内控定义，进一步强调董事会和高级管理层对内控的影响，描述了一个健全的内部控制系统及其基本构成要素，列出了供监管当局评价银行内部控制系统的若干原则。

表7-6　20世纪90年代以来银行危机事件回顾

年份	事件	原因
1995	英国巴林银行破产	新加坡分行的人员从事金融衍生品交易投资失败，亏空13亿美元
1995	日本大和银行被兼并	纽约分行人员长期进行非法交易受到严厉制裁
1996	住友银行亏损26亿美元	职员在金融期货交易中失败
2002	爱尔兰联合银行损失7.5亿美元	在美国分部的人员从事非法外汇交易
2008	法兴银行亏损49亿欧元	期货交易员在未经授权的情况下大量购买欧洲股指期货，导致巨额亏损

根据巴塞尔委员会的规定，商业银行内部控制的具体内容包括五个方面：①控制环境，包括管理组织结构、管理理念、人事政策和员工素质、外部环境等；②风险评估，包括对风险点进行选择、识别、分析和评估的全过程；③控制活动，包括确保管理方针得以实现的一系列制度程序和措施；④信息和沟通，包括内外部、上下层和各部门之间信息的获取和交流，以便采取必要的控制活动，及时解决存在的问题；⑤监督与审查，包括为保证内部控制的有效性、充分性、可行性而对内部控制制度进行的持续性的评价和单向制度的分别评价。

四、影子银行

（一）影子银行的由来

金融创新和金融自由化催生影子银行。影子银行产生于20世纪六七十年代的美国等发达国家。1929年大萧条以后，美国以银行信贷为主要社会融资渠道，对银行业实施存款利率管制、禁止混业经营等监管，而更注重资本市场发展和非银金融领域创新。1960—1970年，美国银行存款难以满足居民资产增值的需求，非银行金融机构趁机发行货币市场共同基金以更高的利息吸引资金，使银行业出现脱媒现象，与此同时，美国政府推动建立了以资产证券化为主的房贷二级市场。混业经营的金融控股公司及货币市场共同基金的崛起，使影子银行初步形成。

20世纪80年代以后，美国金融业管制放松，利率市场化改革完成，金融创新活跃，资产证券化快速发展，影子银行步入高速成长阶段。2007年次贷危机发生前，美国已形成了规模庞大、发展成熟的影子银行，并成为引爆次贷危机的重要推手。

（二）影子银行的定义

影子银行（Shadow Banking）这一概念，最初由太平洋投资管理公司董事保罗麦考利（Paul McCulley）于2007年提出，用以形容那些游离在监管之外、缺乏存款保险和中央银行流动性支持的非银行机构的投融资活动。2011年，金融稳定理事会（Financial Stability Board，FSB）给出"影子银行"的官方定义为，受到较少监管或者不受监管的信用中介活动和机构。在美国，影子银行包括投资银行、对冲基金、货币市场基金、债券保险公司、结构性投资工具等非银行金融机构，其核心业务是资产证券化。

中国对影子银行的界定与发达国家有所不同。中国人民银行调查统计司2012年曾在《影子银行的内涵及外延》一文中对中国的影子银行作出初步定义："从事金融中介活动，具有与传统银行类似的信用、期限或流动性转换功能，但未受《巴塞尔协议Ⅲ》或等同监管程度的实体或准实体。"中国官方明确定义则出现在《国务院办公厅关于加强影子银行监管有关问题的通知》（国办发〔2013〕107号文）中，文件规定，中国影子银行主要包括三类：一是不持有金融牌照、完全无监督的信用中介机构，包括新型网络金融公司、第三方理财机构等；二是不持有金融牌照，存在监管不足的信用中介机构，包括融资性担保公司、小额贷款公司等；三是机构持有金融牌照，但存在监管不足或规避监管的业务，包括货币市场基金、资产证券化、部分理财业务等。中国影子银行业务的实质是类贷款业务，目前还没有形成各机构与业务间完整的信用链，而是作为银行的影子，与传统银行形成互补关系。

虽然对影子银行尚未形成全面清晰的定义，但是就关键特征已达成共识：即影子银行是金融机构创新、逐利与规避监管交错共生的产物；影子银行不受传统银行业监管框架限制，具有与传统银行类似的信用、期限或流动性转换功能，不受中央银行的存款保险保护。

（三）影子银行监管

虽然不同国家的影子银行可能有不同的表现形式，但是总体上说，由于影子银行游离于银行监管体系之外、透明度有限、杠杆率通常较高，因此可能引发系统性风险、监管套利等问题。如何强化影子银行监管、促使影子银行逐步提高透明度，已引起各国金融管理机构的关注。

2009年英国金融服务局发布报告，明确提出要加强对对冲基金等影子银行的监管。另外，英国对影子银行体系进行监管的代表性法案和指令有《特纳报告》《交易行为的审慎制度》《衍生产品场外交易市场改革方案》等。美国政府也于 2009 年 3 月公布《金融体系全面改革方案》，对诸如对冲基金之类的影子银行实行更严格的监管，要求超过一定规模的对冲基金及其他私募基金必须在美国证券交易委员会注册登记，建立针对诸如信用违约互换等场外衍生品市场的全面监管、保护和披露框架等。2010 年 7 月，美国政府颁布了《多德—弗兰克法案》，该法案允许美国金融监管机构按照“谁是金融中介功能的最终实施者”这一思路对影子银行体系进行管控。

目前，中国的影子银行监管实践包括：加强分业监管协调，从统一资产管理产品框架着手，强化影子银行产品的穿透式监管；推进金融结构调整，平稳促进去杠杆，逐步释放影子银行体系风险；增加影子银行透明度，从而规避影子银行可能引发的系统性风险。设计全面的穿透式信息披露机制也将成为未来对影子银行监管的重点。

延伸阅读

从互联网到区块链：银行业的演进路径

在兹维·博迪和罗伯特·莫顿合著、萨缪尔森作序的经典著作《金融学》中曾提到这样一句话：“金融功能比金融机构更稳定。”这句话同样有助于我们理解从传统银行到“互联网＋银行”，再到基于区块链的数字银行之间的演进过程（见图 7-3）。在各国监管政策和行业规范逐步落地的过程中，可以预见，新兴的区块链银行和运用区块链技术的传统银行将会在竞争中共存，并在不同的功能领域发挥优势，实现行业整体效率的飞跃。

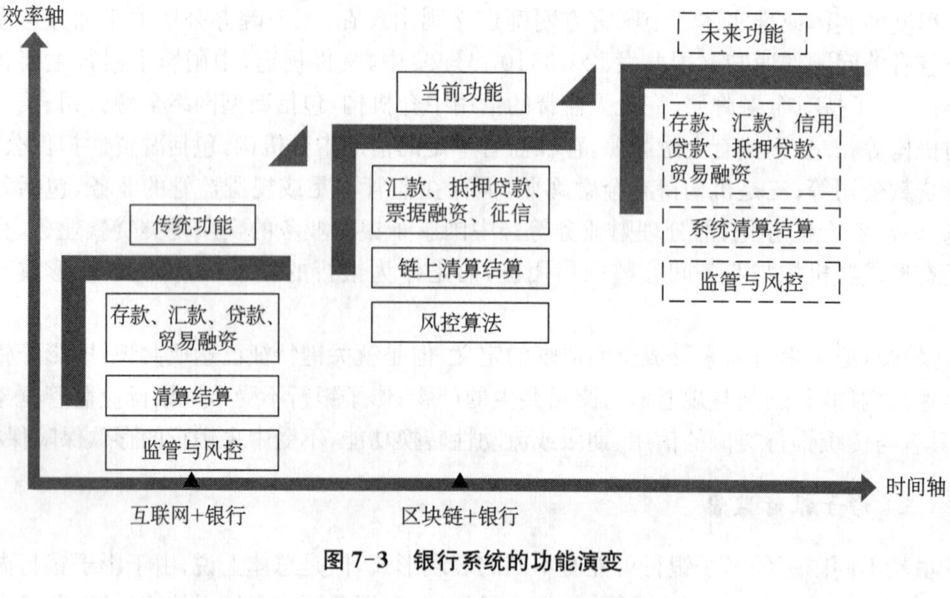

图 7-3　银行系统的功能演变

传统银行的基本功能主要包括：聚集与分配，如存款、汇款、贷款、贸易融资等；清算与结算，主要应用于中央银行的货币供给与商业银行的货币交易过程中；风险管理，主要体现在银行系统监管与各业务环节的风险控制。由于区块链技术自身蕴含的去中心化、不可篡改、公开透明、保护隐私等特性，数字银行在实现银行功能的同时，还被广泛期待发挥提高效率、降低成本、加强安全等作用。然而，受限于发展初期的技术障碍与政府监管体制的缺失，目前的新兴数字银行项目并未发挥出“区块链＋银行”领域的全部潜力，整体功能呈现出“阶梯式”实现的发展趋势。

对于聚集与分配功能，由于各国监管层对“资金池”的敏感性，新兴的区块链银行普遍绕过资金储蓄环节，而是依靠区块链创造的信用机制，直接开展支付汇款、抵押贷款、票据融资等交易撮合业务。对于清算与结算功能，由于新兴的区块链银行的账户交易与资金流动全部在链上完成，底链系统将自动、实时地完成清算与结算，省去了复杂的机构间信息周转。对于监管与风控功能，新兴的区块链银行主要采用技术与算法布置各环节的风险控制，并在现有监管框架下遵从法律法规，如对用户进行反洗钱认证等。

总体而言，区块链银行的核心优势在于改变了传统的信用创造方式，从政府、企业等实体机构背书转变为区块链技术背书，实现了去中介、去信任的P2P银行服务，并因此解决了传统银行的以下痛点：

(1) 区块链的价值传输与互联网的信息传输结合，解决了传统银行生态链在部门调用时的效率损耗问题。传统银行系统是一个功能集合、分支庞大的中心化架构，类似人体的“大脑”，无论是吸收存款、转账汇款、发放贷款或是实现更复杂的资产管理功能，都需要调用行内或跨行的会计审计、清算结算、身份认证、信用统计等多个部门系统，不断完成信息汇总与指令分发，每个环节都将带来一定的效率损耗(见图7-4)。而区块链银行则去掉了“大脑”这一中心化处理器，将遍布全身的“神经网络”直接串联，减少环节，价值的获取、转移、清算可以在链上自动运行并同步实现，大幅提升效率(见图7-5)。

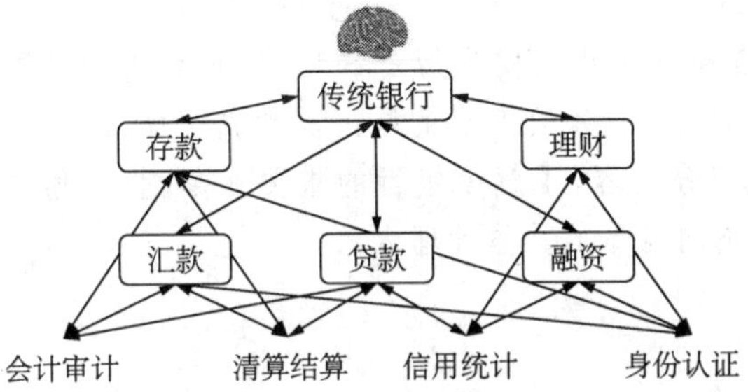

图7-4 传统银行系统

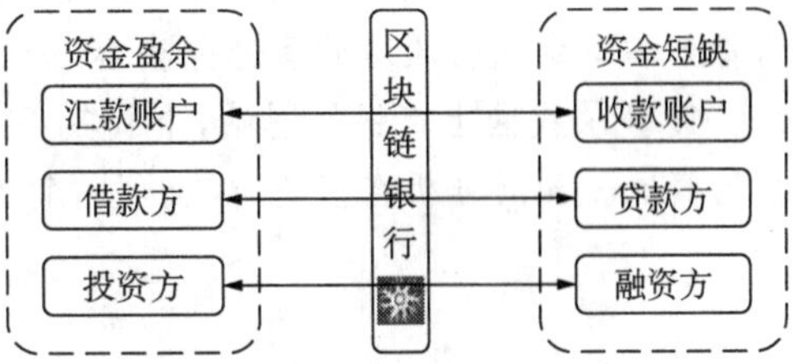

图7-5 区块链银行系统

(2) 区块链银行的利润创造途径更多元，且架构更扁平，解决了传统银行经营的高门槛、高成本、客户拓展缓慢低效等问题。除了收取手续费、中介费等传统银行盈利模式，区块链银行平台能够实现用户的“生产者”“消费者”和“投资者”三重身份一体化，其平台参与感更高，用户黏性更大。随着社区参与度的提高，区块链银行平台发行的代币需求提高，价值也会随之增值，因此社区价值的增值成为区块链银行的另一重要盈利模式。区块链银行的架构几乎是完全扁平化的，点对点的资金对接和自动化的管理系统可以最大程度地消除人员与结构的冗余，一个几十人的团队和一套可靠的开发系统就可以实现“轻结构、高渗透、大规模”的区块链银行服务。

(3) 区块链银行颠覆了传统的信任创造方式，消除了传统银行系统不同组织之间的信任不对称，由信任共享串联起价值共享，为共享共赢的行业生态提供了可能性方案。“互联网＋银行”的出现提高了银行业的信息处理效率，但并未从根本上改变传统银行的价值创造模式：以国家或大型企业信用背书的金融中介。由于竞争和中心化模式下很难存在普遍认可的中立第三方，银行业内无法打通机构间的信息壁垒，只能消耗成本建立独立的信息库，效率低下且覆盖不广。区块链技术则提供了创造行业内公信的技术基础，信息共享将带来行业整体的成本降低，本质上实现了行业内的价值共享。

在全球范围内，当新兴的区块链银行项目正在如火如荼地进行ICO时，占据现有金融体系绝对中心地位的传统银行巨头们也早已发现了区块链技术与银行部分业务的天然契合与巨大应用潜力，并积极开展研究与部署。在经历过"互联网＋金融"浪潮的冲击后，传统银行在面对更加颠覆性的区块链技术时，做出了更为迅速而积极的反应。例如，2015年，R3区块链联盟成立，吸引了包括富国银行、花旗银行、德意志银行、汇丰银行、摩根士丹利等全球42家银行的参与；同年，Hyperledger分布账本成立，成员包括摩根大通、荷兰银行、中信银行等；2016年，Chinaledger和金融区块链合作联盟成立，广发银行、华夏银行、江苏银行、南京银行等国内十余家商业银行宣布加入，积极参与区块链在银行业务各场景的项目测试。

资料来源：陈运红.区块链银行的变革与颠覆之路.https://wallstreetcn.com/。

复习思考题

1. 为什么现代银行最早诞生于英国？试分析其原因。

2. 实地探访一家或几家银行，或登录几家银行网站，了解银行资产业务、负债业务和中间业务的种类，并分析不同银行之间产品的异同。

3. 通过搜集资料，了解美国消费贷款、资产证券化的发展历史和现状，结合当时其国内背景和本章银行风险管理部分内容，分析美国发生次贷危机的原因及形成过程。

4. 登录我国上市银行网站，下载其年报部分内容，了解该银行的重要业务、收益和成本的概况。同时分析在当前阶段，银行针对不同风险的具体管理方法。

第八章 中央银行

学习目标

(1) 了解中央银行制度的形成和发展。

(2) 熟悉中央银行的性质和职能。

(3) 掌握中央银行的主要业务。

能力目标

(1) 能够阐述建立中央银行的必要性。

(2) 能够分析中央银行的主要业务与职能。

(3) 能够熟练掌握我国中央银行制度的相关内容。

案例导入

全球主要中央银行政策贴上"个性化"标签

在全球经济复苏之际,持续收紧货币政策的美国联邦储备系统(以下简称美联储)自然成为市场关注的焦点所在。而欧洲中央银行、日本中央银行以及英国中央银行则因各自不同的经济状况和面临的风险,采取具有各自风格的货币政策路径。

从目前的情况来看,美联储将继续坚持渐进加息和削减资产负债表。然而,与此同时,美国总统特朗普对于加息政策的批评,对美联储形成了压力。尽管鉴于美联储法律地位的独立性,其政策受到特朗普影响的可能性不大。但不可否认的是,特朗普政府正在实施的各项政策确实对美联储造成了一定的困扰。

另外,相比美联储的积极收紧,日本中央银行仍然维持着当前宽松的货币政策不变,并且表示将在较长一段时间内保持极低的利率水平。日本中央银行这一决定与日本经济增速低迷以及通货膨胀率未见明显起色不无关系。与此同时,同样遭遇经济增速下滑的欧洲中央银行则采取了谨慎退出量化宽松政策的态度。

而面临脱欧谈判和贸易保护主义双重风险的英国中央银行,则表现得相对积极。英国中央银行在 2018 年 8 月的货币政策会议上宣布加息 25 个基点至 0.75%,对经济前景向好的信心提升成了重要的因素。不过,英国中央银行行长卡尼再次强调,将继续坚持渐进有限的利率政策指引。

思考:各国中央银行在经济发展中发挥什么作用?

第一节　中央银行制度的形成和发展

一、建立中央银行的必要性

(一) 银行券统一发行的需要

随着商品经济的发展,流通中的货币由实物货币演变到由货币符号来充当。这些本身没有价值的金属货币的代表符号,其流通支付能力取决于它的兑换金属货币的能力,即取决于发行银行的信誉。在银行券发行初期,并无商业银行和发行银行之分,众多银行都可以发行银行券。如果每家发行银行都能够保证自己发行的银行券能够随时足额兑换,那么银行券的分散发行在给商品流通带来便利的同时,也不会带来严重后果。但是,事实上并非如此。

银行券的分散发行带来了许多问题:

(1) 随着银行数量的不断增加和银行竞争的加剧,一些银行因经营不善而无法保证自己所发行银行券的及时兑换,再加上不断出现的银行倒闭使银行券的信誉大大受损,同时使持券人的利益受到损失,引发信用危机,导致社会经济的混乱。

(2) 经济的发展、商品流通范围的扩大,需要能够在更大范围内流通的银行券。但是在银行券分散发行的情况下,银行券的流通范围受制于发行银行的实力、资信状况、经营状况和分支机构设置状况。一些中小银行发行的银行券只能在当地和邻近地区流通,这与蓬勃发展的社会化大生产不相适应,给商品流通带来困难。

(3) 在同一地区有多种银行券同时流通,意味着同一商品可能有多种标价,这与货币的"一般等价物"的根本属性相抵触,给社会生产和流通带来困难。

(4) 没有形成统一的银行券发行规则,难免会出现一些恶意欺诈的经营者,有意过量发行不能兑现的银行券,扰乱银行券的发行和兑换,给货币流通带来混乱。

(5) 从宏观角度看,如果银行提供的信用货币超过了客观需要,会造成银行券贬值,影响经济发展甚至引发社会危机。

经济的发展要求信用货币的发行权走向集中统一,保证银行券成为能够在全国市场范围内广泛流通的一般信用货币。而这样的银行券显然只能由信誉卓著、资金实力雄厚且有权威、在全国范围内有信用活动的大银行发行。国家即以法律的形式限制或者取消一般银行发行银行券的权利,将货币发行权集中到几家以至最终集中到一家大银行。这家大银行也就是中央银行的雏形。比如,1803 年法兰西银行在巴黎地区获得为期 15 年的货币发行垄断权,1826 年英格兰银行获得伦敦城 65 英里以内地区的货币发行垄断权。

(二) 集中统一票据交换和清算的需要

随着商品经济的发展和银行业务的不断扩大,银行收受票据的数量也急速增长,各银行之间的债权债务关系日趋错综复杂,由各银行自行轧差进行当日清算已发生困难,不仅异地结算的时间延长,速度减缓,即使同城结算也遇到很大困难。因此,客观上要求建立一个全国统一的、有权威的、公正的清算机构,作为金融支付体系的核心来为银行间结算服务。而这个机构就只能由中央银行来担任。

(三)保证银行支付能力和稳定银行体系的需要

银行业务规模的扩大和业务活动的复杂化,使银行经营风险不断增加,单个银行资金调度困难和清偿支付能力不足的情况也经常出现。因一家银行支付困难而波及数家银行甚至导致整个金融业发生支付危机的现象也时有发生。为了保护存款人利益和银行以至整个金融业的稳定,客观上需要有一家权威性机构,作为其他众多银行的后盾,适当集中保管各银行的一部分现金准备,在必要时为出现支付困难的银行提供资金支持,充当银行的"最后贷款人"。

(四)对金融业监督管理的需要

为保证各种金融业务和金融市场的健康发展,减少金融运行的风险,保障市场参与各方的合法权益,客观上需要一个代表政府意志的专门机构从事金融业管理、监督和协调工作。由于金融业的特殊性,监督管理金融业的技术性很强,一些有权威的大银行就成为代替政府对金融业进行监督管理的理想机构。

(五)政府融资便利和代理国库的需要

为了保证和方便政府融资,发展或建立一个与政府有密切联系、能够直接或变相为政府筹资或融资的银行机构逐步成为政府要着力解决的重要问题。中央银行的产生是政府与大银行之间的政府融资便利和代理国库与银行券发行垄断权交易的结果。比如,1694年7月27日英国国会通过法案设立英格兰银行,准许其取得不超过其资本总额的银行券发行权,并代理国库。从此,英格兰银行就成为政府的融资工具和国库经理人。

二、中央银行制度的初步形成

(一)中央银行产生的途径

中央银行的产生一般有两条途径:一是由资本实力雄厚、社会信誉卓著、与政府有特殊关系的大商业银行逐步地缓慢发展演变而成(1913年以前),在演变过程中,政府根据客观需要,不断赋予这家大商业银行某些特权,从而使这家大银行逐步具备了中央银行的某些性质并最终发展成为中央银行,典型代表是瑞典银行和英格兰银行。二是由政府出面通过法律规定直接组建一家银行作为一国的中央银行,典型代表是美联储。

从世界范围看,中央银行的产生和中央银行制度的形成与发展迄今已经历了300多年的历史。中央银行产生于17世纪中后期,而中央银行制度的形成则是在19世纪初期。如果从1656年最早设立的瑞典银行算起,到1913年美联储建立为止,中央银行初创时期经历了大约257年的时间。

（二）初创时期的典型中央银行

1. 英格兰银行

成立于1694年的英格兰银行虽晚于瑞典银行，但按照中央银行的基本性质与特征及其在世界中央银行制度形成过程中的历史作用来看，英格兰银行是最早全面发挥中央银行功能的银行。1691年英国政府财政困难，苏格兰人佩特森建议募集120万英镑作为资本金，建立银行并将资本金全部借给英国政府。1694年7月27日，由伦敦城1 268个商人出资合股建立了私人股份制商业银行——英格兰银行。同时，英国议会通过了《威廉玛丽法》，确定英格兰银行为国家银行，授予英格兰银行在不超过其资本总额的限度内发行银行券和代理国库的特权。成立之初，英格兰银行就拥有政府户头。英格兰银行在章程上有两点与其他银行不同：其一它是合股公司；其二它被赋予有限责任的权利。作为交换条件，英格兰银行向政府提供了120万英镑的贷款。英格兰银行逐渐成为英国政府的大债主，英国政府则以不准设立其他股份制银行作为回报。1833年国会通过法律规定英格兰银行发行的纸币具有无限法偿能力。英格兰银行真正成为国家的发行银行是由1844年颁布的《英格兰银行条例》（又称《皮尔条例》）所确定的。

延伸阅读

英格兰银行与《皮尔条例》

尽管1826年英国国会通过法案仍准许其他股份银行设立并可以发行钞票，但1825年和1837年，由于各银行过分贷款而导致的银行危机使得英国议会不得不进行干预，以管制银行业，特别是控制钞票发行。在当时的英国首相皮尔的主持下，英国于1844年7月29日通过了银行特许条例，即《皮尔条例》。

《皮尔条例》的主要规定有：①将英格兰银行划分为两个独立的部门：发行部和银行部。前者只发行钞票，后者则要求执行英格兰银行的其他职能；②英格兰银行获准可以在1 400万英镑以内的小量信用发行，但必须全部以政府公债作抵押，超过此限额的发行必须有充足的货币金属（黄金、白银，其中白银不得超过1/4）作准备；③将银行券发行权集中于英格兰银行；④本法颁布后不得再产生新的发行银行，原享有发行权的银行也不再增加其发行额。可见，《皮尔条例》从中央银行的组织模式和货币发行上为英格兰银行行使中央银行职能奠定了基础。直到1928年，英格兰银行成为英国唯一的发行银行。

资料来源：陈学彬主编的《中央银行概论》，高等教育出版社，2004年12月版。

2. 美国联邦储备系统

美国于1912年决定建立兼顾各州利益、又能满足银行业集中管理需要的联邦储备制度。此前，美国先后成立过美国第一银行和第二银行。这两家银行都具有一定的中央银行性质，但自身经营目标不明确，均在20年经营期满后被迫停业。

1913年12月23日，国会通过《联邦储备法》。根据法律规定，联邦储备银行的主要任务是提供一种有弹性的货币，为商业票据提供一种再贴现的手段，并在美国建立对银行更有效的监督。联邦储备系统初步具有了发行的银行、政府的银行、银行的银行、管理金融的银行这四大职能，意味着现代中央银行制度终于在美国建立起来了。

三、中央银行制度的发展

（一）中央银行制度的推广

第一次世界大战爆发后，各国金融均受到了巨大的破坏，主要资本主义国家先后放弃了金本位制，中央银行纷纷停止或限制银行券兑换黄金并禁止黄金出口。由于各国为了维持战争时期的财政资金需要而过量发行货币，导致世界性的金融恐慌和严重的通货膨胀。面对极端混乱的货币制度，各国政府和金融界普遍认识到必须利用中央银行来加强对货币信用的控制。于是1920年在比利时首都布鲁塞尔召开了国际金融会议。该会议强调通货膨胀的根源是财政赤字，稳定币值的关键是维持财政平衡。1922年在瑞士日内瓦召开国际经济会议，会议又重申了现代经济社会建立中央银行制度的必要性，重申和强调了布鲁塞尔会议的决议，建议尚未建立中央银行的国家应尽快建立中央银行，已经建立中央银行的国家则要进一步发挥中央银行的作用，以共同维持国际货币体系和经济稳定。

（二）中央银行制度的强化发展

第二次世界大战结束后，无论发达国家，还是一些新独立的发展中国家都面临着恢复生产、发展经济、建立经济金融新秩序的紧迫任务。这些任务要求政府依靠中央银行来完成，这为政府利用货币信用政策来干预和调节经济提供了重要条件。1929—1933年大危机时期，罗斯福新政为政府通过中央银行干预经济提供了依据。各国中央银行都不同程度地加强了作为金融政策制订和执行的机构的作用，普遍设立货币政策委员会之类的机构。此外，因金本位制的消亡和国际贸易的不平衡发展带来的贸易战、汇兑战和关税战此起彼伏，需要各国政府和金融当局合作协调。

在这种背景下，各国政府加强了对中央银行的控制，使中央银行制度得到强化。具体表现为：对中央银行实施国有化改革；中央银行成为国家干预和调节宏观经济的重要工具；立法明确中央银行的职责；中央银行调节经济的手段不断扩大并日益成熟；世界各国中央银行之间的联系更加紧密，合作逐步加强。

四、中国人民银行制度的建立和发展

1. 中国人民银行的建立

中国人民银行是在革命根据地银行的基础上建立起来的。1948年12月1日在合并原解放区的华北银行、北海银行、西北农民银行的基础上，中国人民银行在河北石家庄正式成立，同时发行人民币，且人民币与金属货币脱钩。1949年2月中国人民银行迁入北京，将原解放区银行逐步合并，并按照行政区划建立分支行。

2. 中国人民银行的发展历程

1）1948—1953年的整顿经济时期

中国人民银行在中央人民政府的统一领导下，着手建立统一的国家银行体系：①新中国成立后，中国人民银行接管了国民党时期遗留下来的金融机构，没收了官僚资本的银行，取缔外国银行在华的一切特权，改造民族资本的银行，建立以中国人民银行为主体、管理公私合营银行、扶助农村集体信用合作组织，监督和利用私营银行的社会主义金融体系。按照行政区域在全国建立了中国人民银行的分支机构体系。②中国人民银行一方面通过迅速建立自己的分支机构，扩大业务，为恢复经济服务，作为商业银行发挥重要作用。另一方面，又通过制定和执行统一的金融政策，执行管理金融的职能。③中国人民银行的货币政策目标是稳定物价，开发储蓄品种，减少游资对市场的冲击和将资金优先贷给国营贸易企业，帮助吞吐物资，平抑物价。

2）1953—1983 年的计划经济时期

这一时期，中国人民银行在金融业中具有高度的垄断性。中国人民银行通过编制全国综合信贷计划，建立高度集中统一的信贷计划管理体制。即一切存款上缴中国人民银行总行，一切贷款由总行根据国家的计划指标进行分配。从 1979 年开始，随着我国经济体制改革和对外开放政策的实施，我国的金融体制发生了巨大的变化：①大批专业金融机构先后恢复和建立。将中国银行、中国农业银行、中国人民保险公司从中国人民银行中分离出来，使之成为独立的专业金融机构开展经营活动，同时还新建立了一批如中国国际信托投资公司等非银行金融机构和城市信用合作机构，这些都显示了大一统的银行体制正向多层次、分类型格局的金融体系转化，增强了金融体制的活力。②改革高度集中的信贷管理体制，提高货币信用调节资源配置的功能。

3）1983—2003 年金融改革时期

1983 年 9 月，国务院决定对金融体系进行大改革，1984 年 1 月 1 日起，中国人民银行专门行使中央银行职能，不再兼办工商信贷和储蓄业务，专门负责领导和管理全国的金融事业。这次改革明确了中国人民银行的性质、地位和基本职能，确立了中国人民银行作为中央银行的货币政策目标，并对中国人民银行的相对独立性等问题作了全面的界定。1993 年，中国人民银行进一步划转政策性业务和商业银行业务。

1995 年 3 月我国颁布了《中华人民共和国中国人民银行法》（以下简称《中国人民银行法》），从法律上进一步明确了中国人民银行作为我国中央银行的性质和基本职能。这标志着我国现代中央银行制度正式进入法制化发展的新阶段。1998 年 10 月，中国人民银行及其分支机构在全国范围内进行改组，撤销各省级分行，按照经济区域在全国设立九个大区分行和两个营业部。

4）2003 年至今

2003 年 4 月，我国成立了银行业监督管理委员会，专门行使对银行业和除证券、保险以外的其他金融机构的监管。2003 年 11 月，全国人大常务委员会通过了新修改的《中国人民银行法》，实行货币政策和金融监管职能的适当分离，而中国人民银行定位于国家的中央银行和宏观调控部门，承担“制定和执行货币政策、维护金融稳定、提供金融服务”三大职能。2005 年 8 月，中国人民银行成立上海总部，承担部分总行职能。中国人民银行货币政策委员会是中国人民银行制定货币政策的咨询议事机构。2017 年 5 月，中国人民银行金融科技委员会宣布成立，旨在加强金融科技工作的研究规划和统筹协调。

第二节　中央银行的性质和职能

一、中央银行的性质

中央银行的性质是指中央银行自身所具有的特有属性。它是由其业务活动的特点和所能发挥的作用决定的。

（一）中央银行是一国金融体系的核心

中央银行、商业银行、各种专业银行和非银行金融机构共同构成一国的金融体系，中央银行处于金融体系的核心。中央银行通过颁布各种规章制度、利用货币政策工具，影响和监管各种金融机构的经营活动，以贯彻国家宏观调控意图。

（二）中央银行是管理全国金融事业的国家机关

几乎所有国家的法律都明确规定，中央银行是一个国家管理全国金融事业的国家机关。作为国家管理金融业和调控宏观经济的重要部门，中央银行具有一般的国家机关的性质，负有重要的公共责任。中央银行履行职责是采用经济手段、通过金融业务进行的，在政策制定和操作上有一定的独立性。

（三）中央银行是经营金融业务的特殊金融机构

中央银行作为国家管理金融的特殊机构，不以营利为目的，原则上也不从事普通商业银行的业务。中央银行一般不与企业、个人直接发生业务往来，其主要服务对象是政府和银行等金融机构。中央银行独占货币发行权，接受银行等金融机构准备金存款和政府财政性存款。中央银行还具有调节信用的职能，其资产具有较大的流动性和可清偿性。

二、中央银行的职能

（一）中央银行是发行的银行

中央银行是发行的银行，即中央银行垄断货币发行，具有货币发行的特权和独占权。中央银行应根据国民经济发展的客观情况，适时适度发行货币，保持货币供给与流通中货币需求的基本一致，并从宏观经济角度控制信用规模，调节货币供给量。

（二）中央银行是银行的银行

1. 集中存款准备金

根据有关法律规定，中央银行要求商业银行和其他金融机构按法定比率向中央银行缴纳存款准备金，即中央银行具有为各经营存款业务的金融机构集中保管一部分准备金的特权。

2. 充当金融机构的最后贷款人

最后贷款人是指中央银行为稳定经济金融运行，向那些面临资金周转困难的商业银行及其他金融机构及时提供贷款，帮助它们渡过难关。

3. 组织参与和管理全国银行间的清算

商业银行间因其客户的债权债务关系而产生的债权债务关系可通过中央银行清算系统采用非现金结算办法予以清算。中央银行是一国银行业的清算中心。

4. 组织外汇头寸抛补业务

中央银行根据外汇供求状况适时买进卖出外汇，即在商业银行外汇头寸过多时买进外汇，在商业银行外汇头寸不足时卖出外汇。中央银行此举既向商业银行提供了外汇头寸管理便利，又可由此调节外汇市场的外汇供求状况，稳定市场汇率。

（三）中央银行是政府的银行

(1) 制定和实施货币政策。当今世界，各国的货币政策已成为整个国家经济政策的重心，成为调节宏观经济的一个重要手段；而作为制定和执行货币政策的中央银行，在调控宏观经济中起着重要的作用。

(2) 实施金融监督管理。中央银行对金融业进行监督管理包括：制定并监督执行有关的金融法规、基本制度、业务活动准则等；监督管理金融机构的业务活动；管理、规范金融市场等。

(3) 代理国库和政府金融事务。中央银行充当国库的总出纳，为政府管好资金，提供服务，具体包括：办理政府预算收入的缴纳、划拨和留用，办理预算支出的拨付，向财政反映预算收支情况；协助财政、税收部门收缴库款；代理国债发行及到期国债的还本付息等。

(4) 代表国家指导、部署金融业的反洗钱工作、建立征信体系。加大打击洗钱犯罪和恐怖融资行为的力度已经成为国际共识。中央银行具有现代化支付系统和网络优势，代表国家指导、部署金融业的反洗钱工作。中央银行通过增强全社会的信用意识，建设企业和个人信贷征信体系，建立信用监管和失信惩罚制度，为经济持续健康发展构筑良好的社会信用秩序和环境。

(5) 为政府提供经济金融情报和决策建议，向社会公众发布经济金融信息。中央银行是货币、信用的调剂中心、社会资金清算中心和金融业管理中心，因此，中央银行能够掌握全国经济金融活动的基本资料信息，能够比较及时地反映整个经济金融运行状况。在政府的经济决策中，中央银行一般都扮演着重要角色，发挥重要甚至是主导的作用。

(6) 代表国家政府参加国际金融组织和各项国际金融活动。中央银行代表政府参加国际金融组织，出席各种国际性会议，从事国际金融活动，以及代表政府签订国际金融协定，进行金融事务的协调、磋商等。

三、中国人民银行的性质和职能

（一）中国人民银行的性质

根据《中国人民银行法》，中国人民银行是中华人民共和国的中央银行，是在国务院领导下制定和执行货币政策、防范和化解金融风险，维护金融稳定的宏观调控部门。

（二）中国人民银行的职能

作为中央银行，中国人民银行具备发行的银行、政府的银行和银行的银行的职能。随着我国经济体制的改革，中国人民银行的职能也在发生着变化。这种职能的变化集中表现为“一个强化、一个转换和两个增加”。“一个强化”，即强化与制定和执行货币政策有关的职能。“一个转换”，即转换实施对金融业宏观调控和防范与化解系统性金融风险的方式。“两个增加”，即增加反洗钱和管理信贷征信业两项职能。

（三）中国人民银行的职责

根据《中国人民银行法》的规定，中国人民银行履行下列职责：

(1) 发布与履行其职责有关的命令和规章。

(2) 依法制定和执行货币政策。

(3) 发行人民币，管理人民币流通。

(4) 监督管理银行间同业拆借市场和银行间债券市场。

(5) 实施外汇管理，监督管理银行间外汇市场。

(6) 监督管理黄金市场。

(7) 持有、管理、经营国家外汇储备、黄金储备。

(8) 代理国库。

(9) 维护支付、清算系统的正常运行。

(10) 指导、部署金融业反洗钱工作，负责反洗钱的资金监测。

(11) 负责金融业的统计、调查、分析和预测。

(12) 作为国家的中央银行，从事有关国际金融活动。

(13) 国务院规定的其他职责。

第三节 中央银行的主要业务

一、中央银行的负债业务

（一）货币发行业务

货币发行有双重含义：一是货币从中央银行发行库通过商业银行的业务库流向社会；二是货币从中央银行流出的数量大于回笼的数量。在实行中央银行制度的国家，货币发行是中央银行最重要的负债业务。通过这项业务，中央银行既为商品流通和交换提供流通手段和支付手段，也相应筹集了社会资金，满足中央银行履行其各项职能的需要。

中央银行的货币发行是通过再贴现、再贷款、购买证券、购买金银和外汇等中央银行的资产业务活动,将货币注入流通领域,并通过同样的渠道反向组织货币的回笼。每一张流通中的货币都是中央银行以自身的信用将其投入到流通中的,是中央银行对公众的负债。而对每一个货币的持有者来讲,其手中持有的货币也就是对中央银行的债权凭证。

延伸阅读

铸币税的含义

铸币税原指通过铸造硬币所获得的收益或利润,即所使用的贵金属内含值与硬币面值之差。铸币税并不是国家通过权力征收的一种税赋,而是铸造货币所得到的特殊收益。

在用贝壳等实物行使货币职能的时期,铸币税并不存在。因为贝壳等实物不是人们可以任意制造的,它必须通过商品交换才能取得。

在金属货币时代初期,货币以等值的黄金或白银铸造,其本身的价值与它所代表的价值是相等的,铸币者得不到额外的差价收入。铸币税实际上就是铸币者向购买铸币的人收取的费用扣除铸造成本后的余额(利润),该利润归铸币者所有。到了金属货币时代的中后期,货币铸造权已归各国统治者所有。统治者逐渐发现,货币本身的实际价值即使低于它的面值,同样可以按照面值在市场上流通使用。于是,统治者为谋取造币的利润,开始降低货币的贵金属含量和成色,超值发行,即所谓的"硬币削边"。这时的铸币税演变成了货币面值大于其实际价值的差价收入。

随着信用货币的出现,低成本的纸币取代了金属币,纸币也仅占货币总量中的一部分,从狭义上讲,由于中央银行代表国家发行货币,铸币税仅仅指中央银行所获得并上交中央财政的利润,亦即中央银行基础货币创造过程中运作资产负债的利息差减费用,这里的费用包含货币发行费和中央银行履行其职责所必须开支的业务及管理费用。

从广义上讲,铸币税应该是泛指政府从货币发行中获得的收益,包括:①中央银行所获得并上交中央财政的利润;②中央银行和商业银行在货币创造过程中通过购买国债向中央财政提供的资金;③财政直接发行通货所获得的收益。

资料来源:张明艳,《铸币税与央行财务收支的关系》,www.studa.net。

(二)中央银行的存款业务

1. 准备金存款业务

准备金存款是指金融机构为满足法定存款准备金制度与资金清算需要、保证客户提取款项而存入中央银行账户的资金。中央银行是银行的银行,银行均在中央银行开设账户。中央银行可以变动法定准备金率来影响银行超额准备金,从而影响存款派生过程,最终影响货币供给量。

2. 中央银行其他存款业务

(1) 政府存款。由于中央银行代理国家金库和财政收支,所以国库的资金以及财政资金在收支过程中形成的存款也属于中央银行存款。政府存款一般包括国库持有的货币、活期存款、定期存款及外币存款等。

(2) 其他金融机构存款。通常非银行金融机构将存款存入中央银行是为了便于清算，中央银行可以通过存款利率的变动加以调节。我国各种非银行金融机构在中国人民银行都有存款，主要也是用于清算。

(3) 外国存款。这项存款属于外国中央银行或外国政府。他们持有这些债权构成本国的外汇，随时可以用于贸易结算和清算债务，存款数量多少取决于他们的需要。

(4) 特定机构和私人部门存款。特定机构是指非金融机构，中央银行收存这些机构的存款，或是为了特定的目的，如对这些机构发放特别贷款而形成的存款；或是为了扩大中央银行资金来源。

(5) 特种存款。特种存款是中央银行直接控制的方式之一。它是指中央银行按商业银行和其他金融机构信贷资金的营运情况，根据银根松紧和资金调度的需要，以特定方式向这些金融机构集中一定数量的资金。它是调整信贷资金结构和信贷规模的重要措施。

二、中央银行的资产业务

（一）中央银行的再贴现和再贷款业务

1. 再贴现业务

再贴现也称重贴现，是指商业银行通过贴现业务将所持有的尚未到期的商业票据向中央银行申请转让，中央银行据此以贴现方式向商业银行提供资金的业务。对中央银行而言，再贴现即为买进商业银行已经贴现的商业票据，付出资金；对商业银行而言，则为卖出票据，获得资金。中央银行开展再贴现的目的是提供短期资金融通。

再贴现是中央银行最早开展的业务。再贴现业务的特点有：一是中央银行对再贴现业务的对象、合格票据、再贴现率、再贴现额度、贷款收回等都有具体规定。二是再贴现业务与合格票据相联系。票据到期时，中央银行将收回原先投放的货币。三是中央银行调整再贴现率，反映中央银行调控意图，对其他资金市场将产生影响。

2. 再贷款业务

再贷款业务体现中央银行行使最后贷款人、维护金融稳定的职能，提供短期资金，可以解决商业银行等暂时性资金不足，也可以缓解财政资金紧张的状况。再贷款业务的对象包括金融机构和政府部门等。

（二）中央银行的证券买卖业务

1. 证券买卖业务的概念

中央银行证券买卖业务是指中央银行以市场交易主体的身份，在公开市场上通过买卖有价证券的办法来调节商业银行准备金或基础货币，从而调节货币供给量或者利率的一种行为。中央银行买入证券，意味着向社会投放货币；卖出证券，则意味着将流通中的货币收回。

2. 证券买卖的方式

中央银行一般在二级市场进行证券交易，这是为了保证其证券业务的独立性，防止成为弥补财政赤字的工具。公开市场业务的买卖方式分为三种类型：一是直接买卖，即成交后立即结算交割，结束交易；二是买回协定又称逆回购，即卖者(中央银行交易对手方)同意在未来的某一天将以协定价格买回这些证券；三是卖出协定又称正回购，即中央银行保证在将来某一天以协定价格买回这些证券。后两种一般是短时间内的逆转交易，维持商业银行准备金的稳定。这种策略称为防御性操作。

3. 主要国家(地区)中央银行的公开市场业务操作概况

表 8-1 汇总了美国、英国、欧洲和日本四家中央银行公开业务的基本情况。

表 8-1　四家中央银行公开市场业务的基本情况

项目	美国	英国	欧洲	日本
货币政策目标	充分就业、价格稳定以及适度的长期利率	2.5%的零售物价指数	首要目标是维持物价稳定	经济增长与正的消费物价指数
决策机构及会议召开时间	公开市场委员会；每6周	货币政策委员会；每月	管理委员会；每2周	货币政策委员会；不定期
业务操作频率	每周	每天	每天	每天
交易的证券品种	政府债券、政府担保债券、政府扶持的企业担保的债券	金边债券、以欧元为面值的欧洲政府债券	一级债券、二级债券	政府债券、政府担保债券、市政债券、外国政府债券、国际金融机构债券、商业票据、企业债券、资产支持债券
交易对手方类型	一级交易商制度；证券公司	商业银行和证券公司	符合基本要求的金融机构	商业银行、证券公司、短资公司

(三) 中央银行的储备资产业务

储备资产是指一国货币当局能够随时用来干预外汇市场、调节国际收支、进行国际清算的资产。在金本位制时期，黄金是国际通用货币。布雷顿森林体系建立后，国际清算手段包括黄金、美元和国际货币基金组织份额和特别提款权。在牙买加体系下，美元和一些主要发达国家的货币被作为国际清算手段。目前，黄金不再作为货币使用，但是中央银行仍然持有，将其作为一国的储备资产。大多数国家委托中央银行保管经营黄金、外汇等储备资产，形成中央银行储备资产业务。

三、中央银行的支付清算业务

中央银行的支付清算业务在提高货币政策执行效果、维护金融稳定等方面具有重要作用。多数国家都规定由中央银行负责一国支付清算系统的建设和管理。为此，中央银行建立了比较完备的支付清算体系和制度，承办相关的支付清算业务。

四、中央银行的国库、会计和统计业务

(一) 中央银行的国库业务

(1) 经办政府的财政收支，按国家预算要求协助财政、税收部门收缴库款；根据财政

支付命令向经费单位划拨资金，充当国家金库的出纳。

(2) 代理国债的发行与兑付。债券发售之前，协助确定债券收益率、预测市场需求；发售时，负责公布发行条件、接受投标和认购，在报价人之间分配和发送证券，收取款项；到期时，负责支付利息和兑付。

(3) 随时向政府及财政部门反映办理预算收支过程中的预算执行情况，负有对国家预算收支和国库资金转移的监督责任。

(4) 代理政府进行黄金和外汇买卖。

（二）中央银行会计业务的职能

(1) 管理职能。负责建立中央银行会计核算体系，管理中央银行系统内的会计工作，协调银行业的会计事务。

(2) 反映职能。中央银行会计部门通过对会计科目的设置和运用、对会计报表的制作与分析、为商业银行和政府财政部门开立账户、办理资金的划拨与清算等会计活动，综合反映经济和金融动态、金融机构存贷款规模、货币流通状况、国家财政收支及预算执行情况，为调整、制定货币和金融监管政策提供重要依据。

(3) 监督职能。通过会计核算、会计分析和会计检查的综合运用，监督中央银行系统内部的财务收支和预算执行情况，以及内部控制机制的运作，监督金融机构的经营和资金活动，保证中央银行资产安全。

(4) 分析职能。中央银行通过会计分析，掌握金融机构的运营状况，将为数众多的业务数据，转化为充分反映金融系统和全社会资金运动状况与变化趋势的会计信息资料，从而有助于中央银行掌握宏观经济和金融动态，有助于中央银行履行职能。

（三）中央银行的调查统计业务

1. 货币供给量统计

中央银行为了履行制定和执行货币政策的职能，需要取得关于货币供给量的基本数据。货币供给量统计通常采用三级汇总形式。第一级是将金融资料合并成货币当局、存款货币银行和非货币金融机构（亦称其他金融机构）三类，形成各自的资产负债表。第二级是将货币当局和存款货币银行的资产负债表合并成“货币概览”（又称货币统计表），提供关于货币和信贷的统计方法及数据资料，是为中央银行执行管理货币职能而建立的货币运行监测报表。第三级是将非货币金融机构资产负债表与货币概览合并成“金融概览”，记录一国金融活动的整体状况，全面衡量经济部门的所有清偿手段，提供了描述整个金融体系与其他经济部门之间经济联系的信息资料。金融统计资料三级汇总的框架结构如图 8-1 所示。

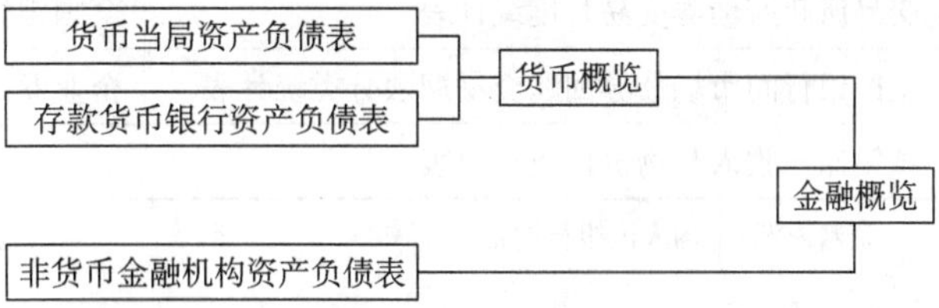

图 8-1　金融统计资料三级汇总的框架结构

2. 信贷收支统计与现金收支统计

信贷收支统计是指对金融机构以信用方式集中和调剂的资金进行数量反映与分析的

专门统计,综合地反映了宏观经济运行中金融机构信贷资金的来源、性质、分布、投向,是中央银行和商业性金融机构了解金融信息的主要渠道。现金收支统计是指对银行的一切现金收支数量进行的业务统计。由于现金收支是商业银行的重要业务活动,是国民经济中现金活动的中心,故现金收支统计是商业银行也是中央银行金融统计的一项重要内容。

3. 金融市场统计与对外金融统计

金融市场统计一般以金融市场类型划分统计范围,包括:货币市场统计、资本市场统计、利息和收益率水平、外汇市场统计和黄金市场统计。对外金融统计是对与涉外金融活动有关的信息资料进行收集、整理、分析,并依此作出判断并得出结论的过程。目前对外金融统计包括:银行外汇信贷业务统计、国家外汇收支统计、国家对外借款统计和国际收支统计。

4. 资金流量统计

资金流量统计是从收入和分配社会资金运动的角度描绘国民经济各类交易活动的一种统计核算方法。资金流量统计的核算范围包括:①国民收入初次分配流量的核算;②国民收入再分配流量的核算;③国民可支配收入和使用;④资本形成的核算;⑤金融交易的核算。通常将①～④项核算统称为实物部分的资金流量核算,将⑤项的核算称为金融交易部分的资金流量核算。

为了及时、准确地反映国民经济发展态势,为制定货币政策、调控宏观经济提供更加综合、全面的信息依据,中央银行还进行一些其他方面的经济调查。中国人民银行于1986年起逐步建立和完善了反映经济景气变化的经济调查统计制度,主要包括工业景气调查统计制度、城乡居民储蓄问卷调查统计制度和物价统计调查制度。中国人民银行公布的主要金融统计数据报表种类如表8-2所示。

表8-2 中国人民银行公布的主要金融统计数据报表种类

金融机构本外币信贷收支表	金融机构外汇信贷收支表
金融机构人民币信贷收支表	货币当局资产负债表
存款性公司概览	其他存款性公司资产负债表
货币供给量	汇率报表
货币概览	银行概览
黄金和外汇储备报表	全国股票交易统计表
交易所政府债券交易月度统计表	全国银行间同业拆借市场交易期限分类统计表
全国银行间市场债券回购交易期限分类统计表	企业商品价格指数
城镇储户收入与物价扩散指数表	

资料来源:中国人民银行网站。

五、中央银行的征信和反洗钱业务

(一)中央银行的征信业务

2003年,国务院赋予中国人民银行"管理信贷征信业,推动建立社会信用体系"的职责,批准设立征信管理局。2004 年,中国人民银行建成全国集中统一的个人信用信息基础数据库。2005 年,银行信贷登记咨询系统升级为全国集中统一的企业信用信息基础数据库。2008 年,国务院将中国人民银行征信管理职责调整为“管理征信业”并牵头社会信用体系建设部际联席会议;2011 年,牵头单位中增加了国家发展改革委员会。2013 年 3 月,《征信业管理条例》正式实施,明确中国人民银行为征信业监督管理部门,征信业步入了有法可依的轨道。

目前中国人民银行的征信业务主要包括:承办征信业管理工作;组织推动社会信用体系建设;组织拟定征信业发展规划、规章制度及行业标准;拟定征信机构、征信业务管理办法及有关信用风险评价准则;承办征信及有关金融知识的宣传教育培训工作;受理征信业务投诉;承办社会信用体系部际联席会议办公室的日常工作。

(二)中央银行的反洗钱业务

1. 洗钱与反洗钱的含义

洗钱(money laundering)是指将毒品犯罪、黑社会性质的组织犯罪、恐怖活动犯罪、走私犯罪或者其他犯罪的违法所得及其产生的收益,通过各种手段掩饰、隐瞒其来源和性质,使其在形式上合法化的行为。巴塞尔银行法规及监管实践委员会从金融交易角度对洗钱进行了描述:洗钱是指犯罪分子及其同伙利用金融系统将资金从一个账户向另一个账户作支付或转移,以掩盖款项的真实来源和收益所有权关系;或者利用金融系统提供的资金保管服务存放款项的行为。金融行动特别工作组对洗钱的定义是:许多犯罪活动的目标是为了给犯罪者或犯罪集团赢得收益,洗钱是这些犯罪者掩饰他们非法所得的方法。

反洗钱是指为了预防通过各种方式掩饰、隐瞒毒品犯罪、黑社会性质的组织犯罪、恐怖活动犯罪、走私犯罪、贪污贿赂犯罪、破坏金融管理秩序犯罪、金融诈骗犯罪等的所得及其收益的来源和性质的洗钱活动,依照《中华人民共和国反洗钱法》规定采取相关措施的行为。

2. 国际社会反洗钱业务的发展

联合国先后通过《禁毒公约》《制止向恐怖主义提供资助的国际公约》《打击跨国有组织犯罪公约》《反腐败公约》等一系列法律文件。联合国安理会通过了 1617 号决议,该决议“强烈敦促所有会员国采用金融行动特别工作组关于洗钱问题的 40 项建议和关于恐怖融资问题的 9 项特别建议中的国际全面标准”。金融行动特别工作组及其区域性组织相继建立。许多国家也陆续颁布实施反洗钱法和反恐怖主义法。

延伸阅读

非银行支付机构被要求提交大额交易报告

中国人民银行于 2018 年 7 月 13 日发布《关于非银行支付机构开展大额交易报告工作有关要求的通知》,规定从 2019 年 1 月 1 日起,非银行支付机构应当以客户为单位,按资金收入或者支出单边累计计算并报告总计四类大额交易,分别如下:

(1) 当日单笔或者累计交易额 5 万元人民币以上(含 5 万元人民币)、外币等值 1 万美元以上(含 1 万美元)的现金收支。

(2) 非自然人客户支付账户与其他账户发生当日单笔或者累计交易额200万元人民币以上(含200万元人民币)、外币等值20万美元以上(含20万美元)的款项划转。

(3) 自然人客户支付账户与其他账户发生当日单笔或者累计交易额50万元人民币以上(含50万元人民币)、外币等值10万美元以上(含10万美元)的境内款项划转。

(4) 自然人客户支付账户与其他的银行账户发生当日单笔或者累计交易额20万元人民币以上(含20万元人民币)、外币等值1万美元以上(含1万美元)的跨境款项划转。

3. 中国人民银行的反洗钱业务

2003年5月，根据反洗钱工作的发展需要，国务院决定由中国人民银行承担国家反洗钱工作，明确中国人民银行是中国反洗钱工作的主管部门。2003年12月，全国人大常委会修订《中国人民银行法》，授权中国人民银行承担“指导和部署金融业反洗钱工作，负责反洗钱资金监测”的法定职责。中国人民银行是金融机构反洗钱工作的监督管理机关。

中国人民银行设立金融机构反洗钱工作领导小组，履行下列职责：①统一监管、协调金融机构反洗钱工作；②研究和制定金融机构的反洗钱战略、规划和政策，制定反洗钱工作制度，制定大额和可疑人民币资金交易报告制度；③建立支付交易监测系统，对支付交易进行监测；④研究金融机构反洗钱工作的重大疑难问题，提出解决方案与对策；⑤参与反洗钱国际合作，指导金融机构反洗钱工作的对外合作交流；⑥其他应由中国人民银行履行的反洗钱监管职责；⑦国家外汇管理局负责对大额、可疑外汇资金交易报告工作进行监督管理，并制定大额、可疑外汇资金交易报告制度。中国人民银行成立了专门的反洗钱局(保卫局)，具体落实中国人民银行上述职责。

复习思考题

1. 中国人民银行的发展经历了哪几个阶段？
2. 简要说明中央银行的性质与职能。
3. 中央银行的资产与负债之间是什么关系？
4. 中国人民银行在反洗钱业务中有哪些职责？
5. 中国人民银行在征信体系建设中有何作用？

第九章 现代货币的创造

学习目标

(1) 了解信用货币的特点与构成、现金的发行与回笼和二级银行制度。
(2) 熟悉存款创造的过程以及影响存款创造的因素。
(3) 掌握派生倍数、中央银行资产负债表。

能力目标

(1) 能够联系实际，分析影响一国存款创造过程的因素，并能分析中央银行、金融机构和社会公众在存款创造和资金流通中各自的作用。
(2) 能够联系实际，分析一国中央银行业务与宏观调控职能。
(3) 能够正确计算派生倍数、派生存款。

案例导入

现金是犯罪之源吗

20 世纪 80 年代，美国暴力犯罪率攀升至历史顶峰，以致犯罪专家悲观地预期 20 世纪 90 年代的街头将会“血流成河”。然而，美国犯罪率在此后的 10 年间奇迹般地迅速下降，盗窃、抢劫、撬车、斗殴等街头犯罪案件数量都减少了四成以上，社会治安明显好转。犯罪率大幅下降的原因众说纷纭，主要观点包括：经济增长，控枪趋严，警力增加，以及《魔鬼经济学》作者列维特的著名论断——20 世纪 70 年代的堕胎合法化使可能成为犯罪分子的一批儿童没有出生。

也有学者从犯罪动机出发，给出了另外一个有趣的解释：街头的现金变少了。该解释巧妙地利用密苏里州的救济发放电子化改革作为外生冲击，估计出这一事件使当地犯罪率下降了 9.8%。在此之前，美国福利救济机构向贫困家庭发放食品券和一些临时性补助，食品券和补助支票都是纸质的。许多贫困家庭没有银行账户，他们只能到特定网点将纸质支票换成现金。现金不记名，难以追查，是街头犯罪的主要目标。考虑到受助家庭的居住环境通常不佳，这些持有现钞的贫困居民很容易成为街头犯罪的受害者。

密苏里州在1997年逐步建立了电子福利支付系统。每个受助家庭会领取一张借记卡,食品券和补助款会直接打到卡中。受助者可以直接刷卡消费,不用冒险怀揣现金走在街头。电子福利支付系统建立后,街头流通的现金事实上大大减少了。

该解释不仅验证了"现金是犯罪之源"的传统观点,而且由于电子福利支付系统的推行时间恰好与犯罪率下滑的时间节点一致,该解释也为研究全美犯罪率历史性下降提供了新的视角。

资料来源:微信公众号"量化历史研究"。

思考:结合不同国家现金使用的情况,你认为现金是犯罪之源吗?

第一节　现代货币都是信用货币

一、信用货币的特点

(一)强制充当一般等价物

自1930年以来,各国普遍实行信用货币制度,以克服金属货币制度的缺陷。信用货币本身没有内在价值,以国家信用为担保发行,并强制流通。信用货币在流通中发挥一般等价物的作用,行使货币的各种职能。1973年以前,西方国家规定纸币的含金量。1973年以后,各国都不再规定纸币的含金量。纸币也不能和黄金兑换。

(二)信用货币是债务货币

通过信用程序投放货币,是指通过存款、取款、借款、贷款等信用方式创造货币并投入流通。经济主体在需要购买商品而缺少货币资金时,将持商业票据到银行申请贴现或申请贷款而银行将以贷款方式向该经济主体提供相应的信用凭证。这种信用凭证在流通中充当一般等价物。银行之所以能够发行信用凭证作为货币使用,是因为银行在发放贷款时,要求借款人以所购买的商品作担保,实际上是银行将其他人的物资借过来使用,据以作为发行银行信用凭证的保证,所以银行发放贷款投入货币也就是银行对信用凭证持有人的一种负债。从本质上说,信用货币的物质基础是市场上有内在价值的可支配商品。银行发行的信用货币,是银行的一种负债,信用货币就是债务货币。

(三)信用货币是管理货币

一般情况下,国家授权中央银行垄断纸币的发行权,并用法律的形式规定中央银行发行的纸币是法定货币,在一国范围内具有无限清偿能力。中央银行管理纸币的发行、流通与回笼,并颁布相关的现金管理方面的规定。在现代经济中,信用货币是中央银行管理、调控经济的工具,其发行已经摆脱了黄金作为发行准备的约束。中央银行通过自身的资产负债业务和货币政策工具,影响商业银行存款准备金和存款创造能力,进而调控货币供给量。中央银行具有无限创造货币的能力,信用货币价值的对内与对外稳定是对其货币发行和调控行为的外在约束。在货币政策的最终目标中，也把币值稳定作为中央银行运作的首要目标。

二、信用货币的构成

信用货币一般包括通货和存款货币。信用货币的存在形式多样：现钞、银行存款、信用卡、电子货币等。

通货由中央银行发行，由商业银行投入流通，包括纸币和铸币。存款货币是由商业银行系统创造出来的，它以在商业银行的存款形式存在，典型形式是支票存款，即可用于转账结算的活期存款。按照国际货币基金组织的定义，以银行信用为基础的货币，除了钞票和硬币外，都是存款货币。

商业银行存款创造的基础是存款准备金，包括在中央银行的存款准备金和库存通货（从存款准备金账户可以提取通货，通货存入在中央银行开设的账户即为存款准备金）。通货和商业银行的存款准备金的变化，要受到中央银行调控行为的影响。信用货币分成三个部分：

（1）通货：流通中的纸币和铸币（在银行体系之外、由公众持有的现金）。

（2）商业银行的存款准备金（在中央银行的存款准备金和现金库存）。

（3）存款货币：以银行信用为基础的货币。

通货和商业银行的存款准备金之和，是创造货币供给的基础，因此，通常称之为基础货币、高能货币或货币基数。通货和存款货币之和，是货币的供给总量，也就是流通中的信用货币。按照流动性不同，信用货币被划分为不同的层次。

第二节　存款货币的创造

一、原始存款与派生存款

银行存款的来源有两种：一是原始存款；二是派生存款。所谓原始存款，是指客户以现金形式存入银行的款项或商业银行从中央银行获得再贷款、再贴现而形成的存款。这是银行吸引的最初存款。而派生存款是指商业银行通过放款、贴现、投资等业务转化而来的存款，也被称为衍生存款。原始存款是商业银行进行信用扩张和创造派生存款的基础。

二、存款创造的前提条件

（一）部分准备金制度

部分准备金制度是指商业银行在经营活动中，只需要保留一小部分现金作为支付准备，将大部分资金用于放款。如果实行全部准备金制度，则银行根本不可能利用所吸引的资金去发放贷款，也就不可能有派生存款的创造。部分准备金制度源自英国的金匠业者。在货币经营活动的初期，英国的金匠业者使用自有的资金发放贷款，而不是动用客户委托保管的资金。因此，他们不仅不向委托保管钱财的客户支付存款利息，反而要收取一定的手续费。历史上先有贷款利率，再有存款利率。后来，金匠业者发现不是所有的客户会在同一时间把款项全部提走，于是动用客户的资金发放贷款。这就是全部准备金制度演变为部分准备金制度的由来。在实行部分准备金制度的情况下，商业银行才有可能动用客户存款进行贷款的发放，否则吸引到的资金不能运用出去，存款创造的过程也就无从谈起。例如，银行持有100%的存款准备金作为以防提现的需要，那么当某企业存入100 000元时，则银行的负债增加100 000元，同时其资产方的现金等量增加。银行没有把这笔资金贷放出去，就没有存款创造的过程。

（二）转账结算方式

在转账结算方式下，企业通过银行完成交易活动款项的支付与收取。收款单位将资金存入银行，银行提留法定存款准备金之后，发放贷款给企业。这样循环往复下去，商业银行的资产与负债规模都得到扩大，也使货币供给量增加。如果不通过银行结算，资金游离在银行系统之外，银行能吸引到的资金减少，限制了贷款的发放，存款创造的能力也受到影响。

仍用上例，如果企业在获得贷款后全部提现，并持有这部分现金，而不存入银行，没有新的存款生成，银行也就不能扩大贷款的规模，存款创造的过程因此受到影响。

三、存款创造与收缩过程

（一）存款创造与派生倍数

在实行部分准备金制度、采用转账结算方式的前提下，银行存款创造具有以下特点：①银行只保留法定准备金，其余资金全部贷放出去，超额准备金为零；②客户的资金全部通过银行结算，没有提现的行为；③法定存款准备金率为10%。

假设A企业将销售所得100 000元支票存入甲银行。当这一支票经过中央银行组织的票据交换后，甲银行在中央银行的存款准备金增加100 000元，同时在客户的活期存款账户上增加余额100 000元。甲银行的账户情况如表9-1所示。

表9-1　甲银行的账户情况　　单位：元

资　产		负　债	
在中央银行存款准备金	100 000	活期存款	100 000

按照法定存款准备金率10%的要求，甲银行只需持有100 000×10%＝10 000(元)的存款准备金，其余的90 000元用于发放贷款。若甲银行向B企业发放贷款90 000元。B企业得到贷款后支付C企业的购货款。C企业将收到的90 000元支票存入乙银行。该

支票经过清算后，甲银行和乙银行的账户情况分别如表 9-2 和表 9-3 所示。

表 9-2 甲银行的账户情况 单位：元

资　产		负　债	
在中央银行存款准备金 贷款	10 000 90 000	活期存款	100 000

表 9-3 乙银行的账户情况 单位：元

资　产		负　债	
在中央银行存款准备金	90 000	活期存款	90 000

乙银行在活期存款增加 90 000 元后，同样留 90 000×10%＝9 000(元)用作存款准备金，余下的 81 000 元进行贷款的发放或用于其他投资。若得到这笔资金的企业继续将资金存入丙银行，则乙银行与丙银行的账户情况如表 9-4 和表 9-5 所示。

表 9-4 乙银行的账户情况 单位：元

资　产		负　债	
在中央银行存款准备金 贷款	9 000 81 000	活期存款	90 000

表 9-5 丙银行的账户情况 单位：元

资　产		负　债	
在中央银行存款准备金	81 000	活期存款	81 000

存款增加的丙银行将会继续上述两家银行的做法，除了保留必要的存款准备金以外，将剩余的款项贷放出去，则其需要保留的存款准备金是 81 000×10%＝8 100(元)，发放贷款 72 900 元。以此类推，只要满足存款创造的前提条件，这个过程将循环往复下去，如表 9-6 所示。

表 9-6 存款创造的过程 单位：元

银行 (1)	存款总额(2)	法定存款准备金(3)＝(2)×10%	贷款发放数(4)＝(2)－(3)
第一家银行	100 000	10 000	90 000
第二家银行	90 000	9 000	81 000
第三家银行	81 000	8 100	72 900
第四家银行	72 900	7 290	64 610
……	…	…	…
总　计	1 000 000	100 000	900 000

经过这个过程，100 000 元的原始存款使所有银行的存款总额增加到 1 000 000 元，增

加了贷款 900 000 元。观察上述过程，各家银行的存款额表现为一个无穷递缩等比数列：10 000，90 000，81 000，72 900，…该数列的求和可用以下公式：$\frac{a_1}{1-q}$。所以，存款总额为：$\frac{100\ 000}{1-0.9}=1\ 000\ 000$（元），即原始存款乘上法定存款准备金率的倒数。

根据上述存款创造的过程，可以更清晰地区别原始存款与派生存款。派生存款是商业银行资金运用所创造出来的存款，是存款总额超过原始存款的那部分。如果用 D 表示存款总额，以 ΔD 表示派生存款，以 ΔR 表示原始存款，以 r_d 表示法定存款准备金率，在只考虑法定存款准备金率的情况下，存在以下计算公式：

$$D=\Delta D+\Delta R$$

$$K=\frac{D}{\Delta R}=\frac{1}{r_d}$$

$$\Delta D=D-\Delta R$$

$\frac{D}{\Delta R}$表示存款总额与原始存款之间的倍数，它表示单位原始存款的变动可能引起的存款总额的最大扩张倍数。该倍数称为派生倍数，它是法定存款准备金率的倒数。法定存款准备金率越低，派生倍数就越高，商业银行存款创造的能力就越强；法定存款准备金率越高，派生倍数就越低，商业银行存款扩张的能力就越弱。

（二）存款收缩

商业银行存款创造的原理在相反方向上也适用，也就是说，如果原始存款减少，可以引起存款总额的成倍减少。假设 A 企业动用其在甲银行的活期存款 100 000 元购买材料，用支票清算后，甲银行将减少 A 企业的活期存款余额 100 000 元，并减少在中央银行的存款准备金 100 000 元。甲银行的账户情况如表 9-7 所示。

表 9-7　甲银行的账户情况　　单位：元

资　产		负　债	
在中央银行存款准备金	−100 000	活期存款	−100 000

在法定存款准备金率为 10%的情况下，甲银行活期存款减少 100 000 元，法定准备金最多只能减少 10 000 元。但是，甲银行的存款准备金已经减少 1 00 000 元，因而它还缺少 90 000 元存款准备金，必须通过出售证券或收回贷款的方式予以弥补。假设甲银行收回贷款，收到客户归还的乙银行签发的支票 90 000 元。用支票清算后，甲银行的账户情况如表 9-8 所示。

表 9-8　甲银行的账户情况　　单位：元

资　产		负　债	
在中央银行存款准备金	−10 000	活期存款	−100 000
贷款	−90 000		

甲银行处于平衡状态，乙银行的账户情况如表 9-9 所示。

表 9-9 乙银行的账户情况 单位:元

资 产		负 债	
在中央银行存款准备金	－90 000	活期存款	－90 000

乙银行签发的支票经过清算后,活期存款减少 90 000 元,在中央银行的存款准备金减少 90 000 元。同样,在 10%的法定准备金率的要求下,乙银行的存款准备金短缺 81 000元,因此也要通过收回贷款或出售证券加以弥补。假设乙银行收回贷款 81 000 元,其账户情况如表 9-10 所示。

表 9-10 乙银行的账户情况 单位:元

资 产		负 债	
在中央银行存款准备金	－9 000	活期存款	－90 000
贷款	－81 000		

乙银行收回贷款的结果是丙银行减少同量的活期存款与在中央银行的存款准备金。丙银行为了弥补存款准备金的不足,同样也要收回贷款或出售其他资产。在这个过程中,甲银行存款减少 100 000 元,乙银行存款减少 90 000 元,丙银行存款减少 81 000 元……存款以无穷递缩等比数列的形式减少。存款减少总额可用求和公式计算,结果为 1 000 000元。因此,存款的收缩过程原理与创造过程相同,只是方向相反。

(三)对存款创造过程的说明

1. 存款创造过程的结果是"可能形成的最大存款"

观察存款创造的过程,有许多是理想化的假设条件。用公式推导出的结果只是理论上的结果,是可能出现的最大值,并不是一个必然的数值。例如,在理论中,我们假设商业银行只保留最低的存款准备金,并将其余资金全部运用出去,但在通常情况下,出于安全与经营谨慎的需要,商业银行一般不会把存款准备金压到最低限度。再如,就商业银行来说,贷款是利润之源,但是贷款需求并不是商业银行能够完全控制的,如果贷款需求不足或者贷款发放的风险较大,商业银行也不会有机会把资金全部运用出去。

2. 存款创造过程中的任何一笔款项都是真实的

一笔存款以及与之相对应的存款准备金可以派生出数倍于原始存款的存款总额,这是商业银行系统整体运作的结果。就每一笔资金的转移来看,都是有实实在在的资金在商业银行与客户之间运动。客户到银行存款,如果用现金,则存款的增加有等额的现金收入增加。如果用支票,则通过清算系统的结算,并使商业银行在中央银行的存款准备等额增加。同样的,客户得到贷款,可以提现,也可以用支票等转账。这些行为都是建立在有真实资金存在的前提下。

然而,从总体上看,货币供给确实增加了,新的货币被创造出来了。从商业银行来说,他们并没有刻意去做什么,经营的是一般的存款与贷款业务。这其中的关键在于部分准备金制度和转账结算方式,而且,当各家银行的行为形成一个衔接紧密的系统后,因量变产生质变,派生存款就被创造出来了,这正是现代银行体系的奥妙所在。

四、影响商业银行存款创造能力的因素

如前所述，存款创造的过程不仅受到法定存款准备金的硬性约束，还会受到其他诸多因素的影响，如客户的行为等。存款创造的能力不是由商业银行一方就可以控制的。我们择其要者，作如下分析。

（一）超额准备金

考虑到谨慎经营、投资机会、贷款需求以及经济运行大环境等的影响，除了按照要求缴纳法定存款准备金，商业银行还会保留一部分资金，即超额准备金。这部分超额准备金的存在，使商业银行能够用于发放贷款的资金相应减少。如果各家银行都持有一定的超额准备金，则存款创造的能力下降。如果用 e 表示超额准备金与存款总额之比，即超额准备金率，则派生倍数修正如下：

$$K = \frac{1}{r_d + e}$$

假设甲银行的超额准备金率为 10%，甲银行在原始存款增加 100 000 元的情况下，缴纳 10 000 元的法定存款准备金，保留 10 000 元的超额准备金，发放贷款 80 000 元。乙银行在存款增加 80 000 元的情况下，缴纳 8 000 元的法定存款准备金，保留 8 000 元的超额准备金，发放贷款的数量则减少为 64 000 元。以此类推。最终，所有银行的存款总额增加 500 000 元。可以看出，由于超额准备金的存在，商业银行能够创造的存款总额减少一半，派生倍数也由没有超额准备金时的 10 下降到 5。

影响超额准备金率的因素主要有：

(1) 商业银行经营的风险程度。超额准备金的存在使商业银行有一部分资金没有用于获取利润，所以，为了争取资金更高的回报率，敢于冒风险的商业银行会充分利用资金用于生息资产，从而尽可能降低超额准备金的数量。谨慎经营的商业银行则会留有足够的超额准备金。相比之下，前者无疑提高了存款创造的能力与派生倍数，进而使货币供给增加。

(2) 贷款的需求情况与经济运行大环境。在企业投资愿望强烈、经济运行呈现良好发展势头时，对银行贷款的需求会上升。而且，对经济前景的看好，也会促使商业银行积极发放贷款，从而降低超额准备金数量，使货币供给增加迅速。相反，在经济不景气时，企业和商业银行都会谨慎对待投资机会，减少对资金的需求，使商业银行增加超额准备金。

(3) 市场利率水平。市场利率水平影响商业银行持有超额准备金的机会成本。在市场利率上升时，商业银行发放贷款可以获得更高的收益，因此会积极发放贷款，减少超额准备金。反之，在市场利率降低时，商业银行会增加超额准备金。

(4) 金融市场的发达程度以及商业银行的融资渠道。如果存在发达的金融市场与健全的信用制度，商业银行筹措资金的渠道较为通畅，则商业银行可以减少超额准备金的持有。因为，在需要资金的时候，商业银行可以顺利得到，不需要借助持有超额准备金来保障流动性。相反，如果金融市场的环境不利于商业银行的融资，则持有一定数量的超额准

备金将成为商业银行生存的需要。

（二）现金漏损

客户获得收入后总会从银行提取一部分资金，以现金的形式持有，从而使这部分资金流出银行体系，这就是现金漏损。现金漏损主要由客户的行为、消费习惯以及节假日等影响。例如在中国，逢年过节，银行都要留足资金，以备客户的提现。现金漏损使原始存款减少，同时在银行体系外的资金增加，银行能够用于发放贷款的金额减少，从而使存款创造的数量降低。现金漏损与存款总额之比称为现金漏损率，用 c' 表示，则派生倍数 K 表示如下：

$$K=\frac{1}{r_d+e+c'}$$

假设甲银行的现金漏损率为 5%，则在原始存款增加 100 000 元的情况下，法定存款准备金为 10 000 元，超额准备金为 10 000 元，现金漏损为 5 000 元，则有 25 000 元不能参加存款创造，能够用于发放贷款的数量为 75 000 元。以此类推，可以看出存款总额增加的幅度明显降低，派生倍数也由没有现金漏损的 5 下降到 4。

影响现金漏损的主要因素有：

(1) 公众的消费习惯与流动性偏好。在银行转账系统越发达、信用制度越健全的国家，公众对现金的使用明显较低，与日常生活联系密切的费用大多通过银行转账支付。公众对物价升降、金融市场走势、市场利率水平以及未来收入的预期也会影响对现金的需求。例如，在市场利率水平较高的情况下，公众预计将会有调控举措使其下降。因为证券行市与市场利率有反向变化的关系。在这种情况下，公众预计证券价格将上涨，于是选择购买证券，以期在将来抛售，赚取价差。这样，就会出现大量的现金流出银行系统进入证券市场的现象。

(2) 持有现金的机会成本。现金有很高的流动性，但是不会带来收益，因此，公众在持有现金时，会对此产生的机会成本做分析。如果银行利率高，公众会倾向于把资金存入银行，以获得存款利息，则现金漏损程度较低。反之，如果银行利率没有吸引力，则公众会把资金投向其他途径，致使大量现金流出银行系统。

(3) 银行系统的服务质量。如果一国的银行系统能够为公众提供安全、快捷、周到的高质量服务，那么公众将更愿意把资金留在银行系统。公众通过银行进行资金的转账与支付，享受这种服务，从而减少现金的提取与使用。

（三）活期存款转化为定期存款

当存款人把一部分活期存款转化为定期存款时，这种转变对存款创造的影响不同于前面讨论过的超额准备金和现金漏损。当商业银行持有超额准备金和发生现金漏损时，这部分资金不能参与存款创造。而当活期存款转化为定期存款时，这一部分资金仍然在银行系统内，只是为定期存款保留的准备金不能进入存款创造过程，其余部分商业银行仍然可以加以运用，仍然遵循派生存款创造原理。

假设定期存款的准备金率为 r_t，活期存款转变为定期存款的比率为 t，则派生倍数如下：

$$K=\frac{1}{r_d+e+c'+r_t\times t}$$

假设前述甲银行有50%的活期存款转变为定期存款，定期存款的准备金率为8%，则派生倍数$=\frac{1}{10\%+10\%+5\%+50\%\times 8\%}=\frac{1}{29\%}=3.45$，又有所降低。

能够影响活期存款与定期存款转化的因素有：

(1) 定期存款的利率。在考虑机会成本时，如果定期存款的利率有比较明显的优势，则会有资金从活期存款转为定期存款。

(2) 收入和财富。定期存款是持有财富的一种方式，它会随着收入和财富的增长而增长。

(3) 公众投资渠道的多少。如果一国公众有较多投资渠道，他们会比较分散地进行投资，即使定期存款利率较高，也不一定会将活期存款转为定期存款。但是，如果公众投资渠道不畅，除了存入银行，其他投资收益低、风险高，则会存在“强迫储蓄”的现象，定期存款会有较高比例。

需要说明的是，活期存款转化为定期存款并没有使商业银行的存款创造能力下降，反而使其上升。因为相对于活期存款，定期存款的稳定性更好。客户存入定期，往往是为了到期获得利息，提前变现的可能性小。商业银行不用为此准备应付客户随时提现的存款准备金。中央银行对定期存款征收较低的法定存款准备金或者不征收。因此，商业银行可以自由动用的资金和能够用于存款创造的资金都在增加，商业银行体系派生的存款数量也在增加。但由于参加存款创造的一部分资金变成定期存款，活期存款数量减少，导致用上述公式计算出的派生倍数下降。

延伸阅读

窃取存款——美国20世纪早期存款保险实践的前车之鉴

美国是最早实行存款保险制度的国家，可以追溯到南北战争期间。1907—1917年，美国有8个州相继通过存款保险法案。其中，6个州地理位置相对集中于中部的农业地区。最高法院规定了全国性银行不能参与存款保险。

Charles W. Calomiris和Matthew Jaremski研究了美国20世纪二三十年代存款保险制度在不同州实行的差异以及州内不同银行参与差异。他们将州域的参保商业银行与同州内未参保的全国性银行以及相邻州没有参保的州域和全国性银行进行对比研究，清晰地识别出了存款保险制度对存款者和银行家们的行为所带来的影响。他们认为存款保险制度扰乱了金融市场的规则，是过去40多年来席卷全球、规模空前的银行业危机浪潮背后最重要的“推手”之一。

研究数据表明，在立法之初的1908年到1914年，对照的邻近州存款总额增长了39%，早期采用存款保险法案的州存款总额则增长了42%，两组增长趋势相差不大。第一次世界大战期间，由于战争的影响，农产品总供给收缩，价格几乎翻了一番。而银行存款的增长趋势差异也从1914年开始显现。1914—1919年，早期实行存款保险法案的州存款总额上涨了139%，而对照的邻近州存款总额仅上涨90%。也就是说，第一次世界大战时期的农产品价格大幅上涨同银行存款的显著增长几乎同时开始。

研究发现，参与存款保险的银行从未参与存款保险的全国性银行吸收存款，并利用这部分存款扩大信贷规模。第一次世界大战期间的农产品总供给收缩导致价格飙升，而这一部分增加的信贷主要用于扩大农作物种植，诱发了后期的农业投资泡沫。这一点在后期农产品价格泡沫崩溃中也有所体现，该研究因此认为是参与存款保险的银行主导了农产品价格泡沫。

存款保险制度一方面可能缓和银行储户的挤兑行为，从而有助于延缓州银行系统的崩溃；另一方面，也可能会加剧银行系统的崩溃，因为在银行承担了更多风险条件下，一旦存款者意识到农产品价格泡沫破灭对存款保险金带来的影响，信用和信心的同时崩塌会加重存款者的挤兑动机。事实上，参与存款保险的银行因过多地放贷导致贷款资产比攀升、所持现金急剧下降，到了无法避免破产的水平，因而在1920年后，农产品价格泡沫破灭后，诱发了银行挤兑。

存款保险制度并没有使银行系统幸免于难，至20世纪20年代该项制度基本趋于废止。

注：美国现存的存款保险制度是根据美国1933年《联邦储备法案》第十二条（B）而创立的以联邦存款保险公司为主体的，世界上率先建立的最完善的政策性的存款安全保险制度。该制度的营运主体是联邦存款保险公司，该公司成立于1934年，是联邦政府的独立的存款保险及金融监管机构。

资料来源：微信公众号“量化历史研究”。

第三节　中央银行体制下的货币创造过程

一、二级银行体制

（一）二级银行体制的含义

在信用货币制度下，货币供给量其实就是非银行部门持有的银行部门的负债凭证。而负债凭证的产生又是通过银行部门的资产业务实现的。在二级银行体制下，整个银行系统分为中央银行和商业银行两个层次，银行部门的资产业务也分为中央银行的资产业务与商业银行的资产业务两个环节，非银行部门所持有的银行部门的负债凭证也分为中央银行的负债凭证与商业银行的负债凭证两个种类。由中央银行提供、商业银行和非银行部门持有的负债凭证就是通常所说的基础货币，而由商业银行提供、非银行部门持有的负债凭证就是存款货币。

（二）二级银行体制的特点

(1) 中央银行不直接与个人和企业发生业务往来，一般是与商业银行有直接的资产负债业务，而由商业银行办理与个人和企业有关的业务。

(2) 中央银行垄断货币发行权。对整个经济社会而言，中央银行的负债凭证——现金是流动性最高的资产，对资产流动性要求的满足最终要通过持有现金的形式实现。商业银行作为经营信用的特殊企业，只有信用中介和创造信用的职能，而没有现金的发行权。为了满足客户提现的要求，商业银行必须随时持有中央银行的债务凭证(现金)，否则它就会因丧失清偿能力而面临破产风险。虽然中央银行有权发行货币，但是由于它不直接与个人和企业发生业务往来，货币进入流通领域要借助商业银行业务来开展。

(3) 中央银行通过实施存款准备金制度，对商业银行的负债业务与资产业务进行一定的管理。商业银行在吸收存款后，必须按照中央银行规定的法定存款准备金的比率，把一部分中央银行负债作为存款准备金缴存中央银行，或者作为库存现金。余下的部分，商业银行才可以加以运用，形成企业和个人所持有的存款负债。因此，商业银行提供存款货币的能力要受到中央银行的约束。

(4) 存在存款创造机制。从整个商业银行系统来看，中央银行通过自己的资产业务规模的变动和法定存款准备金比率的调整所直接或间接形成的负债，一旦进入商业银行系统之中，就会形成环环相扣的链条，这部分负债将被链条上的多家银行循环往复地使用。1元的中央银行负债(现金)在经过整个银行系统的运用后，最终会形成数倍于1元的商业银行负债(存款货币)，由企业和个人所持有。中央银行负债放大的过程就是存款创造的机制，它的存在使货币供给受到中央银行、商业银行和社会公众行为的影响。

在二级银行体制下，一般来说，中央银行的资产业务规模和基础货币的数量决定了商业银行的资产业务规模和存款货币的数量，而且，前者变动在先，后者随之发生变化。

延伸阅读

哈耶克的货币私有化观点

哈耶克是当代西方著名经济学家，是新奥地利学派的代表人物之一。1974年，他和米尔达尔同时获得诺贝尔经济学奖。哈耶克在《个人主义与经济秩序》中认为，需要对所有的强权或专制给予限制。对于政府，则应要求其按规则管理国家，明确政府的责任范围，政府没有逾越责任范围的权利。他认为，管理最少的政府是最好的政府。哈耶克的货币私有化理论鼓吹取消政府对货币发行的垄断，改由各大商业银行发行有自己注册商标的货币。他认为，如果货币国有，则无法保证货币中性，从而产生廉价货币，导致经济不稳定，加剧通货膨胀，失业与通货膨胀是政府垄断货币发行权的双胞胎；并且货币的最优供给数量是没有任何权威机构能事先确定的，只有市场才能决定，所以要实行新型自由货币制度。

二、现金发行与回笼：以中国为例

(一) 现金印制与发行基金

1. 现金的印制与入库

我国现金包括纸钞和铸币(统称钞币)。印制钞币由中国人民银行直属的印钞厂和造币公司负责。钞币的印制实行严格的计划管理，即印制计划要以国家批准的货币发行计划为主要依据，按预计货币需求量制定，经中国人民银行行长批准后执行。钞币的印制计划执行有严格的数量和质量控制，所有废品必须按规定严格销毁。

钞币印制后按计划解送中国人民银行指定的总行重点发行库。发行库由国务院批准建立，按中国人民银行的各级管理机构设置发行总库、分库和支库，由中国人民银行行长担任主要领导，以利于统一管理人民币的发行与调度。总行重点发行库验收、确认数量和质量后，办理发行基金入库手续。

2. 发行基金

发行基金是指中国人民银行保管的已经印制好、尚未进入流通的人民币票券。发行基金调拨是指发行基金在发行库与发行库之间的转移。为了保证中央对货币发行的控制，总行拥有对各发行库发行基金的调拨权，采取逐级调拨方法，各级发行库必须凭上级行开具的调拨命令执行。

（二）现金发行与回笼过程

现金从发行库进入商业银行的业务库称为现金的发行，从商业银行的业务库回到发行库称为现金的回笼。具体的现金发行程序是：当商业银行基层行处现金不足时，可到当地中国人民银行在其存款账户内提取现金，使人民币从发行库转移到商业银行的业务库，即人民币开始进入流通领域；当商业银行基层行处的现金超过核定的库存限额时，超过的部分送交中国人民银行，该部分人民币回笼到发行库，退出流通领域。按制度规定，商业银行交回的损伤币集中在销毁点办理销毁。销毁点行根据上级行下达的销毁命令，对应销毁的损伤币进行复点，然后在有关监督机关和人员在场的情况下予以销毁。

上述过程如图 9-1 所示。

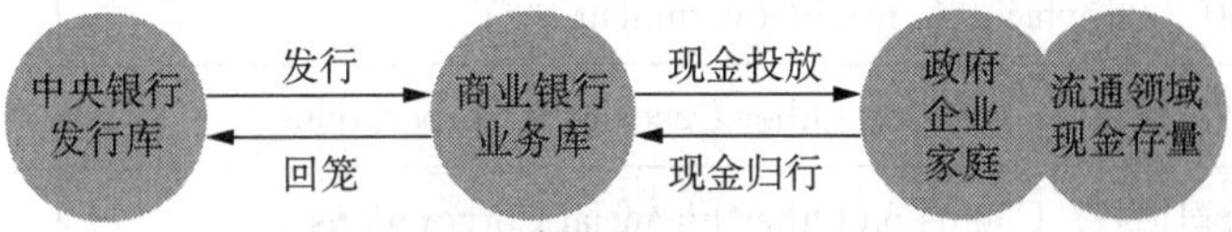

图 9-1 现金发行与回笼的过程

在图 9-1 中，政府、企业、家庭等经济主体可向商业银行存入现金，增加存款货币；也可以从商业银行提取现金，减少存款货币。如果公众存入的现金货币过多，则商业银行把过多的现金存入在中央银行开设的存款准备金账户，增加存款准备金；如果客户提现的要求大，商业银行则减少存款准备金账户里的余额，从中央银行提取现金，供应给客户。如果公众存入商业银行系统的现金与提取的现金数量相同，商业银行在中央银行的存款准备金变动情况也相同，则无需中央银行增发新的货币。如果经济运行中需要更多数量的现金，商业银行为满足需要，必须从在中央银行的存款准备金账户中提取更多的现金，则中央银行必须增发新的现金以满足商业银行提现的要求。这样，商业银行满足了客户需求，增发的现金也就进入流通领域之中。

由上可见，社会公众的现金与存款货币是相互转化的，构成货币供给量。这些货币的增减都体现着商业银行与客户的债权债务关系的变动。而现金却是中央银行的债务货币，其增减还要通过商业银行与中央银行的债权债务关系的变动才能进入市场流通。在商业银行与中央银行的关系中，现金与存款准备金相互转化，两者构成基础货币。

三、中央银行的资产负债业务与货币创造

(一)中央银行资产负债表的结构

中央银行资产负债表是银行性业务中资产负债业务的综合会计记录。中央银行履行职能所开展的资产负债业务的种类、规模和结构,都综合地反映在一定时期的资产负债表上。中央银行特殊的性质和地位,决定了其特殊的资产与负债结构。因此,了解其资产负债表,可以了解中央银行的业务操作与宏观管理的情况。

中国人民银行从1994年开始按照国际货币基金组织(IMF)的要求,根据《国际金融统计》规定的格式,编制中国货币当局资产负债表,反映中央银行货币发行等业务开展情况,并按月向社会公布。以中国人民银行的资产负债表(见表9-11)为例加以说明。

表9-11 中国人民银行资产负债表

单位:亿元

项目 Item	2018.12
国外资产 Foreign Assets	217 648.06
外汇 Foreign Exchange	212 556.68
货币黄金 Monetary Gold	2 569.79
其他国外资产 Other Foreign Assets	2 521.59
对政府债权 Claims on Government	15 250.24
其中:中央政府 Of which: Central Government	15 250.24
对其他存款性公司债权 Claims on Other Depository Corporations	111 517.46
对其他金融性公司债权 Claims on Other Financial Corporations	4 642.60
对非金融性部门债权 Claims on Non-financial Sector	27.84
其他资产 Other Assets	23 405.85
总资产 Total Assets	372 492.06
储备货币 Reserve Money	330 956.52
货币发行 Currency Issue	79 145.50
其他存款性公司存款 Deposits of Other Depository Corporations	235 511.22
非金融机构存款 Deposits of Non-financial Institutions	16 299.8
不计入储备货币的金融性公司存款 Deposits of financial corporations excluded from Reserve Money	4 016.33
发行债券 Bond Issue	200.00
国外负债 Foreign Liabilities	1 164.51

（续表）

项目　Item	2018.12
政府存款　Deposits of Government	28 224.74
自有资金　Own Capital	219.75
其他负债　Other Liabilities	7 710.20
总负债　Total　Liabilities	372 492.06

注：(1) 自 2011 年 1 月起，中国人民银行不再将其他金融性公司在货币当局的存款计入储备货币。
(2) 自 2011 年 1 月起，境外金融机构在中国人民银行存款数据计入国外负债项目，不再计入其他存款性公司存款。

在中国人民银行资产负债表中，其他存款性公司包括存款货币公司和其他存款货币公司。存款货币公司是指可以吸收活期存款、使用支票进行转账并以此实现支付功能的金融公司，包括国有独资商业银行、股份制商业银行、城市商业银行和农村商业银行、城市信用社和农村信用社、外资银行与中国农业发展银行。其他存款货币公司是指接受有期限、金额限制和特定来源存款的金融性公司，包括中资和在我国的外资企业集团财务公司以及国家开发银行、中国进出口银行。其他金融性公司是指除中央银行和其他存款性公司以外的其他金融公司，包括信托投资公司、金融租赁公司、保险公司、证券公司、证券投资基金管理有限公司、养老基金公司、资产管理公司、担保公司、期货公司、证券交易所和期货交易所等。

中国的中央银行负债主要是存款准备金和现金。政府存款包括中央财政、地方财政预算存款；对国际金融机构的负债主要是国际货币基金组织的存款和中央银行从国际货币基金组织取得的借款，该项目在表 9-1 中已经与对国际金融机构资产轧差。

中国的中央银行的资产主要是对商业银行和其他金融机构的贷款，这在中央银行资产业务中占有较大比重。由于中国的公开市场操作规模还不是很大，所以有价证券所占比重很小。黄金和外汇是指中央银行收购黄金和外汇形成的资产；在国际金融机构资产主要有中国在国际货币基金组织缴纳的份额和持有的国际货币基金组织发行的特别提款权。

（二）中央银行资产负债业务的特点

从存款准备金和现金来源中，可以得出这样一个结论：中央银行的资产与负债的关系是资产引起负债。

商业银行贷款业务的增加是建立在存款规模扩大的基础之上的。也就是说，对于商业银行而言，有了负债业务，才能扩大资产业务；负债业务的规模对资产业务的扩大有一定的制约作用。

然而，对于中央银行来说，负债业务对其资产业务的约束并不存在。商业银行发放贷款是以存款准备金和现金库存为基础的。而中央银行的情况完全不一样，首先，它没有类似的存款准备金，也没有任何一个在它之上的机构保管它的存款；其次，它不需要库存现金，现金是由其完全垄断发行和印制的。中央银行扩大资产业务，必然相应形成商业银行的存款准备金；商业银行从其存款准备金账户提取现金以满足流通所需时，中央银行有能力予以保证。所以,中央银行的资产业务会引起商业银行的存款准备金和现金库存之和相应的变化。这就是中央银行运作的特点所在。

如果对中央银行的资产负债表进行高度概括,则结果如表 9-12 所示。

表 9-12　高度概括的中央银行资产负债表

资　产	负　债
各种贷款和占款	现金的发行、以商业银行存款准备金为主的存款

那么,是否中央银行的行为不受任何制约？答案是否定的。在可兑换银行券流通时期,为了保证兑换贵金属的要求得到满足,中央银行负债业务的扩大必须考虑其兑现能力。例如,英格兰银行曾被要求有 100%的保证金,这就是对当时中央银行负债扩大的一种约束。如果兑现不能实现时,只有依靠政府命令停止兑现,所以,这种兑现的约束也是相对而言的。在不兑换纸币流通的情况下,不再存在兑现的要求,但是中央银行的运作要受到法律法规的限制。就中央银行资产与负债的关系而言,它不需要以负债的增加为前提扩大资产业务;只要资产业务扩大,就必然有等额的负债增加。因此,法律法规的限制对中央银行的资产负债业务而言,约束并不是很有力。对中央银行运作真正起到强有力约束作用的是客观经济运行,也就是说,中央银行无限扩张基础货币的能力与客观经济可承受能力的矛盾,最终会通过物价上涨和货币贬值表现出来,并且这种约束是具有决定性的,这在中央银行宏观调控中会体现出来。

(三) 中央银行业务对商业银行系统存款准备金的影响

根据资产负债表编制原理,存在以下基本恒等公式:

$$资产 = 负债 + 所有者权益$$

针对中央银行的具体情况,上述公式可以表达为:

$$资产 = 存款准备金 + 其他负债 + 所有者权益$$
$$存款准备金 = 资产 - 其他负债 - 所有者权益$$

这两个公式表明:中央银行任何资产的增加(或减少),在其他项目不变的情况下,商业银行的存款准备金将增加(或减少);中央银行负债的增加(或减少),在其他项目不变的情况下,商业银行的存款准备金将减少(或增加)。可见,中央银行资产负债表上各项目的变动,决定着商业银行系统的存款准备金数额。

1. 中央银行资产业务的增加(或减少),导致商业银行系统的存款准备金增加(或减少)

(1) 购买政府证券。政府证券是中央银行进行公开市场操作的主要工具。中央银行在二级市场购买政府证券,使商业银行的存款准备金增加。中央银行购买政府证券必须开出支票付款,出售政府证券的客户收到支票后将支票存入开户银行,商业银行将支票通过中央银行进行结算。中央银行增加商业银行在其账户上的余额,即商业银行的存款准备金增加。如果,中央银行出售政府证券,则购买政府证券的客户将通过开户银行支付资金,从而使商业银行在中央银行的存款准备金账户余额减少。

(2) 再贷款和再贴现。中央银行通过发放贷款、进行贴现等方式向商业银行提供资金支持,将增加商业银行存款准备金账户的余额。

(3) 金证券和特别提款权证券。如果中央银行代表财政部购买价值100 000元的黄金,黄金成为财政部的资产,财政部发行同样价值的金证券给中央银行,金证券则成为中央银行的资产。中央银行将增加财政部账户的存款。财政部则用支票支付购买黄金的款项。卖者在得到资金后存入商业银行。商业银行把支票送交中央银行进行结算。中央银行将减少财政部的存款100 000元,等量增加商业银行在中央银行的存款准备金账户余额。因此,财政部购买黄金,中央银行增加金证券的持有,商业银行存款准备金增加。特别提款权是中央银行对国际货币基金组织创造的、由财政部持有的特别提款权的要求权。这种证券的增加和购买黄金的结果是一样的。

(4) 外汇与黄金占款。外汇与黄金是通过中央银行注入基础货币来收购的。如果注入的货币是直接向家庭和企业收购外汇与黄金,则家庭和企业在商业银行的存款增加,从而商业银行所持有的中央银行负债即存款准备金增加,扩大了商业银行贷款投放的可能性。如果是中央银行向商业银行收购黄金与外汇,则会增加商业银行的存款准备金。

(5) 中央银行其他资产业务。例如,中央银行购买自用房屋,开出支票进行支付。当支票被清算时,中央银行将增加收款银行的准备金账户余额。

2. 中央银行负债项目的增加(或减少),将减少(或增加)商业银行的存款准备金

(1) 现金。这一般是各国中央银行最大的负债业务。以美国为例,美国的纸币大部分是联邦储备券。当流通中联邦储备券增加时,表明公众需要较多的现金,商业银行通过提取在联邦储备银行账户的现金以满足客户提现的需要。这样,流通中联邦储备券增加,商业银行在联邦储备银行的存款准备金减少。

(2) 财政部存款。当企业或家庭缴纳税款时,企业或家庭的银行存款余额降低,使企业或家庭的开户银行的准备金减少相同的数量。

(3) 外国在中央银行的存款。这类存款是中央银行欠外国中央银行的款项。它的增加意味着本国企业或家庭向外国中央银行签发支票金额增加,商业银行在中央银行的存款准备金减少,而外国在中央银行的存款增加。

(4) 中央银行的其他负债。对商业银行存款准备金的作用与上述存款或现金相似。

总之,中央银行通过调整自身资产与负债业务,对商业银行系统的存款准备金数额加以影响,调节金融机构的贷款能力,进而调整货币供给量,以达到宏观调控的目标。

延伸阅读

最短的毕业演讲

诺贝尔奖经济学得主萨金特2007年在美国加州大学伯克利分校的毕业演讲,号称是"史上最短的毕业演讲",只有短短12条"常识性总结",每一条都值得深思。以下是演讲全文。

我还记得许多年前我从伯克利大学毕业时的快乐心情,但是我认为毕业演讲很长,我要言简意赅。经济学是组织化的常识性学科。以下是这门美丽的学科教给我们的宝贵

经验。

(1) 理想是丰满的,现实是骨感的。

(2) 个人和群体面临权衡取舍。

(3) 没有人比他们自己更了解他们的能力、努力和偏好。

(4) 每个人都会对激励做出反应,包括你想帮助的人。这就是为什么社会安全网并不总是如预期那样发挥作用。

(5) 平等和效率之间是有权衡的。

(6) 在博弈或经济的均衡中,人们对自己的选择感到满意。这就是为什么善意的局外人很难改变现状,无论是向着好的方向,还是向着坏的方向。

(7) 未来,你也会对激励做出反应。这就是为什么有些承诺你想许下却无法兑现。没有人会相信这些承诺,因为他们知道,以后兑现这些承诺不符合你的利益。这里的经验是:在你做出承诺之前,想一想如果环境发生变化,你是否愿意遵守它。这就是你赢得声誉的方式。

(8) 政府和选民也会对激励措施做出反应。这就是为什么政府有时会拖欠贷款或违背其他已经作出的承诺。

(9) 一代人把成本转移到下一代人身上是可行的。这就是政府债务和美国社会保障体系(而不是新加坡的社会保障体系)。

(10) 当政府花钱时,最终买单的将是人民。无论是今天还是明天,要么通过显性税收,要么通过通货膨胀等隐性税收。

(11) 大多数人希望其他人为公共产品和政府转移支付买单(尤其是对他们自己的转移支付)。

(12) 由于市场价格综合了交易者的信息,因此很难预测股票价格、利率和汇率。

复习思考题

1. 结合人民币的发行与流通,分析信用货币的特点。
2. 影响商业银行存款创造的因素有哪些?
3. 分析二级银行体制的特点。
4. 分析中央银行的资产负债业务如何影响商业银行存款准备金。
5. 结合虚拟货币的出现与发展,分析信用货币投放渠道的变化。

第十章 货币需求与货币供给

学习目标

(1) 了解货币需求与货币供给的概念，掌握不同学者提出的货币需求理论。

(2) 掌握货币层次划分的依据以及我国货币层次的具体划分。

(3) 掌握货币乘数，了解货币供给相关理论。

能力目标

(1) 能比较不同学派货币供求理论的差别，并分析与货币供求理论相关的经济政策。

(2) 掌握货币乘数的计算，能结合实际经济运行，分析影响货币乘数和货币供求的因素。

(3) 重点掌握凯恩斯流动性偏好理论的发展、弗里德曼货币需求理论、乔顿模型等。

案例导入

代币发行

首次币发行(Initial Coin Offering, ICO)是一种公开发行的以初始产生的数字加密货币(代币)作为回报的资金筹措方式。这里所融的“资”，不是传统意义上的人民币、美元等法定货币，而是比特币、以太坊等虚拟数字资产。

ICO是一种区块链行业术语，是一种为加密数字货币/区块链项目筹措资金的常用方式，早期参与者可以从中获得初始产生的加密数字货币作为回报。由于代币具有市场价值，可以兑换成法币，从而支持项目的开发成本。ICO所发行的代币，可以基于不同的区块链，常见的是基于以太坊和比特股区块链发行的，由区块链提供记账服务和价值共识，实现全球发行和流通。

Mastercoin(现更名万事达币)在2013年7月最早进行了ICO的区块链项目，曾在Bitcointalk论坛上成功众筹5 000比特币。Mastercoin是建立在比特币协议之上的二代币，旨在帮助用户创建和交易加密数字货币以及其他类型的智能合同。2014年7月，以太坊在国内外的人气很高，是迄今为止最大的一次ICO之一，筹措资金超过1 800万美元，同时也是除比特币以外市值最高的加密数字货币。2016年5月，ICO史上最大的众筹项目 DAO，融资额高达 1.6 亿美元。DAO 全称是 Decentralized Autonomous Organization，即“去中心化的自治组织”，是完全由计算机代码控制运作的类似公司的实体，这在人类历史上还是首次。但是，这一项目最终因受到黑客攻击，以解散退回以太币而告终。

2017 年是 ICO 项目集中爆发的一年，加密数字货币的数量直线上升。根据 CoinMarketCap 的数据统计，从 2017 年年初的 691 个项目到年末的 1 355 个项目，增长幅度达到了 93.19%，增幅近 1 倍。2018 年，加密数字货币市场全年新增 ICO 项目共计 731 个，增幅为 53.95%，较 2017 年相比增幅有所放慢。

2017 年，全球的 ICO 项目进入发展高峰期，同一时间，我国国内 ICO 市场也是异常火爆，各类 ICO 项目层出不穷，据国家互联网金融风险分析技术平台监测数据显示，截至 2017 年 7 月 18 日，监测到的国内提供 ICO 服务的相关平台共 43 家，上线并完成 ICO 的项目 65 个，其中 6、7 月上线的 ICO 项目多达 43 个。2017 年以来，通过 ICO 共募集到的 BTC 和 ETH 分别是 63 523.64 个和 852 753.36 个，按照 7 月 19 日零点的价格换算成人民币，其总价值约 26.16 亿元，远超 2016 年全年水平。

2017 年 9 月 4 日，中国人民银行领衔网信办、工信部、工商总局、银监会、证监会和保监会等七部委发布《关于防范代币发行融资风险的公告》(以下简称公告)。公告指出代币发行融资本质上是一种未经批准非法公开融资的行为，要求自公告发布之日起，各类代币发行融资活动立即停止，同时，对已完成代币发行融资的组织和个人做出清退等安排。

CoinMarketCap 数据显示，截至 2019 年 1 月 9 日，全球加密数字货币市场共有加密数字货币 2 091 种，总市值达到 1 372 亿美元。与 2018 年的 8 238 亿美元的总市值相比，整个加密数字货币市场蒸发了 7 276 亿美元，全年下跌 87.76%。

思考：代币发行与不兑现信用货币的发行有什么区别？

第一节　货币需求

一、货币需求的概念

(一) 货币需求

经济学中的“需求”，是一种能力与愿望的统一体，它包括两个基本要素：一是人们希望得到或持有；二是人们有能力得到或持有。从这个角度来说，货币需求是指人们有希望得到或持有货币的意愿，同时人们有得到或持有货币的能力。

人们持有的资产有多种形式，既有实物资产，又有金融资产。金融资产一般由货币和有价证券构成。以金融资产形式出现的财富具有不同的性质：现金的安全性、流动性最好，但却是非盈利性的金融资产；有价证券的盈利性、流动性都高于现金和存款，但风险性大。人们在选择不同的金融资产作为财富保有方式时，会考虑各种金融资产的特性，主要表现在持有现金与其他有价证券的数量和比例的不一致上。因此，货币需求就是人们把现金作为一种资产而持有的行为。

（二）货币需求量

货币需求量是指在一定时期内，社会各部门（个人、企业、政府）在既定的社会经济和技术条件下需要货币数量的总和。

1. 微观货币需求量与宏观货币需求量

微观货币需求量是指微观经济主体，即个人、家庭、企业、单位在既定的收入水平、利率水平和其他经济条件下所需要的货币数量。宏观货币需求量是从宏观经济角度进行分析，研究一个国家在一定时期内与经济发展、商品流通相适应的货币需求量。

2. 名义货币需求量与真实货币需求量

名义货币需求量是指经济主体在不考虑价格变动时的货币需求量，即用现行的价格水平——名义购买力表示的货币需求量。真实货币需求量是指经济主体所需要的货币数量扣除物价变动后的实际余额，即用货币的实际购买力表示的货币需求数量。如果将名义货币需求量减去物价变动的影响就可得出真实货币需求量。

3. 货币需求存量和货币需求流量

货币需求存量是指在一定经济运行条件下的某一确定时刻的货币需求量。货币需求流量是指在某一确定时期内经济运行过程中发生的货币需求量。通常研究货币需求量主要是考察货币需求存量，分析经济主体在特定条件下可能持有货币的数量，或者在某一特定时点上，货币需求量与货币供给量达到均衡时的条件。货币需求存量与周转次数的乘积构成流量，货币需求流量可以反映一段时期内货币需求的变动趋势。

二、影响货币需求量的因素

（一）收入状况

收入状况是决定货币需求量的主要因素，其对货币需求量的影响表现为收入数量和时间间隔两个方面。在一般情况下，货币需求量与收入数量的高低成正比。当经济主体的货币收入增加时，他们对货币的需求也会增加；当货币收入减少时，他们对货币的需求也会减少。此外，如果人们取得收入的时间间隔延长，则货币需求量增加；反之，货币需求量减少。

在图 10-1 中，t 表示时间，M 表示货币数量。假设某人将月收入在当月全部用完（并且是均匀地支出），则可将领取工资到消费完工资作为一个周期来计算。在开始时，此人的货币持有量为 M，当第一个周期结束时，他的货币持有量为零。然后他又可以在新周期开始时获得一笔和上周期相同的款项。在每个周期中，他的平均货币持有量为 $\frac{M}{2}$ 。

如果某人的月工资为 800 元，在每月支付一次工资的情况下，他的平均货币持有量就是其工资的一半，即 400 元。如果每半个月支付一次工资，虽然其月工资总额仍然为 800 元，但每次支付的工资只有 400 元，因而他的平均货币持有量就只有 400 元的一半即 200 元。

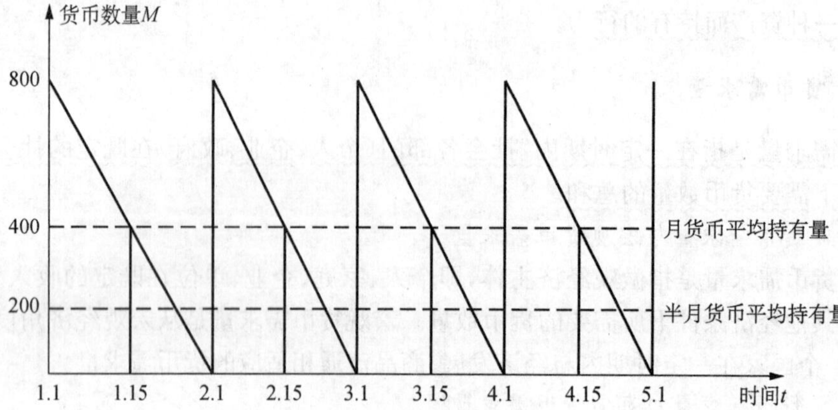

图 10-1　货币需求量与取得收入的时间间隔长短之间的关系

可见，在其他条件不变的情况下，人们的货币需求量与取得收入的时间间隔成正比变化。

（二）信用发达程度

在一个信用制度健全的国家里，货币需求量较少，因为人们容易获得贷款、现金以及采用信用交易而不必持有太多的货币；如果信用不发达，人们宁愿在手头多保留些货币以方便支付，从而增加了整个社会的货币需求量。

（三）市场利率

人们在保有财富时，可以选择持有货币或有价证券。持有货币的机会成本是放弃有价证券的较高收益，而持有有价证券的机会成本则是放弃货币的流动性。由于市场利率是有价证券价格的决定因素，一般情况下，市场利率与货币需求成负相关关系。有价证券的价格与市场利率成反比，因此，人们根据利率升降变动情况，在持有货币和持有价证券之间作出选择，从而引起货币需求量的变动。如果市场利率上升，人们因证券价格低廉而放弃持有货币，大量持有有价证券以图日后牟利，促使货币需求量锐减；如果市场利率下跌，人们因证券价格高而大量抛售，保持货币的流动性以规避风险，导致货币需求量增加。

（四）消费倾向

消费倾向是指一定时期内人们的收入中用于消费的比例。由于人们为消费需求持有货币，一般情况下，消费倾向与货币需求量呈同方向变动关系，即消费倾向大，则货币需求量也大；反之则反是。

（五）货币流通速度、社会商品可供量和物价水平

这三个因素对货币需求量的影响可用货币流通规律来加以说明。若以 Md 代表货币需求量，P 代表物价水平，Q 代表社会商品可供量，V 代表货币流通速度，则根据货币流通规律有如下公式：

$$Md = \frac{QP}{V}$$

在该公式中，物价水平和社会商品可供量同货币需求量成正比，而货币流通速度同货币需求量成反比。

（六）心理预期和偏好

心理预期和偏好都是一种心理因素，这种主观意识具有一定程度的不确定性和复杂性。一般而言，当人们预期企业利润趋增时便会增加交易性货币需求量，相反，则减少交易性货币需求量。当人们预期证券投资收益丰厚时，就会减少货币需求量而转向持有证券；预期证券投资收益微薄时，则会增加货币需求量而减少证券持有量。偏好，即全凭个人爱好或习惯。有人偏好货币，也有人偏爱其他金融资产。前者多，则货币需求量增加；后者多，则货币需求量减少。

三、货币需求理论

（一）马克思的货币需求理论

为了便于分析，马克思以完全的金币流通作为假设条件。以这个假设条件为背景，他的论证过程如下：

（1）商品价格取决于商品的价值和黄金的价值，而价值取决于生产过程，是由社会必要劳动时间决定的，所以，商品是带着价格进入流通的。

（2）商品价格有多大，就需要有多少金币来实现它。

（3）商品与货币交换后，商品退出流通，黄金却留在流通之中可以使另外的商品得以出售，一定数量的黄金流通几次，就可使相应倍数的商品出售。因此，就有公式如下：

$$\text{执行流通手段职能的货币量} = \frac{\text{商品价格总额}}{\text{同名货币的流通次数}}$$

公式表明，执行流通手段职能的货币量取决于商品的价格水平、进入流通的商品数量和同名货币的流通次数这三个因素。

马克思还分析了纸币流通条件下货币量与价格之间的关系。他指出，纸币是由金属货币衍生而来的，纸币之所以能够流通，是由于国家政权的强制力。同时，纸币本身没有价值，纸币只有处于流通时，才能作为商品价值和金币的代表。因此，纸币一旦进入流通，成为商品价值凝结的表现形式后，就不会再退出流通。在金本位制条件下，流通中可以吸收的金币量是由商品流通的客观需要所决定的，而流通中的纸币只能代表商品流通客观所需要的金币量。在这种纸币流通制度下，单位纸币所代表的金属货币量等于流通中所需要的金属货币量除以流通中的纸币总额，用公式表示如下：

$$\text{单位纸币所代表的金属货币量} = \frac{\text{流通中所需要的金属货币量}}{\text{流通中的纸币总额}}$$

该公式说明，货币供给量对货币币值以及物价起反作用，商品价格水平会随纸币数量的增减而涨跌。

（二）古典货币数量理论

1. 交易方程式

美国经济学家费雪提出著名的交易方程式，又称费雪方程式。在1911年出版的《货币的购买力》一书中，他从货币充当交易媒介的角度出发，认为货币的唯一功能是充当交易媒介，货币数量是一定时期流通的用作交易媒介的货币量，因此，一定时期内社会所需要的货币总值必定等于同期内参加交易的各种商品和劳务的价值总和，即：

$$MV = PT$$

其中，M 代表货币数量，V 代表货币流通速度，P 代表加权平均的一般物价水平，T 代表交易总量。

该公式的右边是交易总值，左边是货币总值。费雪假设货币流通速度是由社会惯例、个人习惯、技术发展以及人口密度等因素决定的，在短期内是稳定的，在长期内变动也很慢。在充分就业条件下，交易总量变动极小，一般物价水平的变化由其他因素决定，而物价水平对其他因素没有影响。

在此假设下，费雪认为，货币需求量决定于名义收入水平导致的交易水平和人们交易的方式。人们之所以需要货币，仅仅因为货币是一种交易媒介，便于商品和劳务交易。由于该公式强调货币的交易媒介职能，因此被称为现金交易说。

2. 剑桥方程式

英国剑桥大学的一些经济学家，如马歇尔、庇古、凯恩斯、罗伯逊等，提出了“剑桥方程式”，即现金余额说，其公式如下：

$$M = KY \text{ 或 } M = KPy$$

其中，M 代表货币需求量，K 代表人们愿意以通货形式持有的财富占总财富的比例，Y 代表名义国民收入，P 代表物价缩减指数，y 代表实际国民收入，且 $Y=Py$。

一般情况下，人们把收入和财产的一部分用货币形式持有，另一部分用非货币形式持有。人们愿意持有货币的数额是人们在持有货币获得收益、进行投资获得收益以及用于消费获得享受三者之间权衡的结果。

3. 费雪方程式与剑桥方程式的区别

（1）对货币需求量的分析视角不同。费雪方程式将货币需求量与货币支出流量联系在一起，重视货币支出的数量和程度；而剑桥方程式则是从货币形式保有资产存量的角度考虑货币需求量，重视这个存量占收入的比例。

（2）对货币需求分析的侧重点不同。费雪方程式强调的是货币作为交易媒介的职能；而剑桥方程式则强调货币作为储藏手段的职能，把分析重点放在货币作为一种资产上。

（3）所强调的决定货币需求量的因素不同。费雪方程式用货币数量的变动来解释价格，反过来，在交易总量一定和价格水平一定时，也能在既定的货币流通速度下得出一定的货币需求结论。剑桥方程式则是从微观角度进行分析。出于经济考虑，人们对于保有货币有个满足程度的问题。持有货币要付出代价，比如不能带来收益等。微观主体在这种比较中决定对货币的需要。剑桥方程式中的货币需求量决定因素多于费雪方程式，特别是利率的作用已成为剑桥方程式中不容忽视的因素之一。

(三)凯恩斯货币需求理论的发展

1. 鲍莫尔模型(平方根模型)

美国经济学家鲍莫尔在《现金的交易需求:存货的理性分析》一文中,运用存货理论来说明交易性货币需求并不是如凯恩斯在《就业利息和货币通论》中所说的只取决于收入,它还取决于利率的高低。所以,鲍莫尔发展了凯恩斯的交易性货币需求理论,他指出,交易性货币需求不仅是收入的函数,同时也是利率的函数。

鲍莫尔认为,人们之所以持有货币是为了在交易时进行支付。如果持有的货币过少,就会在有交易需求时陷入困境,使交易无法正常进行。但是,持有货币会发生利息损失。因此,人们的交易性货币需求的持有量既要满足交易的需要,又要使持有货币所发生的利息损失为最小。这样,交易性货币的持有量就成为一种最优化行为。

鲍莫尔认为,企业或个人在其货币收入和支出的时间间隔内,将大部分资产暂时转化为生息资产的形式,到支出时再陆续转换成现金。非现金资产变为现金,需要一定的手续费。但只要利息收入超过手续费就有利可图。利率越高,利息超过手续费的可能性就越大,平均的现金持有就会越少,现金的交易需求也同样是利率的递减函数。

鲍莫尔做了如下假设:第一,人们有规律地每隔一段时间获得一定的收入(Y),支出是连续和均匀的;第二,一律采取购买政府短期债券的形式;第三,每次出售债券与前一次出售的时间间隔及每次的出售量(K)相等。

每一次获得现金(出售债券)的手续费是 b,以 r 表示利率,则持有债券的总成本(C)包括出售债券的费用和持有货币的机会成本。

保存现金的总成本为:

$$C=\frac{bY}{K}+\frac{rK}{2}$$

求 K 的一阶导数,并令其为零,以求得 C 最小时的 K 值,即:

$$\frac{\partial C}{\partial K}=-\frac{bY}{K^2}+\frac{r}{2}=0$$

解此式得:

$$K=\sqrt{\frac{2bY}{r}}$$

这就是著名的平方根公式。它表明,当交易量或手续费增加时,现金余额将增加,而当利率上升时,现金余额将下降。这种变化是不成比例的,交易性货币需求的收入弹性和利率弹性分别为 0.5 和 −0.5。也就是说,交易性货币需求与收入成正比,而与利率成反比。

鲍莫尔模型对西方货币理论产生了重大影响。众多学者在研究货币理论和货币政策问题时都论及该理论,但褒贬不一。对该模型的肯定之处是,从人们保持适度的现金用于交易,而将暂时闲置的现金用于获利的角度出发,得出交易性货币需求在很大程度上受利率变动影响的结论,具有普遍的适用性。这是对凯恩斯货币交易需求理论的重要发展。该模型的结论还可应用于国际金融领域。因为国际储备如同经济单位的现金存量,也具有规模经济的特征，因此国际储备不必与国际贸易量成同一比例增减，并且在国际经济交往中用一种普遍的国际货币，可以节省国际支付的交易成本。不少批评意见认为该模型忽略了影响货币交易需求的一些重要因素，如时间价值、通货膨胀、货币界定、支付制度和条件、金融创新等，致使模型有失偏颇；货币需求对交易量的弹性并不是一个常数，而是一个变数，这个变数的具体数在0.5和1之间。

2. 惠伦模型(立方根模型)

惠伦认为，预防性货币需求来自事物的不确定性。一个人无法保证他在某一时期内的货币收入与支出完全一致，不能排除实际生活中发生不测之事面临需要货币的可能性。因此，为稳妥起见，人们实际持有的货币总是大于预计的净支出需要量，这个超额部分就是出于预防性的货币需求。决定人们预防性货币需求大小的因素主要有两个：一是持币的成本；二是收入和支出状况。因为只有当收入和支出的差额(净支出)超过持有的预防性现金余额时，才需要将非货币性资产转化为货币，而这种可能性出现的概率分布受每次收入和支出数额、次数变化的影响，所以，收入和支出状况会引起预防性货币需求的变化。

假设M代表预防性货币需求的最佳持有额，r代表利率，$M\times r$代表持币的机会成本；P代表转换现金的次数，S代表货币支出的标准差，C代表每次转换现金的手续费，令$P=\frac{S^2}{M^2}$，则转换成本是$CP=\frac{CS^2}{M^2}$。持币总成本是机会成本加上转换成本，最优持币数额就是总成本最低时。

令T为持币总成本，$T=M\times r+\frac{CS^2}{M^2}$。对该式求$M$的一阶导数，得到：

$$\frac{dT}{dM}=r-\frac{2CS^2}{M^3}$$

持币总成本最低时，该公式一阶导数的值为0。解此式可以得到预防性货币需求的最佳持有额公式，即惠伦模型，又被称为立方根模型：

$$M=\left(\frac{2CS^2}{r}\right)^{\frac{1}{3}}$$

惠伦模型的结论是：第一，最佳预防性货币余额的变化与货币支出分布的方差(S^2)、转换现金的手续费(C)和持有货币的机会成本(利率r)呈立方根关系；第二，预防性货币需求对收入和支出的弹性为$\frac{1}{3}$，收入和支出每增加1个单位，则预防性货币需求增加$\frac{1}{3}$个单位；第三，预防性货币需求与利率呈反方向变动关系，利率越高，机会成本越大，此项货币需求越小。预防性货币需求的利率弹性为$\left(-\frac{1}{3}\right)$，即在其他因素不变时，利率每上升1个百分点，则预防性货币需求下降$\frac{1}{3}$个百分点。惠伦模型论证了预防性货币需求受利率影响的观点，修正了凯恩斯关于预防性货币需求对利率不敏感的观点。

对于惠伦模型，西方经济学界认为其基本结论比较符合现实经济中的一般情况，特别是证明了预防性货币需求对利率的敏感性有较大的政策意义，但认为该模型把预防性货币需求看作是固定的，只做了静态的定量分析是不够的。一些学者认为预防性货币需求实际上是一种随机变量，与影响其变化的因素不存在固定的立方根关系，其收入和支出弹性、利率弹性也不应是一个固定的数值，而应在一个弹性区间内变动。

3. 托宾的资产组合理论

凯恩斯在货币投机需求理论中认为，人们对未来利率变化的预计是自信的，并在自信的基础上决定自己持有货币还是保持债券，由于各人预计不同，因此总是有一部分人持有货币，另一部分人持有债券，两者择其一而不是两者兼有。然而现实情况却是，投资者对自己的预计往往是犹豫不定的。一般人都是既持有货币，又持有债券。美国耶鲁大学教授托宾提出的模型主要研究在对未来预计不确定的情况下，人们怎样选择最优金融资产组合，称为资产组合理论。1981 年，托宾因资产组合理论获得诺贝尔经济学奖。

托宾认为，资产的保存形式有两种：货币和债券。债券称为风险性资产；货币称为安全性资产。风险和收益同方向变化，同步消长。对待风险的态度不同，做出的决定也不同，因此，托宾将人们分为三种类型：风险回避者、风险爱好者和风险中立者。托宾认为，现实生活中前两种人只占少数，绝大多数人都属于风险中立者，资产组合理论就以他们为主进行分析。

托宾认为，收益的正效用随着收益的增加而递减，风险的负效用随风险的增加而增加。若资产构成中只有货币而没有债券，为了获得收益，人们会把一部分货币换成债券。但随着债券比例的增加，收益的正效用递减而风险的负效用递增，当新增加债券带来的收益正效用与风险负效用之和等于零时，人们就会停止将货币换成债券的行为。同理，若全部资产都是债券，为了安全，人们就会抛出债券而增加货币持有量，直到抛出的最后一张债券带来的风险负效用与收益正效用之和等于零时为止。只有这样，人们得到的总效用才能达到最大。这也就是资产分散化原则，如图 10-2 所示。这一理论说明在不确定状态下，人们同时持有货币和债券的原因，以及对两者在量上进行选择的依据。

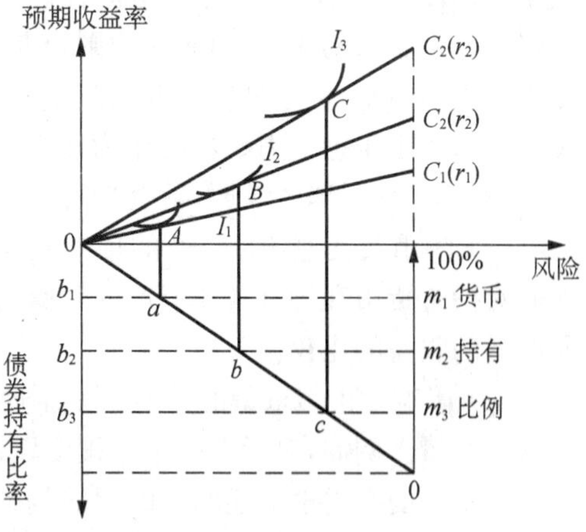

图 10-2 资产分散化原则

图 10-2 说明 A、B、C 都是人们资产组合的均衡点，即风险负效用等于收益正效用之点。从这些均衡点的变化中可见，利率越高，预期收益越高，而货币持有量比例越小，证实了货币投机需求与利率之间存在着反方向变动的关系。托宾还论证了货币投机需求的变动是通过人们调整资产组合实现的。这是由于利率的变动引起预期收益率的变动，破坏了原有资产组合中风险负效用与收益效用的均衡，人们重新调整自己资产组合的行为，导致了货币投机需求的变动。所以，利率和未来的不确定性对于货币投机需求具有同等重要性。

托宾的资产组合理论虽然较凯恩斯的货币需求理论更切合现实，但许多西方学者也指出该理论存在着许多不足之处。例如，该理论忽略了物价波动的因素；只包括两种资产，即货币和债券，不包括其他金融资产，这显然与当代金融的实际情况不符。

（四）弗里德曼的现代货币数量理论

1. 货币需求函数

弗里德曼在1956年发表的《货币数量说的重新表述》一文中，给货币数量说以新的解释，因此被称为新货币数量说或现代货币数量理论。他在这篇论文中对影响人们的货币保有量，即货币需求量的各种因素进行了深入的分析，并得出货币需求函数。弗里德曼认为，影响货币需求量的因素有以下四个方面：

（1）财富。弗里德曼把货币看成是人们持有财富的一种形式，它同债券、股票、耐用消费品、房屋及机器一样都是资产。因此，人们在考虑如何保有自己的财富时，就要选择持有的资产是货币形式还是其他形式。根据弗里德曼的分析，影响人们货币需求量的首要因素是预算约束，也就是说，个人所持有的货币以其总财富量为限。总财富是各种资产形式的总和。由于总财富很难直接计算，所以弗里德曼便用收入作为财富的代表。但是，可以表示财富状况的当期收入常常发生变动，于是他又提出了恒久性收入的概念，作为总财富代表。恒久性收入是指过去、现在和将来的收入的平均数，即长期收入的平均数。

（2）人力财富和非人力财富两者构成的比例。人力财富也称为人力资本，它是人们在将来获得收入的能力；而非人力财富是指各种物质资本或物质财富。人力财富可以转化为非人力财富，但这种转化要受到诸多条件的限制。例如，当劳动力需求很小（即出现失业）时，就很难把人力财富转化为非人力财富。因此，若总财富中人力财富所占比例较大，人们为了应付紧急需要，就会持有较多的货币；反之，则只需持有较少的货币。

（3）货币及其他各种资产的预期收益率。人们持有多少货币，在很大程度上决定于人们对持有货币和持有其他资产的利弊得失的权衡，特别是对持有货币和持有其他资产所取得的收益的比较。

（4）影响货币需求量的其他因素。这类因素是指除收入以外的影响货币效用的其他因素或变量。例如，对货币的偏好程度以及人们对未来经济稳定的预期等。

弗里德曼在讨论上述四个因素的基础上，提出了他的货币需求函数：

$$\frac{M}{P}=f(y,w,r_m,r_b,r_e,gP,u)$$

该公式中，M代表个人财富持有者保有的货币量，即名义货币需求量；P代表一般物价水平；$\frac{M}{P}$代表个人财富持有者持有的货币所能支配的实物量，即货币的实际需求量；y代表恒久收入，即预期的平均长期收入；w代表非人力财富占总财富的比例；r_m代表货币的预期名义收益率；r_b代表债券的预期收益率；r_e代表股票的预期收益率；gP代表物价水平的预期变动率，也就是实物资产的预期收益率；u代表其他影响货币需求量的综合因素，如偏好、心理预期等。

2. 货币需求函数的特点

弗里德曼货币需求函数的特点主要是，强调恒久性收入对货币需求量的主导作用。弗里德曼认为，货币需求同消费需求一样，主要由恒久性收入决定。由于恒久性收入在长期内取决于生产力发展状况（如生产技术水平、人口、物质资源及其利用状况等），其变动是相对平稳的，所以受恒久性收入支配的货币需求量也是稳定的，货币流通速度的变化也是不大的。既然如此，就必须以稳定的货币需求函数为基础，从货币供给量的变动来研究货币对产量和物价的影响。

弗里德曼货币需求函数认为持有货币的机会成本对货币需求量的影响极小，r_m、r_b、r_e决定于市场利率，而实际统计资料表明货币需求量对利率变化的敏感性很差。统计资料还表明，物价变动率只有在幅度很大、持续时间很长的情况下，才会影响货币需求量。

弗里德曼货币需求函数的另一个特点是，强调货币需求量通过货币数量影响总支出和实际产量，并认为现金余额的变化将影响广义的资产和利率，从而将货币数量的变动传导至对产成品的需求上。因此，弗里德曼主张采取稳定货币供给的货币政策，以防止货币本身成为经济波动的原因，只有避免采取剧烈的和反复无常的改变货币政策的调节方向，才能给经济提供一个稳定成长的条件。

3. 弗里德曼货币需求函数与凯恩斯货币需求理论的区别

(1) 在凯恩斯的货币需求理论中，利率仅限于债券利率，收入为即期的实际收入水平。而在弗里德曼的货币需求函数中，利率则包括各种财富的收益率，收入则是具有高度稳定性的恒久收入，是决定货币需求的主要因素。

(2) 凯恩斯认为，利率是决定货币需求的重要因素。而弗里德曼则认为，货币需求的利率弹性较低，即对利率不敏感。

(3) 凯恩斯认为，货币流通速度与货币需求函数不稳定。而弗里德曼则认为，货币流通速度与货币需求函数高度稳定。

(4) 凯恩斯认为，国民收入是由有效需求决定的，货币供给量对国民收入的影响是一个间接作用的过程，即经由利率、投资及投资乘数作用而作用于社会总需求和国民收入。弗里德曼则认为，由于货币流通速度是稳定的，货币流通速度的变动则直接引起名义国民收入和物价水平的变动，所以货币是决定总支出的主要因素。

第二节 货币供给

一、货币供给与货币供给量

(一) 含义

1. 货币供给

货币供给是指货币供给主体向社会公众供给货币的经济行为。在现代经济社会中，能够向社会公众提供信用货币(基础货币和存款货币)的主体有中央银行、存款货币银行以及其他存款性金融机构。全社会的货币供给量都是通过这些金融机构的信贷活动而形成的。例如，中央银行根据社会需要发行基础货币，商业银行向企业发放贷款，同时增加企业的存款货币等，使流通中的货币增加，即货币供给量扩大；反之，当基础货币回笼到中央银行，或商业银行收回贷款，企业存款货币减少，即货币供给量收缩。基础货币供给与存款货币供给是两个相互区别又相互联系的过程，总的来说，这个过程是由中央银行和商业银行共同完成的。它以中央银行供给基础货币为起点，以商业银行运用基础货币为中间环节，以非银行部门转移、结算货币为终点，形成一个复杂的货币供给系统。

2. 货币供给量

货币供给量是指在企业、个人以及各金融机构中的货币总存量，具体可划分为若干层次，如 M_0 是现金，M_1 是现金和活期存款；M_2 是 M_1 加上准货币。货币供给量是一个时点数，是一定时刻的货币数量。常见的货币供给量分为名义货币供给量和实际货币供给量。名义货币供给量是指在一定时点上，不考虑物价因素影响的货币存量。实际货币供给量则考虑了物价因素的影响。若将名义货币供给量用 M 表示，则实际货币供给量就是 $\frac{M}{P}$。

（二）货币层次划分

1. 货币层次划分的依据

在信用制度发达的现代经济社会，有许多资产发挥着货币的职能，从而在一定程度上具有"货币性"。例如，被称为"金边债券"的国库券在金融市场上很容易转换成现金或银行存款，交易成本低，有很好的接受程度。这种与现金、银行存款有高度替换性的工具，是否应该列在"货币"的范畴？同时，虽然国库券很容易被转换成现金和银行存款，但是，它又不能简单地等同于现金与银行存款。例如，你可以用银行存款购买生活用品，却不能用国库券去购买商品。因此，有必要对货币供给量中的各种货币按照一定标准进行划分。

各国对货币层次的划分标准不尽相同，但都是以货币的流动性为主要依据。货币的流动性是指某种能够充当货币的资产转换为现金或银行存款的能力高低，包括交易成本的大小。转换成本越低、时间越短、损失越小，该资产的流动性越高，货币层次也就越高。反之，货币层次就越低。而且，货币层次的划分要有利于宏观监测和调控。至于具体的货币层次以及各层次的组成内容，往往因一国经济、金融发达的程度不同而有所区别。

2. 我国货币层次的划分

中国人民银行从 1994 年第三季度开始按季向社会公布货币供给量的统计数据。《中国人民银行货币供给量统计和公布暂行办法》中规定：货币供给量是一国在某一时点流通手段和支付手段的总和，一般表现为金融机构的存款、流通中的现金等负债，即除财政和金融机构外，企业、居民、机关团体等经济主体的金融资产。根据货币层次划分的流动性的要求，结合中国实际情况，中国的货币层次的划分如下：

M_0 ＝流通中现金

M_1 ＝M_0 ＋企业活期存款＋机关团体部队存款＋农村存款＋个人持有的信用卡类存款

M_2 ＝M_1 ＋城乡居民储蓄存款＋企业定期存款＋外币存款＋信托类存款＋临时存款＋财政预算外存款＋证券公司客户保证金＋非存款类金融机构在存款类金融机构的存款＋住房公积金

$M_3 = M_2$ ＋金融债券＋商业票据＋大额可转让定期存单＋同业存放

2001年，证券公司客户保证金存款计入货币供给量 M_2。2011年10月起，中国人民银行将非存款类金融机构在存款类金融机构的存款和住房公积金存款纳入广义货币供给量 M_2 的统计范围，因为上述两类存款规模已较大，对货币供给量的影响也较大。

M_1 是狭义货币供给量，M_2 是广义货币供给量，两者之差是准货币。M_3 是因为金融创新带来的新工具层出不穷而设计的，目前不公布有关数据。由于城乡居民的活期存款还不能签发支票直接用于支付，因此不包括在狭义货币供给量之中，但信用卡账户上的活期存款除外。

3. 社会融资规模

所谓社会融资规模，即一定时期内(月度、季度和年度)实体经济从金融体系所获得的资金总额。社会融资规模与 M_2 类似于资产负债表的两端，社会融资规模表示资产的运用，M_2 表示资产的来源。中央银行发行货币(以广义货币 M_2 来表示)时，金融机构拿到货币来满足实体经济的融资需求，货币则通过银行业务(本外币贷款)、非银行金融机构(委托贷款、信托贷款以及未贴现票据)、资本市场(股票市场和债券市场)以及其他渠道进入实体经济。简而言之，社会融资规模可理解为金融体系的资产、实体经济的负债；M_2 则可理解为金融体系的负债、中央银行的资产。

社会融资规模增量是指一定时期内实体经济从金融体系获得的资金额。社会融资规模存量是指一定时期末(月末、季末或年末)实体经济从金融体系获得的资金余额。数据来源于中国人民银行、银监会、证监会、中央国债登记结算有限责任公司、银行间市场交易商协会等部门。

社会融资规模的口径和范围包括以下内容：

(1) 金融机构表内贷款：人民币贷款和外币贷款。

(2) 金融机构表外贷款：委托贷款、信托贷款和银行承兑汇票。

(3) 直接融资：企业债券和非金融企业境内股票融资。

(4) 其他：存款类金融机构资产支持证券、贷款核销与地方政府专项债券。

表10-1是2018年社会融资规模增量的情况。

表10-1　2018年社会融资规模增量的情况

月份	1月	2月	3月	4月	5月	6月
增量(亿元)	30 793	11 894	15 864	17 761	9 533	14 877
月份	7月	8月	9月	10月	11月	12月
增量(亿元)	12 244	19 412	21 701	7 430	15 191	15 898

4. 货币层次划分与经济运行的联系

1970年，西方开始以货币供给量作为一国货币政策的中介指标，这使货币层次的划分具有政策操作意义。货币的层次不同，与其有密切联系的经济活动也有所不同。例如，M_0 的变化主要反映并影响中国消费市场的供求和价格，与居民的生活联系密切；M_1 和 M_2 的变化主要和企业的行为相关，反映投资的各个环节的变化，而企业存款变化情况是货币政策的制定以及宏观调控力度的确定所依据的重要指标。

5. 金融创新对货币供给与货币层次划分的影响

1970 年以来，金融创新浪潮的掀起对货币供给产生了深远影响，可以说是金融领域的一场革命。金融创新是金融业突破传统的经营方式和范围，采用新的技术，开办新的业务，创造新的金融工具，建立新的金融机构，开拓新的金融市场，最终形成新的运行机制。计算机和通信技术在金融领域的运用以及规避严格的金融监管是推动金融创新的主要原因。

中央银行对金融机构的经营进行监管，是为了控制全社会的货币供给量，以达到宏观调控的目标，所以，金融创新可以帮助金融机构合法地规避中央银行的种种限制，摆脱中央银行施加的强制性影响，必然影响到中央银行对货币供给量控制以及货币政策操作的有效性。这就是金融创新为什么会影响货币供给量的深层次原因。

1970 年，金融机构受到的管制措施主要有：只有商业银行才能吸收活期存款；商业银行对活期存款不能支付利息；储蓄存款和定期存款不能开支票；活期存款的法定存款准备金率高于储蓄存款和定期存款；商业银行不得经营投资银行的业务；储蓄存款和定期存款的利息有最高限额的规定。金融机构利用法律的漏洞和新的技术开展了一系列的创新活动。以金融工具为例，下列金融创新品种直接影响货币供给量和货币层次的划分：自动转账账户、可转让提款通知书、大额定期存单、回购协议、货币市场互助基金、货币市场存款账户、超级可转让提款通知书、信贷协会股金提款账户等。

商业银行通过金融创新，开拓更多的资金来源渠道，增强了经营的灵活性和竞争力，减少对中央银行资金的依赖和再贴现利率对自身的影响，削弱了货币控制措施的力度。

美国联邦储备体系以“货币性”与“流动性”来定义货币。货币性是指一种资产能作为交易媒介的性质。流动性是指一种资产能以较低的成本迅速地转换成现金的能力，即转变成交易媒介的能力。金融创新对货币定义的影响，在于它改变了作为交易媒介的资产和具有高度流动性资产的构成。

美国货币层次的划分中，狭义货币 M_1 反映能够执行交易媒介职能的资产，M_2 和 M_3 等广义货币则根据金融资产转变为交易媒介，即转变成狭义货币的难易程度来确定，M_2 比 M_3 更容易转变为 M_1。金融创新的品种，如自动转账账户、可转让提款通知书等也具有交易媒介的功能，它们的出现，使 M_1 与 M_2 层次的内容得到进一步扩充。但是，金融创新的品种往往引起人们的争论：究竟把它们列在哪一个层次。这些工具往往既有交易媒介的职能，也有一定的支付手段职能。

金融创新不仅丰富了各层次货币的内容，使每一层次货币包含的种类大大增加。层出不穷的新品种提高了多种货币的流动性，使各层次之间原较为明确的区分界限日渐模糊。金融创新对货币层次划分的影响，使各层次货币与经济运行之间的联系有所改变，也使中央银行货币供给调控的重点处于不断地调整中。

二、基础货币与货币乘数

（一）基础货币

1. 基础货币的定义

基础货币又称强力货币、高能货币，是商业银行的存款准备金和公众持有的现金。

在货币供给机制中，基础货币是存款货币得以倍数扩大的源泉所在，是支撑整个货币供给过程的基石。假设在某一时期，中央银行的资产与负债业务保持不变，即不再向商业银行和社会公众提供新的负债，则商业银行存款准备金的增加和减少直接受到社会公众所持的现金的减少和增加的影响。如果社会公众对现金的需求增加，他们就会从商业银行提取现金。在商业银行资产与负债业务一定的情况下，为了满足公众提现的要求，商业银行或是动用库存现金，或是动用在中央银行的存款准备金。这两种行为都会使商业银行的存款准备金减少。反之，如果公众对现金的需求降低，将持有的现金存入商业银行，则会使商业银行存款准备金增加。

2. 影响基础货币变动的因素

无论是银行体系之外的社会各部门持有的通货，还是银行体系内保存的存款准备金，都是中央银行的货币性负债，是中央银行创造的基础货币。因此，基础货币的规模，可以在中央银行的资产负债表上反映出来，其变动也可以在资产和负债项目的变动中观察到。

在其他条件不变的情况下，中央银行资产负债表上资产项目余额的增加或负债项目余额的减少，表示中央银行资金运用的增加或者存入中央银行的款项减少，都会使基础货币量增加。相反，中央银行资产项目余额减少或负债项目余额增加，则会使基础货币量减少。表 10-2 是简化了的中央银行资产负债表。

表 10-2 中央银行资产负债表(简表)

资 产		负 债	
政府债券	A_1	流通中的现金	C
政府部门放款	A_1	金融机构存款	R
商业银行借款	A_2	财政性存款	L_1
黄金外汇占款	A_3	外国存款	L_2
国际金融机构的资产及其他资产	A_4	其他负债	L_3
		资本项目	L_4
合计 $\sum_{i=1}^{4}A_i$		合计 $C+R+\sum_{i=1}^{4}L_i$	

1) 对国外部门债权债务关系的变化

对国外的债权债务净额大小，是与一国国际收支特别是外汇储备的变化密切联系的。当中央银行对国外的债权(资产)增加时(如外汇储备增多)，意味着基础货币从中央银行流出，社会的基础货币量增加；相反，当中央银行对国外的债权(资产)减少时(如外汇储备减少)，则意味着中央银行通过对外汇购买的方式向社会注入的基础货币减少。尽管对外收支状况与基础货币的供给有着密切的联系，影响着基础货币量的变动，但是这种变动并不完全受控于中央银行的货币政策措施。

2) 对政府债权债务关系的变化

中央银行作为政府的银行，与政府的财政部门有着十分密切的联系。由于中央银行代理国库，财政赤字(或盈余)以及与之相关联的财政存款的增减，都将直接引起中央银行基础货币量的变化。一般来说，中央银行对政府的债权(资产)增加，则意味着基础货币从中央银行流出，使社会的基础货币量增加；相反，中央银行对政府的债权（资产）减少，债务（负债）增加，则意味着基础货币从社会流入中央银行，使社会的基础货币量减少。

3）对金融机构债权债务关系的变化

当中央银行对金融机构的债权（资产）增加（即贷款、再贴现规模的增加），意味着基础货币从中央银行流出，金融机构的存款准备金增加，从而使社会的货币供给量增加；相反，当中央银行对金融机构的债权（资产）减少，则使基础货币量减少，从而使社会的货币供给量减少。

4）其他债权债务关系的变化

其他债权债务是指中央银行资产负债表上的其他资产负债科目，其他债权（资产）增加意味着基础货币量的增加；其他债权（资产）减少，则意味着基础货币量减少。同样，债务（负债）增加，基础货币量减少；债务（负债）减少，基础货币量增加。

（二）货币乘数的定义

货币乘数是货币供给量与基础货币之间的一种对应关系，表示货币供给量相对于基础货币的伸缩倍数，即中央银行增加或减少一个单位的基础货币，使货币供给量相应增加或减少的数额。例如，如果中央银行增加投放一个单位的基础货币量，通过商业银行等金融机构派生机制的作用，使社会货币供给量增加了 2 个单位，则货币乘数为 2。

把货币供给量与基础货币相比较，就形成最基本的货币供给模型。基础货币用字母 B 表示，货币供给量用字母 M 表示，货币供给量与基础货币之间的倍数关系用 m 表示，即货币乘数，则有以下的基本公式：

$$M = B \times m$$

不同的货币层次对应不同的货币乘数：

$$M_1 = B \times m_1,\ M_2 = B \times m_2$$

三、货币供给理论

（一）信用创造论

信用创造论的先驱者是 18 世纪的约翰·劳，主要代表人物是 19 世纪末的麦克鲁德和 20 世纪初的熊彼特、哈恩等。

信用创造论的基本观点是：银行的功能在于为社会创造信用。银行能够超过它吸收的存款额进行放款，而且能够用放款的办法创造存款。因此，银行的资产业务优先于负债业务，且资产业务决定负债业务。银行通过信用创造，能为社会创造出新的资本，推动国民经济的发展。信用创造论从技术上描述了银行信用对货币流通的经济过程的影响，并且提出了信用制度下货币供给方式和货币倍数扩张的原理，这对中央银行制度的完善和对货币量的调控提供了理论依据，对后来的经济学家深入研究货币信用起到了很好的启发作用。

（二）凯恩斯的货币供给理论

凯恩斯认为，货币是国家的创造物，货币供给是由中央银行控制的外生变量，其变化会影响经济运行，但自身却不受经济因素的制约。中央银行调节货币供给量的主要方法是公开市场业务。一方面，中央银行通过在公开市场上买卖证券可以直接增加或减少货币供给的绝对量；另一方面，中央银行通过在公开市场上买卖证券可以改变社会公众对未来的预期，特别是改变社会公众的投机性货币需求，进而影响总需求，从而达到间接增加或减少货币供给的相对量的目的。

（三）弗里德曼—施瓦茨的分析

弗里德曼与施瓦茨于 1963 年出版了《1867—1960 年美国货币史》，通过对美国近 100 年货币史的实证研究，提出了一种货币供给决定模型，分析了各种主客观因素对货币供给的影响。根据定义，货币存量 (M)＝通货(C)＋活期存款(D)，基础货币(B)＝通货(C)＋存款准备金(R)。分子、分母同时除以 D，得到：

$$m=\frac{M}{B}=\frac{C+D}{C+R}=\frac{1+\frac{C}{D}}{\frac{C}{D}+\frac{R}{D}}$$

另一种表达是，分子、分母先同时除以 C，再同时乘上$\frac{D}{R}$，得到：

$$m=\frac{C+D}{C+R}=\frac{\frac{D}{R}(1+\frac{D}{C})}{\frac{D}{R}+\frac{D}{C}}$$

可以看出，与货币乘数密切相关的有两个比率：$\frac{C}{D}$或$\frac{D}{C}$、$\frac{R}{D}$或$\frac{D}{R}$。$\frac{C}{D}$是通货与活期存款之比，$\frac{R}{D}$是存款准备金与活期存款之比。加上基础货币这个关键因素，决定货币供给的有三个因素：基础货币、$\frac{C}{D}$ 以及$\frac{R}{D}$，这三个因素分别与中央银行、社会公众和商业银行的行为相关。因此，货币供给中，中央银行不是唯一的决定因素。

$\frac{C}{D}$ 表示通货占活期存款的比重，首先反映了人们的消费习惯。相对来说，越富有的人越倾向于用支票、信用卡、转账结算等，而收入较低的人则习惯用现金消费。虽然目前支付宝与微信支付在我国已经较为普及，但是，中国的现金比率下降速度缓慢。其次，反映了银行体系的运作情况以及银行系统现代化程度。如果有高效安全的银行转账与结算系统，则大部分资金的转移会通过银行，现金的使用范围会有明显降低。除此以外，银行系统的计算机与现代通信技术的广泛使用，也会推动更多人通过银行结算，如网上银行、手机银行等，以享受银行安全、快捷的服务。最后，反映了中央银行对现金使用的管理。一般来说，对现金的使用，或多或少都会有一些限制。例如，有的国家对大额支付不得使用现金有明确规定；在不少国家包括中国，实行储蓄实名制。

$\frac{R}{D}$表示存款准备金与活期存款的比，这取决于公众对银行信用的需求、商业银行创造存款的意向以及中央银行对商业银行存款创造能力施加的影响与调控。在讨论存款创造过程时，假设商业银行的资金除了法定存款准备金以外，全部贷放出去，商业银行存款创造才能循环往复地继续下去。如果社会公众对贷款的需求较小，商业银行的贷款发放会受到阻碍，存款创造的能力就会下降。同时，商业银行本身也要遵循盈利性、安全性、流动性的经营原则，贷款的发放不是盲目的、毫无节制的，这种自我约束机制的存在也影响到存款创造以及货币供给。中央银行根据宏观调控的需要，可以通过多种手段调节商业银行的派生能力。

（四）卡甘模型

菲利普·卡甘是美国著名的经济学家，他系统地研究了美国货币存量的主要决定因素，并于1965年出版了专著《1875—1960年美国货币存量变化的决定及其影响》，这一研究成果是对近100年来美国货币供给量决定因素的最全面、最深入的分析。

$$M=C+D \quad D=M-C \quad \frac{D}{M}=1-\frac{C}{M} \quad \frac{R}{M}=\frac{R}{D} \quad \frac{D}{M}=\frac{R}{D}(1-\frac{C}{M})$$

$$\frac{B}{M}=\frac{C+R}{M}=\frac{C}{M}+\frac{R}{M}=\frac{C}{M}+\frac{R}{D}(1-\frac{C}{M})=\frac{C}{M}+\frac{R}{D}-\frac{R}{D}\times\frac{C}{M}$$

$$m=\frac{M}{B}=\frac{1}{\frac{C}{M}+\frac{R}{D}-\frac{R}{D}\frac{C}{M}}$$

根据卡甘模型的定义，$\frac{C}{M}$和$\frac{R}{D}$两项的值均小于1，因此，两项之积的值必小于其中任意一项的值。所以，其中一项的上升必然使货币乘数缩小，从而引起货币供给量减少；其中一项的下降又必然使货币乘数增大，从而引起货币供给量扩张。

（五）乔顿模型

20世纪60年代末，美国经济学家乔顿发展了弗里德曼—施瓦茨和卡甘的货币供给理论，导出了较为复杂的货币乘数模型。以下是乔顿模型的推导过程。

首先，假设M_1代表狭义货币（通货＋活期存款）；B代表基础货币；C代表通货；R代表商业银行准备金；D代表活期存款；T代表定期存款；E代表超额准备金；r_d代表活期存款的法定存款准备金率；e代表超额准备金率；t代表活期存款转化为定期的比重；k代表通货比，$\frac{\text{通货}}{\text{活期存款}}$，即现金漏损率；$r_t$代表定期存款的法定存款准备金率。根据假设和定义，有以下算式：

$$k=\frac{C}{D},\ t=\frac{T}{D},\ e=\frac{E}{D},$$

$$C=Dk,\ T=Dt,\ E=De$$

$$\begin{aligned}B&=C+R\\&=Dk+r_dD+r_t\times t\times D+eD\\&=D(k+r_d+r_t\times t+e)\end{aligned}$$

$$M_1=Bm_1,\ M_1=C+D$$

$$M_2=Bm_2,\ M_2=C+D+T$$

$$m_1=\frac{C+D}{C+R}=\frac{Dk+D}{D(r_d+r_t\times t+e+k)}=\frac{1+k}{r_d+r_t\times t+e+k}$$

$$m_2=\frac{C+D+T}{C+R}=\frac{Dk+D+Dt}{D(r_d+r_t\times t+e+k)}=\frac{1+k+t}{r_d+r_t\times t+e+k}$$

根据乔顿模型,影响货币乘数的因素有:

(1) 法定存款准备金比率(r_d 和 r_t)。这是中央银行根据调控需要直接决定的一个因素。r_d 和 r_t 只出现在分母,它们的值越大,货币乘数会越小;反之,货币乘数会越大。

(2) 通货比。由于分子、分母上均有 k,分别对两个层次的货币乘数求 k 的一阶导数。分子上是各种存款准备金率,存款创造的前提条件之一就是部分准备金制度,因此,分子小于0。

$$\frac{\partial m_1}{\partial k}=\frac{r_d+r_t\times t+e-1}{(r_d+r_t\times t+e+k)^2}<0$$

$$\frac{\partial m_2}{\partial k}=\frac{r_d+(r_t-1)\times t+e-1}{(r_d+r_t\times t+e+k)^2}=\frac{r_d+r_t\times t+e-1-t}{(r_d+r_t\times t+e+k)^2}<0$$

两个结果均小于0,说明在其他条件不变的情况下,k 值越大,货币乘数会越小;反之,货币乘数会越大。k 值的大小,主要取决于社会公众的资产偏好。影响 k 值的因素有:社会及政治的稳定性;社会公众对通货膨胀的预期;社会的信用发达程度和支付习惯;利率水平变动趋势。

(3) 活期存款转化为定期存款的比例。因为 m_1,t 只出现在分母上,所以,t 值越大,货币乘数就会越小;反之,货币乘数会越大。求导数的结果验证了这个结论。但是,对 m_2 求导数,其值为正,说明两者正相关。这是因为由活期存款转化而来的定期存款,稳定性好,客户一般不会提前变现,商业银行可以只保留更少的存款准备金,将更多资金投放在长期项目上。因此,对于广义货币 M_2 而言,基础货币的扩张能力提高,货币乘数是上升的。

$$\frac{\partial m_1}{\partial t}=\frac{0-(1+k)r_t}{(r_d+r_t\times t+e+k)^2}<0$$

$$\frac{\partial m_2}{\partial t}=\frac{(r_d-r_t)+e+k(1-r_t)}{(r_d+r_t\times t+e+k)^2}>0$$

t 值的大小,仍然是由社会公众的资产偏好所决定的。影响定期存款比率的因素中,除社会公众的可支配收入外,银行的定期存款利率的高低也起重要作用。

(4) 超额准备金率。e 只出现在分母上,其数值上升,货币乘数下降,即与货币乘数负相关。e 值的大小,取决于商业银行的经营决策行为。一般来说,商业银行愿意持有多少超额存款准备金,主要受以下因素的影响:持有超额存款准备金的机会成本的大小;借入资金的成本与便利程度;银行管理风险的资产流动性要求。

(六) 货币供给新论

以往货币供给理论有两个基本条件:一是只有商业银行才能同时进行存款和贷款业务,故只有商业银行才能创造存款货币;二是由于活期存款是商业银行主要的负债业务,也是它发放贷款并借以创造存款货币的基础,因此活期存款是创造存款货币的主要负债形式。这就把存款货币的创造局限在商业银行和活期存款的范围之内,因而商业银行及其活期存款成为人们分析研究的重点。随着经济的发展、新技术的运用、多元化金融机构的兴起和金融活动的创新,货币供给机制发生了很大变化,传统货币供给理论的这两个条件均被打破。

货币供给新论或新观点,是针对货币供给早先的理论而言的。其主要代表人物有詹姆斯·托宾、约翰·G·格利和爱德华·S·肖等人。

"新观点"的理论有以下几点:

(1) 非银行金融机构也具有创造信用、创造存款货币的功能。货币供给新论认为,不能认为活期存款是决定存款货币扩张的唯一负债形式,商业银行也不是唯一创造货币的机构,其他专业银行和非银行金融机构同样具有创造货币的功能,其他金融资产同样能够制约货币扩张的规模,商业银行与非银行金融机构之间在经营业务上的界限也变得越来越模糊不清并日趋消失。非银行金融机构同样可以从事存放款业务,特别是它们的经营更加灵活多样,加上当局对它们的管理比较宽松,使这些金融机构创造存款货币的能力有增无减。在扩张信用这一点上,商业银行与非银行金融机构的差别只是在程度上稍有不同而已,但货币当局却对它们采取不同的管理方式,只将商业银行纳入法定存款准备金率和利率上限的制约之下显然是不合适的。

(2) 金融机构创造存款货币的能力,实际上取决于经济运行状况和经济发展水平。第一,金融机构的经营决策决定了资金的运用及其规模和方向,进而对创造货币的能力产生影响,它们的经营决策是根据当前的经济状况和对未来经济发展的预期而不断调整的。第二,金融机构必须有足够的贷款机会,才能完成存款货币的创造过程,因此对信贷的需求成为关键因素。而信贷需求主要取决于经济运行状况和经济发展水平。例如,当社会生产处于饱和状态或进入萧条阶段时,对信贷的需求就会锐减,很难捕捉有利的贷款机会,这就从根本上限制了货币创造的能力。反之,当经济处于高涨阶段,旺盛的贷款需求会刺激金融机构充分发挥货币创造的能力和潜力。因此,要扩张时未必就能扩张,欲收缩时未必真能收缩。而在一般情况下,贷款机会又深受利率和货币需求的影响,这些都是中央银行无力左右的。

(3) 中央银行的法定存款准备金率不是控制货币扩张的唯一措施。当商业银行的存款准备金率低于法定要求时,它总可以通过收回短期拆放、减少国库券持有额、向中央银行借款等方式重新获得现金,而不影响其信贷规模。同时,大量非银行金融机构在信用扩张中起着极为重要的作用。而它们的存款准备金率低于商业银行,一旦人们的资产选择发生变化,商业银行的存款负债就有可能转移到这些金融机构中,从而造成整个社会信用得以扩张的局面。可见单纯依靠中央银行规定法定存款准备率并不能有效地控制信用扩张。

(4) 宏观金融控制的目标和手段应该改变。新古典综合派认为，任何形式的信用创造都应在控制之列，提出把信用规模作为控制的重点；把金融机构的资产流动性比率作为控制的指标；把控制银行信贷、消费信贷和股票发行作为货币政策的具体目标。

延伸阅读

托宾关于货币供给量控制的观点

(1) 货币供给量控制的范围必须扩大，除了商业银行和活期存款外，所有金融机构和各类新的金融资产负债都应在控制之列。另外，还要对新兴的金融市场和新的交易实行全面的管理。

(2) 控制的重点应该转移，由原来控制货币供给量为主转移到重点控制信用规模。

(3) 控制的方法应该灵活，即由原来对存款准备金率、再贴现率、再贷款的直接控制为主，转变为通过中央银行的行为影响市场利率，进而制约货币扩张的间接控制为主。

(4) 控制货币扩张的指标也应该由单一的存款准备金率扩大到金融机构的各种资产负债比率，如资产流动性比率等。

(5) 控制的途径不要直接的而要间接的，即中央银行通过改变货币供给量来变更利率，以此达到影响流动性，进而调节支出，控制货币总量的目的。

复习思考题

1. 比较分析凯恩斯和弗里德曼的货币需求理论，并分析其理论的政策含义。
2. 凯恩斯流动性偏好理论被其他学者做了哪些修正？
3. 用乔顿模型分析影响货币乘数的因素有哪些？
4. 金融创新对货币定义和货币层次划分有何影响？
5. 如何理解社会融资规模及其作用？

第十一章 通货膨胀与通货紧缩

学习目标

(1) 熟悉货币均衡的含义,货币均衡与社会总供求之间的关系。
(2) 掌握通货膨胀的含义与衡量指标。
(3) 掌握通货膨胀产生的原因、对经济的影响及治理措施。
(4) 了解通货紧缩。

能力目标

(1) 能够阐述通货膨胀、通货紧缩的概念和特点。
(2) 能够区分通货膨胀产生的各种原因。
(3) 能够对比不同原因产生的通货膨胀的治理措施。

案例导入

第一次世界大战后德国的恶性通货膨胀

德国在第一次世界大战期间靠借债维持军费开支,战败后又负担了巨额的战争赔款,因此到1918年已经不得不靠印发纸币来维持政权。通过信贷扩张,德意志银行的货币发行量从1922年1月的58 070亿马克增至1923年12月的202 232 341 000 000万亿马克,全国30家造纸厂生产印钞用纸,约100多家印刷厂全力印制马克纸币。随着货币的面值越来越大,物价攀升的幅度也达到了令人咋舌的地步。1910—1923年,德国的年均通货膨胀率为1 174%,40种基本商品的批发价格指数上升了约14 200亿倍。马克的急剧贬值使美元兑马克的汇价从1914年7月的1∶4变为1923年11月的1∶4 200 100 000 000。针对这种恶性通货膨胀,政府于1923年10月以1∶1 000 000 000 000的比率用新马克取代了旧马克,1924年8月政府又宣布以1∶1的比价用德国马克取代新马克,完成了从恶性通货膨胀到价格稳定的过渡。

思考:(1) 为什么扩大货币发行量会引起通货膨胀?
(2) 面对恶性通货膨胀,德国政府采取了怎样的措施,应吸取什么教训?

第一节 货币均衡与非均衡

一、货币均衡原理

（一）货币均衡

货币均衡又称货币供求均衡，是指货币供给与货币需求基本相适应的货币流通状态。若以 M_d 表示货币需求量，M_s 表示货币供给量，货币均衡则可表示为：$M_d=M_s$。这里的"＝"并非数学概念，是指货币供求基本相适应，而非绝对相等。只要货币供求的变动幅度控制在客观允许的一定弹性区间内，也可以认为是均衡的。货币均衡是一个动态概念，是一个由均衡到失衡，再由失衡恢复到均衡的不断运动的过程。

（二）货币非均衡

货币非均衡又称货币失衡，是指在货币流通过程中，货币供给偏离货币需求，从而使两者之间不相适应的货币流通状态。货币失衡可表示为：$M_d \neq M_s$。如果 $M_s < M_d$ 的情况长期持续，可能出现通货紧缩。如果 $M_s > M_d$，则可能产生通货膨胀。

货币供求的结构性失衡，即货币供给与需求在总量上大体保持均衡，由于货币供给结构同与之相对应的货币需求结构不相适应，造成货币市场上货币短缺与局部货币供给过剩并存，商品市场上一部分商品和生产要素供过于求，另一部分商品和生产要素则求过于供。

二、货币均衡与社会总供求均衡

社会总供求是社会总供给与社会总需求的合称，社会总供给是指一国在一定时期所能提供的商品和劳务的总量，社会总需求是指一国在一定时期实际发生的有支付能力的需求总和，社会总供求均衡是指社会总供给和总需求基本相适应的状态。

货币供求均衡是实现社会总供求平衡的前提条件。当货币供求均衡时，币值稳定，货币流通正常，物价稳定，这就为经济的发展创造了良好的货币环境，为实现社会总供求的均衡提供了重要条件。同时，社会总供求的均衡也是货币供求均衡的基础。因为货币供求在根本上取决于社会总供求。社会总供求的规模决定了货币供求的总量，社会总供求的结构决定了货币量的分布与结构。因此，货币供求均衡实质上是社会总供求平衡的一种反映。

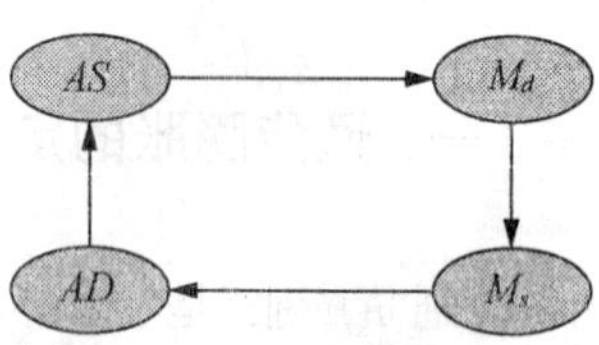

图 11-1 货币供求均衡与社会总供求均衡之间的关系

货币供求均衡与社会总供求均衡之间的关系如图 11-1 所示，其中 AS 表示社会总供给，AD 表示社会总需求。货币供求均衡体现的是社会总供求的均衡，在商品市场中表现为货币流通与商品流通相适应，商品劳务和货币之间能够迅速相互转化，既不存在购买力不足所引起的商品积压现象，也不存在购买力过剩引起的商品供给不足、物价上涨的现象。因此，货币均衡的两个基本标志是：商品市场上的物价稳定和金融市场上的利率稳定。

三、货币均衡的实现机制

在其他因素不变的条件下，市场利率对货币供给量和货币需求量双方都具有调节作用。利率是实现货币均衡的基本手段。

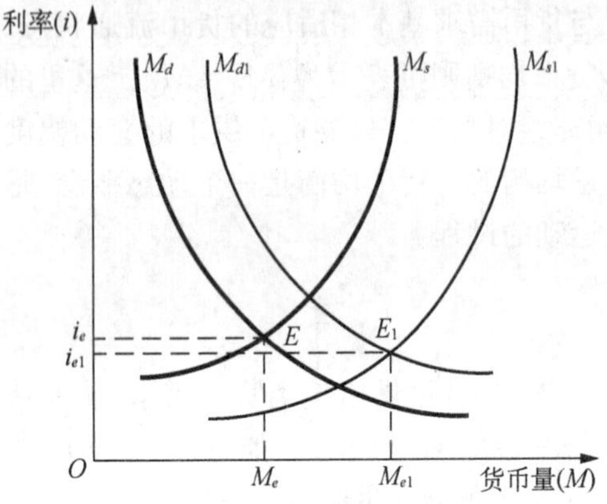

图 11-2　利率决定的货币均衡机制

当市场利率升高时，银行贷款的收益增加，这样，银行就会扩大贷款规模，增加社会货币供给量；社会公众则因持币机会成本上升而减少现金提取，扩大了货币乘数，也会增加货币供给量。因此，一般来说，利率越高，货币供给量就越多；反之，利率越低，货币供给量就越少。这说明利率与货币供给量之间存在着同方向变化的关系，如图 11-2 中的 M_s 线所示。

从货币需求方面看，利率越高，持币的机会成本就越大，人们就会增加对金融工具和金融资产的需求而减少对货币的需求，导致货币需求量减少；反之，利率越低，货币的需求量就会增大。利率同货币需求之间是反方向变化的关系，如图 11-2 中的 M_d 线所示。

在货币市场上，当货币供给与货币需求相等时，即是达到了货币均衡，货币供给曲线和货币需求曲线的交点(E)即为均衡点，此点决定的利率即为均衡利率(i_e)，此点决定的货币量即为均衡货币量(M_e)。

如图 11-2 所示，如果供给曲线 M_s 移至 M_{s1}，在供大于求的情况下利率下降，由于利率与货币需求呈反方向变动关系，利率下降必然会引起货币需求相应上升，使需求曲线 M_d 移到 M_{d1}，这样，货币供给与货币需求又会在 E_1 点上重新实现均衡。由此可见，货币市场上的货币均衡主要靠利率机制实现。

第二节　通货膨胀

一、通货膨胀的定义

“通货膨胀”是学术界和日常生活中使用频率很高的词汇。对于通货膨胀的定义众说纷纭，但是，有两点是共同的：一是有效需求大于有效供给，二是物价持续上涨。萨缪尔森在他的《经济学》一书中为通货膨胀所下的定义是：在一定时期内，商品和生产要素价格总水平的持续不断的上涨的现象；马克思主义货币理论中关于通货膨胀的定义是：在纸币流通条件下，由于纸币发行过度而引起的纸币贬值、物价上涨的现象。我们可以将通货膨胀的定义概括为：在价值符号流通条件下，由于货币供给过度而引起的货币贬值、物价上涨的现象。

价格水平的上升并不意味着发生了通货膨胀。通货膨胀通常是指一定时间内，一般物价水平持续的、较明显的上涨过程。

(1) 通货膨胀是价值符号流通条件下的特有现象，它的充分条件是货币发行过多，必要条件是物价上涨。

(2) 通货膨胀是指"一般物价水平"的上涨，局部性的商品或劳务的价格上涨不能被视为通货膨胀。一般物价水平是指全社会所有商品和劳务的平均价格水平，即所有商品和劳务价格的加权平均。

(3) 通货膨胀是价格总水平的较大幅度的上升。轻微的价格水平上升，比如1%，就很难称为通货膨胀。不过，通货膨胀是一个主观性较强的概念，价格总水平增长率达到多少可以称为通货膨胀，取决于人们对通货膨胀的敏感程度。

(4) 通货膨胀不是指一次性或短期的价格总水平的上升，而是物价"持续上涨"的一个过程。季节性、偶然性或暂时性的物价上涨并不能被视为通货膨胀，只有当价格持续地上涨成为不可逆转时，才可称为通货膨胀。

二、衡量通货膨胀的指标

(一) 居民消费物价指数

居民消费物价指数(consumer price index, CPI)也称零售物价指数，它反映不同时期消费者为购买日常生活所必需的消费品而付出的价格的变动情况。这种指数是由各国政府根据国内若干种主要食品、服装和其他日常消费品的零售价格以及水、电、气、住房、交通、医疗、娱乐等服务费用而计算编制出来的。有些国家还根据不同收入阶层的消费支出结构，编制不同的消费者物价指数。

(二) 批发物价指数

批发物价指数(whole-sale price index, WPI)又称生产者价格指数(producer price index, PPI)，是根据大宗商品，包括最终产品、中间产品及原材料的加权平均批发价格编制的物价指数。它能够反映商品流通和生产资料价格的物价变化情况，但不能反映劳务的价格情况。

(三) 国民生产总值平减指数

国民生产总值平减指数(GNP deflator, GNPD)是衡量一国经济在不同时期内所生产和提供的最终产品和劳务的价格总水平变化程度的经济指标。它等于以当年价格(现价)计算的本期国民生产总值和以基期不变价格(基期价)计算的本期国民生产总值的比率。例如，某国2018年的GNPD按当年价格计算为10 000亿美元，按2010年的价格计算为5 000亿美元，2010年基期指数为100，则2018年的国民生产总值平减指数为10 000÷5 000×100=200，表示2018年比2010年物价上涨了100%。

三大价格指数的比较如表 11-1 所示。

表 11-1 三大价格指数比较

价格指数	统计口径	优点	不足
CPI	消费者主要消费的商品和劳务的价格	资料易收集，公布次数较频繁，能迅速和直接地反映公众生活费用的变化	包括的范围较窄，不能反映各种资本品和中间品的价格变动趋势
PPI	原材料、中间产品及最终产品的批发价格	能较灵敏地反映企业生产成本的变化	没有将各种劳务价格包括在内
GNPD	国内生产的所有最终产品和劳务的价格	能全面反映一般物价水平的趋势	不能及时反映物价的变动趋势

（四）核心消费者物价指数

核心消费者物价指数(core consumer price index，Core CPI)又称核心价格指数，是指剔除能源和食品价格以后的消费者物价指数。在所有商品和服务价格中，一般认为能源和食品的价格波动最大，且受到本国经济运行规律以外的因素影响较大。例如，粮食生产和季节紧密相关，能源受国际局势影响较大，价格波动也很大。这些外部因素带来的价格变化不能正确反映一国经济内部发展的趋势，所以，应该从影响物价的因素中剔除。

三、通货膨胀的类型

按照市场机制是否发挥作用，可以分为显性通货膨胀(evident inflation)和隐性通货膨胀(hidden inflation)。显性通货膨胀是指在市场经济和自由价格制度下，一般物价水平持续、显著地上升。物价水平和上升幅度可以较准确地反映通货膨胀的程度，通货膨胀率就是物价上涨率。隐性通货膨胀是指在计划经济体制下，由于物价受到管制不能随货币数量变动而自发波动，商品供给短缺不能由物价上涨来反映，而表现为商品紧缺、排队购物、凭证供应、黑市猖獗以及居民实际消费水平下降等。一旦政府撤销管制，物价上涨就会公开暴露出来。

按照价格上涨的速度，可以分为爬行式通货膨胀(creeping inflation)、温和式通货膨胀(moderate inflation)、奔腾式通货膨胀(runaway inflation)和恶性通货膨胀(hyper inflation)。通常认为，爬行式通货膨胀是指年通货膨胀率不超过 2%～3%，发展缓慢，短期内不易察觉，但持续时间很长。温和式通货膨胀的一般物价水平明显持续上升，其上升幅度介于 4%和 9%之间，该通货膨胀可以感觉得到，并产生通货膨胀还将持续的预期。奔腾式通货膨胀是指一般物价水平急速上涨，其上升幅度在 10%和 50%之间，该通货膨胀属于严重或比较严重的通货膨胀，会使人们对货币失去信任，产生恐慌心理，采取抢购商品或其他保值措施，给整个社会经济生活带来不良后果。恶性通货膨胀又称极度通货膨胀，是指一般物价水平失去控制而加速直线上升，其上涨幅度超过 50%。该通货膨胀对整个社会经济产生的影响是灾难性的，它会导致货币制度瓦解，资源配置恶化，整个国民经济趋于崩溃。20 世纪三四十年代的中国曾出现过恶性通货膨胀。据统计，上海从

1937 年到 1949 年 5 月，物价上涨 3.68×10^{13} 倍，每月平均上涨 24.5%，每年平均上涨近 14 倍。

四、通货膨胀的成因及表现

（一）需求拉上论

在西方经济学中，需求拉上论是产生最早、影响力最大的通货膨胀理论。需求拉上型通货膨胀是指由于社会总需求过度增长，超过了社会总供给，导致商品和劳务供给不足、物价持续上涨的通货膨胀类型。

一般意义上的需求拉上型通货膨胀可以用图 11-3 来表示。图中，AS 表示总供给曲线，AD_0表示总需求曲线的初值，两者的交点决定了供求平衡条件下的物价水平 P_0和收入水平 Y_0。当总需求增加，曲线 AD_0移动至 AD_1时，会使收入水平提高至 Y_1，同时拉动物价水平上升至 P_1。由于经济离充分就业差距较大时，总供给曲线 AS 比较平坦，因此收入水平提高较快，而物价水平变动较小。当总需求继续增加，曲线 AD_1移动至 AD_2时，收入水平提高至 Y_2，同时拉动物价水平升至 P_2。此时 AS 曲线倾斜度增大，物价水平的提高加快，进入凯恩斯所说的“半通货膨胀”状况。经济愈是接近充分就业时的收入水平 Y_f，AS 曲线愈是陡峭，表示收入水平难以进一步增长，因此当曲线从 AD_2移至 AD_3时，经济达到充分就业，AS 曲线变为垂直，收入水平不再增长，总需求的增加几乎全部通过物价的上涨（提高至 P_3）反映出来，即进入凯恩斯所谓的“真正的通货膨胀”。

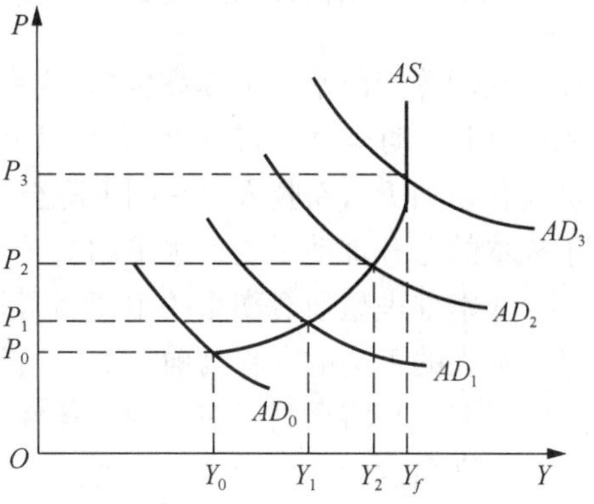

图 11-3　需求拉上型通货膨胀

根据引起总需求增加的原因，需求拉上型通货膨胀又可分为三种类型：

(1) 自发性的，即总需求的增长是独立的，与实际的或预期的成本增长无关而引起的需求拉上型通货膨胀。

(2) 诱发性的，即成本的增长导致工资及其他收入的增长，诱使消费支出增长导致的需求拉上型通货膨胀。

(3) 支持或被动性的，即一国政府为了阻止失业率的上升而增加支出，或采用扩张性货币政策而使总需求增加所导致的需求拉上型通货膨胀。根据凯恩斯的观点，在未充分就业条件下，资源未被充分利用，货币供给量的增加会促使社会总需求上升，进而促进社会生产发展和资源更有效利用，不会引起通货膨胀。只有当社会达到充分就业，资源已经被充分利用，总供给无法再进一步增加时，货币供给量增加才会引起物价上涨，导致通货膨胀。

需要特别注意的是，即使在未达到充分就业的情况下，如果总需求增长速度过快，超过总供给的增长速度，也会造成通货膨胀。

（二）成本推进论

成本推进论主要是从总供给或成本方面分析通货膨胀的生成机理。该理论认为，通

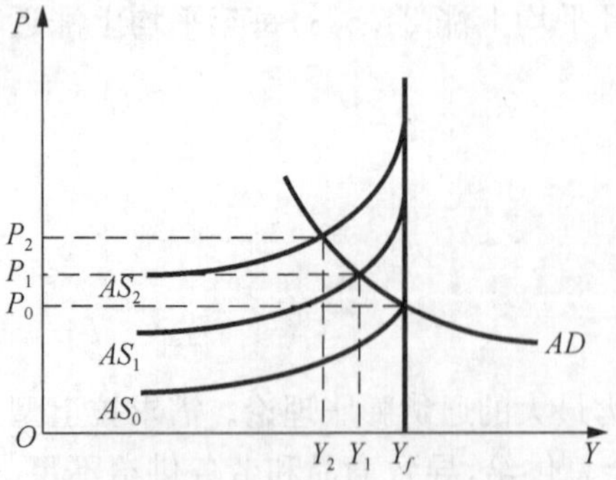

图 11-4 成本推进型通货膨胀

货膨胀的根源并非由于总需求过度，而是由于总供给方面的生产成本上升所引起。因为在通常情况下，商品的价格是以生产成本为基础，加上一定利润而构成的。因此，生产成本的上升必然导致物价水平的上升。成本推进论的理论分析可用图 11-4 加以说明。

图 11-4 中，AD 表示总需求曲线，AS_0 表示总供给曲线的初值，并假定二者的交点为经济达到充分就业条件下的供求均衡点，由此得到初始时的价格水平 P_0 和收入水平 Y_f。当成本增加时，企业会在同等产出水平上提高价格，或在同等价格上提供较少的产出，因而总供给曲线会由 AS_0 向上移动至 AS_1，甚至移动至 AS_2。当总需求不变时，价格水平则由 P_0 上升至 P_1，甚至移动到 P_2，而收入水平则下降至 Y_1，甚至移动到 Y_2。因此，成本推进论认为，正是由于成本的上升推动了物价水平的上升，并导致了收入水平的下降。

成本推进型通货膨胀的主要因素是工人货币工资增长所导致的生产成本的增加。这是以强大的工会的存在为前提的。通常情况下，工会为了维护工人的利益，同企业协商制定的工资水平将会高于完全竞争条件下劳动力供需均衡时的工资水平，因而货币工资的增长率会超过劳动生产率提高的速度。企业为了弥补过高的劳动力成本，于是提高产品价格以维持利润。因此，工资的增长导致一般价格水平的上涨，而一般价格水平的上涨又会使工会为工人要求更高的工资……这就是所谓的“工资—价格螺旋式上升”。原材料成本、间接成本等其他成本的增加也会导致总供给曲线的向上移动，进而可能促使通货膨胀的发生。

另一个推进通货膨胀的供给因素是垄断利润。现实中完全竞争的商品市场是不存在的，一些具有垄断力量的企业会为了获得垄断利润而提高商品价格，使价格上涨速度超过成本支出增加的速度，这种行为可能会带动其他商品价格一同上涨，进而导致通货膨胀的危险。

成本推进论在于揭示，即使没有需求因素的作用，通货膨胀仍然可能发生。正因为如此，这个理论是以总需求不变为前提的，从而专注地考察供给因素对物价水平的影响。

（三）供求混合推动论

供求混合推动论者将供求两方面的因素综合起来，认为通货膨胀是由需求拉上和成本推动共同起作用而引发的。他们认为，在现实经济社会中，很难分清通货膨胀究竟是需求拉上造成的，还是成本推进造成的，单纯将通货膨胀的原因划分为“需求拉上”或“成本推动”都是不准确的。通货膨胀既有来自需求方面的因素，又有来自供给方面的因素，即所谓“拉中有推，推中有拉”。例如，通货膨胀可能从过度需求开始，但由于需求过度引起的物价上涨会促使工会要求提高工资，因而转化为成本（工资）推进的因素；通货膨胀也可能从成本方面开始，如迫于工会的压力而提高工资等，但如果不存在需求和货币收入的增加，这种通货膨胀过程是不可能持续下去的。因为工资上升会使失业增加或产量减少，结果将会使“成本推进”的通货膨胀过程终止。可见，“成本推进”只有加上“需求拉上”才有可能产生一个持续性的通货膨胀。供求混合推动型通货膨胀可用图 11-5 表示。

图 11-5 中 AS_0 和 AD_0 的交点为初始时经济的供求均衡点。当总需求增加时，其曲线由 AD_0 移至 AD_1，物价水平由初始点 P_0 上升到 P_1。物价的上涨导致生产成本的相应提高，必然会使总供给减少，总供给曲线由 AS_0 移至 AS_1，物价水平则上升至 P_2。为保持经济增长和充分就业，政府不得不增加支出，总需求再次增加，由 AD_1 移到 AD_2，相应的 AS_1 也移至 AS_2，物价水平则上升至 P_3 和 P_4，形成由需求引发的物价螺旋式上涨的通货膨胀。类似地，也可能发生由供给引起的通货膨胀。

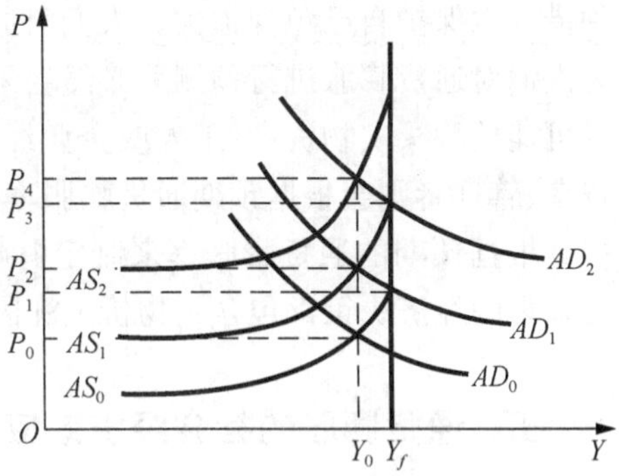

图 11-5　供求混合推动型通货膨胀

（四）结构性通货膨胀

一些经济学家从经济部门的结构方面来分析通货膨胀的成因，发现即使整个经济中总供给和总需求处于均衡状态，由于经济部门结构方面的变动因素，也会发生一般物价水平的上涨，即所谓的结构性通货膨胀。结构性通货膨胀的基本观点是，由于不同国家的经济部门结构的某些特点，当一些产业和部门在需求方面或成本方面发生变动时，往往会通过部门之间相互看齐的过程而影响到其他部门，从而导致一般物价水平的上升。

(1) 需求转移型。由于经济各部门之间发展的不平衡，在总需求不变的情况下，一部分需求会转向其他部门，但劳动力和生产要素却不能及时转移，因此需求增加的部门因供给不能满足需求而使工资和产品的价格上涨，如果需求减少的部门的产品价格和劳动力成本具有刚性特点未能相应下跌的话，则物价水平就会上升。

(2) 部门差异型。一国不同的经济部门如产业部门与服务部门、工业部门与农业部门之间劳动生产率的提高总是有差异的，而各部门之间货币工资的增长却存在互相看齐的倾向。当发展较快的经济部门因劳动生产率提高而增加货币工资时，其他部门由于攀比也会提高货币工资，从而引起工资成本推进的通货膨胀。

(3) 小国型通货膨胀。挪威经济学家奥德·奥克鲁斯特将结构型通货膨胀同开放经济结合起来分析，创立了著名的"小国开放模型"，又称为斯堪的纳维亚型通货膨胀。所谓"小国"不是就国土和人口因素而言的，而是指该国在世界市场上只是价格接受者，而不能决定商品的国际价格。小国开放模型将一国经济划分为两大部门，一是开放经济部门，即产品与世界市场有直接联系的部门，如制造加工业等；二是非开放经济部门，即产品与世界市场没有直接联系的部门，如服务业、建筑业等。由于小国在世界市场上是价格接受者，因此，当世界市场上的价格上涨时，开放经济部门的产品价格也随之上涨，使开放经济部门的工资相应上涨，非开放经济部门也必然会向开放经济部门看齐而提高工资，结果非开放经济部门的生产成本上升，其产品价格也必然随之提高。这样，就导致了"小国"全面的通货膨胀。

（五）预期型通货膨胀

预期型通货膨胀是指人们在膨胀预期的心理作用下，对通货膨胀进行预期，并采取各种措施以保护自己免受损失。人们对通货膨胀的预期也是推动通货膨胀的因素之一。因为人们对通货膨胀进行预测后必然会采取一系列的经济措施，如人们会不愿持有货币，而尽可能地购买实物资产；工人或企业经营者会要求提高工资和其他福利所得；投资者、消费者、管理者则会根据预期通货膨胀率来调整自己的经济决策和经济活动；政府、中央银行会根据预期的通货膨胀率来制定财政、货币政策。从而使福利、工资、合同以及各种有关未来的经济决策都包含了物价上涨因素，无疑对通货膨胀起到了推波助澜的作用。

五、通货膨胀的社会经济效应

（一）通货膨胀与产出效应

1. 促进论

支持促进论的学者大多遵循凯恩斯有效需求分析的传统，认为现实经济中通常存在有效需求不足的问题，这使实际产出低于潜在的产出，因此，实施扩张性宏观经济政策能够在使物价水平上升的同时有效地促进产出的增长。

首先，通货膨胀的直接表现是国家过量发行货币。这部分过剩的货币成为政府的收入，在经过政府购买之后进入流通领域。这时，通货膨胀已使到达公众手中的货币实际购买力下降，这部分隐性的损失由政府获得，用于投资。因此，通货膨胀实质上相当于政府对公众的一种隐含的强制税收，即通常所说的“通货膨胀税”。只要政府支出增加大于民间消费或投资的减少，那么通过乘数的作用，产出就将更大幅度地上升。

其次，通货膨胀的初期，人们通常会存在一种“货币幻觉”(money illusion)，即忽视货币购买力的变化，而仅仅满足于货币名义价值。人们会把名义工资的增加看成是实际收入的增加，因而愿意提供更多的劳动；而企业会将物价的上涨当作产品价格相对于成本的提高，因而倾向于增加投资，扩大生产规模。因此，经济体中的就业增加，总产出扩张。

最后，通货膨胀使货币的实际购买力下降，因此人们不愿意持有过多的现金，而增加当期消费或对实物资产的需求，这分别会导致消费和投资的增长，进而带动产出增加。

2. 促退论

首先，通货膨胀在短期内会通过货币实际购买力的下降促使人们增加当期消费和投资，但这会导致人们储蓄倾向的下降。通货膨胀也减少了人们的实际可支配收入，削弱了储蓄能力，未来的投资可能会得不到足够的储蓄作为支持，从而使生产出现萎缩。

其次，通货膨胀会影响资本和资源配置的效率。通货膨胀会使生产周期短的部门获得可观的利润，而生产周期长的部门则面临成本上升、未来的产品价格并不确定的风险。因此，企业的生产将追求短期效益，一部分资本和资源将从经营周期长的产业流向经营周期短的产业，尤其是从生产部门流向非生产部门(因为商业资本和金融资本周转速度更快)，这将导致生产资本缩减，生产萎缩，不利于经济的发展。

再次，通货膨胀将增加实际税收负担。包括我国在内的许多国家都对收入实行累进的所得税，而通货膨胀会使纳税人的名义收入增加，则纳税人将不得不承担更高的税率。同时考虑到通货膨胀税的影响，税收因素会影响生产和消费的积极性，不利于经济的长期发展。

最后，通货膨胀会使市场的不确定性增大，价格信号失灵，增大生产和经营中的风险，从而使投资者不敢贸然进行投资，使生产得不到资本的支持，制约产出的增长。

3. 中性论

这类观点认为，通货膨胀对经济增长实际上不产生任何影响，两者之间没有必然的联系。这主要是因为，由于公众存在合理预期，在一定时间内，他们会对物价上涨作出合理的行为调整，从而使通货膨胀的各种效应相互抵销。

（二）通货膨胀与就业

1. 菲利普斯曲线

关于通货膨胀与就业相互关系的最经典论述莫过于菲利普斯曲线（Phillips curve），它是由在英国伦敦政治经济学院任教的经济学家菲利普斯（A.W. Phillips）通过对英国1861—1957年统计资料分析得到的，反映了货币工资率的变动与失业率之间存在的此消彼长的替代关系，即在失业率较低的时期，货币工资上涨得较快，而在失业率较高的时期，货币工资上涨得较慢，货币工资变动率与失业率之间存在替代关系。之后，萨缪尔森、索洛等经济学家将菲利普斯曲线的原始形式进行了转换，他们认为，从一个国家来看，货币工资作为生产成本的主要部分，其上升率与平均物价水平的上升率之间有相当程度的一致性，因而可用平均物价水平的上升率来代替货币工资的上升率。这一代替是通过一个假定实现的。这个假定是：产品价格的形成遵循"平均劳动成本固定加值法"，即每单位产品的价格是由平均劳动成本加上一个固定比例的其他成本和利润形成的。这就是说，物价的变动只与货币工资的变动有关。这种菲利普斯曲线的表现形式与上述第一种菲利普斯曲线相同，只不过纵轴改为通货膨胀率。这条曲线表明：失业率与通货膨胀率呈反向的对应变动关系。在一轮短期的、典型的经济周期波动中，在经济波动的上升期，失业率下降，通货膨胀率上升；在经济波动的回落期，失业率上升，通货膨胀下降，如图11-6所示。

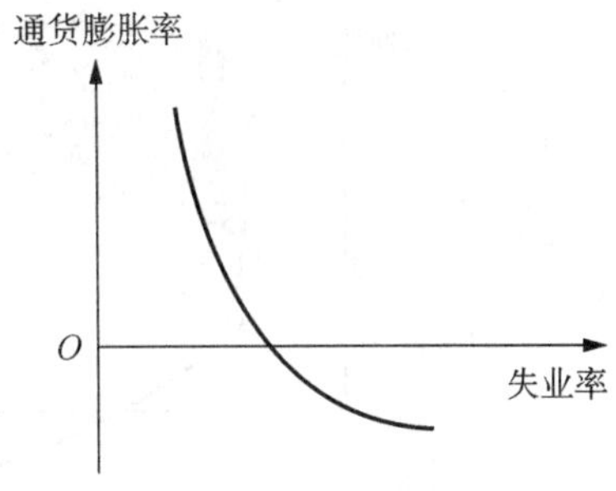

图 11-6　菲利普斯曲线

根据他们修正后的菲利普斯曲线，通货膨胀率与失业率之间具有此消彼长的替代关系。因此政府可以根据适合本国情况的菲利普斯曲线进行相机抉择，并通过制定和执行适当的财政政策和货币政策，使通货膨胀率和失业率都控制在可以接受的限度内。

在菲利普斯曲线提出后的近10年中，它不但被理论界当作普遍规律和客观真理，也被政府决策层面作为相机抉择的理论武器。但是，20世纪60年代中期以后，菲利普斯曲线的形状变得越来越陡峭，其位置也越来越远离原点。这说明，为了把失业率降低到某一既定的百分率，必须以越来越高的通货膨胀率为代价。到了20世纪70年代，西方发达国家普遍出现了高通胀、高失业的"滞胀"（stagflation）现象，菲利普斯曲线对此无法解释。

2. 货币学派（适应性预期）关于失业及通货膨胀的观点

1968年，货币学派的代表人物弗里德曼在《美国经济评论》上发表了一篇文章，名为《货币政策的作用》。在文中，弗里德曼指出，菲利普斯等人之所以认为通货膨胀与失业之间存在此消彼长的替代关系，是因为他们没有考虑通货膨胀预期对实际通货膨胀的影响，没有考虑这种预期在经济决策中的作用。由此，弗里德曼提出了适应性预期理论，即人们会根据过去的经验来形成或调整对未来的预期。根据适应性预期的假定，货币学派把菲利普斯曲线分为斜率为负的短期菲利普斯曲线与斜率无穷大的长期菲利普斯曲线。

在短期，由于从实际通货膨胀发生到人们调整预期之间存在一段时间间隔，在这段时间间隔中，存在未被预期到的通货膨胀，使企业误把其产品价格的上升作为增加盈利的好时机，因而扩大生产规模，增加雇工。工人也会因此把名义工资的提高看作是实际工资的提高，从而喜欢工作甚至加班加点。因此，未被预期到的通货膨胀率将导致失业率下降，即在这一时间间隔中，通货膨胀与失业之间存在此消彼长的替代关系，向右下方倾斜的菲利普斯曲线是可以成立的。因此，在短期中引起通货膨胀率上升的扩张性财政政策与货币政策是可以起到减少失业的作用的。这就是所谓宏观经济政策的短期有效性。

当人们一旦发现实际通货膨胀率超过预期的通货膨胀率，就会调整自己的通货膨胀预期。此时工人就会发现实际工资没有提高，而是下降了。于是他们便要求进一步提高工资；而企业也发现自己产品的相对价格并未提高，于是拒绝提高货币工资的要求，并且压缩减少生产规模，解雇原先多雇的工人。这样，产出和就业都将回到原来的水平上，倾斜的菲利普斯曲线因此在长期中变得垂直了，如图 11-7 所示。

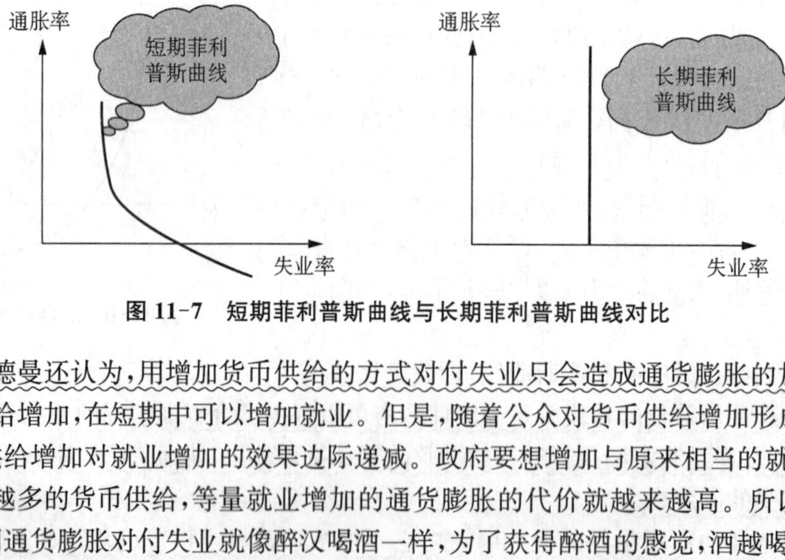

图 11-7　短期菲利普斯曲线与长期菲利普斯曲线对比

弗里德曼还认为，用增加货币供给的方式对付失业只会造成通货膨胀的加剧。开始的货币供给增加，在短期中可以增加就业。但是，随着公众对货币供给增加形成适应性预期，货币供给增加对就业增加的效果边际递减。政府要想增加与原来相当的就业，就必须增加越来越多的货币供给，等量就业增加的通货膨胀的代价就越来越高。所以弗里德曼说，政府用通货膨胀对付失业就像醉汉喝酒一样，为了获得醉酒的感觉，酒越喝越多，酒瘾必然越来越大。所以，解决问题的唯一出路，就像戒酒一样，政府必须实行“单一规则”，就是不管经济处于失业还是萧条之中，都要保持货币供给与实际产量增长的一致，并且长期坚持下去。这样既能避免通货膨胀，又能将就业保持在自然失业率水平上，从而实现经济运行的稳定。

3. 理性预期学派关于失业与通货膨胀的观点

到了 20 世纪 70 年代末，由罗伯特·卢卡斯、托马斯·萨金特、罗伯特·巴罗等经济学家提出了理性预期的研究方法（即所谓的理性预期学派）。理性预期学派不认同货币学派的上述观点。

所谓理性预期，是指假定在预期未来的时候，人们可以最好地运用他们所能获得的全部信息（而不仅仅是既往的信息），这其中包括了关于政府即将采取何种政策的信息。

在理性预期学派看来，由于假定人们基于完全的信息来理性地决策，所以与弗里德曼等人的适应性预期不同，理性预期的特征是：人们的预期值与以后所发生的实际情况肯定一致，而不会有任何偏差。这就意味着，在理性预期假设下，短期中也不可能有预期的通货膨胀率低于以后实际发生的通货膨胀率的情况，即无论在短期或长期中，预期的通货膨胀率与实际发生的通货膨胀率总是一致的，从而也就无法以通货膨胀为代价来降低失业率了。

所以，在理性预期假设下，无论是短期或长期，菲利普斯曲线都是一条从自然失业率出发的垂直线，即失业率与通货膨胀率之间不存在交替关系。理性预期学派也由此得出无论是短期还是长期，宏观经济政策都是无效的结论。

（三）通货膨胀与收入再分配

1. 固定收入者受损，浮动收入者受益

如果浮动收入者的收入上涨在企业价格水平和生活费用上涨之前，则可从通货膨胀中得到好处。例如，产品价格比工资和原材料价格上涨得快，企业主就能从通货膨胀中获得好处。而对于固定收入阶层来说，随着货币购买力的下降，实际收入减少，生活水平降低。影响最为明显的就是那些领取救济金、退休金的人，靠福利和其他转移支付维持生活的人，以及工薪阶层、公共部门雇员等。

2. 债务人受益，债权人受损

在通常情况下，借贷的债务契约都是根据签约时的通货膨胀率来确定名义利息率，所以在发生了非预期的通货膨胀之后，债务契约无法更改，从而就使实际利息率下降，债务人受益，而债权人受损。其结果是对贷款特别是长期贷款带来不利的影响，使债权人不愿意发放贷款。贷款的减少会影响投资，最终使投资减少。

3. 有利于政府而不利于公众

在非预期的通货膨胀之下，名义工资总会有所提高（尽管并不一定能保持原有的实际工资水平），随着名义工资的提高，达到纳税起征点的人增加了，有许多人进入了更高的纳税等级，这样就使政府的税收增加。但公众的纳税数额增加，实际收入减少。政府从这种通货膨胀中得到的税收称为“通货膨胀税”。一些经济学家认为，这实际上是政府对公众的掠夺。这种通货膨胀税的存在既不利于储蓄的增加，也影响个人与企业投资的积极性。

（四）通货膨胀与财富再分配

一个家庭的财富或资产由实物资产和金融资产构成，同时多数家庭还有负债，其财产净值是其资产价值与债务价值之差。一般情况下，实物资产随着通货膨胀率的变动而相应升降，而金融资产则比较复杂，在通货膨胀期间，价格固定的资产或者固定面值的金融证券等的名义价格不变，实际价值则会随着物价上涨和货币贬值而下跌。比如存款、购买债券等，存单与债券的持有者是债权人，他们在通货膨胀中往往是受害者。而各种非固定价格的资产或者可变动金融证券等的名义价格随着物价的上涨而上升，其实际价值不一定下跌。实际价值是否下跌主要取决于名义价格与物价上涨的速度及幅度是否一致。

六、治理通货膨胀的对策

（一）需求政策

对于需求拉上型通货膨胀，由于形成原因来自总需求的过度增长，因此采取紧缩性的需求调节政策通常会比较有效。具体措施包括紧缩性货币政策和紧缩性财政政策。

1. 紧缩性货币政策

紧缩性货币政策又称为抽紧银根，即中央银行通过减少流通中货币量的办法，提高货币的购买力，减轻通货膨胀压力。具体政策工具和措施包括：①通过公开市场业务出售政府债券，以相应地减少经济体系中的货币存量；②提高贴现率和再贴现率，以提高商业银行存贷款利率和金融市场利率水平，缩小信贷规模；③提高商业银行的法定存款准备金，以缩小货币发行的扩张倍数，压缩商业银行放款，减少货币流通量。在政府直接控制市场利率的国家，中央银行也可直接提高利率，或直接减少信贷规模。

2. 紧缩性财政政策

紧缩性财政政策主要是通过削减财政支出和增加税收的办法来治理通货膨胀。削减财政支出的内容主要包括生产性支出和非生产性支出。生产性支出主要是国家基本建设和投资支出，非生产性支出主要是政府各部门的经费支出、国防支出、债息支出、社会福利支出等。在财政收入一定的条件下，削减财政支出可相应地减少财政赤字，从而减少货币发行量，并可减少总需求，对于抑制财政赤字和需求拉动引起的通货膨胀比较奏效。但财政支出的许多项目具有支出刚性，可调节的幅度有限，因此增加税收就成为另一种常用的紧缩性财政政策。提高个人的所得税或增开其他税种可使个人可支配收入减少，降低个人消费水平；而提高企业的所得税和其他税率则可降低企业的投资收益率，抑制投资支出。

（二）收入政策

收入政策主要是针对成本推进型通货膨胀采取的政策措施，它又称为工资—物价管制政策，是指政府直接干预工资和物价的上涨来抑制通货膨胀。这种抑制性的收入政策主要有以下几种形式。

1. 工资、价格管制

即由政府颁布法令，强行规定工资、物价的上涨幅度，甚至暂时冻结工资和物价。这种严厉的管制措施一般在战争时期较为常见，但是当通货膨胀变得日益严重且很难对付时，即使是和平时期，政府当局也可能采用这一办法。

2. 自愿的工资—价格指导线

即政府当局根据估计的平均生产率的增长，估算出的工资和物价的最大增长限度，并要求各个部门将其工资—物价的增长幅度控制在这一限度之内。但是由于指导线政策在原则上不能直接干预，而只能说服，因此效果并不理想。

3. 以税收为基础的收入政策

政府以税收作为奖励或惩罚的手段来限制工资、物价的增长。如果工资和企业商品价格的增长幅度没有超过政府的规定幅度，则政府就会减少个人所得税和企业所得税作为奖励；反之，则政府就会以增加税收作为惩罚。

（三）供给政策

以拉弗（A.Laffer）为代表的供给学派认为，应当从供给的角度来解决通货膨胀问题。通货膨胀形成的主要原因是有效需求过剩，换一种说法，也就是供给不足。因此，要治理通货膨胀，关键在于扩大生产从而增加供给，而不是一味地紧缩总需求。一般来说，增加有效供给的主要手段是降低成本，减少消耗，提高经济效益，提高投入产出的比例，同时，调整产业和产品结构，支持短缺商品的生产。

采用供给政策可以避免单纯依靠紧缩性需求政策所引起的经济衰退。但是，增加供给不能依靠增加投资，只有在提高经济效益的基础上合理增加投入，才能从根本上治理通货膨胀，保证经济的持续、稳定发展。

（四）结构调整政策

考虑到通货膨胀的结构性，一些经济学家认为，应当使各产业部门之间保持相对的平衡，以避免某些产品的供求结构性失衡而导致一般价格水平的上升。因此，政府在财政方面可以调整税收和政府支出的结构，在货币方面则可以调整利率结构和信贷结构。

（五）其他政策

减税政策主要是通过降低边际税率以刺激投资、刺激产出，通过总供给的增加来消除通货膨胀。但用这种对策来治理通货膨胀是有限度的，因为税率不能无限制地降低，否则减税后会因财政收入减少而加大赤字，对通货膨胀反而有加剧作用。

指数化政策是指将主要经济变量（如收入、利率等）与通货膨胀率挂钩的政策。我国1988年开办的保值储蓄，实际上就是一种利率指数化措施。指数化政策中最重要的是收入指数化。通过指数化，一方面可以使政府无法从通货膨胀中获得收益，从而消除政府实施通货膨胀政策的动机；另一方面可以抵销或缓解物价波动对收入的影响，解决通货膨胀造成的收入分配不公问题，而且可以避免个人抢购商品、贮物保值等使通货膨胀加剧的行为。

非适应性政策是货币学派所坚持的防止通货膨胀的一项主张。他们认为货币是总需求曲线波动的唯一原因。因此，中央银行应当始终以一个不变的比率保持货币供应增长，不会因为其他方面的压力而增加货币供应，从而使公众相信政府的政策制定者是坚决与通货膨胀进行斗争的。这样就会降低公众的预期通货膨胀率，从而降低成本推动的可能性，有助于防止通货膨胀和潜在失业的增加。近期的历史经验证明，具有可信任性的非适应性政策对防止通货膨胀及其进一步恶化确实有十分明显的作用，但是对于一些恶性通货膨胀的治理，这种政策的“药效”似乎太弱了。

第三节 通货紧缩

一、通货紧缩的定义

通货紧缩是与通货膨胀相对立的一个概念，如何定义通货紧缩目前仍存在较大的分歧。国内经济学界对通货紧缩有四种观点：一是认为通货紧缩是价格水平的持续下降的现象，称为单因素论；二是认为通货紧缩是指价格水平和货币供给量同时持续下降的现象，称为双因素论；三是认为通货紧缩是指价格水平、货币供给和经济增长三个指标的持续下降的现象，称为三因素论；四是认为通货紧缩是指价格持续负增长、经济实际增长率持续低于潜在增长率的现象。

多数学者认为通货紧缩应作如下表述：它是指由于货币供给不足而引起货币升值，物价普遍、持续下跌的货币现象。

二、通货紧缩的衡量指标

通货紧缩也可使用消费物价指数、批发物价指数、国内生产总值平减指数等物价总水平指标来衡量。在实践中衡量通货紧缩还有两个重要指标，即经济增长率和失业率。

通货紧缩发生后，往往还伴随着经济的萎缩或衰退。因此，可以通过经济增长率的变化来从总体上把握通货紧缩的程度。需要注意的是，单纯从经济增长率的变化是难以确定是否出现通货紧缩的，原因有二：其一，通货紧缩归根到底是一种货币现象；其二，经济增长不仅取决于货币供给，还受多种重要因素的影响。

失业率也与通货紧缩有着较高的相关性。通货紧缩导致了经济增长率下降，导致失业率上升。该指标也不能单独用以衡量通货紧缩，要结合其他指标进行综合评价。

三、通货紧缩的成因

（一）有效需求不足

首先，通货紧缩可能由中央银行采取紧缩性货币政策引起。在货币供给相对不足时，大量相对“过剩”的商品追逐货币，可以导致物价的持续下跌和经济萧条。

其次，通货紧缩可能由投资和消费需求变化引起。投资需求不足多由信贷紧缩和货币供给相对于货币需求减少造成。消费需求不足则多由金融或房地产泡沫引起。泡沫破灭必使国民财富缩水，财富效应引起居民消费需求萎缩，同时使银行等金融机构坏账增加，导致信用紧缩，投资需求减少。

最后，通货紧缩可能同政府削减支出有关。在出现财政赤字的情况下，政府可能采取紧缩财政政策而削减公共开支，减少转移支付，使社会总需求减少，加剧市场的失衡状态。

（二）供给能力相对过剩

首先，通货紧缩可能由劳动生产率的提高引起。若生产率的提高快于货币工资的增长，使商品单位成本降低，在激烈的竞争中商品的价格也会下降。

其次，通货紧缩可能由技术进步、新材料的使用或新的组织管理方式引起。既可以是因为采用了新材料、新技术，大幅度降低了生产成本，也可以是因为采用了新的组织管理方式，降低了间接费用。

最后，通货紧缩可能由较低的融资成本引起。融资成本的降低必然引起生产总成本的下降和生产者对高利润的预期，从而加剧生产能力的进一步过剩，增加通货紧缩压力。

（三）结构问题

首先，结构性通货紧缩由经济部门间供求关系不均衡引起。

其次，通货紧缩与汇率制度有紧密联系。对于那些国际贸易占国民经济份额较大，同时采取盯住强势货币汇率制度的国家或地区，由于其与世界市场有着十分密切的联系，依存于世界市场价格。一方面，可能因为货币币值高估，导致出口下降，企业经营困难，消费需求减少和物价持续下跌；另一方面，由于具有世界市场价格联动效应，很容易受到金融危机传染，从而加剧通货紧缩状况。

（四）金融体系效率相对低下

如果金融机构不能对贷款项目进行风险识别，那么就可能造成滥放贷款，导致不良贷款比重增加。在此情况下，金融机构有可能不愿意贷款或片面提高贷款利率作为承担风险的补偿，从而形成信贷萎缩。由此进一步发展成为通货紧缩。1990 年以来，日本就是因为泡沫经济的影响和银行业严重的不良贷款的普遍存在，导致了全国范围的通货紧缩和长达 10 多年的经济衰退。

四、通货紧缩的危害

（一）降低经济增长

历史上的通货紧缩常常与经济衰退相伴而来，因而被称为经济衰退的加速器。通货紧缩增加了货币购买力，促使人们增加储蓄，减少支出。商品价格下跌会提高实际利率水平，即使名义利率下降也不会降低资金成本，使投资于企业的成本与以前相比较为昂贵，投资项目也就越来越缺乏吸引力，社会投资支出趋于减少，最终影响全社会的经济增长。

（二）破坏信用关系

在价格大幅度下跌、货币不断升值的环境下，债权人与债务人之间的权利义务会失去平衡，信用量急剧萎缩，正常的信用关系也会遭到破坏。就债务人来说，一方面是因货币升值导致实际偿债的负担加重；另一方面是价格下跌、销售不畅使偿债的能力降低。就金融机构来说，一方面是原来的债权收回遇到困难；另一方面是新的信用需求减少，给正常经营带来困难。市场销售困难和信用关系不畅,还会给经济运行带来障碍,影响经济的增长和稳定。

(三)影响社会消费和投资

通货紧缩下,一方面,货币购买力会上升,刺激消费者消费;另一方面,货币购买力上升,会形成储蓄对消费的挤压,消费者会形成价格下降预期,从而推迟购买,这样就会导致消费增长下降。

从投资来看,通货紧缩使实际利率上升,不利于投资需求增长。价格的持续下跌和货币的升值,在名义利率不变的情况下实际利率增加,减少投资的实际利润,加之市场销售不畅,投资者的预期收益率下降,投资的增长就会受限。投资不足使即期市场上投资品的销售量下降,供需矛盾更加扩大。

(四)加重银行不良资产

通货紧缩一旦形成,就有可能形成"债务—通货紧缩陷阱",加重银行的不良资产。在此条件下,货币将变得更加昂贵,债务负担则因货币升值而加重。虽然名义利率未变,但实际利率上升,也会增加企业的债务负担。企业在走投无路的情况下,便将这些债务负担转嫁给银行,导致银行不良资产率升高。更有甚者,一些资不抵债的银行还会因客户"挤提"而破产。

五、通货紧缩的治理

(一)扩大有效需求

增加投资需求有两条途径:一个是增加政府投资需求。其主要手段是通过发行国债,增加政府直接投资和公共支出。在市场供大于求的情况下,政府支出多投向基础设施建设和科技成果转化等方面,目的是在政府扩大投资的同时,带动民间投资增加。另一个是启动民间投资需求。其主要手段包括改变民间资本的利润预期、改善投资和金融环境、降低利率等。

扩大消费需求可以通过增加居民对未来收入的预期来实现,具体措施包括:通过加强税收征管来缩小居民收入差距;通过提高就业水平和增加失业补助标准刺激低收入阶层的消费需求;通过调整政府投资结构和支出方向改善需求结构;通过加快社会福利保障制度改革解除居民在消费时的后顾之忧;利用股市的财富效应刺激居民消费;等等。

(二)调整和改善供给结构

调整和改善供给结构的目的是同扩大有效需求双管齐下,形成有效供给扩张和有效需求增大相互促进的良性循环。一般情况下,多采取提高企业技术创新能力、反对垄断、鼓励并放开竞争、扶持小企业或民营企业发展、降低税负等措施。

(三)调整宏观经济政策

宏观经济政策主要包括采取积极的财政政策和货币政策。财政政策通常被视为扩张支出的法宝，实行积极的财政政策不仅意味着要在数量上扩大财政支出，更重要的是要优化财政支出结构，也就是要既弥补因个人消费需求不足造成的需求减缓，又拉动民间投资，增加社会总需求。货币政策能对总支出水平施加重要影响。积极的货币政策需要适度增加货币供给量，降低利率水平，扩大贷款规模，在增加货币供给量和促进经济复苏方面发挥重要作用。

此外，收入政策也可在治理通货紧缩时发挥一定作用，但需要掌握好政策实施的力度。

延伸阅读

我国历次通货膨胀和通货紧缩分析

宗华烨　森德研究所高级研究员

在本文中，笔者将CPI物价指数连续上涨或下跌两个季度以上作为通货膨胀或通货紧缩的衡量，判断出中国改革开放以来经历了五次通货膨胀和三次通货紧缩，时间都持续长达1年以上，具体分析如下。

一、我国历次通货膨胀分析

（一）1980年

“文化大革命”结束后，为了恢复国内经济，自1978年十一届三中全会起，我国实行改革开放政策，党的工作重心转向社会主义现代化建设。随后经济出现了快速的增长，大规模的基建投资导致财政支出激增，出现了较为严重的财政赤字，中央银行为了解决财政赤字，大量发行货币，货币供给量M_0从1978年的212亿元扩张到1980年的346.2亿元，上涨了63.3%。过量的货币发行必定会引起通货膨胀，CPI物价指数从1978年的0.7%上涨到1980年的7.5%。

快速上行的通货膨胀引起了政府的高度重视，为了抑制通货膨胀，1980年12月，国务院发出了《关于严格控制物价、整顿议价的通知》，政府采取了压缩基建投资、收缩银根等一系列措施，通货膨胀在1981年得到抑制，历时2年多。

（二）1985年

1984年，中央政府提倡加快改革，建设“有计划的商品经济”，地方政府响应号召，扩大投资规模，固定资产投资增长率从1983年的16.2%上涨到1985年的38.8%；而1984年的M_2比1983年新增1 071.3亿元，过快的社会投资引起社会总需求过旺。同年，国务院决定实行工资改革，使居民实际收入大幅上扬。社会投资增长以及居民收入增速快于劳动生产率的提高，通货膨胀再次出现，CPI物价指数从1984年的2.7%上涨到1985年的9.3%。

为了抑制此次通货膨胀，国务院采取了一系列的宏观调控政策，通过收紧银根，减少货币发行，控制固定资产投资规模，抑制物价上扬。1985年通货膨胀刚刚得到控制，我国马上又经历了改革开放以来的第三次通胀。

（三）1988年

中央为了理顺价格机制，1988年上半年放开肉、蛋、菜、糖价格，7月底，又放开名烟、酒价格，名烟、酒价格一下上涨5～10倍，社会出现抢购现象，在这种情况下又规划出台物价工资改革方案。改革需要稳定的经济增长环境，为了使经济保持较高的增速，紧缩的政策开始松动，货币供给量M_0同比增速从1987年的19.4%上涨至1988年的46.7%，1988

年CPI物价指数一下暴涨至18.8%。

1989年,中央召开会议整顿经济秩序,采取减少社会总需求,控制贷款规模紧缩银根,提高利率回笼货币等政策,1990年通货膨胀得到控制,历时3年。

(四) 1994年

1993年,中央为了进一步理顺价格机制,先后放开了粮食、钢铁及部分统配煤炭的价格,调整提高了原木、水泥的出厂价格,对部分原油价格实行了议价。生产要素价格上升推动企业成本大幅上涨。随后,中央又出台了工资改革制度,进一步添加企业的成本负担,最终造成物价上涨。与此同时,1993—1994年固定资产投资规模高速增长,1994年固定资产投资增速达到25.5%;而货币供给量在1992年已经开始上涨,影响滞后到1994年,加剧总供给与总需求的不平衡,拉动市场物价的上涨。1994年,CPI物价指数上涨到了24.1%的极高水平。

在抑制通货膨胀方面,政府采取紧缩的货币政策,提高银行存贷利率,减少货币供给量,在1996年通货膨胀得到控制,历时3年。

(五) 2011年

2011年,因内外因素的共同影响,造成了此次的通货膨胀。首先,2009年的“4万亿投资计划”以及为了对冲巨额的外汇占款,中央银行抛出20万亿人民币,导致了当时的流动性过剩。2010年12月份M_2的增长率处于19.72%的较高水平,过多的货币供给形成潜在的通货膨胀压力。其次,由于大宗商品价格上涨,以及我国对原油、铁矿石等大宗商品进口依存度较高,给中国带来输入性通货膨胀的压力。最后,当时房地产泡沫越吹越大,国内总需求过剩,加大了通货膨胀压力。2011年,CPI物价指数上涨至5.4%,是1996年以来的最高值。

稳定物价成了当时的首要任务,中央银行实行紧缩的货币政策,密集上调基准利率和存款准备金率,2010—2011年,上调5次基准利率、12次存款准备金率,到2011年6月20日,存款准备金率高达21.5%。2011年年末通货膨胀得到控制,历时1年多。

二、我国历次通货紧缩分析

(一) 1998年

1997年以前,中国一直处于通货膨胀的经济时期,1996年由于银行积累了大量的坏账,加之为了治理1994年的通货膨胀,银行紧缩银根后积累了大批的不良贷款,这种现象到1996年已经达到非常严重的状态,为了防范银行风险,政府开始控制银行不良贷款,银行出现惜贷现象,企业不再像以前一样可以轻松地获得贷款,因而面临发不出工资的局面,经营困难,不得不降价销售产品,推动物价下滑。同时,1997年7月,亚洲金融危机爆发,出口市场收缩,国内供给压力增大,加剧国内通货紧缩。1997年CPI物价指数下滑至2.8%,到1998年,CPI增速出现负增长,为−0.8%。

通货紧缩也使经济增速从1997年的9.2%下降至1998年的7.8%,为了保持经济稳定,政府将货币政策从“适度从紧”转为“稳健的货币政策”,由于银行惜贷,货币供给传导受阻。积极的财政政策在当时发挥了关键的作用,政府通过发行国债,投资基建设施来提高社会总需求。2000年,通货紧缩得到控制,历时2年。

(二) 2002年

2002年,CPI再次为负值,当年的物价总水平连续下跌了10个月,从这一点来讲,可以认为当时出现了通货紧缩。2001 年中国加入 WTO,吸引了大量的外资,企业技术水平得到提升,生产效率提高,成本下降而引发物价总水平的下滑。企业生产成本的下降意味着利润的增长,企业再生产意愿得到激发,而物价水平的下降刺激需求的增加。这次通货紧缩和 1998 年不同,是由总供给的增长快于总需求的增长而导致的物价水平下降,并不是需求不足引发的,所以当时并没有出现货币供给量和投资增速的快速下滑。2003 年 CPI 恢复正增长,结束了这次非典型的通货紧缩,历时 1 年。

(三) 2009 年

2007 年下半年,由美国开始的次贷危机演变为金融危机,并迅速向世界蔓延,我国也未能独善其身。我国的经济明显受到金融危机的影响,2009 年每个月的出口额增速均在 −20%以下,大量中小企业破产,大批农民工返乡,M_2 增速从 18.92%下降至 14.8%,经济增速快速回落,2009 年一季度 GDP 的增长率仅为 6.6%,CPI 物价指数从 2008 年年末开始下滑,2009 年出现连续 10 个月负值。

为了应对这种危局,中国政府实行积极的财政政策和适度宽松的货币政策,推出"4 万亿元投资计划",加快基建投资,扩大内需。4 万亿元的投资计划也为 2011 年的通货膨胀埋下了伏笔。大规模的政府投资使经济快速升温,CPI 物价指数上涨,该次通货紧缩历时 1 年。

资料来源:http://opinion.hexun.com/2016-01-13/181766804.html,内容上有所精简。

复习思考题

1. 货币均衡与社会总供求均衡有什么关系?
2. 货币均衡与利率之间有何关系?
3. 通货膨胀形成的直接原因是什么,深层次原因又是什么?
4. 通货膨胀对产出、就业、财富再分配会产生什么样的影响?
5. 治理通货膨胀的主要对策有哪些?
6. 评析通货紧缩的影响与治理措施。

第十二章 货币政策

学习目标

(1) 熟悉货币政策的内容和基本特征。
(2) 掌握货币政策的最终目标和中介指标、货币政策工具选择和作用机制。
(3) 掌握货币政策传导机制的主要理论。

能力目标

(1) 能够阐述货币政策最终目标及其矛盾。
(2) 能够理解和分析主要货币政策工具的作用机制。
(3) 能够分析不同的货币政策传导机制的路径。

案例导入

2018年第3季度我国货币政策执行报告内容节选

2018年，稳健中性的货币政策取得了较好成效：银行体系流动性合理、充裕，商业银行和金融市场的流动性结构优化，货币市场利率中枢整体下行；金融对实体经济特别是民营、小微企业的支持力度较为稳固，金融机构贷款增长较快，信贷结构继续改善；货币供给量、社会融资规模平稳增长；人民币汇率保持了在合理均衡水平上的基本稳定；金融风险防控成效显现，金融市场运行总体平稳，宏观杠杆率趋于稳定，市场信心得以提振。2018年以来，广义货币供应量M_2增速保持在8%以上，9月末M_2余额同比增长8.3%；人民币贷款余额同比增长13.2%，比年初增加13.1万亿元，同比多增2.0万亿元，比2017年全年同比多增的8 782亿元大幅增加；社会融资规模存量同比增长10.6%。2018年9月，非金融企业及其他部门贷款加权平均利率为5.94%。2018年9月末，CFETS人民币汇率指数为92.35，人民币对美元汇率中间价为6.879 2元，前三季度人民币对美元汇率中间价年化波动率为4.2%。

思考：社会融资规模和货币供给量统计指标有什么区别？

第一节 货币政策目标

货币政策是中央银行为了实现其特定的经济目标而采用的各种控制和调节货币供给量和信用量的方针和措施的总称。从运行实践来看，货币政策至少包含以下内容，即货币政策最终目标、货币政策工具、货币政策中介指标、货币政策传导机制和货币政策效应。货币政策是长期调整社会总需求的宏观经济政策。

一、货币政策最终目标及选择

（一）货币政策最终目标

1. 保持币值稳定

在现代信用货币流通条件下，币值与物价之间存在着必然的倒数关系，所以币值稳定的本质可以理解为物价稳定。这里所指的物价，是指一般物价水平，即物价总水平，而不是指某种商品的价格。保持物价稳定，是指把一般物价水平控制在一定范围内，即控制在不危害经济增长，社会大众心理又能承受的范围之内。物价既不能过高（即防止出现通货膨胀），也不能持续过低（即防止出现通货紧缩），应保持在一个合理的水平上。

2. 实现充分就业

所谓充分就业，通常是指凡是有能力并自愿参加工作者，都能在合理的条件下随时找到适当的工作。

衡量经济发展中是否存在充分就业的标准，一般是以劳动力的就业程度为基准，用就业的相反指标——失业率来衡量劳动力的就业程度。所谓失业率，就是社会的失业人数与愿意就业的劳动力之比，用公式表示为：

$$失业率 = \frac{失业人数}{劳动力总数} \times 100\%$$

失业包括需求不足造成的失业、结构性原因引起的失业、摩擦性失业、季节性原因引起的失业等。可见，要实现充分就业并不是中央银行独自能做到的，它是全社会各部门共同的职责。充分就业并不是说失业率为零。在引起失业的众多原因中，与中央银行货币政策直接相关的是总需求不足而造成的失业。

3. 促进经济增长

关于经济增长的含义主要有两种观点。一种观点认为，经济增长就是指国民生产总值的增加，即一国在一定时期内所生产的商品和劳务总量的增加，或者是指人均国民生产总值的增加。另一种观点则认为，经济增长就是指一国生产商品和劳务能力的增长。此外，发展经济学认为，对经济增长不能仅仅从产出总量的角度考虑，更应该考虑增长的成本，例如资源耗费、环境污染、收入差距等，所以从社会和谐和可持续发展的角度看，应该追求经济发展。

在实际操作中，经济增长通常用实际国民生产总值和人均实际国民生产总值作为衡量标准。此外，也可以用一国生产能力指标来衡量一国的经济增长状况。

4. 平衡国际收支

国际收支是指一国在一定时期内（通常指1年内）对其他国家和地区，由于政治、经济、文化往来而引起的全部收支。这种收入和支出不可能正好完全相等，要么收大于支（即顺差），要么支大于收（即逆差）。所谓国际收支平衡，就是指一国对其他国家和地区的全部货币收入和支出相抵大体平衡，略有顺差或略有逆差。一国的国际收支如果出现持续性的大额顺差或逆差，必然会给国内货币供给量带来重大影响，都有必要进行调节。

（二）最终目标之间的矛盾

1. 币值稳定与充分就业

最先在理论上总结、分析稳定物价目标与充分就业目标之间的矛盾的经济学家是菲利普斯。他认为，失业率与物价上涨率之间，存在着一种此消彼长的关系。一个国家要减少失业或实现充分就业，就必须增加货币供给量，降低税率、增加政府支出，以此刺激社会总需求的增加，这在一定程度上将引起一般物价水平的上涨。附加预期的菲利普斯曲线则不认为两者之间存在反向替代的关系。

2. 币值稳定与经济增长

一般而言，稳定物价需要抑制总需求的扩张，减少货币供给量，而要促进经济增长就需要扩大总需求，增加货币供给量。所以稳定物价与促进经济增长的矛盾是显而易见的。在现实经济生活中，经济增长与物价上涨之间的矛盾难以调和。

3. 充分就业与经济增长

一般而言，要实现充分就业，要采取刺激总需求的政策，会带动经济增长，此时两者之间存在正相关关系。如果经济增长方式由劳动密集型向资本或资源或知识密集型转变，出现机器取代人的现象，经济增长不仅不能带来就业率的上升，甚至还可能引起就业率的下降。

4. 稳定物价与平衡国际收支的矛盾

一般来说，当一国出现通货膨胀时，说明总需求超过了总供给，使国内的物价水平高于国外的物价水平，从而使国内出口商品的价格和进口紧俏商品的价格都高于国外商品的价格，这样必然会导致国内出口减少，进口增加，从而增加本国的贸易逆差，或者减少本国的贸易顺差，使本国外汇储备减少，引起国际收支的变化。相反，则会出现相反的情况。

5. 经济增长与平衡国际收支的矛盾

为了实现经济增长，就需要实行一种比较宽松的货币政策以降低利率，增加货币供给量来刺激总需求的扩大。但是其政策实施的结果在促进投资和经济增长的同时，会使国内物价上涨，出口减少，进口增加，资金外流，导致外汇储备减少，引起国际收支逆差失衡。相反，则会引起国际收支顺差失衡。

（三）货币政策最终目标的选择

在特定时期或特定经济条件下，各国货币政策目标选择是有所侧重的，目标选择的基本原则是：趋利避害，两利相权取其重，两弊相权取其轻。目标选择的方式主要有以下几种：

(1) 相机选择,即根据具体经济情况进行决定和选择。

(2) 临界点原理选择,即结合本国社会对某一问题所能承受的限度,找出临界点来选择和实施货币政策目标。

(3) 轮番突击选择,即根据不同时期的经济状况,轮番采取不同类型的货币政策,以实现其政策目标,这是当前各国普遍采用的方法之一。

(四) 通货膨胀目标制

由于货币流通速度不稳定、金融创新层出不穷,货币总量与最终目标之间的联系大为削弱,中央银行对货币总量,尤其是对广义货币的完全控制事实上已经不可能,因此,一些国家决定直接瞄准最终目标,即通货膨胀。新西兰在 1990 年最早实施通货膨胀目标制。

所谓通货膨胀目标制,是指中央银行独立制定和实施货币政策,将稳定物价作为货币政策的首要目标。在一定的时间范围内,由政府和中央银行公开宣布一个通货膨胀目标区域(如 1%~3%),向公众承诺通过政策手段使物价水平保持在目标区域,以此加强公众对货币政策意图和目标的理解。在日常操作中,通常是设定一个正的通货膨胀预测值作为货币政策目标,并根据预测值的变化进行政策调控,以引导通货膨胀预期向目标区靠拢。

通货膨胀目标制实现了规则性和灵活性的统一,提高了货币政策的透明度,有利于增强公众对货币政策的信心,有利于经济的稳定运行。但通货膨胀目标制过分重视来自需求方面的扰动,在处理供给方面的因素时缺乏必要的弹性,忽视了货币政策对就业的影响以及频繁变动政策工具对实体经济的不利影响。

二、货币政策中介指标及选择

(一) 设立中介指标的意义

货币政策中介指标又称中间目标,是指受货币政策工具作用,影响货币政策最终目标的传导性金融变量指标。由于从货币政策的制定、实施到影响金融市场参与者的行为、最后实现货币政策最终目标需要一个漫长的过程,需要在货币政策工具和最终目标之间设置中间指标,以利于目标的实现。

(二) 选择中介指标的标准

(1) 可测性。它是指所选择的金融变量,必须具有明确的合理的内含和外延,使中央银行能迅速而准确地收集到有关指标的数据资料,且便于进行定量分析和科学预测。

(2) 可控性。它是指中央银行通过各种货币政策工具的运用,能按其政策意图,对其所选择的金融变量进行有效控制和调节,能较准确地控制金融变量的变动状况及其变动趋势。

(3) 相关性。它是指所选择的金融变量既要与政策工具密切相关,又要与货币政策最终目标紧密相连,中央银行通过对中介指标的控制和调节,能够促使货币政策最终目标的实现。

(4) 抗干扰性。它是指所选择的金融变量的变化能够有效抵御其他因素的影响，能够独立发挥作用，使中央银行准确把握政策的适当与否和力度。

(三) 可选择的中介指标

(1) 操作指标。操作指标是指直接受货币政策工具作用，间接影响货币政策最终目标的金融变量。可供选择的金融变量主要有存款准备金、基础货币和短期利率。

(2) 中间指标。中间指标是指间接受货币政策工具作用，而直接影响货币政策最终目标的金融变量。它主要有货币供应量、银行信贷规模、长期利率、汇率和通货膨胀。

部分国家(地区)货币政策中介指标如表12-1所示。

表 12-1　部分国家(地区)货币政策中介指标

国家(地区)	中央银行基准利率	利率操作目标	利率走廊区间
美国	联邦基金目标利率	无担保联邦基金市场隔夜利率	+50BP - 0BP
英国	官方利率	根据自愿协议储备所支付的利率	+25BP - 25BP
加拿大	隔夜利率目标	同业市场有担保的隔夜利率	+25BP - 25BP
欧元区	主要再融资目标 MRO	无正式目标	+75BP - 75BP 存款利率为 0
澳大利亚	资金目标利率	同业市场无担保隔夜拆借利率	+25BP - 25BP
日本	无担保隔夜拆借利率	同业市场无担保隔夜拆借利率	+20BP - 0BP
韩国	基准利率	同业市场无担保隔夜拆借利率	+100BP - 100BP
瑞典	回购利率	银行间市场隔夜利率	+75BP - 75BP
瑞士	LIBOR 利率	3 月期瑞士法郎利率	+100BP - 100BP

资料来源：恒大研究院，中国货币政策工具箱及操作空间。

三、中国货币政策目标

(一) 中国货币政策最终目标

1995 年颁布、2003 年 12 月修订的《中华人民共和国中国人民银行法》(以下简称《中国人民银行法》)中明确指出，我国货币政策目标是"保持货币币值的稳定，并以此促进经济增长"。该政策目标要求在抑制物价上涨幅度的同时维持适度的经济增长率，并且决不以牺牲经济增长为前提。在我国多年的金融宏观调控实践中，货币政策目标实际上是以防止通货膨胀为主的多目标制。

(二) 中国货币政策中介指标

由于中国经济金融体制已经发生了深刻变化，原来在计划经济体制下适用的贷款规模、现金已不适宜作为中介指标。同时，由于中国利率市场化改革尚未完成，把利率作为中介指标不具备相应的条件。所以货币供给量仍是目前主要的中介指标。

第二节 货币政策工具

一、一般性货币政策工具

一般性货币政策工具，是对货币供给总量进行调节和控制的政策工具，主要有以下三种。

（一）存款准备金政策

1. 存款准备金政策的含义

所谓存款准备金政策，是指中央银行在法律所赋予的权力范围内，通过规定或调整商业银行缴存中央银行的存款准备金率，影响商业银行的信用创造能力，从而影响货币供给量的措施。

2. 存款准备金制度的基本内容

一般来说，存款准备金制度主要包括以下内容：①规定法定存款准备金率；②规定可充当法定存款准备金的内容；③规定存款准备金的计提基础。这涉及两个问题。一是存款余额如何确定，主要有两种方法：第一，根据商业银行的日平均存款余额，扣除应付未付款项后的存款额作为计提存款准备金的基础；第二，以月末或旬末的存款余额，扣除月末或旬末的应付未付款项后的存款额作为计提存款准备金的基础。二是缴存存款准备金如何进行基期计算，一般有两种做法：当期存款准备金账户制和前期存款准备金账户制。计提存款准备金的时间不同，货币供给量控制的精确度及其效果也就不一样。

3. 存款准备金政策的作用过程

存款准备金政策发挥作用的核心在于调整法定存款准备金率的高低。存款准备金率的变动，直接影响到基础货币、商业银行超额存款准备金、派生倍数以及货币乘数的大小，最终影响到全社会货币供给量的变动。假定中央银行实行松的货币政策，调低法定存款准备金率，假定其他条件不变，商业银行上缴中央银行的法定存款准备金减少，超额存款准备金增加，商业银行增加贷款或投资，则会扩大派生倍数和货币乘数，引起存款和基础货币多倍扩张，导致货币供给量的增加，进而导致市场利率降低，刺激投资、消费支出增加，促进经济发展。

存款准备金率一般不经常变动，一旦变动，会产生明显的告示效应，说明政府目前对整体经济形势的判断和调控意图，进而影响金融市场参与主体和社会公众的预期与行为。

4. 存款准备金政策的局限性

存款准备金政策作用力猛烈，对经济震荡大。即使中央银行对存款准备金率调整很小的幅度，都会引起货币供给量的巨大波动。而且存款准备金率缺乏弹性，不宜经常调整，不能作为中央银行日常操作工具。

1990 年之后，一些国家因存款准备金率的调整会冲击短期利率以及《巴塞尔协议》关于资本充足率的监管已能覆盖法定存款准备金率的功能，所以存款准备金工具的运用被逐步弱化，法定存款准备金率普遍极低，有些国家直接取消了法定存款准备金制度，日本中央银行最后一次调整存款准备金率是在1991年。各国中央银行要求的法定存款准备金率如表12-2所示。

表12-2　各国中央银行要求的法定存款准备金率

中央银行	法定存款准备金率
欧洲中央银行	2%
日本银行	0.05%～1.3%
英格兰银行	0.15%
瑞士国民银行	2.5%
美国联邦储备体系	0～10%

（二）再贴现政策

1. 再贴现政策的含义

所谓再贴现政策，是指中央银行通过制定或调整再贴现利率来干预和影响市场利率及货币市场的供给和需求，从而调节市场货币供给量的一种金融政策。

一般来说，再贴现政策有两个方面的内容：一是再贴现率的调整；二是规定何种票据具有向中央银行申请再贴现的资格。前者主要是影响商业银行的存款准备金及社会资金供求，后者则主要是影响商业银行及全社会的资金投向，促进资金的高效流动。

2. 再贴现政策的作用机制

再贴现政策的作用，主要是调节贷款条件的松紧程度和影响资金借贷成本。当中央银行需要收紧银根时，则提高再贴现率，并使之高于市场利率，商业银行向中央银行借款或申请再贴现的融资成本就会上升，从而减少向中央银行的借款或贴现，商业银行存款准备金数量的增加就受到了限制。如果存款准备金不足，商业银行就只能收缩对客户的贷款和投资规模，进而也就缩减了市场的货币供给量。随着市场货币量的缩减，银根紧缩，市场利率也就相应上升，社会对货币的需求也相应减少，整个社会的投资支出也减少，最终实现了货币政策目标。反之，效果则相反。

中央银行根据调控的需要变动再贴现率，具有告示效应，表明政府对经济整体形势的判断和调控意图，同样可以影响到金融市场参与主体和社会公众的预期和行为。

3. 再贴现政策的局限性

在运用再贴现政策时，中央银行处于被动地位，商业银行是否愿意到中央银行申请再贴现，或贴现多少、何时申请贴现都取决于商业银行的意愿。中央银行调整再贴现率，通常不能改变利率的结构，只能影响利率水平。再贴现政策缺乏弹性，不宜经常调整再贴现率，否则市场主体会无所适从。在金融市场发达的国家，金融机构融资渠道多，不去再贴现也能筹集到资金，可以不受中央银行变动再贴现率的影响。随着全球金融市场的普遍发展，该工具的业务量减少了，影响力降低了。

（三）公开市场政策

1. 公开市场政策的含义

所谓公开市场政策，是指中央银行为实现货币政策目标通过在公开市场上买进或卖出有价证券来影响商业银行的存款准备金，从而调节货币供给量的一种政策措施。

中央银行在公开市场上买卖的证券主要是政府公债和国库券，在有的国家中央银行也可买卖地方政府债券、金融债券等。部分国家（地区）公开市场业务操作情况如表 12-3 所示。

表 12-3　部分国家（地区）公开市场业务操作情况

国家（地区）	主要公开市场操作手段	主要操作期限	公开市场操作频度
美国	与做市商回购，购买国债	隔夜至 14 天	每天操作
英国	回购	短期 1 周 长期 3～12 个月	短期每周 1 次 长期 1 月 1 次
加拿大	与做市商的资金交易及对清算系统日终头寸管理	1 个工作日	偶尔：通过拍卖分配政府存款，管理清算头寸
欧元区	回购或担保贷款	1 周	每周 1 次
澳大利亚	回购	隔夜至 1 年	每天操作
日本	回购交易或现券买卖，直接购买国债	隔夜至 1 年	每天操作，购买国债 1 月 4 次
韩国	回购	1 周	每周 1 次
瑞典	回购	1 周	每周 1 次
瑞士	回购、固定期限拍卖、外汇掉期	通常 1 周	每天操作

资料来源：恒大研究院，中国货币政策工具箱及操作空间。

2. 公开市场政策的作用过程

公开市场政策的核心，在于通过买卖证券影响商业银行存款准备金，进而调节货币供给量。当金融市场资金缺乏时，中央银行在公开市场买进证券，出售证券的商业银行获得资金，导致其超额存款准备金增加，这成为商业银行信贷扩张、货币创造的基础，并最终导致货币供给量的多倍增加。同时，中央银行买进证券增加了市场上的货币量，促使市场利率下降，使扩张性货币政策得以有效实施。反之则反是。

3. 公开市场政策发挥作用的条件

（1）中央银行必须具有强大的、足以干预和控制整个金融市场的资金实力。

（2）中央银行对公开市场政策应具有弹性操作权力。

（3）金融市场机制应健全、完善。

（4）可供交易的证券种类和数量要适当。

4. 公开市场政策的优点

（1）中央银行主动性大。

（2）中央银行可经常性、连续性操作，可以按任何规模买卖证券。

（3）中央银行对货币供给量可进行微调。

（4）中央银行能迅速改变操作方向。

(5) 公开市场政策可以迅速执行。

二、选择性货币政策工具

选择性货币政策工具，是指中央银行针对专门经济领域或特殊资金用途的信贷而采取的信用调节工具。

(一) 直接信用控制

直接信用控制是指中央银行依据有关法令，利用行政手段，对商业银行及其他金融机构的业务活动进行各种直接干预。其中比较重要的有以下工具：

(1) 信用分配。它是指中央银行根据金融市场状况和客观经济的需要，对商业银行进行贷款分配，规定在各部门或地区资金分配的数量或比例。

(2) 直接干预。它是指中央银行直接对商业银行的信贷业务施以合理的干预，如规定商业银行的业务范围、放款政策等。直接干预的方式有：直接限制放款的额度，直接干涉商业银行对活期存款的吸收；对业务经营不当的商业银行可以拒绝再贴现，或采取惩罚性利率；明确规定各家银行的放款或投资的范围等。

(3) 流动性比率。它是指中央银行为了限制商业银行扩张信用，规定其流动资产对存款的比重。

(4) 利率最高限额。它是指中央银行规定商业银行对定期及储蓄存款所能支付的最高利率，其目的是防止银行之间的过度竞争和为谋取高额利息进行风险投资和放款，从而保证银行的正常经营。

(5) 特种存款。它是指中央银行在银行体系中出现过剩超额存款准备金时，要求其按一定比例缴存中央银行，以紧缩放款，从而减少货币供给量。

(二) 间接信用控制

间接信用控制是指中央银行利用其特殊地位，不直接影响其超额存款准备金和资金成本，用各种间接措施对商业银行的信用创造施以影响。其主要措施有：

(1) 道义劝告。它是指中央银行利用自己在金融体系中的特殊地位和威望，通过对金融机构的劝告，以影响其放款的数量和方向，从而达到控制和调节信用的目的。这种调控方式不具有强制性，能否达到预期效果，取决于其他一些条件。

(2) 窗口指导。它是日本中央银行对主要金融机构的指令，要求其把贷款增加限额限制在适当的范围之内。实行窗口指导的直接目的是使同业拆放市场利率保持稳定，同时窗口指导也暗示其贷款的使用方向，以保证优先发展部门的资金需要。

(3) 消费者信用控制。它是指中央银行对不动产以外的各种耐用消费品的销售融资予以控制的一种措施，其核心在于规定分期付款购买消费品时第一次付款的最低限额和贷款的最长偿还期，以及运用于分期付款的商品种类。

(4) 证券市场信用控制。它是指中央银行对使用贷款进行证券交易活动加以控制的一种措施，其核心在于规定贷款额占证券交易额的百分比率(即证券保证率)，以限制对证券市场的放款规模。

(5) 不动产信用控制。它是指中央银行就一般商业银行对客户新购买住房或商品用房贷款的限制措施。其核心是规定不动产贷款的最高限额、偿还期限和第一次付款的比率。

三、货币政策工具运用的新发展

(一) 预期管理

居民、厂商等市场主体对未来不确定性的预期差异显著影响其储蓄、消费、投资行为，这些行为反映在实体经济中，对经济总量指标产生影响。2008 年美国次贷危机之后，对公众预期进行合理引导成为中央银行宏观调控的重点。有学者认为，货币政策的本质就是预期管理。中央银行预期管理的核心内涵就是通过信息沟通、政策承诺等一揽子工具组合的实施和应用，向市场准确传达货币政策意图，影响微观主体对未来货币政策的预期、修正预期偏差，从而实现对通货膨胀预期、利率走势预期和经济信心的有效管理。

信息沟通是中央银行预期管理的最主要手段，是指中央银行通过信息披露，寻求公众理解和认同的信息交流过程，主要通过发布报告、会议纪要或声明、演讲、采访、新闻发布会等方式与市场主体进行沟通。例如，美联储会对外公布联邦公开市场委员会(FOMC)的会议纪要、声明等，涵盖了 FOMC 会议作出的货币政策决策及其原因解释、经济运行风险评估、未来货币政策关注要点、FOMC 会议投票记录以及投反对票委员意见等信息。

前瞻性指引(forward guidance)是中央银行建立在对市场有一定预测的前提下，提前承诺适应未来市场定位的货币政策。前瞻性指引通过指出未来货币政策的目标、变动方向、量化的指标阈值等信息，使公众知悉利率的变动趋势，更准确地理解中央银行政策目标，为市场参与者提供一个可预期的稳定的政策环境。前瞻性指引借助公众的通货膨胀预期、宏观经济预期以及短期利率预期等渠道传导，影响公众对中长期经济前景、利率的看法。

中央银行凭借自身的信息优势与数据优势，在关键时间点上通过“创设信息”，向市场准确传达货币政策意图，从而使公众决策落在政策制定者预期范围内。无论是信息沟通还是前瞻性指引，都相当于中央银行向市场作出的某种承诺，所以具有较高可信度，且一贯“信守承诺”的中央银行往往在预期管理领域更容易取得事半功倍的效果。

(二) 利率走廊调控机制与传统货币政策工具的配合

所谓利率走廊(interest rate corridor)，是以中央银行向金融机构提供短期存贷款而形成的一个利率操作区间为基础，调控短期市场利率和银行体系流动性的操作系统。利率走廊的上限是中央银行对商业银行发放贷款的利率，下限为商业银行在中央银行存款的利率，中间为中央银行调控的目标，即商业银行同业拆借利率。同业拆借利率会在中央银行确定的存贷款利率之间浮动，由这一上下限所确定的利率浮动空间便是利率走廊。当中央银行存贷款利率提高时，商业银行拆借利率也会随之升高，反之，商业银行拆借利率下降。通过这种将直接管制与市场机制相结合的方法，中央银行可以有效地将市场利率水平控制在自己的期望水平之内。

1. 利率走廊调控机制与公开市场操作的配合

利率走廊属于被动型政策工具，通常由市场成员自己决定是否申请使用，中央银行负责调节走廊构成要素、对称性和宽度，但不能直接控制存款和贷款便利的规模。尤其是作为隔夜流动性提供窗口利率上限工具，经常处于备而不用的状态，而且很难实现投放长期资金和调节基础货币的作用。公开市场操作作为主动型操作工具，可以弥补利率走廊作为被动型工具的不足。大部分国家开展公开市场操作，将短期货币市场利率指标稳定在围绕政策利率目标的窄区间内，更好地传达政策信号和进行利率传导。

2. 利率走廊调控机制与存款准备金制度的关系

在实施利率走廊调控机制的国家中，除新西兰、澳大利亚、瑞典、挪威、加拿大和英国施行了零存款准备金制度或自愿存款准备金制度外，其他国家均保留余额存款准备金即法定存款准备金率高于零的制度。这些国家存款准备金率处于较低水平而且基本上已多年未曾调整，存款类机构实际缴纳的存款准备金总量也较为有限，法定存款准备金政策不再承担数量型调控工具角色，而是发挥流动性缓冲或宏观审慎管理功能。为鼓励银行留足存款准备金，中央银行将清算账户最低余额目标设置在高于零的水平上。

四、中国人民银行货币政策工具

（一）存款准备金政策

1. 改革存款准备金制度

1984 年起，存款准备金制度开始成为中国人民银行调节货币供给量和信贷规模的政策工具之一。1998 年 3 月，中国人民银行改革了存款准备金制度，主要内容为：一是将原各金融机构的“存款准备金”和“存款备付金”两个账户合并为一个账户，统称为“存款准备金”账户；二是法定存款准备金率从 13%下调到 8%，由各金融机构总部存入总部所在地的中国人民银行；三是对各金融机构的法定存款准备金按法人统一考核。

2. 实行差别存款准备金率制度

为制约资本充足率不足且资产质量不高的金融机构的贷款扩张，从 2004 年 4 月 25 日起，中国人民银行决定实行差别存款准备金率制度。金融机构适用的存款准备金率与其资本充足率、资产质量状况等指标挂钩。

差别存款准备金率制度的主要内容包括：一是确定差别存款准备金率的主要依据：金融机构资本充足率、金融机构不良贷款比率；金融机构内控机制状况、发生重大违规及风险的情况、金融机构支付能力明显恶化及发生可能危害支付系统安全的风险情况。二是实施对象为存款类金融机构。三是确定差别存款准备金率的方法：根据资本充足率等指标对金融机构质量状况进行分类；根据宏观调控的需要，在一定区间内设若干档次，确定各类金融机构所适用的差别存款准备金率。四是调整存款准备金率的操作：中国人民银行定期根据原银监会统计的金融机构法人上年季度平均资本充足率、不良贷款比率等指标，对金融机构存款准备金率进行调整。

3. 定向降准政策操作

定向降准就是针对某金融领域或金融行业，对符合结构调整、满足市场需求的实体经济贷款达到一定比例的金融机构适当降低存款准备金率。

2014 年 4 月起，中国人民银行多次实施“定向降准”，定向降低符合相关要求的县域农村商业银行与农村合作银行、农村信用社、村镇银行等金融机构的法定存款准备金率，以降低“三农”、小微企业等的融资成本，鼓励金融机构将更多资金配置到实体经济中需要支持的行业和领域。2018 年 4 月 25 日起，中央银行下调大型商业银行、股份制商业银行、城市商业银行、非县域农村商业银行、外资银行人民币存款准备金率 1 个百分点。

4. 改革存款准备金考核制度

中国人民银行决定，自 2015 年 9 月 15 日起改革存款准备金考核制度，由现行的时点法改为平均法考核。即维持期内，金融机构按法人存入的存款准备金日终余额算术平均值与存款准备金考核基数之比，不得低于法定存款准备金率。同时，为促进金融机构稳健经营，存款准备金考核设每日下限。即维持期内每日营业终了时，金融机构按法人存入的存款准备金日终余额与存款准备金考核基数之比，可以低于法定存款准备金率，但幅度应在 1 个(含 1 个)百分点以内。2016 年 7 月 15 日起，人民币存款准备金的考核基数由考核期末一般存款时点数调整为考核期内一般存款日终余额的算术平均值。同时，按季缴纳存款准备金的境外人民币业务参加行存放境内代理行人民币存款，其交存基数也调整为上季度境外参加行人民币存放日终余额的算术平均值。

（二）再贴现与再贷款

1995 年颁布的《中国人民银行法》中明确规定，中国人民银行可以利用再贴现政策进行宏观调控。从那时起，中国人民银行规范再贴现业务操作，开始把再贴现作为货币政策工具体系的组成部分，并注重通过再贴现传递货币政策信号。

1998 年以来，中国人民银行出台了一系列完善商业汇票和再贴现管理的政策。改革再贴现、贴现利率生成机制，使再贴现利率成为中央银行独立的基准利率，为再贴现率发挥传导货币政策的信号作用创造了条件。扩大再贴现的对象和范围，把再贴现作为缓解部分中小金融机构短期流动性不足的政策措施，提出对资信情况良好的企业签发的商业承兑汇票可以办理再贴现。将再贴现最长期限由 4 个月延长至 6 个月。

2008 年以来，中国人民银行增加再贴现转授权窗口，以便于金融机构尤其是地方中小金融机构法人申请办理再贴现；适当扩大再贴现的对象和机构范围，部分非银行金融机构也可申请再贴现；推广使用商业承兑汇票，促进商业信用票据化；通过票据选择明确再贴现支持的重点，对涉农票据、县域企业和金融机构及中小金融机构签发、承兑、持有的票据优先办理再贴现；进一步明确再贴现可采取回购和买断两种方式，提高业务效率。

再贷款是指中国人民银行对商业银行等金融机构发放的贷款。自 1984 年中国人民银行专门行使中央银行职能以来，再贷款一直是重要的货币政策工具。近年来，再贷款所占基础货币的比重逐步下降，新增再贷款主要用于促进信贷结构调整，引导扩大县域和“三农”信贷投放。再贷款还用于实现中国人民银行维护金融稳定的职能。中国人民银行于 2014 年年初调整再贷款分类，设立信贷政策支持再贷款类别，包括支农再贷款和新设的支小再贷款，并创设抵押补充贷款(pledged supplementary lending, PSL)，主要发挥促进信贷结构调整的作用，支持金融机构扩大对“三农”、小微企业、棚改等国民经济重点领域和薄弱环节的信贷投放。截至 2017 年年末，全国支农再贷款余额为 2 564 亿元，支小再贷款余额为 929 亿元，扶贫再贷款余额为 1 616 亿元，再贴现余额为 1 829 亿元。

（三）公开市场操作

中国公开市场操作包括人民币操作和外汇操作两部分。外汇操作于 1994 年 3 月启动，人民币操作于 1998 年 5 月 26 日恢复交易。中国人民银行从 1998 年开始建立公开市场业务一级交易商制度。1999 年以来，公开市场操作发展较快，目前已成为中国人民银行货币政策日常操作的主要工具之一，对于调节银行体系流动性水平、引导货币市场利率走势、促进货币供给量合理增长发挥了积极作用。

从交易品种看，中国人民银行公开市场业务债券交易主要包括回购交易、现券交易和发行中央银行票据。现券交易分为现券买断和现券卖断两种，前者为中央银行直接从二级市场买入债券，一次性地投放基础货币；后者为中央银行直接卖出持有债券，一次性地回笼基础货币。中央银行票据即中国人民银行发行的短期债券，中央银行发行中央银行票据可以回笼基础货币，中央银行票据到期还本付息则是投放基础货币。

2013 年 1 月，中国人民银行创设了短期流动性调节工具（short-term liquidity operations，SLO），作为公开市场常规操作的必要补充，在银行体系流动性出现临时性波动时相机使用。SLO 主要为 7 天以内，抵押品为政府支持机构债券和商业银行债券。SLO 的创设，有利于中央银行有效调节市场短期资金供给，熨平突发性、临时性因素导致的市场资金供求大幅波动，促进金融市场平稳运行，有助于稳定市场预期和有效防范金融风险。

（四）利率政策

近年来，中国人民银行加强了对利率工具的运用。2015 年 10 月，对商业银行、农村合作金融机构、村镇银行、财务公司等金融机构不再设置存款利率浮动上限。这标志着我国利率管制基本放开，金融市场主体可按照市场化的原则自主协商确定各类金融产品定价。

我国正积极构建和完善中央银行政策利率体系，以此引导和调控包括市场基准利率和收益率曲线在内的整个市场利率，以实现货币政策目标。对于短期利率，中国人民银行将加强运用短期回购利率和常备借贷便利（SLF）利率，以培育和引导短期市场利率的形成。对于中长期利率，中国人民银行将发挥再贷款、中期借贷便利（MLF）、抵押补充贷款（PSL）等工具对中长期流动性的调节作用以及中期政策利率的功能，引导和稳定中长期市场利率。探索构建利率走廊调控机制，积极疏通利率传导渠道，增强中央银行引导和调节市场利率的有效性。

（五）结构性货币政策工具

1. 常备借贷便利

从国际经验看，中央银行通常综合运用常备借贷便利（standing lending facility，SLF）和公开市场操作两大类货币政策工具管理流动性。常备借贷便利的主要特点：一是由金融机构主动发起，金融机构可根据自身流动性需求申请常备借贷便利；二是常备借贷便利是中央银行与金融机构“一对一”交易，针对性强；三是常备借贷便利的交易对手覆盖面广，通常覆盖存款类金融机构。

中国人民银行于2013年年初创设了SLF。SLF是正常的流动性供给渠道，主要功能是满足金融机构期限较长的大额流动性需求，主要对象为政策性银行和全国性商业银行，期限为1～3个月，利率水平根据货币政策调控、引导市场利率的需要等综合确定。常备借贷便利以抵押方式发放，合格抵押品包括高信用评级的债券类资产及优质信贷资产等。

2. 中期借贷便利

2014年9月，中国人民银行创设了中期借贷便利(medium-term lending facility, MLF)。中期借贷便利是中央银行提供中期基础货币的货币政策工具，对象为符合宏观审慎管理要求的商业银行、政策性银行，可通过招标方式开展。中期借贷便利采取质押方式发放，金融机构提供国债、中央银行票据、政策性金融债、高等级信用债等优质债券作为合格质押品。中期借贷便利利率发挥中期政策利率的作用，通过调节向金融机构中期融资的成本来对金融机构的资产负债表和市场预期产生影响，引导其向符合国家政策导向的实体经济部门提供低成本资金，促进降低社会融资成本。

中国人民银行于2018年12月创设定向中期借贷便利(targeted medium-term lending facility, TMLF)，用以定向支持金融机构向小微企业和民营企业发放贷款。

3. 临时流动性便利与临时准备金动用安排

2017年1月，中央银行建立了临时流动性便利(temporary lending facility, TLF)，为现金投放量较大的几家大型商业银行提供了28天临时流动性支持。

2017年12月，为应对春节期间现金支出的扰动，中央银行建立了临时准备金动用安排(casual reserve arrangement, CRA)，允许现金投放中占比较高的全国性商业银行在春节期间在出现临时流动性缺口时，临时使用不超过2个百分点的法定存款准备金，使用期限为30天。

延伸阅读

我国利率走廊初具雏形

在2016年第三、第四季度的《货币政策执行报告》中，中国人民银行披露了利率走廊的上限就是中央银行对商业银行的常备借贷便利(SLF)利率，包括隔夜、7天和1个月三个不同期限的利率。同时，中央银行也对商业银行展开了中期借贷便利(MLF)操作，注入了更长期限的流动性(3个月、6个月以及12个月)。利率走廊的下限是中央银行支付商业银行的超额存款准备金率。当货币市场利率低于此水平时，商业银行可以从货币市场提取流动性，转存入其在中央银行的存款准备金账户。处于利率走廊上、下限之间的新政策利率是存款类机构间以利率债为质押的7天期回购利率(DR007)。根据利率走廊的设计，此政策利率将会在利率走廊上、下限之间的范围内波动。当政策利率目标上升到走廊上限时，符合资格的商业银行可以直接向中央银行以上限的利率借入短期流动性，而不必在银行间市场上付出更大的成本；如果商业银行发现政策利率低于“利率走廊”下限，则可以将其流动性从货币市场抽出，以超额存款准备金形式存入中央银行，以获取更高收益。中央银行也会经常进行公开市场操作，使政策利率水平接近货币当局的期望水平。目前，中央银行使用的主要公开市场政策工具包括7天、14天和28天回购及逆回购。通过这些回购协议和逆回购协议，中央银行从货币市场提取流动性或注入流动性，从而调节政策利率的水平。中国人民银行 2016 年宣布，公开市场操作的频率将由每周两次提高到每日操作，目的就是配合利率走廊能早日确立。图 12-1 是我国利率走廊上、下限情况。

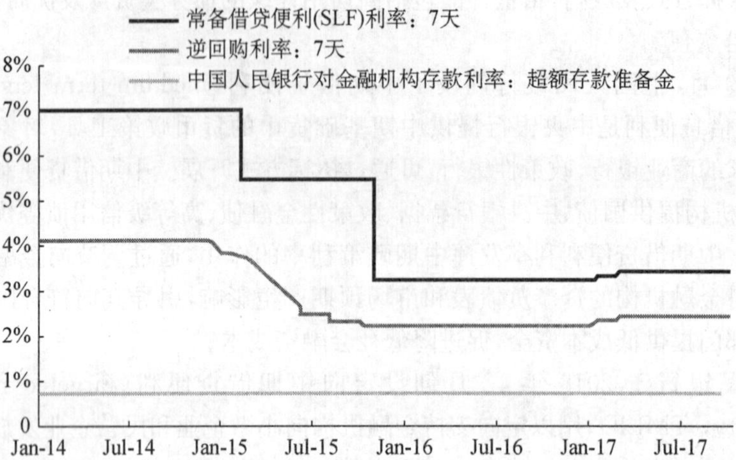

图 12-1　我国利率走廊上、下限情况

第三节　货币政策传导机制

一、货币政策传导机制及其过程

1. 货币政策传导机制的含义

货币政策传导机制是指货币政策的各种措施的变动，作用于经济体制内的各种经济变量，最终影响整个经济活动的过程，如图 12-2 所示。

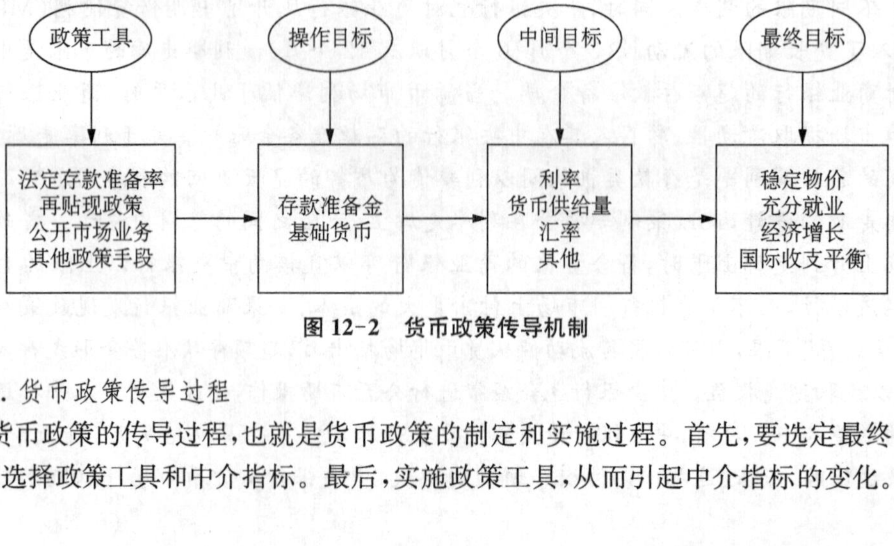

图 12-2　货币政策传导机制

2. 货币政策传导过程

货币政策的传导过程，也就是货币政策的制定和实施过程。首先，要选定最终目标，其次，选择政策工具和中介指标。最后，实施政策工具，从而引起中介指标的变化。中介指标的变动(如货币供给量的变动)会影响到企业和个人的收入和购买力大小的变化，最终影响到名义国民收入的增减变化。在这一过程中，货币政策的贯彻实施能否产生预期效果并不完全决定于中央银行的主观愿望，而在很大程度上取决于经济金融环境的好坏和社会各主体的行为调整是否与中央银行的意志相吻合。货币政策传导的基本过程如图12-3所示。

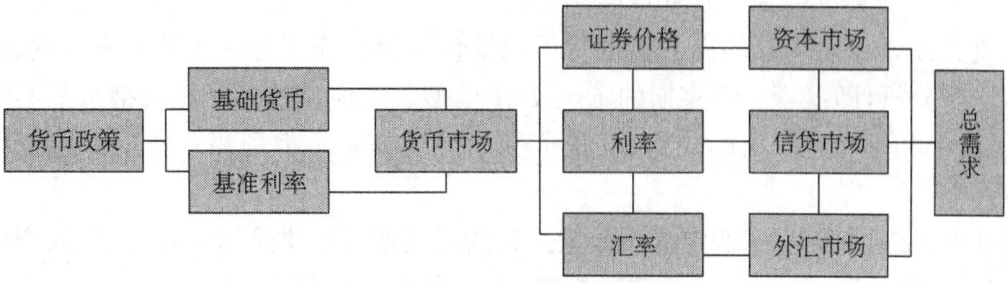

图 12-3 货币政策传导的基本过程

二、货币政策传导理论

(一)古典经济学的货币政策传导理论

古典经济学的经济理论和货币理论有两个基本前提:一是充分就业的均衡，即社会的生产设备、生产资源已被充分利用，工人也已经充分就业。因此，货币供给量的增加对产量和就业量都不会产生影响，它所能够影响的只是物价。二是供给会自动创造自身的需求。整个经济的均衡是水平总供给与水平总需求的均衡，而总需求又是由总供给所创造的，因此，总供给总是等于总需求，并不存在总需求与总供给的失衡问题。

在上述基本前提下，古典经济学理论中并不存在货币政策的传导机制和传导途径问题。他们认为，货币只是罩在实物经济上的一层“面纱”，货币并不影响实体经济，也不是经济的一个有机组成部分，只是经济的一个外生变量。货币的唯一作用就是决定物价的绝对水平。古典经济学的货币政策传导模式，即:$R \rightarrow M_s \rightarrow Yn$。$R$ 表示存款准备金数量，M_s 表示货币供给量，Yn 表示名义收入。其作用过程是:中央银行的货币政策措施，先是改变商业银行的存款准备金数量，然后引起货币供给量的变动，最终造成社会名义收入的变动。

(二)凯恩斯学派的货币政策传导理论

1. 凯恩斯学派局部均衡论的传导

局部均衡分析，就是假定其他部门保持不变，分别研究货币领域的均衡和商品领域的均衡。凯恩斯学派认为，在商品领域，社会的总收入必须与社会的总支出保持均衡，而社会的总支出又是由消费、投资、政府支出三部分构成。在货币领域中，凯恩斯把货币与利率、利率与投资之间的相互作用联系在一起，认为由于货币供给量的增加，而导致利率水平的下降，就会引起商品领域的变化，从而形成了传统的凯恩斯学派的货币政策传导机制。即:$M \rightarrow R \rightarrow I \rightarrow E \rightarrow Y$ 。其含义是:货币供给量(M)影响利率(R)，利率又影响投资支出(I),投资支出引起总支出(E)的变化,最终对总产出(Y)产生影响。如果中央银行采取放松银根的货币政策,导致货币供给量扩大,就会打破原有货币市场的均衡,货币供给大于货币需求,利率就会下降,利率的降低,意味着企业投资的资金成本下降,这将刺激企业增加投资,社会的投资支出将会增长,企业开工增加,就业增加。这样,社会的总体消费能力将会增长,总支出将增加,社会总产出也将增加。

2. 一般均衡分析的货币政策传导

后凯恩斯学派对局部均衡分析的货币政策传导模式作了进一步的补充和发展,形成了一般均衡分析,即汉森—希克斯的 IS—LM 模型。该模型描述了在价格水平不变的条件下,经济中利率和总产出的决定,反映了货币市场和商品市场相互作用并趋于均衡的过程。

其基本推理过程是:①假定货币政策工具的运用使货币供给增加,在既定的产出水平下,利率会相应下降,利率下降会刺激投资,并引起总支出增加,总需求又推动总产出增长;②产出量的上升又使货币需求上升,如果没有新的货币供给投入经济生产,货币供求的对比就会使下降了的利率回升,这是商品市场对货币市场的作用;③利率的回升又会使总需求减少,产量下降,产量的下降又导致货币需求下降,那么利率又会回落,这样的变化会循环往复;④这一过程最终会逼近一个均衡点,在这个点上,货币市场和商品市场同时达到均衡。

(三)货币主义的货币政策传导理论

以米顿·弗里德曼为代表的货币主义认为,货币需求对利率变动是不敏感的,货币供给是决定名义收入的主要因素,所以货币供给对总支出作用重大。在此基础上,提出了他们的货币政策传导模式:$M \rightarrow E \rightarrow Y$。其含义是:货币数量($M$)的变动引起总支出水平($E$)的变化,进而影响总产出($Y$)。如果中央银行采取放松银根的货币政策,导致货币供给量扩大,商业银行的贷款能力就会增加,利率就会降低,就会引起人们投资和消费支出即总支出水平的增加,总支出的增加会带动总产出的增加。由于货币主义没有揭示货币供给量影响总支出变化的渠道,而仅仅指出货币供给量的变化会引起总支出变动,货币对国民收入影响的途径是多种多样和不断变化的,要想弄清楚货币政策的全部传导机制是不可能的,实际上也没有必要搞清楚全部的传导机制,只要能够证明货币变动与国民收入变动的相关性,也就为货币政策找到了依据,所以人们又把货币主义的政策传导称为"黑箱理论"。

三、货币政策传导渠道

(一)投资支出渠道

1. 托宾的 q 效应

这是一种关于货币政策变化通过影响股票价格而影响投资支出的理论。这里的 q 等于企业资本的市场价值与企业资本的重置成本之比。托宾证明了 q 和投资支出之间是正相关关系,其货币政策传导过程和渠道可表述为:货币供给(M)增加,股票价格(P_s)将会上升，q 也上升，投资(I)会增加，从而引起产出(Y)增加。

2. 可供信贷效应

这种理论认为，货币政策可通过银行贷款的增减来刺激或减少投资支出，从而引起总产出的变化。其传导过程和渠道是：如果货币供应量增加，银行的可用资金增加，银行的贷款增加，贷款增加会引起投资支出的增加，总产出也增加。由于银行在将存款转化为贷款的过程中扮演着重要角色，且必须花费成本搜寻和评估贷款申请，监督贷款的执行，这种成本称为信贷融通成本。在经济繁荣期间，信贷融通成本下降，银行增加贷款，而在经济危机期间，信贷融通成本上升，银行就可能惜贷。因此，在经济扩张期间，银行的中介行为可能会进一步放大扩张的效应，在经济衰退期间，银行的中介行为可能会进一步放大紧缩的效应，这就是"金融加速器"(financial accelerator)。

3. 非对称信息效应

这是指货币政策通过影响股票价格，引起企业资产净值的变化，进而影响银行贷款过程中的逆向选择和道德风险，从而改变投资支出的传导过程。其传导过程和渠道是：如果货币供给增加，股票价格会上升，使企业的资产净值增加，在非对称信息效应下可能出现逆向选择和道德风险下降，银行贷款增加，从而使社会的投资支出增加，产出也增加。

（二）消费支出渠道

1. 利率的耐用消费品支出效应

它是指货币政策通过引起利率的变动来影响消费者对耐用消费品支出的决策，进而影响总需求的效应。其货币政策传导机制是：货币供给量(M)↑→利率↓→耐用消费品支出↑→产出(Y)↑。

2. 财富效应

它是指货币政策通过货币供应的增减影响股票价格，使公众持有的以股票市值计算的个人财富变动，从而影响其消费支出的效应。其货币政策传导机制是：货币供给量(M)↑→股票价格↑→金融资产↑→毕生财富↑→消费↑→产出(Y)↑。

3. 流动性效应

它是指货币政策通过影响股票价格，使消费者持有的金融资产价值及其资产的流动性发生变化，从而影响其耐用消费品支出变化的政策效应。人们在进行耐用品消费时，通常会根据自己的资产负债状况得出一个关于资产流动性的判断，如果流动性高，人们会增加对耐用消费品的支出；反之，则会减少对耐用消费品的支出。其货币政策传导机制是：货币供给量(M)↑→股票价格(P_s)↑→金融资产价值↑→财务困难的可能性↓→耐用消费品支出↑→产出(Y)↑。

（三）国际贸易渠道

所谓货币政策的国际贸易渠道，是指货币政策的变动通过影响货币供给量进而影响到国内利率，利率的变化引起汇率的变动，进而对净出口产生影响的过程。其传导机制是：货币供给量(M)↑→利率↓→物价水平↑→汇率↓→净出口↑→产出(Y)↑。

第四节　货币政策效应

一、货币政策时滞

货币政策时滞(或货币政策作用时滞)是指从需要制定政策,到这一政策最终发生作用,其中每一个环节都需要占用一定的时间。

(一) 货币政策的内部时滞

内部时滞是指作为货币政策决策主体的中央银行内部发生的,从制定政策到采取实际行动所需要的时间。内部时滞又可分为认识时滞和决策时滞。

1. 认识时滞

这是指从现实经济运行客观上有实施货币政策的需要开始,到中央银行认识到确实需要实施货币政策所耗费的时间。这段时滞之所以存在,主要有两个原因:一是搜集各种信息资料需要耗费一定的时间;二是对各种复杂的社会经济现象进行综合分析,作出客观的、符合实际的判断需要耗费一定的时间。

2. 决策时滞

这是指中央银行制定货币政策的时滞,即从认识到需要改变政策,到提出一种新的政策所需要的时间。这段时滞之所以存在,主要是因为中央银行根据经济形势研究对策、拟定方案,并对所提方案作可行性论证,最后审定批准,整个过程的每一个步骤都需要耗费一定的时间。其时间长短,取决于中央银行对作为决策依据的各种信息资料的占有程度和对经济、金融形势的分析、判断能力,体现了中央银行决策水平的高低和对金融调控能力的强弱以及中央银行的独立性的大小。

(二) 货币政策的外部时滞

外部时滞是指从中央银行采取实际行动执行货币政策到这一政策在经济中产生相应效应所耗费的时间。这也是作为货币政策调控对象的金融部门及企业部门对中央银行实施货币政策的反应过程。外部时滞可细分为操作时滞和市场时滞。

1. 操作时滞

这是指从调整货币政策工具到其对中介指标发生作用所耗费的时间。中央银行一旦调整政策工具的操作方向或力度,需通过操作变量的反应,然后传导到中介变量。这段时滞的存在是因为在实施货币政策过程中,无论使用何种政策工具,都要通过变动操作变量来影响中介变量而产生效果。货币政策是否能够发生作用,主要取决于商业银行及其他金融机构对货币政策的态度、对政策工具的反应能力以及金融市场对货币政策的敏感程度。

2. 市场时滞

这是指从中介变量发生反应到其对目标变量产生作用所耗费的时间。货币政策要通过利率的变动、经由投资的利率弹性产生效应;或者通过货币供给量的变动、经由消费的收入弹性产生效应。经济主体作出反应以及投资、消费的变化均有一个滞后过程。

外部时滞的长短，主要取决于政策的操作力度和金融部门、企业部门对政策工具的弹性大小。外部时滞较为客观，它不像内部时滞那样可由中央银行掌握，是一个由社会经济结构与产业结构、金融部门和企业部门的行为等多种因素综合决定的复杂变量。因此，中央银行很难对这段时滞进行实质性控制。

二、影响货币政策效应的因素

（一）体制因素

货币政策作为一种宏观经济的间接调控手段，其作用机制以利益引导为基本特征。其政策效应的有效传递，是以金融机构、企业和个人行为的配合为基础的，而市场主体的行为是由相应的社会经济体制所决定的。不同的经济体制对经济主体的行为有不同的影响。如果金融机构和企业不是真正的自负盈亏主体、没有自主决策权利、预算软约束，就不会根据货币政策的调整而相应调整自己的行为，货币政策意图就不能够顺利传递。

（二）信息因素

迅速、及时、准确而完备的信息是中央银行制定和调整货币政策的基础，也是各经济主体准确决策的基础。如果信息来源不真实、不及时、不统一，中央银行的货币政策决策的准确性就会大打折扣。如果各种经济信息和货币政策调整的信息，在中央银行与社会公众之间、银行和借款人之间不能有效传递，出现信息不对称情况，就会导致投资行为和消费行为的扭曲，使货币政策目标难以有效实现。

（三）经济周期

经济周期的波动会影响企业的经营状况和投资周期，也会影响居民收入和消费支出，还会影响银行贷款规模，在经济周期的不同阶段，货币政策的传递效应是不同的。一般而言，在经济萧条时期，扩张性货币政策的传递效应较差；在经济复苏时期，扩张性货币政策效果较好；在经济繁荣时期，力度较小的紧缩性货币政策效果较差；在经济衰退时期，紧缩性货币政策效果明显。

（四）金融创新

1. 金融创新对货币政策中介指标的影响

一般认为，货币政策中介指标都具有可控性、可测性、相关性等标准。但是金融创新使可充当中介指标的金融变量都偏离了中介指标的基本要求：一是金融创新降低了中介指标的可测性；二是降低了可控性；三是削弱了相关性。

2. 金融创新对货币政策工具作用力的影响

该影响主要表现在：一是减弱了法定存款准备金率的作用力；二是削弱了再贴现政策的效果；三是借助发达的金融市场和层出不穷的金融工具，强化了公开市场业务的作用。

3. 金融创新对货币政策传导机制的影响

在传导机制理论中，商业银行是至关重要的导体，但金融创新使非银行金融机构异军突起，在传导过程中的中介作用日益突出。金融创新增大了货币政策传导时滞的不确定性。因为金融创新改变了金融机构和社会公众的行为，使货币需求及资产结构处于复杂多变的状态，使货币政策的传导在时间上难以把握，传导过程的易变性很高，给货币政策效果的判定带来较大的困难。

复习思考题

1. 如何理解货币政策最终目标之间的关系？
2. 一般性货币政策工具有哪些？其作用机制分别是什么？
3. 如何评价一般性货币政策工具的优缺点？
4. 金融市场和金融机构在货币政策传导过程中有什么作用？
5. 结合我国宏观调控实践，分析货币政策工具的变化发展趋势。
6. 结合一国金融创新的发展情况，分析其对货币政策有效性的影响。

第十三章 国际收支与内外均衡

学习目标

（1）掌握外汇、汇率的定义和标价方法以及相关汇率理论。
（2）掌握国际收支平衡表的项目以及国际收支失衡的调节方法。
（3）了解储备资产的组成以及我国外汇储备的变化情况。

能力目标

（1）能够比较不同汇率理论的关键差异。
（2）能够结合一国经济运行实际情况，分析其国际收支失衡的类型以及对策。
（3）能够掌握我国外汇储备以及储备资产的变化情况。

案例导入

上海国际金融中心建设行动计划（2018—2020 年）

2019 年 1 月，经国务院同意，中国人民银行会同发展改革委、科技部、工业和信息化部、财政部、银保监会、证监会、外汇局等八部门联合印发《上海国际金融中心建设行动计划（2018—2020 年）》（以下简称《行动计划》）。

《行动计划》提出上海国际金融中心建设的总目标是：到 2020 年，上海基本确立以人民币产品为主导、具有较强金融资源配置能力和辐射能力的全球性金融市场地位，基本形成公平法治、创新高效、透明开放的金融服务体系，基本建成与我国经济实力以及人民币国际地位相适应的国际金融中心，迈入全球金融中心前列。

《行动计划》具体包括三个方面的预期性指标：一是金融国际化程度进一步提升。到 2020 年，参与上海金融市场的境外投资者规模显著扩大，国际债券规模显著增加，上海金融市场国际影响力显著提升，上海外汇市场交易规模显著扩大。二是金融服务功能进一步完善。到 2020 年，显著提高直接融资特别是股权融资比重，人民币跨境支付清算安排更加完善。三是金融发展环境进一步优化。到 2020 年，上海金融人才结构明显优化，金融发展环境的国际竞争力明显增强，金融监管和风险防范能力有效提高。

《行动计划》从六个方面阐述了 2018—2020 年上海国际金融中心建设的主要任务和

措施:一是加快金融改革创新,加强自贸试验区建设与国际金融中心建设联动;二是完善金融市场功能,增强金融资源配置能力和影响力;三是健全金融机构体系,增强金融创新活力和综合服务能力;四是聚焦国家发展战略,增强金融服务实体经济能力;五是扩大金融开放合作,提升金融中心的国际影响力;六是优化金融发展环境,维护金融安全稳定。

思考:上海推进国际金融中心建设对未来金融从业人员产生哪些机遇?

第一节　外汇与汇率

一、外汇

1. 外汇的定义

动态的定义是指经过银行等金融机构把一国货币兑换成另一国货币的一种行为或活动。静态的定义是指以外国货币表示的、在国际上可以自由兑换且能被各国普遍接受与使用的一系列金融资产。这些金融资产可用于充当国际支付手段、外汇市场干预手段和国际储备手段等,充分发挥外汇的多功能作用。

中国对外汇的定义:按照1996年通过并于1997年1月修订的《中华人民共和国外汇管理条例》的定义,外汇是指以下以外币表示的可以用作国际清偿的支付手段和资产,具体包括:①外国货币,包括纸币、铸币;②外币支付凭证,包括票据、银行存款凭证、邮政储蓄凭证等;③外币有价证券,包括政府债券、公司债券、股票等;④SDRs、ECU;⑤其他外汇资产。

2. 外汇的特点

(1) 外币性。它是指外汇必须以外国货币来表示,这是外汇的基本特点。本国货币及其支付凭证和有价证券等,不属于外汇的范畴。

(2) 可兑换性。它是指一种外币成为外汇必须能够兑换成其他形式的资产或支付手段。如果一种货币不能自由兑换,就不可能将一国的购买力转换为另一国的购买力,也就无力偿还对外债务,不具备作为国际支付手段的条件,因此该种货币自然不构成外汇。

(3) 普遍性。它是指某一种货币所表示的各种票据或有价证券是否成为国际支付手段,并不取决于该货币价值的大小,而是以其国际承认并被普遍接受为前提。

二、汇率

1. 汇率的定义与标价方法

汇率是指两个国家不同货币之间的比价或交换比率,也可以表述为:一国的货币单位用另一国的货币单位所表示的价格或汇价。一般而言,汇率的标价方法有两种。

1) 直接标价法

直接标价法(direct quotation)又称应付标价法或欧式标价法,是用若干数量的本币表示一定单位的外币，或是以一定单位的外币为标准，折算成若干单位本币的一种汇率表示方法。在这一标价法下，外国货币好似“商品”，称为单位货币；本国货币好似“货币”，称为计价货币，两者对比后的直接标价法，则表示银行买卖一定单位的外币应付或应收多少本币。中国国家外汇管理局公布的外汇牌价，采用的主要是直接标价法。

直接标价法的特点：一是外币的数量固定不变，折合本币的数量则随着外币币值和本币币值的变化而变化；二是汇率的涨跌都以本币数额的变化来表示。如果一定单位的外币折算成本币的数额比原来多，则说明外汇汇率上升，本币汇率下跌。在这种方式下，外汇汇率的涨落与本币标价额的增减是一致的，更准确地说，本币标价额的增减“直接”地表现了外汇汇率的涨跌。表 13-1 是中国银行 2019 年 2 月 11 日的外汇牌价，采用的是直接标价。

表 13-1 中国银行外汇牌价表(2019. 2. 11)

货币名称	现汇买入价	现钞买入价	现汇卖出价	现钞卖出价
100 欧元	764.81	741.05	770.45	772.16
100 英镑	872.9	845.77	879.33	881.46
100 港元	86.36	85.67	86.7	86.7
100 日元	6.139 5	5.948 7	6.184 6	6.188
100 美元	677.77	672.26	680.65	680.65

资料来源：中国银行网站。

2）间接标价法

间接标价法(indirect quotation)又称应收标价法或美式标价法，是用若干数量的外币表示一定单位的本币，或是以一定单位的本币为标准，折算成若干单位外币的一种汇率表示方法。在这一方式下，本币好似“商品”，作为单位货币，外币好似“货币”，作为计价货币，两者对比后的汇率，表示银行买卖一定单位的本币应收或应付多少外汇。目前，美英两国采用该标价法。例如，2019 年 2 月 11 日，英镑和美元的汇率是：1 英镑＝1.293 4 美元，则英镑为本国货币，美元为外币。

间接标价法的特点：一是本币的数量固定不变，折合成外币的数额则随着本币和外币币值的变动而变动；二是汇率的涨跌都以相对的外币数额的变化来表示。如果一定单位的本币折成外币的数量比原来多，则说明本币汇率上升，外币汇率下跌。

2. 汇率的种类

1）按国际货币制度演变，划分为固定汇率与浮动汇率

固定汇率(fixed rate)是指因某种限制而在一定的幅度之内进行波动的汇率。其特点是：该汇率在规定幅度内相对固定，具有相对稳定性。在历史上存在两种固定汇率，一是金本位制下的固定汇率，二是布雷顿森林体系下的固定汇率。

浮动汇率(floating rate)是指各国货币之间的汇率波动不受限制，而主要根据市场供求关系自由涨落的汇率。外币供过于求，意味着外币贬值，相对来说本币升值，呈现外汇汇率下浮；反之，外币供不应求，则意味着外币升值和相对的本币贬值。

2）按制定汇率的不同方法，划分为基本汇率与套算汇率

设有 A、B、C 等多种货币，一国在折算其本国货币汇率时，若先计算出本币与某一种

外币(假定为A币)之间的汇率,再根据A币与B币、C币的汇率折算出本币与B币、C币的比价,则称本币与A币之间的汇率为基本汇率,本币与B币、C币等之间的汇率为套算汇率。

3) 按银行买卖外汇的角度,划分为买入汇率、卖出汇率、中间汇率与现钞汇率

买入汇率(buying rate)又称买入价,是指银行向同业或客户买入外汇时使用的汇率。采用直接标价法下外币折合本币较少的那个汇率或采用间接标价法下本币折合外币较多的那个汇率,即为买入价。

卖出汇率(selling rate)又称卖出价,是指银行向同业或客户卖出外汇时所使用的汇率。采用直接标价法下外币折合本币较多的那个汇率或采用间接标价法下本币折合外币数额较少的那个汇率,即为卖出价。

中间汇率(middle rate)又称中间价,是指买入价与卖出价的平均数,中间汇率=(买入价+卖出价)÷2。

一般来说,外币不能在本国流通,只有将外币兑换成本币,才能够购买本国的商品和劳务。把外币现钞换成本币,就出现了买卖外币现钞的兑换率,即现钞汇率(banknotes rate)。

三、汇率理论

1. 国际借贷说

国际借贷说又称为国际收支说,是由英国经济学家葛逊在19世纪60年代提出的。

该理论认为,国际上的商品劳务进出口、资本的输入和输出以及其他形式的国际收支活动会引起国际借贷的发生,国际借贷又引起外汇供求的变动,进而引起外汇汇率的变动。因而国际借贷关系是汇率变动的主要因素。在一定时期内,如果一国国际收支中对外收入增加,对外支出减少,对外债权超过对外债务,则形成国际借贷出超;反之,对外债务超过对外债权,则形成国际借贷入超。借贷按流动性强弱可分为固定借贷与流动借贷。其中,流动借贷才会对外汇供求以及汇率产生影响。物价水平、黄金存量、信用关系、利率水平等也都会对汇率产生影响,但它们都是次要因素。

2. 购买力平价理论

购买力平价理论(theory of purchasing power parity)由瑞典经济学家古斯塔夫·卡塞尔在1922年提出。

该理论认为,本国人之所以需要外国货币或外国人之所以需要本国货币,是因为这两种货币在各发行国均具有对商品的购买力;两国货币购买力之比就是决定汇率的"首先的最基本的依据";汇率的变化也是由两国货币购买力之比的变化而决定的,即汇率的涨跌是货币购买力变化的结果。这个理论又分两部分:

(1) 绝对购买力平价:即本国与外国货币之间的均衡汇率,等于本国与外国货币购买力或物价水平之间的比率。若以R_a代表本国货币兑换外国货币的汇率,P_a代表本国物价指数,P_b代表外国物价指数,则:

$$R_a = \frac{P_a}{P_b} \quad 或 \quad P_a = P_b \cdot R_a$$

绝对购买力平价所考察的是在某一时点上的汇率决定，因此是静态的。而一价定律是绝对购买力平价成立的前提，所谓一价定律，是指同质商品在世界上任何地方都具有相同价格，只不过是经不同的货币表示出来而已。但是，无论是理论上还是实际上，一价定律都难以得到支持，这也正是绝对购买力平价的不足之处。

(2) 相对购买力平价：从动态角度考察汇率的决定，认为不同国家货币购买力之间的相对变化，是汇率变动的决定性因素。以 R_0 代表本国基期汇率，R_t 代表经过 t 时间变动后的汇率，$P_a(0)$、$P_a(t)$ 代表本国基期和经过 t 时间变动后的物价指数，$P_b(0)$、$P_b(t)$ 代表外国基期和经过 t 时间变动后的物价指数，则有：

$$\frac{R_t}{R_0}=\frac{P_a(t)P_b(0)}{P_b(t)P_a(0)}$$

3. 汇兑心理理论

汇兑心理理论(psychological theory of exchange)是 20 世纪 20 年代后期由法国学者阿夫达里昂提出的。汇兑心理理论的理论基础是奥地利学派的边际效用价值论。

汇兑心理理论认为，汇率变动和决定所依据的是人们各自对外汇的效用所作的主观评价。人们之所以需要外国货币，除了购买商品外，还有满足支付、投资或投机、资本逃避等需要，这种欲望是使外国货币具有价值的基础。外国货币的价值决定于外汇供需双方对外国货币所作的主观评价。该主观评价又是依据使用外币的边际效用(marginal utility)所作的主观评价。不同的主观评价产生了外汇的供应与需求，供求双方通过市场达成均衡，均衡点就是外汇汇率。当均衡被打破时，汇率又将会随着人们对外汇主观评价的变化达到新的均衡。

4. 利率平价理论

利率平价理论(interest rate parity theory)最早是由英国经济学家凯恩斯在 1923 年提出，并经西方经济学家的发展而成为一种远期汇率决定理论。

利率平价理论认为，远期差价是由两国利差决定的(远期汇率的升水、贴水率约等于两国间的利率差异)，并且高利率货币在远期市场上必定贴水，低利率货币在远期市场上必定升水，在没有交易成本的情况下，远期差价等于两国利差，即利率平价(interest parity)成立。

5. 资产市场论

资产市场论(asset market approach)是由货币学派的金融专家弗兰克尔等人在 20 世纪 70 年代提出来的。

资产市场论是一种从中短期的角度分析汇率决定与汇率变动的理论，强调货币市场和货币存量的供求情况对汇率决定的影响。资产市场论认为汇率的决定由各国货币存量的供求引起。汇率决定于货币市场的均衡而非商品市场的均衡；汇率的变化由两国货币供求关系的相应变化而引起；从长期来看，承认购买力平价理论，即过多的货币供应所引起的通货膨胀，必然使该国货币汇率下浮，从短期看，两国金融资产的供求情况，即人们自愿持有或放弃这些金融资产的情况决定汇率的变化；国民收入与本币汇率表现为正相关关系；国家宏观经济政策对汇率发挥着重要作用；强调合理预期对汇率变动的影响。

第二节 国际收支平衡表

一、国际收支的含义

随着全球经济的发展，一国经济与国际市场紧密联系在一起。为此，需要一种分析工具来了解和掌握本国对外经济活动的全貌，国际收支就是这样的一种分析工具。

国际货币基金组织(IMF)为国际收支(balance of payment)所下的定义为：国际收支是某一时期的统计报表，它表明：①某一经济实体与世界其他国家和地区之间在商品、服务和收益方面的交易；②该经济实体所持有的货币性黄金和特别提款权的变化以及它对世界其他国家和地区的债权关系的变化；③无偿转移支付以及会计上为平衡尚未抵销的上述交易所做的对应项目。

由此可见，国际收支泛指一国居民在一定时期内的全部国际经济交易总额，是该国对外经济活动的系统记录。对于国际收支的概念，应从以下三个方面加以理解和把握：

(1) 国际收支是一个流量概念。国际收支是对一定时期内的国际经济交易的总计，通常是1年。

(2) 国际收支是以货币记录的经济交易。国际收支以交易为基础，有些交易可能不涉及货币支付，但仍需折算成货币加以记录。所谓经济交易，是指经济价值从一个经济实体向另一个经济实体的转移，如国际贸易引起的商品、劳务交易；在国际金融市场上发生的金融资产交易；无偿的、单向的金融或实物资产的转移等。这正是目前世界各国普遍采用的广义的国际收支概念。

(3) 国际收支记录的是一国居民与非居民之间的交易。判断一项交易是否应包括在国际收支的范围内，所依据的不是交易双方的国籍，而是依据交易双方是否有一方是该国居民。在国际收支定义中的居民，是以居住地为标准的，包括自然人和法人，自然人所属国别依利益中心原则确定。利益中心是指个人收入的主要来源地，例如，一国公民在国外工作，他汇回国的款项属于国际收支。但是，如果他是代表本国政府在国外工作，如官方外交使节、驻外军事人员等，则仍属于本国居民。法人属于哪国居民由注册地决定，如跨国公司海外子公司和母公司之间的贸易属于国际贸易。国际性机构如联合国、国际货币基金组织、世界银行等是任何国家的非居民。

二、国际收支平衡表

国际收支平衡表(balance of payments statement)，是把一定时期的国际经济交易按一定准则用会计方法编制出来的报表。国际货币基金组织对这一报表的编制所采用的概念、准则、惯例、分类方法以及标准构成都作了统一的说明。

国际收支平衡表分为三大项目：经常项目、资本与金融项目和平衡项目。

（一）经常项目

经常项目(current account)反映真实资源在一国与他国之间的转移，主要是商品与劳务经常性交易，又称为经常账户。它在国际收支中占最基本、最重要的地位。经常项目通常有四个主要分项目：货物、服务、收益和无偿转移。

(1) 货物(goods)。因货物进出口而引起的货币收支，也称有形贸易(visible trade)收支。由于国际贸易中的很大部分属于货物交易，因此它是经常账户中最重要的一个分项，对各国的国际收支起着决定性作用。货物包括一般商品、用于加工的货物、货物修理、各种运输工具在港口购买的货物和非货币黄金。货物项目借方记录进口总数，贷方记录出口总额，均按离岸价(FOB)计价，借贷方差额即为贸易差额(trade balance)。

(2) 服务(services)。因服务的输出入而发生的货币收支，也称无形贸易(invisible trade)收支。它是经常项目的第二个大的分项，包括运输、旅游以及通讯、保险、银行等金融及计算机服务、专有权使用等服务收支。该项目借方记录服务的输入，即本国利用外国提供的各种服务数量；贷方记录服务的输出，即本国为外国提供的各种服务数量。

(3) 收益(income)。因生产要素在国际间流动而引起的要素报酬收支。该项目包括居民与非居民之间的两大类交易：一是支付给非居民工人（例如季节性的短期工人）的雇员报酬；二是投资收入项目下有关对外金额资产和负债的收入支出，如本国居民购买和持用国外资产而获取的利润、股利、利息等投资收益。

(4) 转移(transfers)。又称无偿转移(unrequited transfers)或单向转移(unilateral transfers)。当一经济体的居民实体向另一非居民实体无偿提供了实际资源或金融产品时，需在另一方作抵销性记录以达到平衡，这就需要设立转移分项。《国际收支手册》第五版将转移区分为经常转移与资本转移，经常转移包含在经常账户之中，而资本转移包含在资本与金融账户之中。

（二）资本与金融项目

资本与金融项目(capital and financial account)反映资本所有权在一国与他国之间的转移，也即国际资本流动，又称为资本和金融账户，包括资本账户和金融账户两个部分。资本与金融项目的借方记录资本流出，贷方记录资本流入，与经常项目不同的是，资本与金融项目不是按借方总额或贷方总额来记录，而是按借贷差额的净值来记入借方或贷方的。

(1) 资本账户。资本账户主要包括资本转移和非生产资产、非金融资产的交易。

资本转移(capital transfers)，既可以用实物形式，也可以用现金形式。采用实物形式的资本转移包括固定资产所有权发生了变更但没有得到任何回报，或根据债权人和债务人双方的协定全部或部分减免债务人的财务负债，但不从债务减免中得到任何回报。采用现金形式的资本转移大多表现为投资捐赠的形式，即交易一方向非居民提供购置某项固定资产的全部或部分资金。

非生产资产的交易是指货物和服务的生产所需要的、但本身并不是被生产创造出来的有形资产（如土地和地下资产）的交易。非金融资产的交易是指无形资产（如专利、版权、商标、经销权以及租赁或其他可转让合同等）的国际交易。

(2) 金融账户。它包括某一经济体对外资产和负债所有权变更的交易。金融账户根据投资类型的不同可分为直接投资、证券投资、其他投资和储备资产四类。

直接投资(direct investment)是指以有效控制企业为目的的国际资本流动,包括在国外直接建厂、设立分支机构、收买外国企业股权达到10%以上以及国外企业利润的再投资等。

证券投资(portfolio investment)的主要对象是股本证券和债务证券。与直接投资不同,证券投资者主要关心的不是投资企业的长期前景以及享有的控制与管理权,而是看重所投资本的安全、资本的利得等。

其他投资(other investment)是一个剩余项目,指不包括在直接投资、证券投资或储备资产中的其他金融交易,包括贷款、货币、存款、短期票据等。

储备资产(reserve assets)是指一国货币当局所拥有的、用以平衡国际收支和外汇汇率的对外资产,包括货币性黄金、特别提款权、在IMF的储备头寸和外汇资产。

(三) 平衡项目(Balance of Settlement Account)

国际收支平衡表中还存在一个平衡或调整项目,也称为错误与遗漏项目(errors and omissions account)。国际收支平衡表在实际汇编过程中,由于涉及的内容多,渠道复杂,统计资料来源程序不一,记录时间不同以及一些人为因素(如虚报出口、保密要求等),会造成借贷方总额不相等,这就需要设置一个抵销账户,来消除上述原因造成的统计偏差。表13-2是一个简化了的中国国际收支平衡表,从中可以看到账户设置情况。

表13-2 中国国际收支平衡表

2014—2017年度　　单位:亿美元

项目	2014年	2015年	2016年	2017年
1. 经常账户	2 360	3 042	2 022	1 649
贷方	27 434	26 193	24 546	27 089
借方	−25 074	−23 151	−22 524	−25 440
1. A 货物和服务	2 213	3 579	2 557	2 107
贷方	24 629	23 602	21 979	24 229
借方	−22 416	−20 023	−19 422	−22 122
1. B 初次收入	133	−411	−440	−344
贷方	2 394	2 232	2 258	2 573
借方	−2 261	−2 643	−2 698	−2 918
1. C 二次收入	14	−126	−95	−114
贷方	411	359	309	286
借方	−397	−486	−404	−400
2. 资本和金融账户	−1 692	−912	272	570
2.1 资本账户	0	3	−3	−1

（续表）

项目	2014 年	2015 年	2016 年	2017 年
贷方	19	5	3	2
借方	−20	−2	−7	−3
2.2 金融账户	−1 691	−915	276	571
资产	−5 806	95	−2 320	−3 782
负债	4 115	−1 010	2 596	4 353
3. 净误差与遗漏	−669	−2 130	−2 295	−2 219

资料来源：中国国家外汇管理局网站。

第三节　国际收支失衡

国际收支均衡是指一国在一定时期内的国际收支数量和实质内容两个方面能够促进本国经济和社会的正常发展；促进本国货币均等汇率的实现和稳定；使本国的国际储备接近、达到并维持在合理充足的最佳水平。与国际收支均衡相对应的概念是国际收支失衡，失衡既可能是国际收支逆差，也可能是国际收支顺差。

一、国际收支失衡的类型

（一）偶发性失衡

偶发性失衡是指一些随机因素导致的国际收支失衡。一旦这些因素消失，国际收支便会恢复到正常状态。如自然灾害引起国内产量下降，该国被迫增加进口而引起的国际收支逆差。贸易伙伴国的这类突发性事件也可能带来贸易条件恶化，从而导致本国的国际收支赤字。

（二）周期性失衡

周期性失衡是指受再生产周期的影响而造成的国际收支失衡。典型的经济周期具有衰退、萧条、复苏和高潮四个阶段。在经济复苏和高潮阶段，国际贸易和国际投资异常活跃，出口扩大，劳务输出增加，国际收支出现顺差；在经济衰退和萧条阶段，经济增速放慢，失业增加，经常项目可能出现逆差，加上国内经济衰退导致资本外逃，会使国际收支出现逆差。因此，随经济周期更替，国际收支将相应出现失衡现象。

（三）结构性失衡

一种是产品供求结构失衡。世界需求结构由于收入增长、科技革命、制度变迁、偏好转移等众多因素而处于不断变化的过程中，相应地，生产结构应适应这种需求结构的变化才能保持国际收支均衡。但由于生产结构的调整总是滞后于需求结构的变动，特别是发展中国家存在诸多制约经济结构调整的因素，如科技落后，教育不发达，资金、信息短缺，资源匮乏等，因而这些国家更易产生这种结构失衡。

另一种是要素价格结构失衡。由于一国在国际贸易中具有比较优势的出口商品的生产要素价格发生变化，致使这种出口商品的国际竞争力削弱直到消失，导致一国国际收支出现赤字。如某国是劳动力禀赋丰富的国家，劳动力价格低廉，但如果该国劳动力工资上涨幅度过高，超过了劳动生产率提高的程度，则该国劳动力不再是便宜的生产要素，出口商品的生产成本就会提高，并逐渐丧失其市场竞争力从而导致国际收支失衡。

（四）货币性失衡

货币性失衡是指一国货币供给量变动引起的物价水平、成本、利率、汇率等货币性因素发生变化，导致经常项目和资本与金融项目发生变化，从而出现国际收支失衡。

一国货币供给量的增加将使其物价与成本普遍上升，导致出口减少，进口增加，从而引起经常项目逆差。另外，本国实际利率下降，刺激资本外流，导致资本与金融项目出现逆差，因而国际收支出现赤字。

（五）资本性失衡

如果一个国家不实行外汇管制或外汇管制放松，在资本过剩或对资本的需求较大时，资本就会大量流出或流入，从而对该国的国际收支产生很大影响。例如，一国国际收支顺差，且有大量资本流入，将会使顺差扩大；一国国际收支逆差，而又有大量资本因国内经济不稳定而大量外逃，就会使逆差进一步扩大。但应注意到，一些经济实力较强的国家，其经常项目大量顺差，而由于资本大量流出，反而出现收支逆差。

（六）收入性失衡

收入性失衡是指由各国收入平均增长速度差异引起的国际收支失衡。引起国民收入发生变动的原因很多，一种因周期变动而产生，这属于周期性失衡；一种是因经济增长而产生的，具有长期性质，所以又称为持久性的不平衡。在其他条件不变的前提下，一国收入平均增长速度越高，该国进口也会增长得越快，因此，收入增长较快的国家容易出现国际收支逆差。这样，国际收支是否平衡就涉及经济增长速度的问题，各国经济增长速度有快有慢，伴随而来的可能就是这种持续性失衡。

二、国际收支的调节

（一）市场调节机制

1. 金本位制下的调节机制

金本位制下国际收支自动调节机制，就是大卫·休谟所揭示的物价—现金流动机制。休谟认为，如果一国的国际收支持续发生逆差，其汇率会下跌至黄金输出点，导致黄金流出增加。但一国黄金不会源源不断地外流从而导致该国黄金枯竭，因为黄金外流使该国的货币供给量减少，物价下降，致使该国商品的国际竞争力增强，于是会发生有利出口、限制进口的作用，其结果是国际收支逐渐恢复到均衡。反之，在顺差国，因黄金大量流入致使本国货币供给量增加，物价水平上涨，削弱其产品的国际竞争力，出口减少，同时进口增加，结果是国际收支盈余逐渐减少，并向均衡点逼近，如图 13-1 所示）。

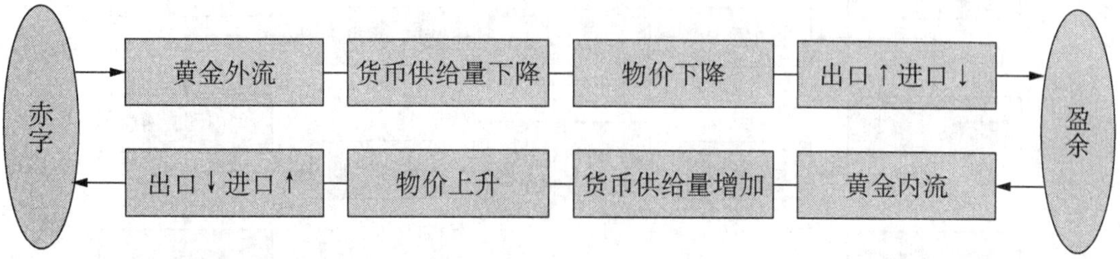

图 13-1 大卫·休谟的物价—现金流动机制

2. 固定汇率制下的调节机制

（1）利率效应。当一国国际收支出现逆差时，货币当局为维护汇率稳定，必然动用外汇储备，而外汇储备的下降会引起本国货币供给量减少、银根紧缩和利率上升，由此导致外国资本流入增加，本国资本流出减少，使本国资本账户出现顺差，从而改善国际收支状况。相反，国际收支顺差时，则会通过外汇储备上升、货币供给量增加、利率下降引起资本账户出现逆差，从而使国际收支顺差减少或消除。

（2）收入效应。当一国国际收支逆差时，货币当局为维持稳定，会减少国际储备，引起货币供给量缩减和利率上升，使国内消费支出和投资支出下降，导致进口需求减少，从而使该国的国际收支状况得到改善。相反，当国际收支顺差时，货币当局会增加国际储备，从而使货币供给量扩张与利率下降，导致国内支出增加和进口需求增加，顺差自动得以削减。

（3）相对价格效应。当一国国际收支逆差时，因货币供给量减少，国内总需求下降，失业率上升，闲置资源增加，本国物价、工资以及其他要素价格均下降，这就会使该国以本币表示的产品相对价格也下降，从而造成出口增加，进口减少，最终使经常账户得以改善。相反，国际收支顺差时，则通过本国物价和要素价格上升，使国际收支顺差自动得以削减。

固定汇率制下，国际收支自动调节机制的运行过程如图 13-2 所示。

3. 浮动汇率制下的调节机制

浮动汇率制下，一国货币当局不必或很少干预外汇市场和汇率，利率水平主要取决于外汇市场的供求关系，因此，浮动汇率制和固定汇率制下的国际收支自动调节机制是不同的。按照政府是否对汇率进行干预，浮动汇率制可分为自由浮动和管理浮动。汇率完全由市场供求关系决定，这是自由浮动；汇率浮动受货币当局干预，则是管理浮动。在此，国际收支的自动调节机制主要是指自由浮动汇率制下的运行过程。

浮动汇率制下，国际收支自动调节机制的运行过程是：当一国国际收支出现逆差时，外汇供不应求，外汇汇率上升，造成本国出口产品的外币价格下降，进口产品的本币价格

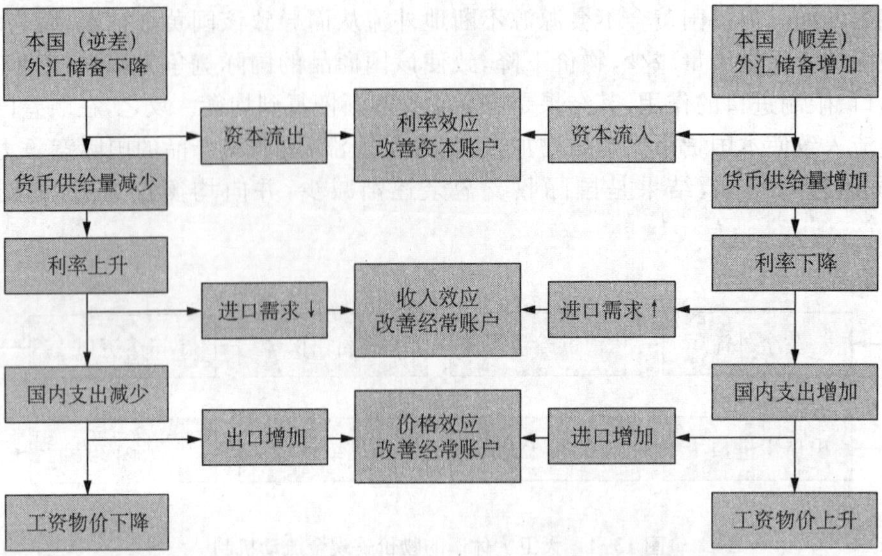

图 13-2　固定汇率制下国际收支自动调节机制的运行过程

上升。只要进口的需求弹性符合马歇尔—勒纳条件，通过相对价格机制就会使出口增加，进口减少，从而改善国际收支。同理，国际收支出现顺差时，外汇汇率下降，会使进口增加，出口减少，从而削减国际收支顺差。

（二）国际收支的政府调节机制

1. 需求调节政策

按对需求的不同影响，国际收支的调节政策可分为支出增减型政策和支出转换型政策两大类。支出增减型政策，是指改变社会总需求或国民经济中支出总水平的政策，主要是指财政政策和货币政策。支出转换型政策，是指不改变社会总需求和总支出而改变需求和支出方向的政策，主要包括汇率、补贴和关税政策以及直接管制。

2. 供给调节政策

(1) 科技政策。科学技术是第一生产力，现代各国之间的经济竞争越来越体现为科技水平的竞争，发挥知识在经济增长中的核心作用已成为各国的共识。

(2) 产业政策。产业政策的核心在于优化产业结构。根据国际市场的变化，制定正确的产业结构规划，一方面鼓励发展和扩大一部分产业，另一方面对一些产业进行调整、限制，乃至取消。政府实施产业政策的重要目的，在于克服资源在各产业部门间流动的障碍，使本国产业结构的变动适应世界市场的情况，从而达到减少乃至消除结构型的国际收支失衡。

(3) 制度创新政策。制度创新政策是针对经济中存在的制度性缺陷提出的，主要表现为企业制度改革，包括企业创立时的投资制度改革、企业产权制度改革，以及与此相适应的企业管理体制改革。

3. 资金融通政策

资金融通政策也称融资政策，包括官方储备的使用和国际信贷便利的使用。从一国宏观调控角度看，它主要体现为国际储备政策。

4. 政策搭配

每一种国际收支调节政策，都会对宏观经济带来或多或少的调节成本，所以必须进行相机抉择，搭配使用各种政策，以最小的经济和社会代价达到国际收支的平衡或均衡。在所在类型的国际收支调节政策中，至少存在以下几对可互为替代的搭配：支出增减型政策与支出转移型政策；支出型政策与融资政策；支出增减型政策与供给政策。

第四节　国际储备政策

一、国际储备的定义与特征

国际储备(international reserve)是指一国政府为弥补国际收支差额、保持汇率稳定及应付其他紧急支付的需要而持有的国际普遍接受的资产。

国际储备具备三个特征：①可得性，即必须无条件、随时、方便地获得这类资产；②流动性，该类资产必须具有高度的流动性；③普遍接受性。

根据国际储备的定义及特征，可以分为广义的国际储备与狭义的国际储备。广义的国际储备又称为国际清偿力(international liquidity)，分为自有储备与借入储备。狭义的国际储备专指自有储备。自有储备数量的多少，反映了一国对外经济金融实力的大小。而国际清偿力的大小则反映一国当局干预外汇市场的总体能力大小。

二、国际储备的构成

按照国际货币基金组织的规定，国际储备分为四种类型：货币性黄金、外汇储备、在国际货币基金组织的储备头寸和特别提款权。这一构成可以从国际收支平衡表中看到。

1. 货币性黄金

即一国货币当局作为金融资产持有的黄金。在金本位制下，黄金是世界最主要的国际储备资产。但自 1976 年起，根据《牙买加协议》，各国货币制度脱离了黄金基础，黄金出现"非货币化"趋势，削弱了黄金的储备作用；而且，黄金作为稀缺资源，其储量有限，黄金价格又多变，已不太适合充当国际货币。因而黄金实际上已不是真正的国际储备，而只是潜在储备。

2. 外汇储备

各国政府持有的流动性较高的自由外汇资产，又被称为外汇存底，是当今国际储备的主体。外汇储备在实际中使用的频率最高，规模最大。通常所说的国际储备，大多是指外汇储备；对国际储备的管理及政策，也主要是针对外汇储备而言的。

我国外汇储备规模多年保持了稳定增长的趋势。2014 年年末达到了 38 430 亿美元。近几年，虽然外汇储备的规模有所下降，仍然保持在 3 万亿美元以上。2006—2018 年我国外汇储备规模变动的情况如图 13-3 所示。

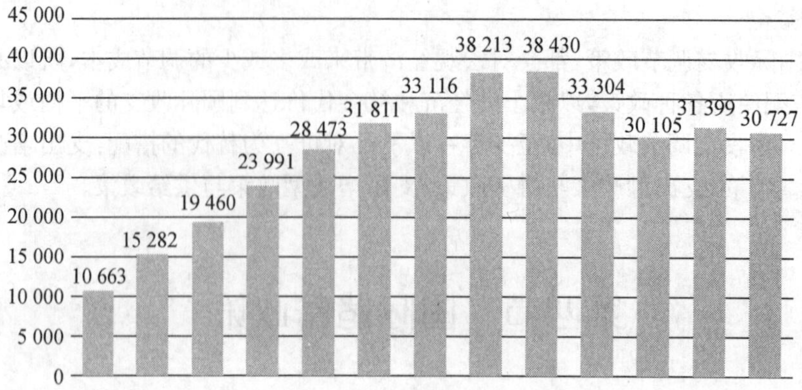

资料来源：国家外汇管理局网站。

图 13-3　我国外汇储备规模变动的情况（2006—2018）　单位：亿美元

3. 在国际货币基金组织的储备头寸

即各会员国在国际货币基金组织的储备头寸，又称普通提款权。它具体包括会员国向国际货币基金组织缴纳份额中的外汇部分和国际货币基金组织用去的本国货币持有量部分。

4. 特别提款权

特别提款权（SDR）是国际货币基金组织为补充会员国国际储备资产而创设并分配给会员国的一种在基金组织的账面资产。国际货币基金组织在 1969 年创设特别提款权，并于 1970 年按成员国认缴份额开始向参加特别提款权的成员国分配特别提款权。特别提款权不具有内在价值，是人为创造的、纯粹账面上的资产，其使用有严格限制，只能在国际货币基金组织及各国政府之间发挥作用。

人民币于 2015 年 11 月获准加入特别提款权货币篮子并成为第三大货币，2016 年 10 月 1 日正式实施。人民币加入特别提款权货币篮子有利于提高我国在国际货币体系中的话语权，有利于统筹国内外经济两个大局，有利于深化我国经济转型发展和金融体系改革。普通居民亦将由于人民币更加国际化而享受更多的使用和服务便利，有利于促进我国居民的对外交流。中国官方储备资产如表 13-3 所示。

表 13-3　中国官方储备资产

项目（Item）	2018 年 12 月	
	亿美元 （100 million USD）	亿 SDR （100 million SDR）
1. 外汇储备 （foreign currency reserves）	30 727.12	22 093.26
2. 在国际货币基金组织的储备头寸 （IMF reserve position）	84.79	60.97
3. 特别提款权 （SDRs）	106.9	76.86

（续表）

项目(Item)	2018 年 12 月	
	亿美元 (100 million USD)	亿 SDR (100 million SDR)
4. 黄金 (gold)	763.31 (5 956 万盎司)	548.83 (5 956 万盎司)
5. 其他储备资产 (other reserve assets)	−2.2	−1.58
合计 (total)	31 679.93	22 778.35

注：自 2016 年 4 月 1 日起，除按美元公布官方储备资产外，增加以国际货币基金组织特别提款权公布相关数据，折算汇率来源于国际货币基金组织网站，2018 年 12 月 USD/SDR＝0.719 015。

资料来源：国家外汇管理局。

三、外汇储备管理

（一）规模管理

外汇储备主要用来弥补一国的国际收支赤字，维持本币汇率稳定。从理论上讲，较多的外汇储备比较少的外汇储备所起的作用更大。外汇储备水平越高，平衡国际收支的能力越大，干预外汇市场的强度越高；而外汇储备不足往往会引起一些支付危机和信用危机。但是，外汇储备量并非越多越好。过多的外汇储备会造成资金闲置、资源浪费，使持有外汇储备的机会成本增大。

决定适度外汇储备量的因素主要有：

(1) 经济发展及对外开放程度。正常情况下，外汇储备量与国民生产总值的比值应保持在 15%～30%。美国著名金融专家特里芬在 1960 年出版的《黄金与美元危机》一书中指出，一国外汇储备应与它的进口额保持一定的比例关系，这一比例以 40%为标准，以 20%为最低限。如果该比例低于 20%，就必须对国际收支进行调整。一般认为，外汇储备应能满足 3 个月的进口需求，这个数额按全年外汇储备对进口额的比率计算，约为 25%。

(2) 持有外汇储备的成本大小。持有外汇储备，意味着放弃了对这一部分外国实际资源的利用，从而增加了经济发展的机会成本，这部分机会成本表现为进口资本品的投资收益率。显然，进口资本品的投资收益率越高，持有外汇储备的机会成本越大，对外汇储备的需求水平就越低。一般来说，由于发展中国家外汇资金短缺，外汇资金的投资收益率通常要高于发达国家，因而持有外汇储备的成本也就更高。

(3) 经济的总体实力以及重大意外事件的冲击频率和影响程度。国家持有外汇储备可以用来应付各种紧急的、意外的、非经济的事件或外来干扰，从而防止其对国民经济造成不利影响。在确定适量外汇储备时，需要考虑各种可能出现的对国际收支产生影响的重大事件的概率及规模。冲击事件的概率及规模越大，表明该国国际收支状况越不稳定，所需的外汇储备量也就越大。

(4) 汇率制度及外汇外贸管制的程度。外汇储备需求水平同汇率制度有密切的关系，在固定汇率制下，汇率水平不会经常性地调整，它就需要较多的外汇储备，以应付国际收支可能产生的社会性逆差或稳定外汇投机交易引起的汇率波动。外汇外贸管制程度越高的国家，外汇储备就可少一些。

(二) 结构管理

1. 储备货币种类的安排

储备货币种类的安排，是指合理确定各种储备货币在一国外汇储备额中所占的比重。储备货币结构管理是在布雷顿森林体系崩溃之后，为避免浮动汇率制下各主要货币的汇率大幅波动造成汇率风险而出现的。由于汇率剧烈波动，持有不同货币储备资产的收益出现差异，不确定性增加，按照理性行为准则，即在承担一定的风险条件下，获取尽可能高的收益或在获取一定预期收益的情况下将风险降低到最小限度，各国货币当局应该合理安排其外汇储备的币种结构。

外汇储备的币种结构管理，主要考虑安全性和盈利性之间的关系，在保证储备资产安全性的基础上谋求一定的收益性。因此，一国可考虑建立与弥补赤字和干预市场所需要的货币保持一致的储备货币结构，此外实行储备货币多样化也是一个可行之法。由于当前世界主要国家都采用了浮动汇率制，汇率波动的风险很大，为避免风险，保持外汇储备的购买力，货币当局应把各种相互独立的不同货币的资产进行搭配，采取储备货币多样化组合，以避免“将所有鸡蛋放在同一篮子中”的风险，使整个储备资产的汇率风险降低。

根据储备资产的用途，可以把一国储备分为两个部分：一部分是交易性储备，用于日常弥补赤字和干预外汇市场；另一部分是预防性储备，用于不可预测的、突发性的内外冲击。

2. 储备资产流动性结构的安排

储备资产流动性结构的安排，是指在一国的外汇储备中，为减少汇率风险，需要进行货币种类的比例安排。那么，在同一种货币资产中，流动性结构应如何安排以获取较大收益呢？一般来说，资产的流动性与盈利性成反比关系，流动性越强，盈利性越差，反之亦然。根据流动性大小可将储备资产划分为三个层次：

(1) 一级储备。其流动性强，主要是活期存款和各种短期商业票据、国库券等，可用于应付短期或临时对外支付的需要，但其盈利性较差，货币当局应根据需要控制其比例。

(2) 二级储备。其流动性略差而盈利性较高，如中期债券，平均期限为 2～5 年。二级储备主要用来应付一级储备不足时的对外支付所需。

(3) 三级储备。其流动性低但盈利性很好，如长期公债、欧洲债券等，平均期限为 4～10 年，货币当局可根据特定债务结构持有一定比例的三级储备，以提高整个外汇储备资产的盈利性。

延伸阅读

中信泰富外汇合约巨亏

中信泰富是中信集团的子公司，在香港联合交易所上市。公司三大主营业务为：钢铁、航空、地产。2008 年 10 月 20 日，中信泰富(00267)发布公告称，公司为降低澳大利亚西部铁矿项目面临的货币风险，签订若干杠杆式外汇买卖合约而引致亏损，实际已亏损 8.07 亿港元。至 2008 年 10 月 17 日，仍在生效的杠杆式外汇合约按公平价定值的亏损为 147 亿港元。

由于铁矿石是钢铁产业的主要成本，中信泰富采取了直接在澳大利亚西部经营铁矿的方式以降低成本。同时为了锁定从澳大利亚和欧洲购买的设备和原材料款的外汇开支的成本，中信泰富投资累计外汇期权进行对冲。

累计外汇期权是一种以合约形式买卖资产的金融衍生工具，设有取消价和行权价。行权价低于取消价，而行权价通常比签约时的市价低。合约生效后，当挂钩资产的市价在取消价和行权价之间时，投资者可定时以行权价从对手方买入指定数量的资产，行使买入的权利并获得收益，而且，在投资者获利区间内，挂钩资产的价格越高，投资者收益越大。当挂钩资产的市价高于取消价时，合约便终止，投资者不能再以折让价买入资产以获得资产价格上涨的收益。当挂钩资产的市价低于行权价时，投资者便需定时用行权价买入双倍甚至四倍数量的资产，直至合约完结为止。该衍生品相当于投资者向对手方卖出看跌期权的同时购买的看涨期权。对手方以行权价相对于市价折扣的形式向投资者买入该衍生品合约。

根据合约规定，每份澳大利亚元合约都有最高利润上限，当达到这一利润水平时，合约自动终止。所以在澳大利亚元兑美元汇率高于 0.87 时，中信泰富可以赚取差价，但如果该汇率低于 0.87，由于没有自动终止协议，中信泰富必须不断以高汇率接盘，理论上亏损可以无限大。

复习思考题

1. 简述外汇的特点与汇率的种类。
2. 简述国际收支平衡表的三大项目。
3. 国际收支失衡的类型主要有哪些？
4. 决定适度外汇储备量的因素主要有哪些？
5. 结合我国外汇储备变化的情况，分析影响我国外汇储备规模的主要因素。

第十四章　金融创新与金融监管

学习目标

(1) 理解金融创新内涵及其对经济发展的效应。

(2) 掌握金融创新和金融风险的关系。

(3) 了解金融创新的发展过程。

能力目标

(1) 能够阐述创新风险特征。

(2) 能够理解金融创新和金融监管之间的博弈关系。

(3) 能够分析典型的金融创新种类及其效应。

案例导入

高盛抵押贷款证券

高盛抵押贷款证券2007-GG10是金融危机前典型的美国商业地产贷款证券化案例，其设计和构架反映了美国商业地产贷款证券化鼎盛时期的特点。

2007年6月，高盛抵押贷款证券信托发行了总额为75.63亿美元的商业地产贷款证券，交易名为2007-GG10，其中超优级证券为52.94亿美元，最低信用支持30%；中超优级和次超优级证券为12.76亿美元，最低信用支持13.13%；投资级支持证券为7.09亿美元，最低信用支持3.75%；非投资级支持证券为1.42亿美元，最低信用支持1.88%；无评级支持证券为1.42亿美元；仅付利息证券名义面额为75.63亿美元。其具体结构如表14-1所示。

表14-1　高盛抵押贷款证券2007-GG10的具体结构

证券级别	发行票面	信用评级	信用支持	优先级/档位
A-1	75 000 000	Aaa	30.00%	超优级
A-2	725 300 000	Aaa	30.00%	超优级
A-3	246 609 000	Aaa	30.00%	超优级
A-AB	72 000 000	Aaa	30.00%	分期付款超优级
A-4	3 661 032 000	Aaa	30.00%	超优级
A-1A	514 000 000	Aaa	30.00%	公寓房超优级

（续表）

证券级别	发行票面	信用评级	信用支持	优先级/档位
A-M	756 277 000	Aaa	20.00%	中超优级
A-J	519 941 000	Aaa	13.13%	次超优级
B	75 628 000	Aa1	12.13%	次优级
C	94 535 000	Aa2	10.88%	
D	56 720 000	Aa3	10.13%	
E	56 721 000	A1	9.38%	
F	75 628 000	A2	8.38%	
G	75 628 000	A3	7.38%	
H	103 988 000	Baa1	6.00%	
J	94 534 000	Baa2	4.75%	
K	75 628 000	Baa3	3.75%	
L	34 814 000	Ba1	3.25%	次级（B 档）
M	18 907 000	Ba2	3.00%	
N	28 360 000	Ba3	2.63%	
O	18 907 000	B1	2.38%	
P	18 907 000	B2	2.13%	
Q	18 907 000	B3	1.88%	
S	141 802 702	NR	0.00%	
X	7 562 773 702	Aaa	N/A	仅付利息

思考：高盛抵押贷款证券有哪些特点？

第一节　金融创新的背景、内涵与发展

随着金融自由化的发展，金融管制不断放松，金融竞争日益激烈，金融机构为了增加自身的竞争力，扩大市场份额，必须提高服务质量，提高经营效益，进行金融创新。同时，金融创新又加剧了金融竞争，使金融创新进一步拓展范围和领域。20 世纪 60 年代以来，世界范围内层出不穷的金融创新活动，不仅极大地促进了各国金融制度的变革，而且为全球经济的发展注入了持续不竭的动力。

一、金融创新的背景

（一）国际因素

1. 国际货币体系的不确定

1970 年之后，布雷顿森林体系崩溃，固定汇率制瓦解，取而代之的浮动汇率制使国际货币之间的关系变得日益不确定。在高度不确定的市场环境中，任何错误的预测和估计，

都可能给金融机构乃至整个金融业带来不可估量的损失。因此,关于货币的新金融工具在 1970 年开始出现,给金融机构、国际贸易商人、国际投资者提供了一系列的保值与避险的方式。相当一部分衍生金融工具就是在这样的背景下产生的。

2. 经济一体化

20 世纪 60 年代,亚洲国家经济陆续起飞,并逐渐形成新兴市场,成为国际资本流入的地区。对于亚洲新兴市场,其不稳定性更加明显。因此,无论是欧美市场还是亚洲市场,在经济一体化的过程中,同样需要使用不同的金融工具来支持投资和进行风险管理。根据不同国家或地区的特殊要求设计的新金融产品,迫使金融业不断地创新以适应不同的需求。

3. 金融扩张战略

随着经济一体化的实现,各国金融机构积极向海外扩张,以实现多样化金融战略,创造更多的利润来源。1960 年,美国只有 9 家银行在海外设有分行,到了 1988 年已经有 253 家银行成为跨国银行。中国的金融市场开放比较晚,但近年来开放的步伐明显加快,外资金融机构纷纷抢滩中国市场。这也说明越来越多的金融机构实行了向外扩张战略。

(二)国内因素

1. 利率自由化

自 1960 年起,大多数国家的利率管制被放松了,金融管理当局不再进行严格的利率管制,而让各银行自己去制定存贷款利率。最具典型意义的利率自由化,是美国 20 世纪 80 年代初放弃存款利率上限的控制。利率的不确定性使资金的贷出者和资金的使用者都面临风险。为了避免风险,以利率为标的的新金融工具被创造出来。

2. 国内金融市场的开放

随着金融市场的开放,进入市场参与竞争的机构越来越多,但市场的容量有限,金融机构要在这个市场中争取一定的份额,就需要不断推出能够吸引客户的新产品。在严格管制的时期,各金融机构会以各种方式来逃避管制,这种逃避管制的方式就是:以新的金融工具进行法律规定不允许做或被限制做的业务。所以,监管部门认为,与其这样,还不如放松管制,让其正常地开展业务,增加透明度,从而形成“监管—创新—放松管制—更多的创新”的循环。

(三)综合因素

1. 竞争加剧

市场准入的放宽,利率管制的放松,都给金融机构带来了很大压力。完全靠传统的业务方式和管理模式,已很难在竞争的市场上立足,创新势在必行。在我国,1979 年以前,只有一家银行,市场是绝对垄断的,没有竞争,因此,它不需要创新金融产品去满足客户的需求。而现在的情况就大不相同了,没有创新,金融机构就要失去竞争力。

2. 利润率递减

在比较完善的、竞争也比较充分的市场上,金融机构传统业务的利润率是递减的。市场开放以后,一旦发现金融业有超额利润,其他行业的资本就会涌入,直到与其他行业利润率接近为止。如果没有创新,要保住自己的市场份额、创造合理的利润就有困难。

3. 避险的需要

市场开放、经济一体化、放松管制、经济周期都会对金融资产带来风险，可以说，只要有不确定性因素存在，就会有风险。不确定性的程度大小与金融资产风险的高低是密切相关的。市场上出现了专门用于风险管理的金融工具供投资者选择，如期权、期货、互换等。

二、金融创新的内涵

（一）金融创新的概念

金融创新(financial innovation)是指金融管理当局和金融机构在金融制度、金融组织、金融工具、金融业务以及金融市场等方面所进行的变革活动。金融创新其实就是出于微观利益和宏观利益的考虑，而对金融领域内的各种要素进行新的组合与开发。

自现代银行业诞生的那天起，无论是银行的传统业务、支付和清算系统、资产负债管理，还是金融组织、金融市场，乃至整个货币体系和金融体系，都经历了一轮又一轮的金融变革。整个金融发展史，就是一部不断创新的历史。

（二）金融创新分类

(1) 根据金融创新的动力不同，金融创新可以分为进取型金融创新和防御型金融创新。进取型金融创新又称主动型金融创新，是指金融机构为满足客户的需求，根据市场变化主动推出衍生金融工具和建立新的金融市场体系的行为和过程。防御型金融创新又称被动型金融创新，是指金融机构为规避政府颁布的规定和金融政策带来的不便之处而进行的金融创新。

(2) 按金融创新工具所起的作用进行分类，金融创新可以分为四类：一是风险转移型，可以使投资者在相互之间转移金融头寸中的价格风险和信用风险；二是流动性增强型，用来增强金融工具的市场流动性；三是信用创造型，用来帮助经济人增加获得信用的机会；四是股权创造型，主要用来帮助投资者获得股权式融资的机会。

(3)按照金融创新的存在形态来分类，金融创新可以分为金融市场体制创新和金融工具创新。金融市场体制创新主要是通过技术进步来改变金融交易方法以形成新的市场架构作为金融衍生市场依托的金融创新。金融工具创新主要是指金融市场中出现的与以前产品具有不同特点的新产品。

(4) 按照熊彼特的创新分类法，金融创新可以分为五类：一是新技术在金融业中的应用；二是金融新市场的开拓；三是金融市场上各种新工具、新方式、新服务的出现；四是金融业组织和管理方面的改进；五是金融机构方面的变革。这是金融创新分类很常用的一种方法。

（三）金融创新的特征

(1) 金融创新的多样性。金融创新涉及金融领域的方方面面，包括金融制度、组织、管理及业务等。

(2) 金融创新的衍生性。如金融衍生品是基于金融最基础的产品(如股票、汇率、利率、货币)而衍生出的新型金融工具。

(3) 金融创新的结构性。结构性特征简单地说就是以"现货+期权"为本质,将固定收益产品与金融衍生交易(如掉期、远期、期权等)合并在一起,增强产品收益的稳定性或将投资者对未来市场走势的预期产品化。

(4) 金融创新的风险性。风险性是指金融资产或权益在未来发生未预计到的损失的可能性。金融创新除具有一般产业创新可能会失败的风险外,还具有新型的衍生金融工具所带来的风险(如价格风险、运作风险、交割风险、法律风险、信用风险等)。

(5) 金融创新的多层次性。金融创新是一个连续不断的过程,但又带有突发性,会在某个时期集中出现,从而呈现出时间上的不均匀性。不同国家或者同一国家不同地区不同的金融机构的经济利益和经营特点及其创新能力和创新水平存在不同,因而它们总是创造最适合自己的新业务,并且各类金融创新的发展有快有慢,从而呈现出空间上的不均衡性。

(6) 金融创新的虚拟性。金融创新的虚拟性是指金融产品所具有的独立于实物运动之外却能给金融产品持有者带来一定收入的特性。如金融衍生工具,在进行金融衍生交易时,只要交付一定比例的保证金,就可获得收益的所有权,所以,金融衍生工具本身并没有什么价值,它只代表一种获得收入的权利。

(7) 金融创新的持续性。金融创新自 20 世纪 50 年代末开始,已持续了 60 余年,其间几乎没有间断过,时至今日金融创新活动仍十分活跃。

三、金融创新的理论

(一)"技术推进"论

这种理论认为,新技术革命的出现,特别是电脑、电信工业的技术和设备成果在金融业的应用,是促成金融创新的主要原因。其理由是,高科技在金融业的广泛应用,出现了金融业务的电子计算机化和通信设备现代化,为金融创新提供了物质上和技术上的保证。

"技术推进"论的代表是经济学家韩农和麦道威,他们通过实证研究,发现 20 世纪 70 年代美国银行业新技术的采用和扩散与市场结构的变化密切相关,从而认为新技术的采用是导致金融创新的主要因素。

(二)"货币促成"论

这种理论认为,金融创新的出现,主要是货币方面因素的变化促成的。该理论认为,20 世纪 70 年代的通货膨胀和汇率、利率反复无常的波动,是金融创新的重要成因,金融创新是作为抵制通货膨胀和利率波动的产物而出现的。

"货币促成"论的代表是货币学派的米尔顿·弗里德曼。弗里德曼认为:"前所未有的国际货币体系的特征及其最初的影响,是促使金融创新不断出现并形成要求放松金融市场管理压力的主要原因。"

(三)"财富增长"论

这种理论认为,经济高速发展所带来的财富迅速增长,是金融创新的主要原因。财富的增长，加大了人们对金融资产及其交易的需求，从而推动了金融创新。

格林包姆和海沃德是这种理论的代表。这两位经济学家在研究美国金融业的发展历史时，得出财富增长是决定金融资产和金融创新需求的主要因素的结论。

（四）“约束诱导”论

该理论主要从供给方面探讨金融创新，认为金融业回避或摆脱其内部和外部的制约是金融创新的根本原因。内部制约是指金融机构内部传统的增长率、流动资产比率、资本率等管理指标的制约。外部制约是指金融当局的种种管制和制约，以及金融市场上的一些约束。“约束诱导”论的代表人物是西尔柏。

（五）“制度改革”论

这种观点认为，金融创新是一种与经济制度相互影响、互为因果的制度改革，金融体系任何因制度改革而引起的变动都可以视为金融创新。因此，政府为稳定金融体制和防止收入不均而采取的一些措施，如存款保险制度，也是金融创新。持这一观点的主要是制度学派的一些学者，如诺斯、戴维斯、塞拉、韦思特等。他们认为金融创新并不是20世纪电子时代的产物，而是与社会制度紧密相关的。

（六）“规避管制”论

该理论认为，许多形式的政府管制，本质上等于隐含的税收，阻碍了金融机构从事已有的营利性活动和利用管制以外的利润机会。因此，金融机构通过创新来逃避政府管制。当金融创新可能危及金融稳定与货币政策时，政府又会加强管制，新管制又继续导致新的创新，两者不断交替，形成一个相互推动的过程。“规避管制”论的代表人物是凯恩。

（七）“交易成本”论

该理论认为，金融创新的支配因素是降低交易成本。其具体含义有：①降低交易成本是金融创新的首要动机，交易成本的高低决定了金融业务和金融工具的创新是否具有实际价值；②金融创新实质上是对科技进步导致交易成本降低的反应。“交易成本”论的代表人物是希克斯和尼汉斯。

四、金融创新的发展

（一）20世纪90年代的金融创新

进入20世纪90年代后，防患于未然的金融监管理念开始引起人们的重视，政府开始对金融机构实施审慎监管。1999年，《美国金融服务现代化法》颁布，废除了分业经营模式，开始了混业经营，出现了一批集商业银行、证券和保险业务于一身的金融集团。1999年，欧元创立并开始流通，欧元的出现是一个很重要的金融创新。随着互联网的发展与普及，网上银行作为一种新型的客户服务方式迅速发展起来。美国安全第一网络银行从1996年开始提供网上金融服务，美国银行业6%～7%的客户使用网上银行系统。德国的

Entrium Direct Bankers 在 1998 年建立了网上银行系统。网上银行业务迅速覆盖了德国传统银行业，并深入到保险、证券等领域。这不仅是银行业务的创新，而且是组织制度的一种创新。

（二）21 世纪初的金融创新

21 世纪以来，金融业进入一个以金融全球化、自由化、电子化及网络银行化和电子货币化为特征的新时代，金融创新体现出技术创新和产品创新并举的局面，出现了以服务创新为主的金融创新浪潮，如结构化金融产品、资产证券化发展、对冲基金、私募股权基金等。

2000 年 10 月，欧盟委员会发表了一份关于欧盟风险投资政策的报告，报告提出欧盟需加大建设风险资金市场的力度。与此同时，各国二板市场普遍建立发展，信贷衍生工具也迅速发展。这些金融创新使金融资产的流动性增强，加速了金融资产的全球配置，使市场主体更加复杂。

随着全球经济、金融一体化，金融创新朝着金融工具和表外业务多样化、融资方式证券化、金融工程化和经营综合化的方向发展。自美国次贷危机以来，金融创新的步伐虽有所放慢，但并未停止，其在新一轮监管与创新的循环中正寻找和等待着发展的时机。21 世纪初的主要金融创新如表 14-2 所示。

表 14-2　21 世纪初的主要金融创新

序号	创新时间	金融创新内容
1	2000 年	东京证券交易所创立了面向创业板企业的 MOTHERS 市场； 巴黎股票交易所推出欧洲的公司、政府债券指数期货合同(ESI)； 美国在日本开创了日本 NASDQ 市场； 欧洲期货交易所推出了债券期货； 香港股市开设了小型恒生指数期货
2	2001 年	芝加哥期货交易所(CBOT)推出了 10 年期的互换期货； 欧洲期货交易所推出了欧洲债券回购交易； 香港股市正式推出了 MSCI 中国外资自由投资指数期货
3	2002 年	香港股市开办了道琼斯工业平均指数期货； 欧元正式进入流通
4	2003 年	东京证券交易所推出了“东京证券交易所 REIT 指数”； CBOE 推出了 VIX 指数期货； 香港股市开办了 H 股指数期货
5	2004 年	美国纽约股市推出了黄金股票； 东京证券交易所创业板挂牌经营； 在纽约证券交易所，Bond Desk 和 Timber Hill 推出了直接债券交易； 欧洲期货交易所美国分部在芝加哥开业； 香港股市开办了 H 股指数期权
6	2005 年	伦敦证券交易所成功实施 Infolect 交易系统； 欧洲期货交易所在全球开通了 24 小时交易； 香港股市开办了新华富时中国 25 指数期货与期权

（续表）

序号	创新时间	金融创新内容
7	2006 年	CME 推出了人民币外汇期货和期权； 道富环球投资管理有限公司（SSgA）和世界黄金协会（World Gold Council）推出了黄金股票在新加坡交易所上市交易； 中国金融期货交易所在上海挂牌成立
8	2007 年	美联储推出了 TAF（拍卖式融资便利）的货币政策； CME 与 Reuters 合作建立了外汇现货交易平台； 美国纳斯达克推出了首个中国股票指数——纳斯达克中国指数； 东京证券交易所宣布与伦敦证券交易所合资在东京设立日本 AIM 市场； 新加坡交易所宣布推出新加坡 AIM 市场； 中国第一大市值网络股阿里巴巴在港挂牌交易； CBOT 推出了商业地产指数期货
9	2008 年	美联储推出了 TAF、PDCF、TSLF、AMLF 等货币政策工具； 巴黎证券交易所允许商业票据和存款单进行交易； 东京证券交易所推出了日本第二大 SNS 网站的创业板上市； 意大利证券交易所宣布推出意大利 AIM 市场
10	2009 年	美联储推出了逆向回购协议； 美联储推出了“退出策略”新工具； 大阪证券交易所（OSE）和东京证券交易所（TSE）建立了远程会员计划； 东京金融交易所（TFE）推出了欧元兑日元期货合约； 大阪证券交易所（OSE）开设了日本第二个外汇保证金交易市场

第二节　金融创新的效应

一、金融创新对金融发展的推动

（一）金融创新与金融机构运作效率的提高

金融创新通过增加金融产品与服务的效用，提高和加快支付清算的能力与速度，增加金融机构资产与盈利等几个方面，推动了金融机构运作效率的提高。

1. 金融产品与服务的效用增加

各种创新成果的出现都有一定的效用，创新越活跃，产生的总效用越大。大规模全方位的业务创新，加上普遍设立的分支机构和电子触角（自动柜员机、终端机、网络系统等），使金融机构提供的金融产品与服务总量增加，范围扩大，即使在总效用不变的情况下，由于需求者享受了更多的金融产品与服务，也能使无差异曲线上移。金融机构的创新带来了多元化金融机构并存竞争的格局。金融机构的经营管理创新，特别是以满足客户需求为中心的全方位满意管理的展开，可以普遍提高金融机构的服务质量，增加客户的满意度。

2. 支付清算能力的提高和速度的加快

将电子计算机引入支付清算系统中，是最成功的创新。与电子转账系统联系在一起的现代信用卡业务，已具备个人支付现金、存款透支、自动转账、消费信贷、查询账目等多种功能；自动柜员机的出现，标志着银行 24 小时服务的开始。这些创新都大大加快了支付清算的能力和速度，提高了资金周转速度和使用效率，节约了流通费用，但电子化和网络化使金融机构之间的依赖性加强，其潜在的系统性金融风险加大。

3. 金融机构资产和盈利的增加

金融创新中涌现出大量新工具、新交易、新技术、新服务，使金融机构积聚资金的能力大大增强，信用创造的功能得到充分发挥，导致了金融机构所拥有的资产大幅度增长。

各种金融业务创新增强了金融机构的业务能力，提高了经营能力。由于金融机构资金流量和资产存量的增长，提高了金融机构经营活动的规模报酬，降低了平均成本，一方面使盈利总量的绝对增加，另一方面使营运成本降低而相对增加收益。中间业务的快速发展是金融机构盈利能力增强的因素之一。

（二）金融创新与金融市场运作效率的提高

1. 市场价格对信息反应的灵敏度提高

金融创新通过提高市场组织与设备的现代化程度和国际化程度，使金融市场的价格能够对所有可得的信息迅速作出反应。以 1989 年震撼世界的“股市风暴”为例，美国财政部长贝克周日讲话中预示美元可能下跌的信息一传出，周一纽约股市开盘就全面显示抛售信号，当天股价指数暴跌 508 点，创历史下跌最高纪录；几小时后，世界各国股价几乎同时下跌，伦敦股票指数下跌 249 点，东京日经指数下跌 3 836 点，与此同时，黄金和国债价格大幅度上扬，反映出不同金融商品价格变化间的敏感性。

2. 可选择金融产品的种类增加

金融创新中大量新型金融工具的涌现，使金融市场所能提供的金融产品种类繁多，投资者选择的余地很大。而对各具特性的众多金融产品，各类投资者很容易实现他们自己满意的效率组合，即在相同风险下获得较高的预期收益，或在相同的预期收益时承担最小风险。

3. 剔除个别风险的能力增强

金融创新提供大量的新型金融工具和融资方式与交易技术，增强了剔除个别风险的能力。投资者不仅能进行多元化资产组合，还能及时调整其组合。

4. 市场交易成本降低

金融创新通过市场设备电子化、交易清算电子化及市场组织创新等活动，迅速放大了交易量，降低了成本。金融机构在激烈的竞争中不断推出新服务、新工具、新交易，降低买卖金融资产所收取的手续费率与佣金率，降低了金融交易的直接成本。由于各种金融产品间的替代性增强，转换性加大，成交率上升，交易的机会成本在减少。

（三）金融创新与金融产业发展能力的增强

1. 业务开拓能力增强

各金融机构在激烈的竞争中竞相创新，大大增强了金融机构在产业发展中的开拓新业务、提供新服务的能力。这种能力的增强，既是引发金融创新的重要原因，也是金融创新的结果。需要指出的是，金融制度和组织结构方面的创新，为金融机构开拓新业务提供了必要的制度和组织保障，而金融业务和管理的创新则把金融机构的这种能力发挥到了最大。

2. 资本增长能力的加强

金融机构的资本由于具有购置开业经营所需一切设施的营业职能，承担营业损失和保护存款人利益的职能，满足监管当局和自身管理要求的职能，故而成为金融产业发展的基础性条件。资本总额及其增长能力的大小，不仅反映了金融机构的安全程度，也预示着金融机构业务扩展的前景。

3. 设备的现代化及更新能力日益提高

金融高水平发展的一个重要标志就是金融机构设备的现代化，而这一点是通过金融创新中金融机构资本增长能力的提高和引入高科技成果实现的。

二、金融创新对货币政策的效应

（一）金融创新对货币政策工具的影响

1. 金融创新使部分传统的选择性政策工具失灵

传统的选择性货币政策工具包括利率限制、信用配给、法定存款准备金等。金融创新，尤其是规避管制型创新，如 NOW 账户，其创新的原因就是要摆脱上述货币政策工具的约束。这些创新活动的成功与普及，使中央银行运用选择性货币政策工具越来越困难。

2. 金融创新弱化了存款准备金制度的作用力度与广度

(1) 金融创新减少了存款准备金制度的作用范围。商业银行通过金融创新推出回购协议、货币市场互助基金等不受存款准备金制约的非存款工具，通过更充分地利用货币市场，特别是欧洲货币市场，既能确保其应有的负债规模，又能逃避存款准备金制度的约束。商业银行创设不受存款准备金管制的新机构(如设立子公司或附属机构)。

(2) 金融创新弱化了存款准备金制度作用的力度。存款准备金制度发挥作用的基本原理是中央银行调高或调低存款准备金率，商业银行的超额存款准备金相应减少或增加，从而收缩或扩大信用。由于金融市场和金融业务的创新，商业银行可以在货币市场调整其超额存款准备金，使该制度的作用力减弱。

（二）金融创新对货币政策中介指标的影响

1. 金融创新破坏了中介指标的可测性

金融创新模糊了作为中介指标的金融变量的定义，并使其难以观察、计量和分析。例如，根据金融资产流动性的不同，可以将货币划分成不同层次，而金融创新，如 NOW 账户的出现，模糊了该层次。

2. 金融创新降低了中介指标的可控性

金融创新使金融变量与政策工具之间的联系日益松散和不确定，增加了中央银行支配和控制中介指标的难度。例如，金融创新使中央银行对利率的可控性下降，而汇率的波动更使中央银行难以控制该变量；金融自由化和一体化的趋势，使中央银行控制信贷总量更为困难，对货币供给量的控制也随着金融创新而减弱。

3. 金融创新削弱了中介指标的相关性

金融创新减弱了货币需求并使货币结构发生变化。经济的发展、交易规模的扩大和在通货膨胀下物价水平的上升，会导致货币需求绝对数量的增加，但金融创新却通过金融电子化和金融工具多样化减弱了货币需求，使人们在既定的总资产中以货币形式持有的欲望下降。在经济活动中，货币使用的减少，降低了货币在广义货币和金融资产中的比重。

（三）金融创新对货币政策传导过程的影响

1. 金融市场的创新，削弱了中央银行对国内货币的控制能力

以欧洲货币市场为例，它的出现使各国中央银行执行货币政策的难度加大。例如，一国实行宽松的货币政策，降低利率或减少存款准备金要求时，国内银行将把资金转向欧洲货币市场，绕过中央银行的控制。

2. 金融机构的创新，削弱了中央银行货币政策控制的基础

随着金融机构的创新，出现大量非银行金融机构，它们分流了银行存款的资金，使作为货币政策传导的主要载体——商业银行的作用减弱，从而使中央银行的货币控制的基础削弱。

3. 金融业务的创新，削弱了中央银行的控制能力

金融业务的创新导致金融机构业务的多元化及金融机构本身的同质化，使经营存款的金融机构越来越多，导致中央银行的控制力下降。

三、金融创新对货币供求的影响

（一）金融创新对货币需求的影响

1. 金融创新改变了货币需求的构成

随着金融创新工具的大量涌现，出现了许多货币性极强的新型信用工具和存款账户，使交易性货币需求下降，投资性货币需求上升。金融创新工具具有良好的支付功能和变现功能，可以在很大程度上满足人们的流动性需要。根据国际货币基金组织的统计资料计算可知，1965 年与 1995 年相比，5 个发达国家的货币在总资产中的比重从平均 0.195 降至 0.121；较发达国家从平均 0.348 降到 0.162；欠发达国家从平均 0.528 降至 0.293。

2. 金融创新降低了货币需求的稳定性

金融创新导致交易性货币需求下降和投资性货币需求上升。从货币需求角度分析，交易性货币需求主要受国民收入的影响较大，而国民收入在短期内相对稳定，它决定了交易性货币需求具有可以预测和相对稳定的特点。投资性货币需求主要取决于机会成本、个人预期等因素，金融创新导致全球性金融管制放松，利率、汇率、股价变动无常，加上人们的预期心理的非理性，决定了投资性货币需求具有不稳定的特点。

3. 金融创新使货币需求的利率弹性下降

由于金融创新，货币政策中介指标利率与最终目标之间的相关性下降，物价与通货

膨胀率等经济变量对利率的敏感性下降,中央银行的利率变动只能引起宏观经济变量小幅调整。金融创新导致金融同质化,商业银行业务日趋多元化和综合化。在与客户交易中,商业银行会全面评价客户,利益不再是唯一的决定因素。传统的利差收入在银行总利润中的比重下降,而中间收入、衍生交易收入上升,银行对利率的敏感性减弱。

(二)金融创新对货币供给的影响

1. 增加货币供给主体

金融创新使货币供给主体发生了变化,除中央银行与存款货币银行外,非存款金融机构也成为货币供给者,参与到二元制下的货币创造过程中。

2. 货币供给定义与计量的困难

狭义的货币构成是通货和可开支票或转账的活期存款,常用 M_1 表示;广义的货币是对名义变量有可测性影响并能被中央银行控制的流动资产,在这个定义下,M_1、M_2、M_3 或更大口径、流动性很强的金融资产都算是货币。但金融创新模糊了交易性质的货币和投资性质的货币,给计量带来了困难。

3. 货币乘数提高

货币供给量是基础货币和货币乘数的乘积,因此,在中央银行提供的基础货币既定时,货币乘数是至关重要的变量。金融创新加大了货币乘数,是因为其改变了货币乘数的主要决定因素,如通货—存款比率、定期存款比率、法定存款准备金率、超额存款准备金率等。2006 年 3 月至 2017 年 3 月中国货币乘数变化情况如图 14-1 所示。

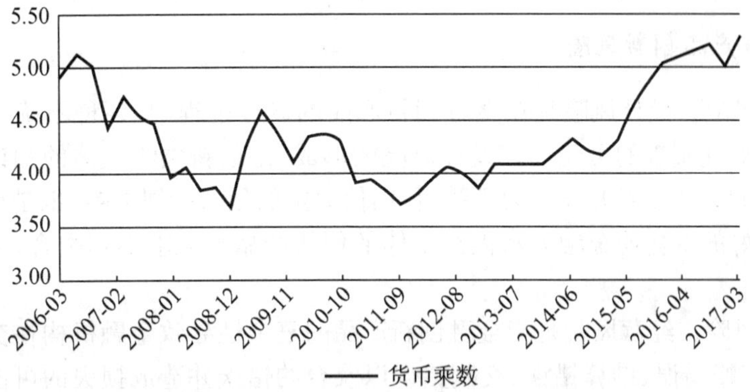

图 14-1 2006 年 3 月—2017 年 3 月中国货币乘数变化情况

4. 货币供给的内生性增强

货币供给的内生性,是指其受经济体系内部因素支配的程度,它与中央银行对货币供给的可控性呈此消彼长的关系。金融创新减少货币需求,充分动用闲置资金,加快货币流通速度,改变货币供给的相对量;同时,扩大货币供给主体,提高货币乘数,创造新型存款货币,对现实货币供给产生决定性影响,使货币供给在一定程度上脱离了中央银行的控制,越来越多地受制于经济体系内部因素的支配。

第三节　金融创新与金融风险

一、金融创新与金融风险的关系

（一）金融创新有助于规避金融风险和维护金融稳定

金融创新的目的之一就是规避金融风险，金融创新特别是以金融工程形式出现的金融创新，为管理和控制金融风险作出了贡献。金融创新有利于规避金融风险和监管、降低成本、增加流动性和金融机构利润等，可进一步发挥金融在市场经济中的作用，进而保障资金融通的安全和整个金融体系的稳定。此时，两者之间是一种相互促进的关系。

（二）金融创新加剧了金融风险，甚至引发金融危机

在金融脆弱性方面，金融创新的复杂性和“捆绑效应”使各个金融机构的风险在整个金融体系中被放大，从而带来脆弱性，最终可能诱发严重的危机。现代虚拟金融资产和实物资产的倒金字塔结构是现代经济金融体系不稳定的内在根源。在庞大的衍生品市场面前，金融机构的脆弱性暴露无遗，一旦某一部分出现问题，整个倒金字塔就会轰然倒塌。

二、金融创新风险种类

（一）金融产品创新风险

（1）设计风险。设计风险是在金融创新产品的设计过程中，各种不确定因素使金融创新措施未能如期实现的可能性。设计风险的形成，是创新供给主体的知识积累程度和专业水平的限制导致创新开发能力不强，从而使原定的创新计划中断；也是市场环境或需求主体需求偏好的变化使金融创新供给主体的创新产品与需求不相吻合，从而导致创新计划半途而废。

（2）经营风险。经营风险是指金融创新产品的复杂性导致金融机构在交易过程中出现判断错误、记账错误、结算错误、交割错误以及合约错误并造成损失的可能性。这不仅会给金融机构带来实际的经济损失，而且会给交易组织机构及交易主体的公众形象带来很大的损害，使人们对其失去信任感，进而对它们的业务拓展和交易规模的扩大产生严重的负面影响。声誉风险虽然带来的是种无形损失，但其经过一定时间后便会转化成有形损失。在现代市场经济条件下，商誉是重要的无形资产，无论是对生产领域的厂商还是对金融领域的交易商，都显得至关重要。

（3）投机风险。投机风险是金融市场的参与者利用金融创新进行投机而导致的风险。金融产品创新的初衷是为广大投资者和生产经营者提供转移和规避金融风险的工具和场所。但是，作为具有获利性的投资工具，它们又给投资者带来了新的更为严重的金融风险。特别地，由于衍生性金融产品的高杠杆性，其投机最容易滑入非法的境地。此外，

一些国际投机者在借助金融市场中的创新工具从事投机活动时，引起国际短期资本在不同国家间迅速流动，从而引发外汇市场或资本市场的剧烈波动，甚至爆发金融危机。

(4) 流动性风险。流动性风险是金融衍生工具的持有者在找不到适当的对手时，只能以低于市场价的价格将衍生工具出售所造成的风险。一般来讲，场内交易的衍生工具都是标准化合约，交易规模较大，因而流动性风险较小。场外交易的衍生工具，多是根据客户的特殊需要专门设计的，不具备广泛的需求主体，因而流动性较差，流动性风险自然较大。

（二）金融机构创新风险

(1) 伙伴风险。伙伴风险是由于金融中介的伙伴关系而导致的风险。金融中介的创新导致了金融自由化、国际化、金融业务多元化和金融机构同质化，从而使金融中介间的关系日益复杂，形成了密不可分的伙伴关系。一国金融中介之间，本国金融中介与他国金融中介之间，金融中介与其他部门之间，国内金融市场与国际金融市场之间的相互依赖程度提高，使金融体系中任何一个环节出错都可能波及整个金融体系，具有连锁反应效应。

(2) 操作风险。操作风险又称运作风险，是由于金融中介内部控制系统或清算系统失灵而导致的风险。这种失灵主要表现为金融中介的内部控制风险，是由员工的不规范操作、工作或技术流程出现问题导致的。不可忽视的是，成立新的金融中介、重组金融中介管理结构、开展创新业务等过程中都有可能产生操作风险。

(3) 经营风险。不同于金融产品创新产生的经营风险，金融中介由于发生创新活动，更改原有的管理结构、业务范围等或者完全创新出新的金融中介，要投入较大的财力、人力和物力，并会有很高的失败率，创新之初往往会缺少关于实际投入产出的财务数据支持，加上传统思维的阻力，常常使创新活动中途夭折。经营风险集中的体现是判断错误、记账错误、结算错误、交割错误以及合约错误造成损失的可能性。

(4) 声誉风险。声誉风险是由于操作失误、不按时履约、违反相关法律和法规或其他原因而给组织金融创新的中介或交易中的一方的声誉带来不良影响的风险。在金融中介创新的活动中，很难预估造成的市场影响的优劣，因此增大了声誉风险。

（三）金融制度创新风险

(1) 市场风险。因市场价格变动导致金融衍生产品价格变动而产生的风险称为市场风险。这里的市场价格，主要是指基础资产的价格。当发生金融制度创新时，原有金融市场格局往往会发生改变，也必然会导致金融产品价格变化，从而引起金融市场风险。在期货市场上，套期保值者面临的主要价格风险是基差风险。基差即现货价格与期货价格之差。一般情况下，由于现货市场价格与期货市场价格之间的变动高度正相关，基差风险总是要小于现货市场的价格风险。在期权市场上，交易者所面临的市场风险是基础工具价格波动的风险。在互换市场上，交易者所承受的风险是基础利率变动的风险。

(2) 信用风险。信用风险又称履约风险，是衍生交易中的一方不按合同条款履约而导致的风险。期货、期权等衍生产品以标准化合约的形式在交易所内交易。交易所内这类衍生产品的交易，一般都有严格的履约、对冲和保证金制度。交易所的结算公司以所有买方的卖方和所有卖方的买方的角色出现，是所有交易者的交易对手，其主要职责是负责衍生交易的结算，确保交易合约在到期时按时交割或在未到期前平仓。这样，就使交易所内衍生交易的信用风险大大下降。而场外的衍生产品交易由于没有交易所这种确保履约的严格制度,不存在结算公司这种专门的机构,因而其信用风险比交易所要大。

(3) 法律风险。法律风险是由于交易合约内容不合法律规范,交易合约不具备法律效力或其他方面的法律原因而给交易主体带来的风险。法律风险的表现形式有很多,比如,由于法律建设相对滞后或现行法律与金融创新有冲突,使创新工具及其交易的合法性无法得到保证,导致交易主体的利益受损;或者是直接规范金融创新领域及与之相关的一些法律发生变化;等等。一般来说,一项金融创新措施在刚刚出台时,由于相关法律尚未问世或未及时调整,交易主体承受的法律风险较大。

三、金融创新风险的成因

(一) 金融产品创新对货币供给量的影响

(1) 金融产品的创新扩大了货币供给的主体。在金融产品创新以后,商业银行中出现的诸多与活期存款类似的新型负债账户具有较强的存款派生能力,而且非银行金融机构也利用电子资金转拨系统开办支票账户、可转让存单、电话付款、证券化贷款等业务来创造货币,这便扩大了货币供给主体,增加了银行控制信贷的难度。

(2) 金融产品的创新提高了货币流通速度。金融产品电子化是金融产品创新的特征之一,金融机构应用电子技术使其产品和业务由传统的人工操作转变成自动化、机械化操作,多功能信用卡、自动转账服务、银行电话付款等新工具的普及明显缩短了交易时间,提高了货币流通速度。

(3) 金融创新扩大了货币乘数。货币乘数的计算公式是 $m_1=\dfrac{r_c+1}{r_d+r_e+r_c+r_t\times t}$。其中,$r_d$、$r_e$、$r_c$、$r_t$ 分别代表活期存款法定存款准备金率、超额存款准备率、现金在存款中的比率以及定期法定存款准备金率。t 是活期存款转化为定期存款的比例。金融产品出现创新后,商业银行创造出了介于活期、定期存款之间或逃避计提法定存款准备金的新型负债种类,减少了法定存款准备金的提缴额。同时,银行间同业拆借市场日益发达,提高了融资便利程度,使银行持有的超额存款准备金下降。此外,公众对通货的偏好减弱,多种支付方式快捷便利,减少了现金漏损。

(二) 金融中介的创新弱化了金融监管的有效性

(1) 在金融创新的背景下,金融机构的种类明显增多,如财务公司、投资公司、基金公司、融资公司等。由于生产国际化迅速发展,跨国公司大量涌现,对全球性金融服务的需求增加,加之各个金融领域持续不断的创新,促进了跨国银行等金融机构迅猛发展。而且在金融机构业务和组织创新的基础上,各类金融机构之间的业务相互交叉和渗透,传统的银行与非银行金融机构业务分工的界限日益模糊。因此,金融中介的创新增大了金融监管的难度,降低了金融监管的有效性。全球重要金融危机如表 14-3 所示。

(2) 金融中介创新导致表外业务交易的比例增大。随着创新工具种类的不断增多,在竞争日趋激烈的经营业务中,金融监管出现了“真空”地带。而且,表外业务的迅速增长

表 14-3 全球重要金融危机

时间	危机事件
1825 年	英国经济危机
1936 年	英国、美国金融危机
1966 年	英国金融危机
1892 年	欧美金融危机
1929 年	资本主义世界经济危机
1931 年	奥地利货币危机
19 世纪 70 年代	美元、石油危机
1981 年	乌拉圭金融危机
1990 年	日本金融危机
1992 年	欧洲货币体系危机
1994 年	墨西哥金融危机
1997 年	亚洲金融危机
1998 年	俄罗斯金融危机
1999 年	巴西金融危机
2001 年	阿根廷金融危机
2007 年至今	美国次贷危机—全球金融危机

还使中央银行对银行财务报表的分析更趋复杂。表外业务创新技术复杂，组合千变万化，使风险报告的可靠性降低，为此，中央银行必须取得更为广泛的资料信息才能制定正确的政策。美国次贷危机中的资产证券化产品更将银行业的风险带入资本市场，这些都无疑增大了金融监管的难度，降低了金融监管的有效性。

（3）金融监管措施滞后。从金融创新与金融监管的相互关系来看，金融监管制度总是针对现有的金融业务及经营范围而制定的。然而，金融机构为了摆脱或逃避金融当局的管制，便通过创新来增强竞争力以获取更多的利润。反过来，当这些金融创新对货币政策或金融当局的目标构成威胁时，政府或金融当局又会采取新的管制和干预措施，于是又引发新一轮的有针对性的金融创新。在这一过程中，金融监管的创新滞后于金融业务或工具的创新，从而使现实的金融监管的有效性有所下降。

（三）金融制度的创新加剧了金融体系的脆弱性

金融制度体现为针对金融主体的一系列的经济、法律、政治乃至道德和习俗的约束。金融制度的创新表现为引入新的金融制度因素或对原金融制度进行重构。金融制度创新必须克服对已经形成的金融发展路径的依赖性。另外，大规模的金融制度创新还不可避免地面临着制度创新风险问题，即新的金融制度可能不会在很短的时间内替代原有的金融制度而成熟、有效地运行，而导致在制度转换过程中将产生某种制度真空。如果这种制度真空不能被迅速地填补，就会产生巨大的转换性损失。

金融制度创新的成本和风险越大，创新主体对其所持的态度就越谨慎、保守。不仅如此，当代金融制度的创新在提高金融微观效率和宏观效率的同时，还增加了金融业的系统风险。这有两个原因：一是因为金融制度创新加大了原有的系统风险，如市场风险、信用风险等；二是因为金融创新使金融业在传统风险基础上面临更多新的金融风险，如经营风险、投机风险、伙伴风险等。因此，金融创新使金融风险更加复杂，更加难以控制，降低了整个金融体系的稳定性。

延伸阅读

金融危机中的杠杆规律（节选）

2008 年全球金融危机起源于房地产泡沫。房地产泡沫破灭后，市场信心严重受损，导致了金融系统的整体崩塌，并损害实体经济发展，产生了如消费显著下行等深远影响。对金融危机中的杠杆规律进行分析，能更好地总结相关经验和教训。

图 14-2 显示的是发达国家、中国以及除中国以外的新兴市场国家的债务占国内生产总值(GDP)比例的演变过程。

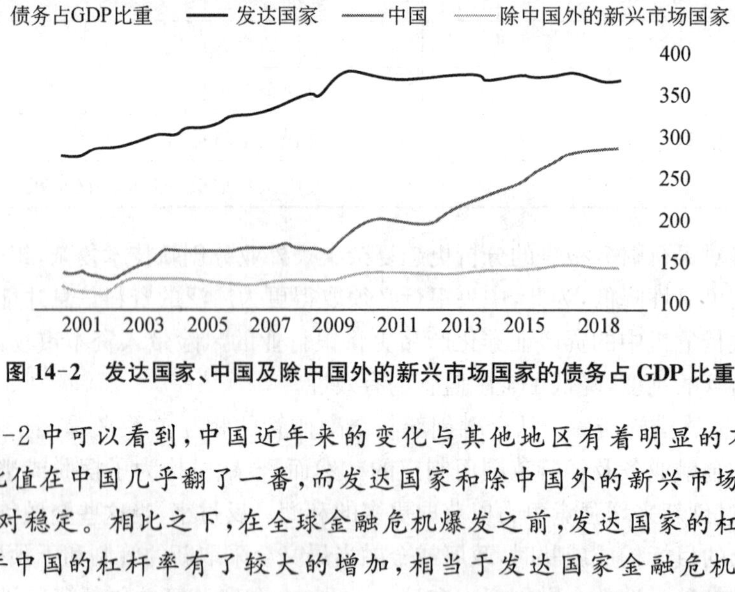

图 14-2　发达国家、中国及除中国外的新兴市场国家的债务占 GDP 比重

从图 14-2 中可以看到，中国近年来的变化与其他地区有着明显的不同：自金融危机后，该比值在中国几乎翻了一番，而发达国家和除中国外的新兴市场国家该比值一直保持相对稳定。相比之下，在全球金融危机爆发之前，发达国家的杠杆率增加较大，而近几年中国的杠杆率有了较大的增加，相当于发达国家金融危机之前的发展状态。

中国杠杆增长的几个来源如图 14-3 所示，可以看出，金融企业杠杆没有较大的增长；家庭领域的杠杆有所增加，但与很多西方国家相比，这个增长量还是相当小的。从总量上分析，家庭领域的杠杆并不是一个很重要的增长因素；在非金融企业领域，通过对比不同国家非金融企业类的杠杆可以看出，中国是相对比较高的国家，且超过美国的两倍。由此可见，这就是在金融危机后中国杠杆大幅增长的原因所在。

从家庭领域杠杆占 GDP 比例的历史走势数据中可以看到，在全球金融危机之前的 2000 年至 2008 年，美国、英国和加拿大的家庭领域杠杆大幅增加。但与西方国家相比，中国的家庭领域杠杆虽然一直在增加，但相对来说还是占比相当小。

因此，在全球金融危机之前，中国和美国之间存在着很大的差异，其最大的区别就在

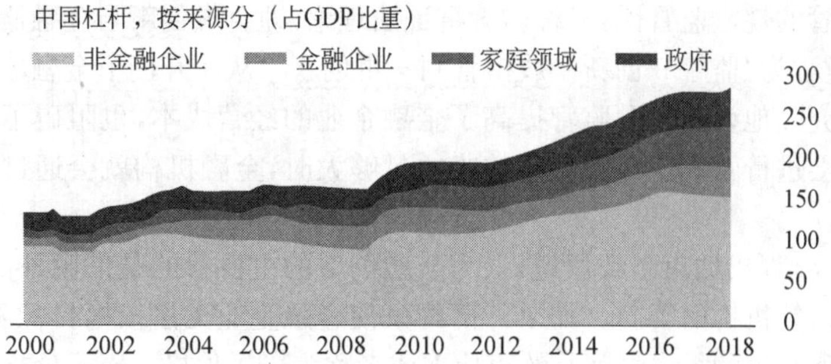

图 14-3　中国杠杆来源情况

于杠杆处在经济的不同部分：美国是家庭领域杠杆，中国是非金融企业杠杆。

资料来源：勒内·施图尔茨在《清华金融评论》发表的“金融危机中的杠杆规律”。

第四节　金融监管与金融创新

一、金融监管的内涵

（一）金融监管的定义

金融监管是指一个国家或地区的监管当局依据国家法规授权对金融业进行的监督和管理。监管的本质源于市场的不完全性，金融监管也不例外，是对金融市场由于外部性、市场垄断、公共产品以及信息不对称等原因产生市场失灵的情况下，政府通过监管措施，减轻或者消除市场失灵，优化资源配置，提高金融效率，防范金融体系的风险的总体概括。

（二）金融监管的分类

（1）根据监管模式不同，金融监管可分为功能型监管、机构型监管和目标监管。机构型监管又可划分为统一监管型和多头监管型。美国的伞形监管，是处于功能型监管和机构型监管之间的一种折中监管模式。

（2）根据监管对象不同，金融监管可以分为金融市场监管和金融机构监管。金融市场监管又可以分为货币市场监管和资本市场监管。

（3）根据监管的目标不同，金融监管可以分为自律型监管、安全优先型监管、效率优先型监管、安全与效率并重型监管等类型。从该角度看，不同国家不同时期金融监管的类型均不相同。

二、金融监管与金融创新的博弈关系

通过对 20 世纪 70 年代以后金融创新浪潮的研究，Kane 提出了金融创新主要是为了规避金融监管的规避监管说，又称监管辩证法理论，即金融创新与金融监管的关系符合"斗争模型"，过程为"监管—创新—放松管制—再创新"，从而开创了金融监管和金融创新博弈关系的研究。他认为金融监管提高了金融企业的经营成本，也阻碍了金融机构利用管制以外的机会进行营利。当管制外的收益足够大时，金融机构就会通过金融创新的手段来规避管制。

随后，Silber 提出约束引致假说，认为金融创新的主要目的是摆脱外部约束，而外部约束主要来自监管机构的管制。如果外部约束使金融企业无法依据目标函数组织生产，那么这种约束所产生的损失量就是约束成本或者称为影子价格。影子价格的上升带动金融企业创新动力的增大，当影子价格达到一定水平时就会爆发一轮金融创新。

Finnerty、Bhatt 和 Nanda 发现，金融机构为了追求监管之外的收益而进行金融创新。当监管机构发现创新活动可能引发金融系统的不稳定时，则会加大对金融机构的监管力度，降低金融机构在管制外获得的收益，使金融机构的创新活动减少。只有当管制外的收益再增加到一定水平时，金融机构才会通过新一轮的金融创新来规避管制。金融创新与监管的关系如图 14-4 所示。

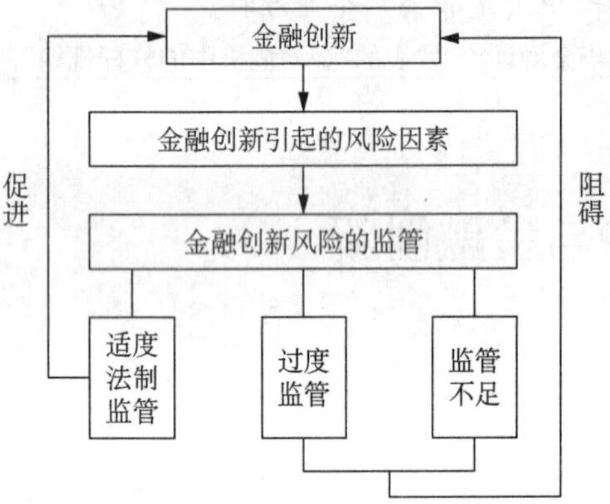

图 14-4　金融创新与监管关系

金融监管可以促进金融创新的发展，金融创新又进一步推动了金融监管体制的不断完善，两者之间存在动态博弈关系。适度的金融监管会促进金融创新，过度监管或监管不足都会阻碍金融创新的发展。金融创新为金融发展提供了强大的动力，同时，金融创新也会积聚风险因素，为了使金融业持续、稳定、健康地发展，又需要适当地对金融创新产生的风险加强监管以维护金融系统的安全，防止金融系统风险的增大。"监管—创新—再监管—再创新"这一过程并不是简单地重复，每一个新的循环过程都是一个新的起点，新的起点又推动了另一个新起点的产生，共同推动了金融业的改革与变迁。

三、金融监管制度变迁

（一）自律型监管时期

20 世纪 30 年代以前，经济自由主义占统治地位，西方各国政府对金融业基本奉行"不干预主义"。其主要观点为：以银行为主体的金融机构的建立、运行和竞争由投资者自主决定，并且自己承担各种风险，整个金融市场运行完全依靠金融机构的内部自律和自由竞争。在早期，这种自由市场发展思想推动了美国金融体系的变革和发展，对整个金融体系的构建和金融监管制度的发展产生了深远影响。金融风险、金融创新及金融监管的关系如图 14-5 所示。

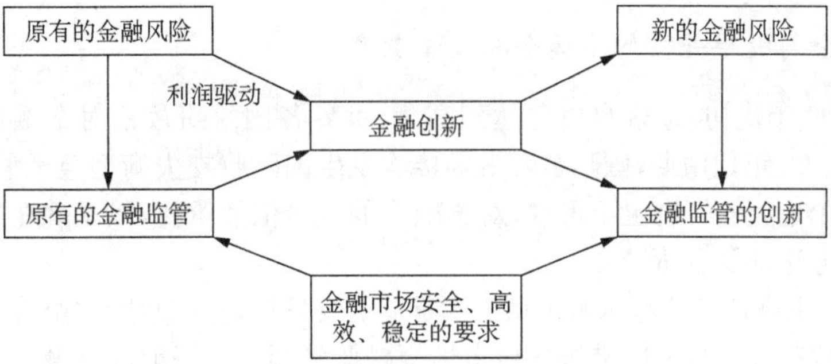

图 14-5　金融风险、金融创新及金融监管的关系

（二）安全优先型金融监管制度

1929—1933 年，世界性的经济金融大危机进一步表明金融市场是不完善的，所谓“看不见的手”的无所不能的能力并不存在。而且，由于金融业巨大的外部性，金融体系一旦出现危机，就会给经济和金融体系带来极大的冲击，甚至危及社会稳定的基础。

20 世纪 30—70 年代，主张政府干预的思想占了上风，要求强化对金融体系的监管的理论主张也受到推崇。因此，中央银行的货币管理职能演变为制定和执行货币政策，并服务于宏观经济政策，金融监管非常严厉，甚至倾向于进行政府直接管制，对金融机构的经营范围和方式进行全面的管制和干预，并且非常强调金融体系的安全性。以美国、英国、日本、法国为主要代表的西方国家纷纷建立起安全优先型金融监管制度，实行分业经营和分业监管体制。在分业监管体制下，监管当局对金融机构的业务范围一般有严格限制。其中以美国最具有代表性，其公布了《格拉斯—斯蒂格尔法》《1933 年联邦存款保险法》《1933 年证券法》《1935 年银行法》等一系列法律，从而奠定了金融监管的基础。

（三）效率优先型金融监管制度

主要西方国家在 20 世纪七八十年代经历了渐进解除金融监管的过程。严格的金融监管使经济付出了金融体系效率损失的沉重代价。20 世纪 70 年代困扰西方国家的“滞胀”宣告了政府干预主义的破产，在金融领域，金融自由化理论逐步抬头。

金融自由化理论以麦金农和肖的“金融抑制”和“金融深化”理论为代表。他们的理论认为，金融管制使金融机构和金融体系的效率严重受损，金融业发展受到抑制，同时，政府也会失灵。因此，金融自由化理论主张放松金融管制，特别是利率管制、经营范围限制、经营地域限制，以恢复金融业的竞争，提高金融业的活力和效率。该理论特别指出，“金融抑制”是导致发展中国家经济落后的主要根源。

实际上，金融自由化理论也不是全面否认金融监管，它只是认为在金融体系比较稳定的情况下，金融体系的效率应成为更重要的目标，金融监管要充分考虑金融机构和金融体系的效率。之后，西方发达国家以及一些发展中国家在金融自由化理论的影响下纷纷放松对金融业的严格管制，实行金融自由化。金融自由化的内容主要包括利率自由化、金融业务自由化、金融市场自由化、金融国际化。金融自由化推崇“效率优先”的原则，在很大程度上促进了这一时期的金融发展和经济繁荣。

（四）安全与效率并重的审慎金融监管制度

20世纪90年代初，金融自由化达到高潮，世界各国纷纷放松对金融业的管制。但是，到20世纪90年代中期，国际金融市场接连发生国际收支失衡型金融危机，这又使人们认识到，简单地放松管制也不可取，对金融业的监管依然重要，只是现在的金融监管从观念到方式、方法都要有所转变。

2007年以来虚拟经济泡沫破灭型的次贷危机爆发后，各国政府在金融监管制度方面作出了重大改革，进一步采取措施强化审慎金融监管制度。当前的金融监管制度侧重于两个方面：一是金融监管要合理配置安全性、效率性、公平性等金融监管目标，始终重视金融安全；二是由于金融业发展全球一体化的趋势，金融监管必须加强国际合作与协调。

（五）美国金融危机后的金融监管改革

1. 监管指导思想：认识到市场原教旨主义的缺陷

对市场调节机制过度迷信、对自由放任理念过分崇尚，既是市场原教旨主义的一个表现，也是金融危机爆发前监管缺失的主要思想根源。市场原教旨主义下“没有明文禁止的都可行”的监管原则，鼓励了不适当的金融创新，造成金融市场外部约束和监控不足，高风险金融衍生产品充斥市场，却不在监管范围之内。金融危机爆发后，这种理念受到重创，后危机时代的金融监管改革，遵循在以市场为主导的基础上加强监管的指导原则。

2. 监管利益出发点：为消费者提供更多保护

此次危机中，包括资产证券化和结构化金融工具在内的复杂产品透明度不高，造成众多普通投资者因无法准确了解其资产的风险暴露和内在价值而受到欺诈；同时，这种情况也容易引发投资者快速压缩投资，放大去杠杆化过程，导致恐慌蔓延和扩散。另外，在危机救助中，道德风险问题也使公众利益遭受很大侵害。危机正是源于缺少对消费者保护的理念，而危机爆发后消费者信心的缺失又推动了金融危机走向深渊，并进一步损害消费者利益。因此，在危机后的金融监管改革中，加强对投资者和消费者利益保护已经成为重点之一。

3. 监管组织框架：质疑分散的监管体系

格林斯潘曾信奉“多个监管者比一个好”，但是，多头监管模式下的监管重叠和监管空白并存，在一定程度上为危机的形成和蔓延提供了温床。美国在联邦一级，就有货币监理署、联邦储备委员会、联邦存款保险公司、证监会、商品期货交易委员会和联邦住房企业监督办公室等部门。即使在实现了金融市场统一监管的英国，依然存在实施金融市场监管职责的金融服务局、承担金融稳定职能的财政部和英格兰银行等多个监管部门。因此，通过设立法制化的监管协调机构以加强集中监管，去除监管重叠和监管空白、解决多头监管弊端。

4. 监管理念：加强宏观审慎监管

宏观审慎监管的核心是保障金融系统的安全，微观审慎监管的主旨是确保个体稳健性。然而，由于微观审慎监管的局限性，个体稳健并不代表集体安全，所以宏观审慎监管及其监管工具的探讨成为危机后金融监管改革的热点。在后危机时代英国、美国、欧盟金融监管体制变革中，宏观审慎监管均赋权中央银行，宏观审慎分析与政策以中央银行为主；微观监管体制差异取决于各自的金融结构和路径依赖，但从属于宏观审慎监管，需要遵守宏观审慎政策。

5. 监管内容：贯彻全面监管

此次金融危机暴露出的监管漏洞，有的是源于监管理念和监管法律，有的是源于机构交叉却又覆盖不全面，但更多的是源于金融监管相对于金融创新的滞后性带来的监管空白，主要表现在对影子银行和资产证券化等金融创新的监管上。因此，强调全面监管，成为英国、美国、欧盟三大监管改革方案中的一致目标。在机构方面，美国提出要对包括对冲基金、私募股权公司和风险投资基金等在内的私营投资基金进行一定程度的监管。英国指出对冲基金应面临更严格的信息披露要求以及关于融资、杠杆率、投资战略、特定的投资头寸方面的信息报送要求等。欧盟委员会也提出建立全面监管框架的计划。在产品方面，对包括场外金融衍生品在内的全部产品进行监管，也成为共识。

6. 监管协调：强调国际监管合作

美国的改革方案提出，如果不能让国际监管标准同时提高，那么无论在国内采取什么监管行动，都将收效甚微，而且国内外标准的不一致会影响本国金融市场的竞争力，因此建议各国与其一同提高监管标准。欧盟的改革方案将成员国相互分离的监管格局统一在泛欧监管体系框架内，无疑有助于整个欧盟层面的监管合作。英国的改革方案认为，应通过推动制定国际标准和措施、充分发挥国际货币基金组织和金融稳定委员会的职能、促进相互合作，加强国际监管架构。

延伸阅读

金融创新的风险来源探究

从风险的根源上讲，金融创新与其他创新存在共性，那便是引入新事物可能带来的后果的不确定性，即人们(包括创新者、使用者或其他相关者)对创新认识不清。有证据证明，许多家庭并不真正了解其所购买的金融产品。由于许多金融创新本身便是针对处理实体经济风险的，于是对金融创新的认识不清也就意味着对创新产品所代表的实际经济风险认识不清。例如，Montesano 指出金融创新尤其是场外交易市场产品本身很难得到足够的风险评估，有时候对其销售者来讲也一样。

Pagano 和 Volpin 则指出对于金融创新产品的评级注水与投资者的天真共同导致了大量对风险的错误估价，而对错误的改正则直接触发危机。事实上，对于上述学者提出的逻辑，至少有两个方面值得深入探究：第一，简单用人们的认识不清是否足够解释投资者的“天真”；第二，专业的金融机构为什么同样会“犯错”。

有两种观点可以增进对投资者“天真”的认识。一种观点来自 Riaza，他援引标准的道德风险的分析视角，认为金融创新恰是给予投资者更大的保险，这减少了投资者(被保险者)主动采取避免风险的行动的动机。另一种更具代表性的观点则是考虑尾部风险。Gennaioli 等认为由于市场摩擦的存在，投资者倾向于局部思考(local thinking)，往往将金融创新产品的极小可能性的风险视同零风险，这会使金融创新产品发行过量。事实上，Rajan 更早提出了相似的观点，同时还指出随着金融创新产品的过量发行，会使小概率风险的发生概率增大，不过 Rajan 并未对其思想进行模型化的分析。这种观点确实有事实根据，Acharya 等人便发现在次贷危机发生前的几年里，这种尾部风险在迅速累积。

至于参与金融创新产品发行、交易的专业机构何以相继“犯错”？比较保守的解释指向模型问题，一个代表性的观点来自 Blom Western，他抨击现代的风险管理模型是一种伪科学。他认为如今无论是金融中介、评级机构还是老练的投资者都过度依赖于这些被伪装成超出其实际风险管理能力的模型，并由此得出对于创新产品的错误认识。他指出虽然一些学者（如默顿）曾强调过这些模型只是对复杂现实的近似反映，在每一种特定的使用情况下都应谨慎地考虑其局限性及弱点，但众多受过训练的专业人士（包括学者和从业者）仍然不顾前人的警告。尤其是在高速的金融创新环境下，将这些模型用于金融工程更是存在巨大的风险。相似地，Caccioli 等也指出正是用于金融产品设计的套利定价理论带来了金融系统的不稳定。

其实早在次贷危机以前，便有一些学者对这些模型提出过质疑。Mandelbrot 曾指出在投资组合理论背后的那些降低风险的公式存在着一系列错误的假设，如忽略了大规模的市场环境的变化，认为所有价格的变化在统计上是独立的，一个银行的投资组合与其他银行不相关，等等，因此，过分相信投资组合理论是危险的。对于专业机构“犯错”的较为激进的解释则是强调道德风险：对风险认识更清楚的金融机构出于自身利益的考虑故意利用消费者对金融创新产品认识不清，甚至故意制造模糊的金融创新产品卖给投资者。在这方面，学者们似乎更加有共识。从这个意义上说，这便不再是犯错，而是一种利用其专业优势及信息优势进行的机会主义行为或寻租行为。正如 Khwaja 和 Mian 所言，在此次金融危机过程中，金融创新沦为一种混淆、利用甚至创造扭曲从而为金融中介产生租金的行为。

可见，金融创新模糊了人们对于实体经济风险的认识，由此引发的一系列问题均指向了新的风险。由于整个金融体系构成一套转移资金的规则体系，金融创新更像是带来一种新的市场经济的游戏规则。因此，金融创新的风险便意味着“新规则”或许没能达到预期的目的或者带来了负外部性——以一种意料不到的隐蔽方式累积实体经济风险。

复习思考题

1. 金融创新的推动因素有哪些？
2. 从经济发展的角度来看，金融创新的意义何在，同时带来了哪些问题？
3. 金融创新带来哪些金融风险？这些风险是如何形成的？
4. 如何分析金融创新和金融监管之间的博弈关系？
5. 结合一国金融监管制度演变的实践，分析其发展趋势。

第十五章 金融发展与经济增长

学习目标

(1) 掌握金融创新与经济增长的关系。

(2) 理解金融抑制的表现。

(3) 掌握金融自由化和金融深化的差异性。

能力目标

(1) 掌握金融发展的两个重要衡量指标。

(2) 理解金融自由化改革对经济发展的利弊影响。

案例导入

金融自由化下的美日韩三国利率市场化进程

20 世纪 70 年代初，美国经济学家 McKlnnon 和 Shawn 提出“金融抑制论”和“金融深化论”，他们认为发展中国家普遍存在金融抑制现象，要实现金融深化，就必须消除金融抑制，放开利率管制，取消信贷配给制，实行金融自由化。这是各国推进利率市场化的主要理论依据。

一、美国的进程

美国政府在 1980 年 3 月颁布《废止对存款机构管制与货币控制法》，标志着美国利率市场化进程的开端，而实际上，1970 年美国就开始对一些符合特定要求的大额存单放松了管制。其进程如下：

(1) 1970 年，放松对 10 万美元以上，90 天以内的大额存单的利率管制。

(2) 1973 年，放松所有大额存单的利率管制并取消 1 000 万美元以上、期限 5 年以上的定期存款利率上限。

(3) 1978 年，准许存款机构引入货币市场存款账户(6 个月期，1 万美元以上)，不受支票存款不允许支付利息的限制。

(4) 1982 年，放松对 3 年 6 个月期限以上的定期存款的利率管制。

(5) 1983 年，取消所有定期存款的利率上限。

(6) 1986 年,完成了利率市场化的改革。

二、日本的进程

日本政府于1975 年废除日本银行对贷款利率的指导性限制,并于 1978 年开始逐步允许银行间利率的弹性化,实现银行间拆借利率和票据买卖利率的市场化。其进程如下:

(1) 1978 年,银行间拆借和票据利率市场化。

(2) 1985 年,引入大额货币市场存单(5 000 万日元以上)和取消大额定期存款利率管制(10 亿日元以上)。

(3) 1992 年,引入自由浮动利率的储蓄存款。

(4) 1993 年,取消小额的定期存款和货币市场存单的利率管制(低于 1 000 万日元)。

(5) 1994 年,取消除活期存款外的所有存款的利率管制,并在同一年实现了全部利率的市场化。

三、韩国的进程

韩国推进利率市场化的过程中出现了一次波折。1981 年,韩国开始了利率市场化的步伐,但是 1989 年的经济环境恶化使韩国政府重新开始了对利率的管制,使这次尝试以失败告终。1991 年,韩国重新部署利率市场化计划,基本上按照从非银行机构到银行机构,从贷款到存款,从长期到短期,从大额到小额的顺序,逐步扩大利率市场化的比重。最终,在 1997 年韩国放松了对活期存款利率的管制,实现了全部利率的市场化。

思考:美日韩三国的利率市场化进程是否有规律可循?

第一节　金融发展对经济增长的促进

一、金融发展及其衡量指标

(一) 金融发展的含义

金融发展(financial development)是指金融结构的变化。金融结构包括金融工具的结构和金融机构的结构两个方面;不同类型的金融工具与金融机构组合在一起,构成不同特征的金融结构。一般来说,金融工具的数量、种类、先进程度,以及金融机构的数量、种类、效率等的组合,形成发展程度高低不同的金融结构。金融发展程度越高,金融工具和金融机构的数量、种类就越多,金融的效率就越高。

金融发展有狭义和广义之分。狭义的金融发展仅指金融总量的增长,广义的金融发展涵盖了全部金融要素的进化,是在全部金融要素共同发展的基础上实现的,可以理解为金融交易规模的扩大和金融结构变化中带来的金融功能的不断增强与金融效率的持续提高、金融体制的适当变迁、金融活动与一般社会经济环境相适应程度的提高,即金融发展主要表现为金融总量的增长和金融结构的优化。金融总量是衡量一国或地区范围内金融发展的总体指标,它与一国或地区的经济发展水平密切相关。金融结构是指构成金融总量的各个组成部分的规模、运作、组成和配合的状态。一国或地区金融结构是由金融发展过程中的内在作用机制决定的,随着金融总量的变化而变化。因此,金融总量和金融结构都属于时点指标,反映了某一时点的金融发展水平。

(二)衡量金融发展的指标

对金融发展的程度可以根据对金融发展的释义,通过对金融结构状态的数量指标来度量;也可以通过金融发展状态与经济增长的相互关系指标来度量。

1. 金融内部结构指标

(1) 主要金融资产,如短期债券、长期债券、股票等,占全部金融资产的比重。

(2) 金融机构发行的金融工具与非金融机构发行的金融工具之比率,该比率是用以衡量金融机构化(financial institutionalization)程度的尺度。

(3) 在非金融机构发行的主要金融工具中,由金融机构持有的份额比率,该比率是用来进一步衡量金融机构化程度的。

(4) 主要金融机构,如中央银行、商业银行、储蓄机构及保险组织的相对规模。

(5) 各类金融机构的资产分别占全部金融机构总资产的比率,该比率称为"分层比率"(gradation ratio),用来衡量金融机构间的相关程度。

(6) 主要非金融部门的内源融资(如公司本身的资本积累)和外源融资(主要指通过金融渠道的资本融入)的对比。

(7) 在外部融资方面,国内部门(主要是国内金融机构)和外国贷款人在各类债券和股票中的相对规模。

2. 金融发展与经济增长的相互关系指标

(1) 金融相关率(financial interrelation ratio)。金融相关率是指一国全部金融资产价值与全部实物资产价值(国民财富)的比率。金融资产包括非金融部门发行的金融工具(股票、债券及各种信贷凭证);金融部门,即中央银行、存款银行、清算机构、保险组织和二级金融交易中介发行的金融工具(通货与活期存款、居民储蓄、保险单等)和国外部门的金融工具等。在实际统计时,常常用国民生产总值或国内生产总值来表示国民财富。

(2) 货币化率(monetization rate)。一国的产品和服务均可作这样的二分法:通过货币进行交易的和不通过货币进行交易的。在我们的习惯用语中,前者称为货币经济,后者称为自然经济。货币化率是指一国通过货币进行交换的商品与服务的值占国民生产总值的比重。这个比重越高,说明一国的货币化程度越高。随着商品经济的发展,使用货币作为商品与服务交易媒介的范围越来越广。这种现象通常就被称为货币化程度的不断提高。

由于可以直接使用的统计数据极为缺乏,货币化程度的数量化难度极大。因此,也可以采用货币供给量与GDP的比值来间接表示货币化的程度。这样的数量很容易获得,一国的不同阶段以及国与国之间也有可比性。但这样的间接表示方法只能在有限的条件下使用。在一国经济的货币化程度由低向高发展的过程中,货币供给量的增长相对于GDP的增长一般会有较快的递增速度。但有时却会出现货币供给量的绝对值超过GDP绝对值,也即比值大于1的情况。比如,中国从20世纪90年代中期开始就是如此。整个经济完全货币化，货币化率的极限也只能是1。大于1的数值，显然就不适用了。

此外，还可以根据研究的实际需要构造适宜的金融发展指标进行实证分析。比如，金融体系的负债(现金＋银行与非银行金融机构的活期以及有息负债)与GDP的比值，即流动性负债比率，可用来衡量金融深度，与金融相关率的用意类似；商业银行—中央银行比率，即商业银行资产除以商业银行与中央银行资产之和，这是分析商业银行与中央银行在配置社会储蓄中的规模对比；私人信贷比率，即分配给私人部门信贷与国内总信贷的比率，以及通过金融中介分配给私人部门的信贷与GDP的比率，用来衡量信贷在私人部门与公共部门之间的分配；股票市场成交量比率$\left(\text{即}\dfrac{\text{股票成交量}}{\text{GDP}}\right)$以及股票的换手率$\left(\text{即}\dfrac{\text{股票成交量}}{\text{流通股本}}\right)$来衡量股票市场发展程度；等等。

二、金融发展与经济增长的关系

(一) 金融发展与经济增长的相互作用机制

1. 金融发展为经济发展提供了支付系统

金融发展对经济增长的第一个也是最主要、最核心的贡献在于提供了一个高效、便捷的支付系统。任何经济的发展必须通过随时随地的交易实现。如果没有支付系统的存在，高额的交易费用会增加商品生产者和交换者的成本，从而导致无利可图，打消了进一步生产与交换的积极性，阻碍经济的发展。随着产品的不断丰富，人们的需求不断加大，商品的交易也日益频繁，这促使了经济的货币化。专门进行交易的媒介——货币的产生，在一定程度上降低了交易费用，为经济的快速发展奠定了基础。

随着经济的发展，银行作为独立的信用中介机构出现，降低了人们持有货币的机会成本，促进了经济的进一步发展。金融发展的作用远远不止如此，经济货币化带动经济发展，经济发展促进了技术进步，尤其是金融领域的技术进步。各种金融产品不断创新，特别是电子技术在支付系统中的广泛运用，大量的交易活动使用储蓄卡、信用卡、支票、资金电子划拨系统，支付系统的运作效率越来越高，使用成本越来越低，对经济的发展产生了深远影响，成为促进经济增长的重要条件。

金融通过提供支付系统不断促进经济发展的实证分析，可以通过人均GDP与经济货币化程度，或金融中介资产与GDP的比率直观地反映。两者之间的正相关联系在金融发展与经济增长的早期理论研究中已经得到了证实。戈德史密斯在1969年的《金融结构和金融发展》一书中，对35个国家近一个世纪的数据进行分析，证明了金融与经济的快速发展相互协调。

2. 金融发展影响了储蓄率

根据“国民收入＝储蓄＋消费”，在一般情况下，人们的收入水平在一定时期内是既定的，但消费和储蓄的比例并非固定不变。消费可以分为必须消费和机动消费，同样，储蓄也可以随着客观情况的变化而有所增加或减少。对于普通居民来说，由于金融业的迅猛发展，一方面，货币资产及信用货币的存在，方便了日常事务的开展；另一方面，利息的存在，使储蓄的机会成本变小，通过储蓄，居民可以获得通过放弃资金流动性而取得一定的经济收益。于是，储蓄和消费的可变部分发生了偏向储蓄的变化，使储蓄与消费之比变得越来越大。对于企业来说，金融的发展使借贷的程序逐步精简，借贷成本不断降低，为企业扩大生产规模进行融资提供了坚实基础和有力保障，从而促进了经济的进一步发展。

3. 金融发展提高了资本配置效率

经济增长来源于有效的投资，而资源在各项投资中的最优配置才是经济持续快速发展的动力。高额的信息成本和信息不对称的广泛存在，导致单个投资者不能充分掌握公司经营、市场条件等方面信息。为了降低投资成本、规避可能存在的投资风险，提高单个投资者和投资机构的投资收益，金融中介和金融市场应运而生。金融中介机构主要通过分散风险、流动性风险管理、项目评估三个方面提供服务。金融系统能够提供一种风险共担和风险抵补的机能，因此可以促进资源流向更有利于经济长期发展的技术创新活动中去。金融市场特别是具有高流动性、高风险性、高收益性特点的股票市场，为投资者提供了一个更广泛的投资组合空间，投资者可以随时将持有的股票、债券等金融资产在二级市场出售变现。金融市场将流动性强的金融工具转化为非流动性的长期生产经营所需要的资本，从而促进经济增长。

（二）金融发展与经济增长关系的理论演进

自20世纪50年代以来，大批经济学家对金融与经济的关系进行了广泛研究。戈德史密斯在《金融结构与金融发展》中对金融与经济的关系进行了深入研究，提出金融结构的变化形成金融发展道路，而金融发展道路是有规律可循的，金融发展能加速经济的增长；肖和麦金农提出并论证了金融抑制对经济增长的阻碍作用和金融深化与经济增长的关系。许多学者也都一致肯定了金融体系在经济发展中起着关键的作用。

（三）金融发展与经济增长关系的实证检验

戈德史密斯在《金融结构与金融发展》一书中，详尽地研究了截至1963年的近100年内30多个国家的金融发展状况，得出以下主要判断：

(1) 从纵的方向看，在一国的经济发展过程中，金融资产的增长比国民财富的增长更为迅速。因此，金融相关率有提高的趋势。但是，金融相关率的提高并不是无止境的。一旦经济发展到一定水平，金融相关率的变动即趋于稳定。

(2) 从横的方向看，欠发达国家的金融相关率比欧美发达国家的金融相关率低得多。20世纪60年代初期，欠发达国家的金融相关率通常在$\frac{1}{3}$和$\frac{2}{3}$之间，而美国与西欧在19世纪末期已达到并超过这一水平。这也体现了两类国家在金融发展上的时代差别。

(3) 金融相关率还受到一国经济结构基本特征，诸如生产集中程度、财富分配状况、投资动力、储蓄倾向等的影响。这些特征反映在非金融部门发行的债权和股权证券与国民生产总值的比率中。该比率越高，说明储蓄与投资的分离程度越高。

(4) 在大多数国家中，金融机构在金融资产的发行与持有上所占的份额随经济的发展显著提高。

(5) 从直接融资的内部结构来看，随着金融机构的发展，债权比股权增长更快（许多国家限制金融机构持有股票），而且长期债权的增长快于短期债权。金融机构持有大部分债权，相反，公司股票则主要由个人持有。发达国家股票与债权的比率高于欠发达国家，而且在发达国家金融机构持有的股票份额高于欠发达国家，并有继续增长的趋势。

(6) 随着金融的发展，银行资产占金融机构全部资产的比重趋于下降，非银行金融机构的资产占有比重相应提高。目前在一些发达国家，非银行金融机构的金融资产总额已超过银行资产总额。这种趋势可能与金融创新导致能够部分替代货币的金融资产不断增多有关。

(7) 在金融发达的国家，融资成本（主要包括利息和其他费用）明显低于欠发达国家的水平。不过，19 世纪中期以来，西欧与北美并未出现融资成本长期下降的趋势。

延伸阅读

关于金融体系与经济增长的争论

对于金融体系之于经济增长的重要性问题，经济学家们持有不同观点，这些结论迥异的研究成果简直使人迷惑。自熊彼特、戈德史密斯、格利和肖、麦金农以来到内生金融增长学派，大量经济学文献肯定了金融发展和经济增长之间的积极关系，但也有经济学家对这个问题持保留意见。著名经济学家罗宾逊夫人反对熊彼特所坚持的金融部门引导产业部门并激发技术创新行为和企业家精神的论断，认为是企业领导而金融追随，经济发展为某种特定形式的金融安排创造了需求，而金融体系只是自动和被动地对这些需求作出反应，从而否认了金融体系对于经济增长的积极作用。

有些经济学家不相信金融与经济的关系是至关重要的说法，著名经济学家卢卡斯断言，部分经济学家过分夸大了金融因素在经济增长中的作用，而发展经济学的研究者则经常以故意忽视金融来表示他们对于金融体系作用的嘲讽态度。在一本包含有 3 位诺贝尔奖获得者的《发展经济学前沿》的论文集中，并没有涉及金融在经济发展中的作用问题，而且在尼古拉斯有关发展经济学的综述中，也没有讨论金融体系问题，甚至在列示他所忽略的问题的清单中也未提及金融问题。

20 世纪末期，金融危机的全球性蔓延更加使人们对金融体系的作用产生了疑虑。鉴于金融体系在现代经济中的巨大影响，对金融体系在经济发展中的作用完全视而不见是不现实的，从某种意义上来说，金融体系在现代经济中居于核心的地位，金融机构、金融工具和金融市场的迅猛发展是近几十年来不可否认的经济现实。

经研究证实，运转良好的金融体系确实对经济发展有巨大的促进作用。我们特别指出“运转良好”，是强调金融体系的两面性，即在金融体系出现严重问题的时候，金融体系有可能引发大规模的货币危机和经济危机，对经济增长带来灾难性的后果。

在一个不存在金融抑制、达到完全的金融自由化和金融发展而且金融监管非常有效的理想经济中，金融体系的运作可以对经济产生积极推动作用，而经验研究尤其是国际比较分析的结果也表明，那些金融抑制状况较为轻微、金融发展和金融自由化程度较高、政府金融监管较为有效的经济，比那些金融抑制严重、金融发展和金融自由化比较滞后、政府金融监管效率低下的经济，有更高的经济增长率和更少的金融风险。

第二节　金融抑制与经济增长

一、金融抑制

（一）金融抑制的定义

所谓金融抑制，是指发展中国家存在的市场机制作用没有得到充分发挥、金融资产单调、金融机构形式单一、过多的金融管制和金融效率低下等现象。

金融抑制论认为，广泛存在于发展中国家的金融抑制是导致发展中国家资本稀缺，投资效率低下，最终阻碍经济发展的重要成因，而解除金融抑制是广大发展中国家打破贫困恶性循环的重要途径。他们分析，与发达国家相比，发展中国家的金融体制显得很落后。从金融结构的角度来考察，金融抑制主要表现在这样一些方面：

(1) 发展中国家的金融工具形式单一，规模有限。而发达国家的金融工具多种多样，规模庞大。

(2) 发展中国家的金融体系存在着明显的“二元结构”：一是以大城市和经济发达地区为中心的由现代大银行为代表的现代部门；二是以落后的农村为中心的由钱庄、当铺、合会为代表的传统部门。

(3) 发展中国家金融机构单一，商业银行在金融活动中居于绝对的主导地位，非银行金融机构则极不发达；金融机构的专业化程度低，金融效率低。而发达国家的金融机构体系则功能全面。

(4) 发展中国家的直接融资市场极其落后，并且主要是作为政府融资的工具而存在；企业的资金来源主要靠自我积累和银行贷款。

(5) 由于发展中国家实行严格的管制，致使金融资产价格严重扭曲，无法反映资源的相对稀缺性。其具体表现是压低实际利率，高估本国货币的币值。

（二）金融抑制的表现

发展中国家的政府都想积极推动经济发展，但面对的困境是经济发展水平低，政府财力薄弱，外汇资金短缺。为获得资金以实现发展战略，政府常常不得不对存贷款利率、汇率、信贷规模和投向、国际资本流动以及金融业的准入等实行全方位的限制和干预。这种抑制性的金融政策主要体现在以下几个方面。

1. 规定存贷款利率，实施通货膨胀政策

发展中国家通常以设定存贷款利率上限方式来压低利率水平；同时由于依靠通货膨胀政策来弥补巨大的财政赤字，通货膨胀率则往往居高不下。这样的结果是实际利率通常很低，有时甚至是负数。这就严重脱离了发展中国家资金稀缺从而必然要求利率偏高的现实。过低的实际利率使持有货币(M_2)的实际收益十分低下，从而降低了人们对货币的需求，金融资产的实际规模也就无法得到发展。

2. 采取信贷配给的方式来分配稀缺的信贷资金

由于利率低下带来的储蓄低下、投资膨胀，发展中国家通常面临着巨大的资金短缺。面对这种情形，发展中国家往往实行选择性的信贷政策，引导资金流向政府偏好的部门和产业，如享有特权的国有企业和具有官方背景的私有企业，投资收益率通常并不理想。由此导致的直接后果是资金分配效率十分低下。

3. 对金融机构实施严格的控制

这种控制包括：对金融机构要求很高的法定存款准备金率和流动性，以便于政府有效集中资金；严格限制金融机构的资金流向；严格限制某些种类的金融机构的发展；实施金融机构的国有化；等等。政府倾向于鼓励那些能从中获取巨大铸币收益的金融机构和金融工具的发展，银行系统往往受到偏爱和保护。因为通过储备要求及强制性的持有政府债券，政府可以无息或低息为公共部门融资。私有债券及证券因为无从获取铸币税，政府则借助于交易税、印花税及资本所得税等多种形式对其进行抑制。这些控制造成的直接后果是，金融机构成本高昂，效率低下，金融机构种类单一，专业化程度低。

4. 人为高估本币的汇率

发展中国家为了降低进口的成本，常常人为地高估本币的汇率。发展中国家产品的国际竞争力本来就处于弱势，过高的本币汇率使其竞争力变得更弱；过高的本币汇率也会使进口需求变高，其结果是使自己陷入了更为严重的外汇短缺境地，于是不得不实行全面的外汇管制，对稀缺的外汇资源进行行政性分配。与此同时，一些持有官方执照的进口商就能利用所享受的特权赚取超额利润。在许多发展中国家实行“进口替代”政策的情况下，还加剧了重视重工业而轻视农业、轻工业的后果。

二、发展中国家利率管制对经济增长的副作用

(1) 低利率促使人们更关心现期消费，忽视未来消费，扭曲了公众对资金的时间偏好，导致储蓄水平低于社会最优水平。过低的储蓄使投资低于最优水平，最终损害经济的增长。

(2) 低利率使潜在的资金供给者不去正规的金融中介存款，而是直接从事收益可能较低的投资，这就降低了整个经济体系的效率。

(3) 政府管制的金融中介可能因地方性的、非正规的、地下的信贷市场的兴起而被削弱。

(4) 由于资金成本较低，银行借款人会投资于资本密集的项目，这就产生了对贷款的超额需求。为避免信贷扩张产生通货膨胀，政府和银行不得不在实行利率压制政策的同时，实施行政性信贷配给。其结果是，一方面，使寻租和腐败行为难以避免；另一方面，使整个银行体系的资产质量下降。

利率管制不只会阻碍发展中国家的经济增长，也会对发达国家产生消极影响。20 世纪 60 年代末期以后，通货膨胀上升使市场利率提高。西方某些发达国家就曾因为银行存款利率受到利率上限的管制，市场利率与银行存款利率的差距拉大，导致银行体系出现脱媒现象。美国在 1966 年、1969 年、1973—1974 年、1978—1979 年曾四次发生银行存款大量流失和信用收缩的脱媒危机。

第三节 金融深化与经济增长

一、金融自由化与金融深化的含义

（一）金融自由化的含义

金融自由化就是要通过改革金融制度，改变政府对金融的过度干预，放松对金融机构和金融市场的限制，增强国内的筹资功能，放松对利率和汇率的管制使之市场化，促进国内储蓄率的提高，减少对外资的依赖，最终达到充分动员金融资源、推进经济增长的目的。

金融自由化理论是美国经济学家麦金农和肖在20世纪70年代，针对当时发展中国家普遍存在的金融市场不完全、资本市场严重扭曲和患有政府对金融的“干预综合症”而影响经济发展的状况首次提出的。

金融自由化运动解除了束缚在金融业身上的种种陈规，金融业获得了长足的进步，推动了经济的增长。金融自由化的标志就是金融资产增长超过经济增长，金融相关比例不断提高。具体表现为以下四个方面：

(1) 价格自由化。即取消利率、汇率的限制，同时放宽本国资本和金融机构进入外国市场的限制，让金融商品的价格发挥市场调节作用。

(2) 业务自由化。即允许各类金融机构交叉业务公平竞争。

(3) 市场自由化。即放宽对各类金融机构进入金融市场的限制，完善金融市场的融资工具和技术。

(4) 资本流动自由化。即放宽对外国资本、外国金融机构进入本国市场的限制。

金融自由化改革的核心内容如下：

(1) 放松利率管制。由于官定利率大大低于潜在起作用的供求均衡利率，因此，在信贷分配上出现大量的官商勾结、以权谋私等问题。为了消除这一弊病，不少发展中国家解除了对利率的管制，更多的国家则是对利率采取了较为灵活的管理方式。

(2) 缩小指导性信贷计划实施范围。在政府影响力较强的国家中，这些所谓的指导性信贷计划实际上起着指令性计划的作用。这种对金融活动的人为干预，效果大多都很差。20世纪70年代中期，许多发展中国家缩小了指导性信贷计划的实施范围，而阿根廷、智利和乌拉圭三国完全取消了指导性信贷计划。

(3) 减少金融机构审批限制，促进金融同业竞争。在发展中国家，由于一方面金融机构数量不足，另一方面存在着本国和外国银行登记注册中的各种障碍，而造成金融垄断。由此派生的不合理信贷分配和僵化的利率又造成了金融运行的低效率。许多发展中国家将降低进入金融行业的门槛作为金融改革的一个重要内容，以促进金融同业竞争。

(4) 发行直接融资工具，活跃证券市场。在放开利率管制、鼓励金融机构间竞争的同时，实行金融自由化的国家无不积极发展证券市场。其具体内容是：增加可流通金融工具的发行数量，培育证券一、二级市场，完善有关的证券管理法规，适时对外开放证券市场。

(5) 放宽对汇率和资本流动的限制。相对于其他金融自由化措施，汇率和资本账户的放开进度要缓慢得多，一般采取分阶段、逐步放开的方法。实际上，不少工业化国家也不同程度地限制资本流动。据国际货币基金组织统计，所有工业化国家在1995年年初就实现了资本项目下货币自由兑换，而发展中国家则主要是实现经常项目下的货币自由兑换。

(二) 金融深化的含义

所谓金融深化(financial deepening)，是指金融结构优化和金融效率提高。金融深化的一个重要途径，就是通过金融自由化，让供求关系决定利率和汇率水平，使金融资产实际收益率上升，金融机构间竞争加剧、金融技术改进，当金融机构和投资者积累起更多的经验和信息时，储蓄规模和期限将变长，金融结构将合理化，金融效率得到提高。

金融深化程度(麦氏指标)由麦金农提出，并得到广泛采用，用M_2与国内生产总值GDP的比值来表示。通常认为，这一指标比例反映了一个经济的金融深度。但受到多种不同因素的影响，$\frac{M_2}{GDP}$比值的大小、趋势和原因则会有一定的不同。$\frac{M_2}{GDP}$衡量的是在全部经济交易中，以货币为媒介进行交易所占的比重，总体上看，它是衡量一国经济金融化的初级指标，该比值越大，说明金融深化的程度越高。$\frac{M_0}{GDP}$即基础货币(M_0)与国内生产总值(GDP)的比值，如果比值比较稳定，说明货币当局制定的政策与经济发展水平是相适应的，反之则说明货币政策与经济发展水平背道而驰。$\frac{M_1}{GDP}$代表狭义货币(M_1)与国内生产总值(GDP)的比值，M_1与GDP正相关，对经济增长具有一定的效应。1999—2013年，我国GDP与M_2增势对比图如图15-1所示。

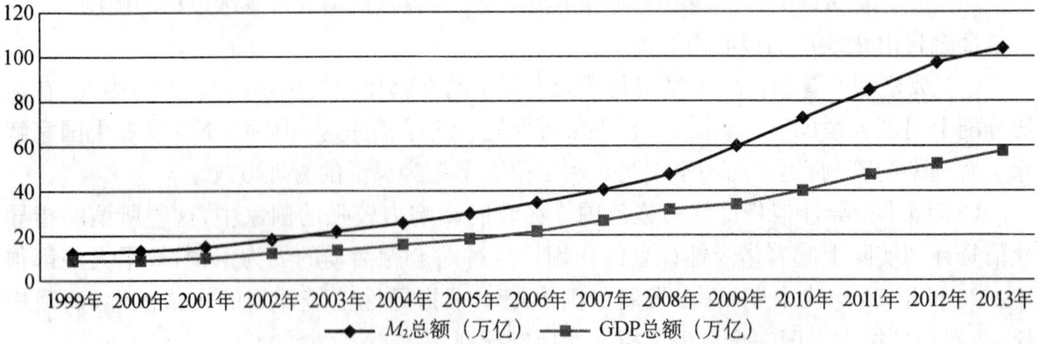

图15-1 1999—2013年我国GDP与M_2增势对比图

根据国际货币基金组织公布的统一的广义货币数据，2009年，$\frac{M_2}{GDP}$的比值，美国为0.88，日本为2.26，巴西为0.84，俄罗斯为0.50，印度尼西亚为0.38。相对其他国家来说，我国的$\frac{M_2}{GDP}$偏高。

金融自由化与金融深化既有联系又有区别。金融自由化是手段，金融效率提高是目的，金融深化是通过金融自由化实现金融效率提高的过程，是金融自由化和金融效率提高的统一。金融自由化是金融效率提高的必要条件。不消除政府对金融的过多干预，不实现市场机制在金融过程中的主导作用，金融效率就无法得到提高，金融深化就无法实现。然而金融自由化并不必然能带来金融效率的提高，金融自由化的过程也并非是金融深化的过程。金融深化过程不仅是一个建立有效的价格机制的过程，同时也是一个有效制度的建设过程。由于制度变迁与价格机制有效性的发挥具有互动关系，因此，成功的金融自由化改革必须有合理的金融制度作保障。考虑到制度变迁必然伴随着交易费用和金融中介机构在金融体系运行中的重要性，故发展中国家金融中介机构的制度建设可能需要政府较多的参与和支持。

二、金融深化对经济增长的促进

1. 储蓄效应

取消利率管制后，随着储蓄实际收益率（实际利率）的上升，以及金融资产的多元化，私人部门储蓄的积极性提高，将使国内私人储蓄率上升。国内利率高于国际金融市场利率，在放松资本管制的条件下，还会吸引大量的外资流入。某种程度上说，发展中国家的经济增长，其实就是靠高储蓄率来支撑的，走的基本上是一种“高储蓄—高投资—高增长”的经济增长路径。

2. 投资效应

取消利率管制后，利率将作为一种有效的相对价格引导着资源的配置。随着储蓄效应和金融中介的发展，投资规模和投资效率都将提高。一方面，金融中介的发展使企业能在更大范围内、更方便地筹资；另一方面，金融自由化后，政府对资金的行政性分配减少，信贷资金更多地流向高收益的投资项目，使社会的投资效率得以提高。

3. 就业效应

由低利率造成的低储蓄本来就不能为生产提供足够的资金。更糟糕的是，由于利率的人为压低，这些和劳动力相比本来就十分稀缺的资金往往又被大量投资于资本密集型产业，从而使失业状况更为严重。而金融自由化则有助于缓解这一状况。全球金融深化指标如表 15-1 所示。

4. 收入分配效应

金融自由化及其相关的政策，有助于促进收入分配的平等。金融自由化可以通过提高就业增加工资收入的份额；可以减少拥有特权的少数进口商、银行借款者和资源消费者的垄断收入。金融自由化带来的资本积累还有助于改变落后经济中普遍存在的以压低农产品价格的形式进行的对农民的变相剥夺。

5. 稳定效应

通过采取金融自由化政策，改善国内储蓄流量和国际收支状况，经济对国际贸易、国际信贷与国际援助等方面的波动可以有较强的承受能力。由于金融自由化导致储蓄增加，有利于改善财政收支，减少财政对通货膨胀政策的过度依赖，使稳定的货币政策成为可能。

表 15-1　全球金融深化指标

	$\frac{M_3}{GDP}$			私人投资占国内投资比重			股票市场价值（百万美元）			国内上市公司家数			银行部门提供的信贷/GDP		
	1990	1996	2010	1990	1996	2010	1990	1997	2010	1990	1996	2010	1990	1997	2010
低收入国家	54.4%	80.8%	—	53.9%	65.0%	—	46 507	56 860	—	7 086	10 375	—	47.0%	42.1%	38.9%
中等收入国家	36.6%	35.4%	—	60.5%	67.1%	—	329 021	1 669 545	13 284 606	4 370	9 649	18 567	65.6%	55.7%	90.7%
高收入国家	77.5%	78.1%	—	—	—	—	9 023 827	18 451 920	41 175 848	17 733	22 359	29 644	138.8%	157.8%	205.3%
全世界	71.1%	72.4%	—	—	68.1%	—	9 399 355	20 177 662	54 511 412	29 189	42 404	48 785	125.7%	139.1%	167.6%

三、发展中国家金融自由化改革的经验和教训

发展中国家金融自由化改革的进展状况是相当不平衡的。在已经进行的改革中，既有成功的经验，也有失败的教训。世界银行《1989年世界发展报告》的主题是金融自由化改革，总结的主要教训有以下几点：

(1) 以金融自由化为基本内容的改革一定要有稳定的宏观经济背景。在那些宏观经济不稳定的国家里，实行金融自由化政策，高的通货膨胀率容易导致高利率和实际汇率浮动，从而使资金出现不规则的流动，进而引起许多企业和银行的破产。只有创造稳定的宏观经济背景，金融改革才能避免上述种种经济不安定状况。

(2) 金融自由化的改革必须与价格改革或自由定价机制相配合。假若一国的价格仍然是保护价格或管制价格，在这种价格信号扭曲的条件下实行金融自由化，资金流动就会被错误的价格信号所误导，结果出现新的资源配置结构失调。

(3) 金融自由化改革并不是要完全取消政府的直接干预，而是改变直接干预的方式。具体地说，就是要以法律和规章的干预取代人为的行政干预。从一些发展中国家金融改革的经历看，改革的一项主要内容就是放松对金融体系的管制。但在放松管制的过程中若不注意建立一套适合本国国情的谨慎的监管制度，就会在信贷的分配方面出现失控或营私舞弊等现象，情况严重时会使许多银行丧失清偿能力并面临破产威胁。

(4) 政府当局在推行金融自由化改革和价格改革政策时，必须预先判断出相对价格变动对不同集团利益的影响，并出于公平原则和政治均衡要求的考虑，适当采用经济补偿手段。金融自由化措施实行后，利率和汇率变动会引起各行业和企业集团利益关系的变动。这种相对价格和利益的调整虽然从长期来看是完全必要的，不过，政府当局也应该采取一些可行的过渡性措施，以减轻社会震荡。

延伸阅读

经济增长及其可持续性

我们现在将视线从短期周期性波动转到长期经济增长。经济增长可以表示为实际GDP的年变化率，或者实际人均GDP的年变化率。实际GDP增长衡量了经济总体扩张的速度。人均GDP定义为实际GDP与总人口之比，它决定了每个国家居民的生活水平和居民购买商品和服务的平均能力。经济增长非常重要，因为人均实际GDP的快速增长可以将一个原本贫穷的国家变得富裕。如果人均GDP能一直保持持续增长，即使增长率很微小，也会对生活水平产生很大影响。

我们可以把GDP的增长率等价于投资组合的回报率。即使年回报率很低，只要保持连续复利的形式，多年以后也会得到很高的回报。但是经济的增长速度是存在上限的。加快增长速度有时候对经济发展来说不是一件好事，因为过快增长通常会伴有增长成本，比如高通货膨胀、潜在的环境破坏等，还必须要求社会以低消费和高储蓄来为增长融资。因此我们必须强调可持续增长，其基础是理解潜在GDP的概念。潜在GDP等于一个经济体充分利用所有的资本和劳动力时可以得到的实际GDP水平。

为了使经济得以持续增长，经济体的生产能力必须不断提升。经济的可持续增长率指的是经济体的生产能力或者说潜在GDP的增长率。我们需要注意经济学家并不能直接测量潜在产出。对于国际投资者来说，估计某个国家的可持续增长率无论对投资资产的比例还是投资证券的选择都十分重要。投资者需要理解国家间的增长率的差异，并且要能分析这些增长率是否是可持续的。在分析GDP数据时，国际投资者必须解决以下问题。

(1) 一个国家经济增长的来源和决定因素有哪些?

(2) 这些增长的源头会长期保持不变还是会不断变化?

(3) 不同国家的可持续增长该如何衡量与预测?

第四节　中国金融发展与前瞻

一、中国的金融发展现状

(一) 经济货币化进程

经济货币化是指一国国民经济中全部商品和劳务的交换以及包括投入和分配在内的整个生产过程通过货币来进行的比重的提高过程及趋势。经济货币化有三层含义：

其一，通过货币媒介的商品交易量的比重不断上升，物物交换逐渐消失，即交易货币化。

其二，居民收入分配中货币收入比重不断上升，实物分配比重不断下降，即分配货币化。

其三，居民持有的货币性金融资产比重不断上升，即居民财产货币资产化。

经济货币化是经济金融化的最基础形态，这一阶段是任何国家经济与金融发展融合都必经的最初阶段。货币交易的产出量(包括商品和劳务)与全部的社会产出之比值即为经济货币化程度的衡量指标，该比值越大，说明经济货币化的程度越高。由于在上述定义下，分子、分母两项数值在技术上很难进行准确统计，因此在经济学家的分析中，经济货币化比率大多用货币存量与名义国民收入(或国内生产总值、国民生产总值)的比值来替代。在一般情况下和特定的历史时期内，这种替代是可以的。该比值的变化基本上能够反映各个国家经济发展所走过的历程。经济货币化指标包括两类：①规模指标：$\frac{M_0}{GDP}$、$\frac{M_1}{GDP}$、$\frac{M_2}{GDP}$；②结构指标：$\frac{M_0}{M_2}$、$\frac{M_1}{M_2}$。中国的GDP总量及增长率如表15-2所示。

表 15-2　中国的GDP总量及增长率

指标	1978年	1990年	2000年	2016年	2017年
绝对数					
国民总收入(亿元)	3 678.7	18 923.3	99 066.1	740 598.7	824 828.4
国内生产总值(亿元)	3 678.7	18 872.9	100 280.1	743 585.5	827 121.7

（续表）

指标	1978年	1990年	2000年	2016年	2017年
第一产业(亿元)	1 018.5	5 017.2	14 717.4	63 672.8	65 467.6
第二产业(亿元)	1 755.2	7 744.3	45 664.8	29 6547.7	334 622.6
第三产业(亿元)	905.1	6 111.4	39 897.9	383 365.0	427 031.5
人均国内生产总值(元)	385	1 663	7 942	53 935	59 660
中国 GDP 年度增长率	11.67%	3.91%	8.49%	6.7%	6.9%

注：(1) 绝对数和构成按当年价格计算，指数按不变价格计算。
(2) 由于统计误差的影响，按支出法计算的国内生产总值不等于按生产法计算的国内生产总值。

（二）金融相关率

理解和把握中国的金融发展，还需要从金融资产的整体增长来考察。而考察金融资产的整体增长水平，则需要引入一个重要的金融学概念，那就是金融相关率(*FIR*)。所谓金融相关率，是指全部金融资产价值与全部实物资产价值(国民财富)之比。在测算金融相关率时，实物资产价值一般用 *GDP* 或 *GNP* 来替代，其表达式为：

$$FIR=\frac{M_2+L+S}{GNP}$$

这个表达式，比分析经济货币化程度的指标多了两个非货币性金融变量：L(全部银行贷款)和 S(有价证券)。实践证明，把这两个非货币性金融变量考虑进去，更能够反映出一国的金融发展水平。1978—2015 年中国金融相关率如图 15-2 所示。

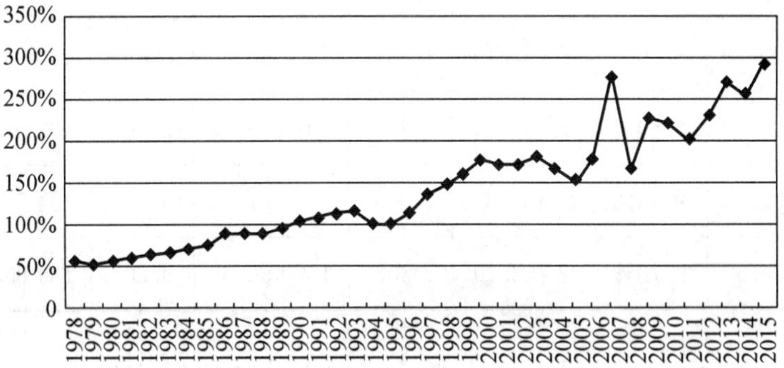

图 15-2　1978—2015 年中国金融相关率

二、中国的金融结构

（一）货币结构

根据传统的货币数量方程 $MV=PY$，两边取双对数有：$lnM+lnV=lnP+lnY$，再求微分得 $dM+dV=dP+dY$。如果 V 是稳定的，即 $dV=0$，那么，就有 $dM=dP+dY$。也就是货币供给量的增长率应该等于物价变动率和实际产出增长率之和。那么，中国的实际情况如何呢?

表 15-3 和表 15-4 列出了 2008—2017 年中国相关的宏观经济指标。不难看出,中国 M_1 和 M_2 的增长率远远高于实际经济增长率,即有一部分数量相当巨大的货币供给,既没有对物价产生压力,也没有推动经济增长。这部分货币被称为迷失的货币(missing money)。其实,中国的货币迷失现象除了货币化的因素外,还源于这部分货币与国际游资(也称非 FDI 资金)交织在一起,从商品市场流向了诸如证券市场、房地产市场、地下经济、地下金融等其他市场和领域,更进一步地说,就是从实体经济游离出来进入了虚拟经济。中国迷失的货币与非 PDI 资金流向及疏散图如图 15-3 所示。

表 15-3　2008—2017 年中国的 GDP 总量及增长率　单位:亿元

年份	国内生产总值		第一产业		第二产业		第三产业	
	绝对值	同比增长	绝对值	同比增长	绝对值	同比增长	绝对值	同比增长
2017	827 121.70	6.90%	65 467.60	3.90%	334 622.60	6.10%	427 031.50	8.00%
2016	743 585.50	6.70%	63 672.80	3.30%	296 547.70	6.30%	383 365.00	7.70%
2015	689 052.10	6.90%	60 862.10	3.90%	282 040.30	6.20%	346 149.70	8.20%
2014	643 974.00	7.30%	58 343.50	4.10%	277 571.80	7.40%	308 058.60	7.80%
2013	595 244.40	7.80%	55 329.10	3.80%	261 956.10	8.00%	277 959.30	8.30%
2012	540 367.40	7.90%	50 902.30	4.50%	244 643.30	8.40%	244 821.90	8.00%
2011	489 300.60	9.50%	46 163.10	4.20%	227 038.80	10.70%	216 098.60	9.50%
2010	413 030.30	10.60%	39 362.60	4.30%	191 629.80	12.70%	182 038.00	9.70%
2009	349 081.40	9.40%	34 161.80	4.00%	160 171.70	10.30%	154 747.90	9.60%
2008	319 515.50	9.70%	32 753.20	5.20%	149 956.60	9.80%	136 805.80	10.50%

表 15-4　2008—2017 年 M_1、M_2 总量、增长率及 $\frac{M_2}{GDP}$ 比率

时　间	M_2 指标值(亿元)	M_2 同比增速	M_1 指标值(亿元)	M_1 同比增速	GDP 绝对额(亿元)	$\frac{M_2}{GDP}$
2017 年年末	1 676 800.00	8.20%	543 790.15	11.80%	827 122.00	2.027 2
2016 年年末	1 550 100.00	11.30%	486 557.24	21.40%	744 127.00	2.083 1
2015 年年末	1 392 300.00	13.30%	400 953.44	15.20%	676 708.00	2.057 5
2014 年年末	1 228 374.81	12.20%	348 056.41	3.20%	635 910.00	1.931 7
2013 年年末	1 106 524.98	13.60%	337 291.05	9.30%	588 018.76	1.881 8

（续表）

时 间	M_2 指标值（亿元）	M_2 同比增速	M_1 指标值（亿元）	M_1 同比增速	GDP 绝对额（亿元）	$\frac{M_2}{GDP}$
2012 年年末	974 148.80	13.80%	308 664.23	6.50%	534 123.04	1.823 8
2011 年年末	851 590.90	13.60%	289 847.70	7.90%	473 104.05	1.800 0
2010 年年末	725 851.79	19.70%	266 621.54	21.20%	401 512.80	1.807 8
2009 年年末	610 224.52	27.68%	221 445.81	32.35%	340 902.81	1.790 0
2008 年年末	475 166.60	17.82%	166 217.13	9.06%	314 045.40	1.513 1

数据来源：根据中国金融年鉴、中国统计年鉴、中国人民银行网站数据整理。

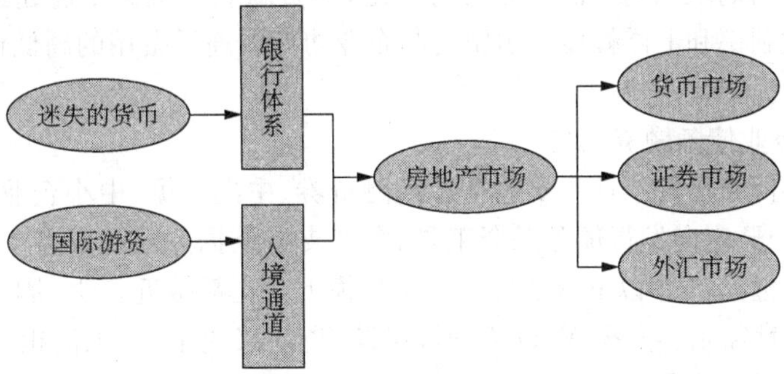

图 15-3 中国迷失的货币与非 FDI 资金流向及疏散图

（二）金融体系结构

金融最主要的功能之一是优化资本配置，而这一功能的发挥需要健全的金融体系。作为健全的金融体系，其服务应覆盖各个层面的经济主体，为各种经济活动主体提供公平融资的机会与融资渠道。目前，中国虽然已建立了银行信贷、企业债券、股票等多种融资渠道，但各种融资方式的服务范围受到限制，具体表现为：从贷款来看，主要向国有企业、大型企业倾斜，对民营企业、中小企业的资金需求渗透不够，在农村信用社、农村合作金融方面发展不够；从资本市场服务对象来看，上市企业绝大多数为国有大中型企业，民营企业甚少，民营高科技企业更是微乎其微，而以扶持民营企业和高科技企业为主的二板市场迟迟不能开通；债券市场也主要服务于大型企业和信誉好的企业。

（三）金融市场融资结构

1. 企业通过商业银行的融资途径

1）银行贷款

银行作为中国最重要也是最赚钱的金融机构，通过吸纳公众存款和理财资金，然后主要以贷款的形式向中国实体产业提供资金支持，这是企业融资的最主要方式。截至 2017 年年末，企业的社会融资规模约有 174.64 万亿元，其中有近 70%是银行贷款。2017 年金融机构全年新增人民币贷款 13.52 万亿元，其中全国性大中小型银行提供 12.73 万亿元，占到了全部金融机构贷款的94.1%，说明银行贷款为企业融资提供了有力的支持。

银行贷款最主要的优点是程序标准化、融资成本相较其他方式低。其缺点是银行一般要求企业提供担保或者抵押、质押，并且偏好国有企业及大型企业，导致中小企业融资难。

2）委托贷款

银行单纯作为中间人，将委托方的资金以贷款形式发放给融资方。由于2015年以前监管不严，相关法律法规并不完善，大量银行理财资金通过委托贷款投向房地产和地方融资平台等领域。2016年1月，银监会正式发布《商业银行委托贷款管理办法》，填补了委托贷款监管制度的空白，并对委托贷款的业务定位和各方当事人职责、委托贷款的资金来源、用途、风险管理和监管五大方面进行了明确规范，使委托贷款规模出现明显减少。2015年委托贷款规模较2014年下降近1万亿元；2018年1季度，委托贷款规模为－3 314亿元。委托贷款的期限和利率由双方自行商定，但贷款利率最高不能超过中国人民银行规定的同期贷款利率和上浮幅度。由银行与企业协商的通道费用的高低也成为企业选择通道的重要标准。

3）非金融企业债务融资工具

非金融企业债务融资工具主要包括短期融资券、中期票据、中小企业集合票据、超级短期融资券、非公开定向发行债务融资工具、资产支持票据等。2017年共发行3 370只，发行规模近4万亿元，1年以下融资券数量和规模上占比都接近50%，因此更适合企业为中短期提供流动性需求。根据Wind数据，建设银行、兴业银行、工商银行是最被认可的三家承销银行，2017年承销金额分别为4 000.2亿元、3 275.1亿元、3 259.8亿元，承销只数分别为493、449、287。

4）内保外贷

内保外贷是指境内银行对境内企业的境外关联企业提供担保，由境外银行向境外关联企业发放贷款的业务。对于企业来说主要可以解决三个问题：一是对企业海外关联公司跨境增信，使海外关联企业度过发展前期信用不足的阶段；二是可以实现低成本融资；三是解决当前资金出境难的问题。但是这种业务更接近于定制型的产品，成本取决于企业的议价能力。2016年5月9日，长电科技收购新加坡星科金朋就采用了该种形式的融资，由长电科技提供担保，境外主体获得中国银行“内保外贷＋直贷”模式的1.2亿美元贷款，占收购总额7.8亿美元的15%以上，保证了收购的顺利进行。

5）银行保理

银行保理是指银行为企业使用应收账款融资设计的一种融资业务，通过应收账款的转让提升企业资产的流动性。银行需要考察企业的资信情况并且一般要占用企业在银行的授信额度。银行保理更加适用于可以提供足够抵押的大型企业，对于小型企业来说，更多的是需要商业保理来进行融资。

2. 企业通过资本市场融资

券商是中国资本市场的一支重要力量，无论企业的股权还是债券融资都需要券商作为中介机构或者资金提供方来推进。2017年，券商整体股权融资规模达1.72万亿元，与企业融资相关的企业债、公司债达1.3万亿元，资产证券化总规模达1.61万亿元。

1）股权融资

股权融资的主要融资方式是IPO、增发、可转债、可交换债以及并购重组。2017年，

IPO 募资2 301.09 亿元，增发募资 1.27 万亿元，可转债及可交换债募资 1 854.5 亿元，并购重组交易金额 2.3 万亿元，其中上市公司作为买方的交易金额超过 70%。

IPO 是指股份公司首次向社会公众公开招股。对于企业融资来说，IPO 可以一次性为企业提供巨额的融资，同时提升了企业资产的流动性，为后续的再融资、并购重组等打好基础。

增发是通过对特定或全部投资者额外发行股份募集资金的一种方式。2017 年增发企业集中于民营企业与中央企业，募资金额分别为 4 709 亿元和 4 386 亿元。从券商实力来选择，中信证券、中信建投、中金和国泰君安是 2017 年仅有的四家增发承销金额超过 1 000 亿元的券商，分别为 1 726.43 亿元、1 446.58 亿元、1 402.27 亿元和 1 005.95 亿元，四家承销金额合计占 2017 年增发总额的 47.92%。承销增发家数分别为 48 家、50 家、25 家和 38 家。

并购重组是优势公司整合资源，优化资源配置，实现转型升级的重要方式。并购重组实际上是一家企业取得另外一家企业的资产、股权乃至经营权、控制权。在并购重组业务中，自 2013 年至 2017 年连续 5 年在证券公司并购重组财务顾问业务评级中被评为 A 级的仅有中金、中信证券、华泰联合、中信建投、国泰君安五家券商。

企业债与公司债的发行分别经发改委、证监会审批。在公司债市场，中信建投以 178 只公司债、承销金额 1 442 亿元的巨大优势稳居第一。在企业债市场，海通证券以 26 只企业债，承销金额 268 亿元排名第一。

股票质押式回购交易是上市公司将股票质押换取融资的一种方式，目前更多的是由券商作为资金提供方来进行质押。2018 年年初以来，共有 1 693 家公司新增 11 224 笔股权质押，股权质押规模达 8 486 亿元。根据最新规定，质押率不得超过 60%上限。截至 2018 年 6 月，A 股中未解押的质押式回购股票市值达 2.07 万亿元。

资产证券化是以底层资产未来产生的收益作为偿付保障，发行可流通证券进行融资的方式。底层资产目前主要是小额贷款债权、信托受益权、企业应收账款债权和融资租赁债权四大类。所涉行业主要集中在金融业、租赁业和房地产行业，规模占比接近 83%。德邦证券、中金、华泰证券、中信证券的该类业务规模超过 500 亿元。

2）信托融资

信托融资主要是指信托公司接受委托人的资金，按照事先约定向融资人发放一定贷款，并负责收回贷款的融资方式。如果资金投向委托人指定的贷款项目，风险由委托人承担，信托公司仅仅起到通道的作用。如果资金投向信托公司选定的贷款项目，风险由信托公司承担。前者信托公司只收取通道费用，而后者的成本大概在资金总额的 10%～12% 之间。中航信托、云南信托、建信信托、交银国际信托、中粮信托和兴业信托是信托行业的龙头企业，截至 2018 年上半年，总信托规模皆在 1 400 亿元以上。

3）民间融资

民间融资主要是指由互金平台提供的 P2P 以及由融资租赁公司提供的融资租赁、由保理公司提供的商业保理以及由小额贷款公司提供的贷款等。此类融资方式因为缺少标准化流程与规定，成本更多取决于企业与投资方的协商能力。

P2P 理财是互联网理财的一个典型代表，是以公司为中介，对接借贷双方需求完成债权融资的方式。2018 年 6 月份停业及问题 P2P 平台数量增至 80 家，而且风险持续发酵，有愈演愈烈之势。P2P平台暴雷不断,并会由此产生“多米诺效应”,影响其他行业资金链问题,波及实体经济。

商业保理是保理商向供应商提供的应收账款融资服务。目前全国已经有超过7 000家保理公司,业务量据估计超过8 000亿元。小额贷款公司则是以公司财产对外放贷,目前整个行业贷款余额超过9 000亿元。

三、中国金融改革与发展前瞻

金融是现代经济的核心,这意味着一个高效率运行的金融机制是事关经济全局发展的决定性因素之一。对中国未来的金融发展而言,必须树立科学的金融发展观,建立和完善金融组织体系、金融市场体系、金融监管体系,以有效发挥金融作为现代经济核心的作用。

(一)金融组织体系

首先,金融组织体系应对经济运行机制具有适应性。经济运行决定金融运行,当前经济运行最主要、最基本的机制是市场机制,因此,按照市场经济运行法则建立健全金融组织体系,在现阶段就集中体现在建立健全非权力制约型金融组织体系上,可以形象地表述为金融组织机构与行政权力机构错位设置。

其次,金融组织体系应对经济运行结构具有适应性。经济运行结构制约金融运行结构,经济活动不同层次的融资需求决定了金融组织体系应根据不同区域的市场经济发展程度,分层次设置运行机构。

最后,金融组织体系应对经济增长的需要具有适应性。经济增长是市场机制优化资源配置的落脚点,金融作为经济增长的促进因素,必须通过建立与经济增长相适应的金融组织体系来体现。目前,中国加速经济增长是以经济增长方式转变为契机的,金融组织体系构建必须符合经济增长方式转变的要求。

金融组织体系运行应对经济运行机制、经济运行结构以及经济增长具有适应性,这是金融组织体系有效性的显著标志。这种有效性具体反映在最大化地动员储蓄资源,并能及时满足不同层次和不同地域经济发展的融资需求,概括起来就是金融区位的组织构建原则能有效地使储蓄转化为投资。

(二)金融市场体系

建立健全金融市场体系应该注意以下内容:

一是货币市场与资本市场需要平衡发展、协调发展。从宏观经济发展考虑,中国资本市场承担着改革的重任,货币市场要有利于资本市场的发展。但衡量货币市场发展程度的标准,既要考虑资本市场尤其是股市的融资需要,更应从货币市场自身的发展规律特别是银行体系的需求出发,考虑货币市场的大政方针。

二是功能定位。货币市场的发展对提高证券市场流动性、推动股票市场良性发展也起到了极大的作用。当股票市场发展到一定程度,如果投资者没有相应的货币市场工具进行资金余缺调剂,没有相应的主要由债券市场构成的货币市场作为股市之外的融资渠道，那么，股票市场的活力就不够。

（三）金融监管体系

随着分业经营的藩篱不断被突破，特别是金融企业集团接二连三地出现，传统的监管面临严峻的挑战。金融监管体系一体化成为提高金融监管效率的必然选择。

金融监管体系一体化，即把银行、证券及保险监管职能合并在一家机构中，它最早发端于北欧国家。英国早在 1997 年就成立了金融服务管理局，由其统一对各种金融机构进行监管，并规定英格兰银行此后只在总体上对金融体系的安全性和稳定性负责。日本、美国也正在积极筹备建立这样一家超级监管机构，统一对业务多样化了的金融机构进行监管。

超级监管机构的优势主要在于：①监管机构的减少使一些稀缺资源可以共享，这有可能降低制度成本，带来一定程度的规模经济，同时也有可能带来范围经济，即因同时管制不同职能领域而收到制度成本降低之利；②可以更好地与金融企业集团相抗衡，更有效地、全方位地监控业务多样化了的金融机构；③单一监管机构原则上可以避免政出多门所导致的政策不一致、相互重叠或管制缺口，容易确定和分清管制的责任，避免相互推诿的发生；(4)可以缓解管制人才匮乏的问题，使有限的人才资源得到集中和有效地利用。

（四）金融监管体系

一国金融体系要较好地发挥功能，适宜的宏观经济环境、有效的监督和管理体制、健全的金融市场基础设施是必不可少的。上述三项因素已被视为构成金融稳定的三根重要支柱。

要保持一个国家金融体系的稳定、流动性和效率，最重要的是建立规模大、市场透明度高的金融市场。金融实际上是一种分散风险的机制，其前提是建立多元化的资金通道。建立什么样的金融体系取决于有什么样的金融文化。中国未来的金融体系必须是以市场为主导、以资本市场为核心的金融体系。因此，只有资本市场得到规范和发展，才能使中国金融稳健而有效率地发展。

复习思考题

1. 哪些指标可以用来衡量金融发展？
2. 发展中国家为什么会存在金融抑制？
3. 比较金融自由化和金融深化。
4. 金融自由化带给经济增长的正负面分析。
5. 运用现代金融理论，分析当代中国的经济货币化进程和金融相关率的变动。

参考文献

[1] 卡尔·马克思.资本论(第三卷)[M].北京:中共中央党校出版社,1982.
[2] 兹维·博迪,罗伯特·莫顿.金融学[M].北京:中国人民大学出版社,2016.
[3] 弗雷德里克·S.米什金.货币金融学[M].11版.北京:中国人民大学出版社,2017.
[4] 彼得·S.罗斯.商业银行管理[M].刘园,译,9版.机械工业出版社,2016.
[5] 彼得·S.罗斯, 米尔顿·H.马奎斯.金融市场学[M].10版.北京:机械工业出版社,2009.
[6] 安东尼·桑德斯,马西娅·米伦·科尼特.金融市场与机构[M].韩国文,张彻,译.6版.北京:机械工业出版社,2017.
[7] 彼得·纽曼,默里·米尔盖特,约翰·伊特韦尔.新帕尔格雷夫货币金融大辞典(第2卷)[M].北京:经济科学出版社,2000.
[8] 安辉.金融监管、金融创新与金融危机的动态演化机制研究[M].北京:中国人民大学出版社,2016.
[9] 巴曙松,朱元倩,金玲玲,等.巴塞尔Ⅲ与金融监管大变革[M].北京:中国金融出版社,2015.
[10] 戴国强.货币银行学[M].4版.北京:高等教育出版社,2015.
[11] 戴小平.商业银行学[M].3版.上海:复旦大学出版社,2018.
[12] 付一书.中央银行学[M].上海:复旦大学出版社,2007.
[13] 韩国文.金融市场学[M].北京:清华大学出版社,2014.
[14] 何翔,董琳娜.金融学[M].北京:清华大学出版社,2017.
[15] 黄达.金融学[M].4版.北京:中国人民大学出版社,2017.
[16] 邱继洲.货币金融学[M].北京:科学出版社,2010.
[17] 刘玉平.金融学[M].上海:复旦大学出版社,2007.
[18] 盛松成,翟春.中央银行与货币供给[M].北京:中国金融出版社,2015.
[19] 万哨凯,何育林.金融学[M].北京:北京理工大学出版社,2010.
[20] 王福重.金融的解释[M].北京:中信出版社,2014.
[21] 王玉平,田光宁.货币金融学[M].北京:中国金融出版社,2005.
[22] 魏文静,牛淑珍.金融学[M].上海:上海财经大学出版社,2015.
[23] 许文新.金融市场学[M].上海:复旦大学出版社,2007.
[24] 姚长辉,吕随启.货币银行学[M].4版.北京:中国人民大学出版社,2012.
[25] 赵明霄,孙光惠,史安玲.金融学[M]. 北京:中国人民大学出版社,2016.
[26] 张亦春,郑振龙,临海. 金融市场学[M].5版.北京:高等教育出版社,2017.